독서지도사 양성 과정 기본 교재

독서 교육의 이론과 실제 **1**

독서지도사 양성 과정 기본 교재

독서 교육의 이론과 실제 1

(사)한우리독서문화운동본부 교재집필연구회

스푼북

| 발간사 |

한우리독서문화운동본부(사) 부설 한우리평생교육원은 1992년에 우리나라 최초로 '독서지도사'라는 명칭으로 독서지도사 양성 과정 강의를 시작했습니다. 전국의 20여개 대학교, 지자체, 학교 등과 제휴하였으며, 독서 지도 관련 최초의 교원 직무 연수 기관으로 지정되어 유치원과 초등학교 교사를 대상으로 직무 연수를 실시하기도 했습니다. 1994년부터는 '독서지도사 자격시험'을 통해 그동안 수만 명의 독서지도사를 배출했습니다.

한우리의 독서 교육은 듣기, 말하기, 읽기, 쓰기의 모든 언어적 활동을 '생각하기'와 동시에 진행하는 '5력 1체 독서 지도의 원리'에 바탕을 두고 있습니다. 5력 1체 독서 지도의 원리를 적용한 독서 지도 방법은 5가지 감각 기능을 복합적으로 동시에 활동하도록 하여 사고력을 계발 육성하는 방법입니다. 따라서 독서지도사 양성 과정에서 진행되는 교육 내용도 '5력 1체 독서 지도의 원리'가 전제되어 다양한 활동을 통합적으로 경험할 수 있도록 설계했습니다.

이러한 한우리의 독서 지도 원리를 기본으로 한 『독서 교육의 이론과 실제 1, 2』는 한우리 전문 강사진의 독서 교육 이론에 대한 해박한 지식과 풍부한 현장 경험을 반영하여 독서 교육의 초보자들에게도 어렵지 않고, 이미 독서 지도 현장에서 활동하시는 선생님들께도 유용한 교재가 될 수 있도록 독서 교육 전반에 대해 폭넓게 다루고자 했습니다. 독서 교육 관련 도서들이 이론적인 부분들만 담고 있거나 또는 실제적인 내용들만 담고 있어서 독서 지도를 실천하는 데 부족하거나 이론적 토대를 간과하고 있는 경우가 있습니다. 하지만 독서지도사 양성 과정의 기본 교재로 사용하는 이 책은 독서와 독서 지도의 개념으로부터 시작해서 아동의 발달 과정과 상담, 자료 선정, 아동 문학, 글쓰기, 독서 토의·토론과 논술, 읽기 방법과 독서 과정 지도, 계획안 작성, 교육학에 이르기까지 통합적이고 체계적인 독서 지도의 이론과 방법을 잘 반영하고 있습니다.

30년이란 긴 세월이 흐르는 동안 개편과 개정을 거듭하면서 독서 지도에 관한 한우리의 축적의 시간들이 오롯이 담겨 있는 이론서이자 실용서인 『독서 교육의 이론과 실제 1, 2』를 이번에 또 새롭게 펴내게 되었습니다. 한우리 교재개발연구회의 대표 집필 강사님들이 50여 분의 한우리 전문 강사님들의 의견을 수렴해서 여러 차례 수정 작업을 거쳐 완성했지만 수많은 실천 사례를 다 담기에는 여전히 미흡한 부분이 많이 있을 것입니다. 부족한 부분은 한우리 전문 강사님들의 명강의로 촘촘하게 채워 주실 것을 믿습니다.

한우리 독서지도사 양성 과정이 개설된 지 30주년이 되는 2022년에 새로운 개정 교재를 내놓게 됨을 뜻깊게 생각하며 바쁘신 가운데도 교재의 완성도를 높이기 위해 애써 주신 한우리 교재개발연구회 강사님들께 감사드립니다. 늘 귀하신 말씀으로 격려와 조언을 아끼지 않으시고 추천사까지 써 주신 경인교대 박인기 명예교수님과 저작권 문제와 관련하여 조언을 해 주신 서강대학교 로스쿨 박준우 교수님께도 감사의 말씀을 올립니다. 이 책이 한우리의 설립 이념인 전 국민 독서 생활화 운동에 조금이라도 기여할 수 있기를 바라면서 한우리독서문화운동본부의 독서 진흥 사업과 한우리평생교육원의 독서 지도에 관한 연구는 끊임없이 계속될 것이라고 약속드립니다.

한우리독서문화운동본부 회장 김희선

| 추천사 |

오늘날 지식 생태의 빠른 변화로, 독서의 가치는 다양하게 확장되면서 '리터러시 교육'의 질적 변혁이 일어나고 있습니다. 미래 지향의 독서 교육이 응당 각성해야 할 대목이기도 합니다. 국가 차원에서 독서의 가치는 '국민의 지력(知力)'을 높이는 데서 찾을 수 있습니다. 이 나라의 학문·문화를 일으키는 동력이 되기 때문입니다. 개인 차원에서 독서는 그의 성장과 발달을 평생 온전히 수행케 하는 '근원적 힘'입니다.

독서의 힘을 실천적으로 만들어 내는 역할은 교육이 맡습니다. 둘러보면 일반 교육과 독서 교육을 분리하는 것이 별 의미가 없을 정도로 모든 교육 활동 안에 독서가 작동합니다. 학교가 수행하는 교육도 그 중심은 '독서'를 통해서 이루어집니다. 학교 밖 독서도 학교 못지않은 영향력을 발현합니다. 이제 독서 교육은 국가 사회적 인프라이면서, 독서 활동은 다양한 플랫폼 기반을 통해서 발전할 것입니다.

일찍이 한우리독서문화운동본부는 이런 독서 교육 철학과 독서 문화 기치를 걸고 독서 교육 전문가를 양성하고, 독서 교육 교재를 개발하는 경험을 쌓아 왔습니다. 이 책은 독서 지도의 기초 기반 토대를 충실히 구성하고, 그것과 지도의 실제를 유기적으로 연계함으로써 이론과 실제의 전체성을 조화 있게 조직해 내고 있습니다. 풍부하고 광범위한 참고 자료와 문헌을 잘 정리해 둔 것도 책의 유용성을 높일 것으로 보입니다. 독서 지도 일선에 있는 분들에게 유익함을 주리라 믿습니다.

무엇보다도, 이 책은 독서 지도와 함께 가면 더 좋은 효과를 얻을 수 있을 것으로 기대되는, 상호성이 높은 영역들을 독서 교육의 입지에서 유연하게 융합한 점이 좋습니다. 이는 4차 산업 혁명 시대 지식 생태의 변화가 요구하는 '리터러시 교육'의 확장과 변혁에 호응하고자 하는 노력으로 보입니다. 예컨대, 상담과 독서, 미디어 생태와 독서 지도, 글쓰기·논술 지도와의 연계, 토의·토론 지도와의 연계 등에서 그런 장점들을 볼 수 있습니다. 그리고 인지 중심의 독서 지도로 치우쳤던 편협성을 극복하고 아동 문학 독서 지도에 대한 배려를 강화한 것도 바람직해 보입니다. '독서와 정서 발달 지도'라는 면을 의미 있게 반영할 수 있을 것으로 기대되기 때문입니다.

인지심리학에 기반하는 우리의 '독서 교육론'은 학습자를 중심에 두는 오랜 전통을 가지고 있습니다. 물론 여기에는 독서를 가르치는 교수자의 교수 프로세스(teaching process)와 이것에 호응하여 학습자의 배움 프로세스(learning process)가 내적으로 잘 맞물리는 것을 이상으로 하고 있습니다. 이 점이 독서 지도 전문성의 요체라 할 수 있습니다. 그런 점에서 이 책은 강점을 보여 주고 있습니다. 현장 지도 경험의 기술, 그리고 교실 상황에 맞는 활동 교재를 꾸준히 개발해 온 집필진의 역량이 반영된 것으로 보입니다.

독서 교육은 독서를 '활동(activity)'으로 보는 안목과 독서를 '문화'로 보는 안목, 그리고 독서를 '발달 현상'으로 보는 세 차원의 안목을 동시에 요청합니다. 독서 교육 지도자에게는 독서에 대한 거시적 인식론과 미시적 인식론이 모두 필요합니다. 우리의 독서 교육 철학이 그렇게 형성·발전되기를 원합니다. 이 책이 그런 역량을 기르는 데 의미 있는 도움을 주리라 믿습니다.

박인기(경인교육대학교 명예 교수)

|차례|

01 독서와 독서 지도의 이해   10

제1장 독서의 이해 · 12

제2장 독서 지도의 이해 · 21

제3장 독서지도사의 개념 및 역할과 역량 · 32

02 아동 발달과 독서   42

제1장 발달과 독서 · 44

제2장 발달 이론 · 48

제3장 진로 발달과 독서 능력 발달 · 71

03 아동 문학의 이해   88

제1장 아동 문학의 개념 · 90

[더 알아보기] 세계 아동 문학의 역사 · 105

제2장 아동 문학의 본질 · 116

제3장 아동 문학의 장르별 특징 · 138

[더 알아보기] 세계 아동 문학상 · 179

04 글쓰기 지도의 실제 188

제1장 글쓰기 지도의 새로운 방향 · 190

제2장 글쓰기 지도의 실제 · 210

제3장 서평 쓰기 · 285

[더 알아보기 1] 국어 어문 규정 · 315

[더 알아보기 2] 원고지 작성법 · 329

05 독서 자료 선정 340

제1장 독서 자료의 이해 · 342

제2장 독서 자료 선정의 이해 및 실제 · 350

[더 알아보기] 독서 자료 관련 정보 · 394

06 상담과 독서 406

제1장 독서 상담과 상담 환경 · 408

제2장 교사 효율성 훈련 · 418

제3장 독서 부진아 지도와 독서 습관 들이기 · 436

01

독서와 독서 지도의 이해

제1장 독서의 이해 · 12

1. 독서의 개념

2. 독서에 대한 관점의 변화

3. 독서의 목적

제2장 독서 지도의 이해 · 21

1. 독서 지도의 개념

2. 독서 지도의 필요성

3. 독서 지도의 목표와 원리

제3장 독서지도사의 개념 및 역할과 역량 · 32

1. 독서지도사의 개념

2. 독서지도사의 역할

3. 독서지도사가 갖추어야 할 역량

흔히 문자를 깨치면 읽기는 저절로 되는 것이라 생각하기 쉽지만 읽기야말로 자연 발달적으로 획득되는 능력이 아니라 여러 단계의 발달 과정을 거쳐 성장하는 능력으로 체계적이고 의도적인 교육이 필요하다. 독서는 글을 통해 간접적으로 필자와 소통하는 행위이다. 직접적으로는 텍스트와 만나는 행위이기도 하다. 독자와 텍스트의 만남이란 독자가 가진 배경지식과 텍스트에 담긴 지식과 정보, 그리고 텍스트에 담긴 필자(작가)의 의도 등 삼자가 서로 협상을 벌이는 작업을 의미한다. 그런데 이 삼자는 사회적(상황적) 영향 관계에 놓여 있는 가변적인 존재들이다. 독서 행위를 바라보는 입장은 '의미'의 출처를 이런 삼자 중에 어디로 보느냐에 따라 지속적으로 변화해 왔다.

이 과목에서는 독서와 독서 지도의 개념과 원리에 대해 살펴보고, 그에 따라 독서가 무엇인지 탐색해 본다. 또한 독서 지도가 국어 교육과 같이 듣기 말하기 읽기 쓰기 교육만을 포함하는 것이 아니라 초보 단계의 문자 지도 및 독해 지도에서부터 도서의 선택과 효과적인 독서 기술 지도에 이르기까지 글과 책을 다루는 모든 행위를 포함한다는 것을 이해한다.

또 독서지도사의 역할이 무엇인지를 살피고 독서지도사가 갖추어야 하는 역량에 대해 알아본다. 이는 독서지도사로서 자신을 점검하는 기회도 될 것이고, 독서지도사 과정에서 배우는 교육 내용이 독서지도사에게 필요한 역량과 연결되어 있음을 아는 데도 도움이 될 것이다.

● 다음은 이 장에 나오는 내용에 대한 설명이다. 맞는 설명이라고 판단하면 ○, 틀린 설명이라고 판단하면 × 표시를 해 보자. 그리고 이 단원 학습 후에 다시 판단해 보고, 학습 전 나의 생각과 비교해 보자.

	학습 전	학습 후
독서 행위는 다분히 개인적인 행위이다.		
글자 해독이 안 되는 아동도 의미를 다룰 수 있다.		
독서 교육은 국어 교과의 하위 영역으로만 다루어진다.		
사실적 독해, 추론적 독해, 비판적 독해, 창의적 독해 능력은 순차적으로 적용된다.		
표현할 수 있는 능력은 암기된 지식을 초과할 수 없다.		
읽기는 문어 발달이 된 다음부터 시작된다.		

제**1**장

독서의 이해

1. 독서의 개념

독서의 개념을 한마디로 정의하기는 어렵다. 단순하게는 문자나 문장 등을 읽는다는 의미에서부터 저자의 사상과 감정을 이해하고 소통하는 복잡한 개념까지 그 폭이 넓기 때문이다. 그래서 '독서'라는 말이 내포하는 의미는 다양하다. 보통은 국어 교육에서의 읽기와 같은 뜻으로 쓰이지만 그보다 더 광의의 의미로 사용하는 경우가 많다. 국어 교육에서 다뤄지는 언어의 네 가지 소통 방식의 하나인 읽기에 대한 내용은 '읽기 방법 지도'에서 구체적으로 다루기 때문에 이 과목에서는 좀 더 포괄적인 측면에서의 독서의 개념에 대해 살펴보기로 한다.

기본적으로 독서는 독자가 텍스트와 만나는 행위이다. 넓게 보면, 텍스트는 사용되는 기호에 따라서 노래와 같은 소리 텍스트, 그림이나 영화와 같은 영상 텍스트, 책이나 광고와 같은 문자 텍스트 등을 포함하지만, 개념적 수준에서 독서의 의미를 말할 때는 주로 문자 텍스트에 초점이 맞춰진다. 독자와 텍스트의 만남이란 독자가 가진 배경지식과 텍스트에 담긴 지식과 정보, 그리고 텍스트에 담긴 필자(작가)의 의도 등 삼자가 서로 협상을 벌이는 작업을 의미한다. 그런데 이 삼자는 사회적(상황적) 영향 관계에 놓여 있는 가변적인 존재들이다.

즉 글을 읽는다는 것은 글을 통해 독자가 필자와 소통하는 행위이고, 이 독서 행위는 독자의 지적 작용이라는 점에서는 개인적 행동이라 할 수도 있겠지만, 사회와의 소통 과정이라는 점에서는 사회적 행동이라 할 수도 있다. 텍스트 뒤에 가려져 있는 필자와의 소통적 관계에서도 그렇고, 독서를 통한 사회적 과제 해결의 측면에서도 그렇다. 이런 독서는 문자를 해독(解讀, decoding)하는 수준을 넘어서서 글의 의미를 다루고, 필자의 의도를 파악하며, 더 나아가 독자로서 자신을 사회적 소통 과정에 적극적이고 능동적으로 참여해 나가도록 하는 언어 사용 행위이다. 따라서 독서는 문자 언어를 통한 사회적 기능(social function) 수행에 가장 대표적인 행위라고 할 수 있다.

텍스트는 필자(작가)의 개인 환경에 영향을 받아 생산된 결과물이지만, 생산될 당시의 사회적 환경에 의해서도 크게 영향을 받는다. 불륜 소설로만 치부되던 플로베르의『보바리 부인』이나 순전히 고래잡이 이야기로만 이해되었던 멜빌의『백경(모비딕)』의 경우를 예로 들어 보자. 전자는 이 시대 최고의 리얼리즘 소설로 칭송되고 있으며, 후자는 인간의 실존 문제를 탐구한 걸작으로 평가되고 있다는 점이 텍스트가 사회적 환경에 영향을 받는다는 것을 보여 준다.

텍스트 생산자라 할 수 있는 필자나 소비자인 독자 역시 각 개인이 처한 환경(집안 배경, 경제 상황, 친구 관계, 주변 상황 등)에 의한 영향 관계 속에서 생산과 소비 행위를 수행하게 된다. 이 사회적 맥락은 시간과 통합되면서 '문화적 맥락'으로 확대된다. 결국 사회문화적 영향 속에서 필자, 독자, 텍스트가 의미 협상을 벌이는 행위가 '독서(讀書)'라 할 수 있다. 이런 독서 행위의 양상을 [그림 1]과 같이 나타낼 수 있다.

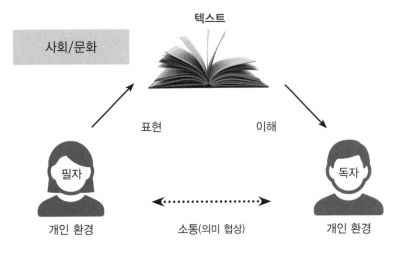

[그림 1] 독서 행위의 양상(박정진, 2009:294에서 재구성)

2. 독서에 대한 관점의 변화

독서를 필자, 독자, 텍스트가 의미를 협상하는 행위라고 볼 때, 의미의 근원을 어디에 두는가에 따라서 독서를 바라보는 관점이 조금씩 달라져 왔다. 박정진(2012:272~273)에서는 맥닐(Mcneil, 1992:2~11)에서 종합하여 제시한 독서에 대한 관점 변화를 다음과 같이 정리하여 설명하고 있다. [그림 1]과 연결해서 표현하면, 전달 관점은 필자(사회적 상황 포함) 중심이고, 번역 관점은 텍스트 중심이며, 상호 작용 관점은 텍스트와 독자의 상호 관계에 중심을 둔 입장이다. 또한 교섭 관점은 독자의 반응에 초점을 두고 있다.

첫 번째는 '전달 관점(transmission)'이다. 이 관점에서는 의미의 근원을 필자로 보고 텍스트에 전달된 필자의 생애, 사상, 관점, 태도를 독자가 찾아내는 것이 독서의 과정이라고 본다. 즉 의미는 필자로부터 독자에게 전달된다는 것을 강조한다. 따라서 독자의 입장에서는 텍스트에 담긴 필자의 생각, 관점 등을 잘 찾아내는 것이 중요한데 그것을 정확하게 찾아낼수록 우수한 독자라고 여겨진다.

두 번째는 '번역 관점(translation)'이다. 이 관점에서는 의미의 출처를 텍스트로 보면서 그 텍스트가 드러내는 의미는 불변한다고 본다. 따라서 텍스트의 이해에서 독자의 생각이나 태도는 중요한 요인으로 보지 않고 텍스트 자체의 완벽성을 강조한다. 그런 완벽성의 요인으로 텍스트의 통일성(unity)이나 응집성(coherence), 또는 강조성(emphasis)을 중시하는데 독자는 이런 특성들을 풀어내는 것(번역하는 것)에 초점을 두어야 한다.

세 번째는 '상호 작용 관점(interaction)'이다. 상호 작용이란 주로 사람과 사람 사이에서 인간관계를 이루는 상호 관계를 의미하는데, 여기서는 텍스트와 독자의 상호 관계를 의미한다. 여기서도 의미는 텍스트에 있지만 독자가 스키마, 학습 전략, 초인지적 조절 과정 등을 활용하면서 텍스트와 상호 작용을 이루고 그 과정에서 텍스트의 구조를 해석해 낸다는 것이다. 예를 들어, 시란 인간 세계와 관련하여 의미 있는 규칙(rules of significance)을 갖추고 있고, 표현에 있어서 비유적 일관성(metaphorical coherence convention)을 보이며, 사건이나 상황들의 의미 관계들이 주제적 통일성(thematic unity convention)을 이루는데, 그런 상위 또는 하위 구조들을 독자가 능동적으로 찾아낸다는 관점이다.(Mcneil, 1992: 6) 이 관점이 반영된 예로 '이야기 문법'에 관한 활발한 연구를 들 수 있다.

마지막으로, '교섭 관점(transaction)'이다. 이 관점에서는 텍스트의 의미를 불확정적인 것으로 본다. 의미는 텍스트에 대한 독자의 반응에 의해 구성되는 것으로 언제나 새롭게 해석될 수 있다는 것이다. 따라서 독자는 자신의 배경지식을 적극 활용하면서 독서 활동을 수행할 필요가 있다. 독서의 과정을 교섭의 관점으로 본다면, 독자는 독서를 통해 의미를 전달받는 것이 아니라 나름대로의 의미를 구성한다는 것이기 때문에 '의미'는 기본적으로 독자에게 있다고 할 수 있다.

여기서 우리가 중요하게 고려해야 할 것은 독서 행위를 바라보는 입장이 '의미'의 출처를 어디로 보느냐에 따라 지속적으로 변화해 왔다는 점이다. 크게는 의미를 텍스트에서 찾으려고 하느냐, 텍스트 외부에서 찾으려고 하느냐에 따라 구분되는데 이것은 독서를 바라보는 패러다임의 변화라 할 수 있겠다.

이런 변화는 독서를 글자 '해독(decoding)' 중심으로 설명하려는 입장에서 '의미'를 구성한다는 입장으로, 다시 '사회 문화적 소통 작용'으로 보는 입장으로 변천해 온 것에서도 발견할 수 있다. 먼저, 독서를 해독 중심으로 설명하는 입장이다. 독서가 일반 사람들에게 의미 없던 시대는 그야말로 문맹 사회였다. 그러다가 근대 교육 시스템이 적극적으로 보급되면서 글자를 읽어 내는 것이 매우 중요한 시대적 과제가 되었다. 우리나라의 경우에도 해방 직후 문맹 퇴치가 가장 중요한 교육적 문제였다. 따라서 이 시기의 독서는 글자의 해독에 초점이 맞추어질 수밖에 없었고, 글자를 읽을 줄 아는 능력을 갖추어 주변의 간판이나 다른 사람의 편지를 읽는 것이 독서의 목적이었다. 글자의 해독을 가장 우선시했기 때문에 독서와 '해독'을 같은 의미로 받아들이던 입장이라 하겠다. 교육적으로는 한글 자모를 먼저 가르치고 점차 단어, 문장 등을 체계적이고 순차적으로 가르치면 독서 능력을 갖추게 된다는 생각으로 연결된다. 다음으로는 독서를 '의미 구성'의 관점으로 설명하는 입장이다. 앞에서 언급한 대로 독서는 독자가 텍스트와 만나 의미를 다루는 행위라는 입장이다. [그림 2]는 노명완(1988:26)의 언어 사용 모형을 응용하여 독서의 의미 구성 관점을 설명한 것이다.

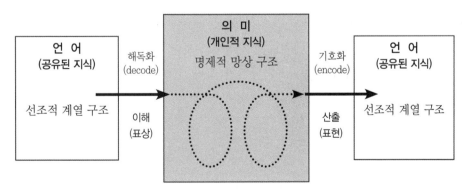

[그림 2] 독서 행위에 대한 의미 구성 관점(박정진, 2012:278)

의미 구성의 기본적인 양상은 '개인적 지식'이 '공유된 지식'으로, '공유된 지식'이 '개인적 지식'으로 전환되는 것이다. 이 의미 구성 과정을 단순화한 것이 이 모형이지만, 실제로는 매우 복잡하고 설명하기 힘든 과정이다. 누군가 언어로 생산한 결과물은 공유된 지식에 해당된다. 이 공유된 지식은 언어로 표현된 것이기 때문에 선조적이며 계열 구조를 갖는다. 즉 구어든 문어든 언어의 관습과 규칙에 따라 표현된다는 의미이다. 이것을 독서 행위를 통해 받아들이는 과정이 이해의 과정이고, 이렇게 형성된 결과로서의 '표상(representation)'은 개인적 지식이 된다. 그런데 개인의 머릿속은 꽤나 복잡해서 배경지식에 의해 받아들여진 정보가 변화하고(곡선의 의미), 채워져야 할 것(점선의 의미)들이 많다. 여기서 변화시키고 채우는 것이 바로 독자가 의미를 만들어 내는 행위이고, 그것을 '의미 구성'이라고 일컫는 것이다. 이렇게 만들어진 지식(스키마, 배경지식)은 명제 단위의 망상 구조로 되어 있다는 것이 심리학적 설명이다.

　　이 개인적 지식이 다시 언어로 표현되면 공유된 지식으로 전환되는데, 읽은 대상인 '언어'와 읽고 나서 표현한 '언어'는 같은 공유된 지식이면서 선조적인 계열 구조의 특성을 갖지만, 정상적인 경우 내용이 많이 다르다. 심지어는 의미가 매우 달라진 경우도 있다. 그것은 독자로서 이해하는 과정에서 읽은 내용이 변형되고 채워지며(의미 구성), 필자로서 표현하는 과정에서 가지고 있던 지식이 새롭게 변형되고 채워지기 때문이다(의미의 재구성). 따라서 이 입장은 언어 사용 과정은 의미의 끝없는 재구성 과정이라고 보는 관점이다. 교육적으로는 독자가 의미 구성을 위한 독서 전략을 잘 갖추도록 유도하는 것이 중요하다고 하겠다.

　　독서에 대한 '의미 구성 관점'은 개인의 인지 처리에 초점을 맞춘 관점이다. 이것은 심리학의 흐름에 영향을 받은 결과인데, 최근에는 개인의 인지 작용만으로 독서를 설명하기가 쉽지 않다. 왜냐하면 앞에서 언급한 대로 텍스트를 생산하는 필자나 소비하는 독자 역시 사회 문화적인 맥락 속에서 생산과 소비 활동을 하기 때문이다. 더구나 텍스트 역시 독자 개인의 읽는 행위로만 처리되는 것이 아니라, 사회적 상황 속에서 이해되고 소통되는 대상이기 때문이다. [그림 3]은 독서 행위의 사회 문화적인 관점을 잘 보여 준다.

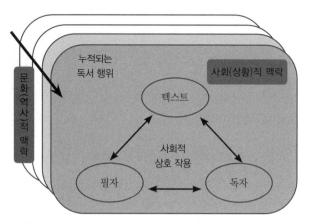

[그림 3] 독서 행위에 대한 사회 문화적 관점(박정진, 2012:281에서 재구성)

독서는 필자와 독자의 의미 협상 과정이라고 했다. [그림 1]에서는 그런 양상을 보여 주었다. 그런데 이런 독서 현상은 사회적으로나 문화적으로 나타나는 긴밀한 영향 관계를 고려해야만 제대로 이해될 수 있다. [그림 3]에서 나타내고자 하는 것은 한 시점의 사회(상황)적 맥락만 드러낸 [그림 1]의 독서 양상에 시간적으로 누적되는 독서 행위가 통합되어 문화(역사)적 맥락을 포함한다는 것을 보여 주는 것이다. 즉 필자와 독자의 삶, 그들이 이해하고 있는 역사 인식, 텍스트가 생산되고 소비되는 맥락, 그 텍스트에 투영된 사회 문화적 사고방식과 내용 등이 함께 작동되는 것이 독서 행위라는 점을 강조하고 있다. 따라서 이 입장의 핵심은 독서를 개인의 지적 작용으로만 보는 것이 아니라 각 독서에 관련된 요인들이 사회 문화적으로 소통을 이루는 현상으로 바라보고자 한다는 점이다.

최근에는 독서를 필자의 의도를 제대로 파악하거나 텍스트를 정확하게 해석하는 것, 또는 독자의 배경지식에 의한 정보 처리 과정으로만 다루지는 않는다. 지금의 패러다임에서는 독서를 독자와 텍스트와의 만남으로 보고 그 만남의 핵심을 '소통'으로 본다고 할 수 있다. 소통은 의미 협상의 과정이고 협상의 대상은 텍스트, 필자, 독자 자신과 다른 독자들, 그리고 그 이면의 사회 문화적 맥락 등이 된다. 따라서 교육적으로는 텍스트를 읽고 그에 대해 이야기를 나누며 그 결과를 함께 쓰면서 의미를 협동적으로 다루는 것이 필요하다.

3. 독서의 목적

독서를 하는 이유가 무엇인지를 물어보면 아마 대부분의 사람들은 인간과 사회와 자연에 대한 새로운 이해와 지식을 얻기 위함이라고 할 것이다. 이는 책을 읽는 이유는 무엇인가 새로운 것을 찾기 위함이라는 것이고, 그 새로운 것이 바로 지식(知識)과 정보(情報)라는 것이다. 독서에 대한 이와 같은 사람들의 목적의식은 우리 사회가 지식·정보화 사회로 변화하면서 더욱 설득력을 갖게 되었다.

그런데 책을 읽는 목적은 앎에 대한 욕구를 충족시키는 데에만 있는 것은 아니다. 사람들은 여유가 없는 하루하루의 생활에서 벗어나 환상의 세계에 빠져 보면서 기쁨을 얻기도 한다. 이런 독서는 지식이나 정보 획득이라는 특정 생활을 위한 수단을 넘어서는 순수한 인간적인 삶의 독서다. 이것이 바로 느끼고 깨닫기 위한 독서, 마음의 휴식을 위한 독서이고, 지식과 정보가 중요시되는 현대 사회에서도 필요한 독서이다. 어쩌면 현대 사회에서 독서의 가치가 더 크게 느껴지는 부분이라고 할 수도 있겠다.

이런 독서의 목적은 달성되는 순간 우리에게 그 나름의 즐거움을 준다. 그것이 독서를 하도록 이끄는 이유가 될 것이다. 앎의 독서는 알게 되는 즐거움을, 깨달음의 독서는 깨닫게 되는 즐거움을, 느낌의 독서는 느끼게 되는 즐거움을 각각 얻게 된다. 물론 이런 즐거움이 모두 각각 발생하는 것이 아니라 총체적으로 일어나는 것이지만, 여기서는 각각의 즐거움의 의미를 살펴보고자 한다.

1) 앎의 즐거움

왜 독서를 하는지에 대한 질문을 받게 된다면 가장 먼저 생각하게 되는 부분이 지식의 확장일 것이다. 이렇듯 독서가 우리에게 주는 첫 번째 즐거움은 지식과 정보의 획득을 통한 '앎의 즐거움'이다. 책을 읽으면서 우리는 지금까지 알지 못하였던 새로운 지식과 정보를 알게 되는데 학교에서의 교과서 읽기가 대표적인 예라고 볼 수 있다. 신문 읽기를 통해서도 우리는 새로운 지식과 정보를 얻고, 다양한 비문학 장르의 책들도 우리의 앎에 대한 욕구를 충족시켜 준다. 독서를 통해 확장되는 지식과 정보는 학생들이 좋은 성적을 거두어 상급 학교에 진학하거나 일자리를 구하는 데 도움을 주기도 하고, 직장인들은 이런 정보를 활용하여 새로운 상품을 개발하는 데 활용하기도 한다. 이런 실용적인 활용을 위한 목적이 아니라도 새로운 지식을 획득함으로써 그 자체로 기쁨을 얻기도 한다.

오주석의 『한국의 미 특강』[1]을 통해 독서가 주는 앎의 즐거움을 생각해 보자. 『한국의 미 특강』과 같은 책을 읽으면서 감동을 받을 수도 있고, 뭔가를 깨달을 수도 있지만, 여기서는 '앎'을 위한 독서에 초점이 주어진다. 이 책 속에서 특히 김홍도의 「무동」에 대한 해설(53~55쪽)을 주목해 보면 그림의 '구도'에 대해 새로운 지식을 제공한다. 이 책을 읽은 이는 여기서 얻은 지식으로 앞으로 우리 그림을 볼 때에는 구도에 대해 의식적으로 신경 쓰면서 보게 될 것이다. 또 우리가 가장 많이 아는 한국의 미(美)는 여백의 미일 것이다. 지식으로 명료하게 설명할 수는 없어도 감각적으로 이해하고 있는 것이다. 그런데 이 책을 통해 한국의 미가 가진 원리를 알게 되면 '아하!' 하고 무릎을 치게 된다. 기존 경험으로 내재되어 있던 우리 문화에 대해, 설명력을 갖는 지식이 통합되면서 오는 즐거움이 바로 앎의 즐거움이다.

2) 깨달음의 즐거움

우리는 독서를 통해 지식뿐만 아니라 세상을 살아가는 지혜를 얻기도 한다. 선조들이 남긴 주옥 같은 글을 읽으면서 자신의 인생관이나 가치관이 바뀌는 경험을 하기도 하고, 종교 서적을 읽으면서 깨달음을 얻고 삶의 자세를 돌아보기도 한다. 이렇듯 독서를 통해 얻을 수 있는 두 번째 즐거움은 '깨달음의 즐거움'이다. 생태학자인 최재천 교수는 『이기적 유전자』를 읽고 혼자서 애를 쓰면서도 못 찾던 답을 찾았다고 했는데 이런 것이 책을 통해 얻는 깨달음이 아니겠는가?[2]

김열규의 『독서』[3]라는 책을 통해서도 깨달음의 즐거움을 생각해 보자. 이 책에서는 할머니가 들려주시는 옛날이야기에 대한 내용이 나온다.(27~30쪽) 여기서는 두 가지 종류의 깨달음이 있을 수 있다. 하나는 내가 알고 있던 오해와 관련된 깨달음이다. 즉 우리는 보통 독서 행위를 문자로 소통하는 행위로만 인식하는데, 이 책을 통해 독서 행위의 본질이 구두 언어 사용(할머니의 옛날이야기)에 있음을 깨닫게 해 준다. 다른 하나는 김열규 교수의 열정적 책 읽기를 접하게 되면서 학자로서 그의 삶을 이해하게 되는 깨달음이다. 열정에 대한 존경과 함께 한 사람의 인간적 삶을 이해하게 되고 그로 인해 인생에 대한 깨달음을 준다.

---

1) 오주석(2012), 『한국의 미 특강』, 53~55쪽 참고하여 구성.
2) 최재천(2020), 『과학자의 서재』, 움직이는 서재, 209쪽 7~8행 인용.
3) 김열규(2008), 『김열규 교수의 열정적 책 읽기 독서』, 27~30쪽 참고하여 구성.

3) 느낌의 즐거움

독서가 우리에게 주는 세 번째 즐거움은 '느낌의 즐거움'이다. 독서는 글을 매개로 한 사람들과의 접촉이다. 한 편의 시를 읽으면서 가슴이 뛰던 경험을 누구나 한 번쯤은 해 보았을 것이다. 시인이 그리고 있는 그리움에 공감하면서 자연스럽게 감동을 느끼기도 하고, 순수함에 자신의 마음을 정화시키기도 한다. 삶의 진솔함이 드러난 한 편의 수필을 읽으면서 내 삶을 돌아보기도 하고, 소설 속에 등장하는 수많은 인물들을 만나면서 다양한 사람들에 대해 이해하기도 한다. 이렇게 여러 장르의 문학을 통해 얻는 공감과 감동 역시 독서가 주는 '느낌의 즐거움'이다.

여기에 부수적으로 추가할 수 있는 즐거움이 '성취의 즐거움'이다. 앞의 세 가지 기본적인 즐거움 이외에 뭔가 끝까지 읽어 냈을 때 부수적인 결과인 성취감에서 오는 즐거움이라고 할 수 있다. 예를 들면, 두꺼운 고전 소설을 다 읽었을 때의 쾌감이란 이루 말할 수 없을 것이다. 어떤 때에는 며칠을 걸려서 읽기도 하고, 어떤 때에는 책을 놓을 수가 없어 하루 이틀 밤새 읽기도 하면서 갖게 되는 성취감! 그것이 어쩌면 가장 큰 즐거움일 수도 있겠다. '고전(古典)'이란 '너무도 유명하지만 아무도 안 읽은 책'이라거나 '괜히 남들 따라 읽느라고 고생하는 책'으로 여겨지는 경우에 비추어 보면, 그런 책을 끝까지 읽었다는 성취감은 그 무엇과도 바꿀 수 없는 즐거움을 안겨 준다고 하겠다.

물론 독서의 목적이 위에서 말한 네 가지 즐거움을 얻기 위한 것만은 아니다. 과제를 해결하기 위한 의무감일 수도 있고, 업무를 처리하기 위한 목적으로 독서를 할 수도 있다. 또 연구를 위해서, 커뮤니케이션을 위하여 등등 독서의 목적은 인간의 삶이 다양한 만큼 매우 다양하다고 볼 수 있겠다.

제**2**장
독서 지도의 이해

1. 독서 지도의 개념

독서 교육과 독서 지도는 보통 혼용해서 사용한다. 국어사전적 의미를 살펴보면 '교육'은 '지식과 기술 따위를 가르치며 인격을 길러 줌.'이라는 뜻이고, '지도'는 '어떤 목적이나 방향으로 남을 가르쳐 이끎.'이라는 뜻으로 다른 사람을 가르친다는 의미에서 일맥상통한다고 볼 수 있기 때문일 것이다. 따라서 이 둘을 굳이 따로 구분하지 않고 '독서 지도'라는 명칭으로 통일하여 정리하기로 한다.

근래에는 독서도 지도를 해야 하는가에 대한 의문을 제기하는 경우는 극히 드물다. 그러나 한우리 독서문화운동 본부가 출범되던 1989년 당시만 하더라도 독서는 혼자 하면 되는 것이라고 생각했지 독서도 지도를 해야 한다는 생각이 보편적으로 인정받지 못했다. 하지만 대학 입시에서 논술의 비중이 확대되고, 수능이 사고력과 밀접한 관련이 있는 시험이라는 인식이 확대되면서 사교육을 중심으로 독서 토론 논술 교육이 확대되었다. 그러다가 2015교육과정에서 국어 교과서에 독서 단원이 도입되며 학교 독서 지도도 더욱 강화되기 시작했다. 한 학기 한 권의 온 책 읽기를 통해서 학생들 스스로 책을 고르는 방법부터 시작해서 내면화 과정까지 다양한 독서 전, 중, 후 활동을 학교 정규 교과를 통해 지도하기 시작한 것이다.

이렇듯 독서 지도는 학생들의 독서 활동이 진행되는 곳이라면 학교, 가정, 사회 등 어디서나 지도할 수 있는 장(場)과 기회가 존재한다. 넓은 의미로 보면 기초 단계의 문자 지도 및 독해 지도에서부터 도서의 선택과 효과적인 독서 기술 지도에 이르기까지 글과 책을 다루는 모든 행위를 포함하는 개념이다. 좁은 의미로는 독서하는 태도, 지식, 기술, 능력, 흥미, 습관 등의 형성과 개발의 지도라고 말할 수 있다.[4] 이 책에서는 글과 책을 다루는 모든 지도 행위라는 기존의 개념에 더하여 미디어와 인터넷 매체 등 다양한 매체를 다루는 행위까지를 포함하도록 한다.

2. 독서 지도의 필요성

지도가 없는 책 읽기만 해도 나쁠 것은 없다. 그러나 책 읽기의 효율성을 높이고 일반적이든 구체적이든 독서의 목적에 다다르게 하기 위해서는 계획적인 독서 지도가 필요하다. 아이의 성장 과정에 필요한 책을 권해 줄 때 균형 잡힌 독서가 되고 독서 효과를 높일 수 있다. 책을 읽으며 처리한 정보나 내면화한 가치는 수업을 통해 강화되고 사고력의 폭을 넓히는 데 도움이 된다. 그런 의미에서 독서 지도는 책 읽기를 완전히 아이의 것으로 만드는 데에 꼭 필요한 교육이라고 할 수 있다.

1) 올바른 독서 습관을 기르고 스스로 독서하는 태도를 기른다.

사람은 직접적인 경험을 통해서 살아가는 데 필요한 여러 가지 정보와 지식을 습득하게 된다. 그러나 삶의 모든 지식과 정보를 직접 경험을 통해서 얻는 데는 한계가 있다. 따라서 간접 수단인 독서를 통해서 얻는 경우가 대부분을 차지한다. 독서의 양이 부족하면 상대적으로 정보의 양도 부족해진다. 그러므로 독서의 습관화는 매우 중요한 문제이다. 독서 지도는 자발적인 독서 태도와 올바른 독서 습관을 갖도록 동기를 유발시켜 지속적인 독서를 가능하게 한다.

2) 제대로 된 정보를 선택할 수 있는 능력을 기르고 균형 잡힌 독서를 가능하게 한다.

---

4) 손정표(2018), 「신독서 지도 방법론」, 태일사, 83쪽을 참고하여 부분 재구성.

정보 출판은 과거에 비해 그 양이 엄청나게 늘어나고 있다. 이러한 정보 출판의 홍수 속에서 자신의 욕구를 충족시키고, 삶의 조화를 이룰 수 있도록 다방면에서 흥미를 발달시키려면 정보를 어떻게 취사선택해야 하는지에 대한 지도가 중요하다. 이러한 도서 선택에 대한 지도 없이 학생들을 방임하면 흥미 본위로만 읽고 마는 태도를 가지기 쉽다. 독서 지도는 학생들에게 필요한 적절한 책을 선택해 줌으로써 책을 고르는 안목을 기르고, 균형 잡힌 독서를 가능하게 한다.

3) 성장 과정에 필요한 이해력과 감상력을 통해 독서 효과를 높인다.

학생의 발달 단계나 학습 능력 및 독서 흥미 등을 고려하여 적절한 책을 선택하여 지도할 때 독서 효과는 높아진다. 학생 스스로 책을 선택하여 읽을 경우 때로는 자신에게 맞지 않는 책을 선택하게 되는 경우가 있다. 소그룹의 독서 수업은 학생 개개인에게 부족한 부분과 필요한 부분을 알려 줄 수 있다. 학생의 발달 수준과 흥미에 따라 올바르게 성장할 수 있도록 교사가 이끌며 성장 과정에 필요한 이해력과 감상 능력을 길러 줄 수 있다.

4) 사고력 향상과 문제 해결을 위한 실질적인 응용력을 기른다.

독서 과정 자체는 사고하는 과정이다. 그런데 독서 지도 없이 혼자서 독서를 하게 되면 자칫 개인의 사고에만 머물 수 있다. 독서 지도는 토의나 토론, 글쓰기 등의 활동을 통해 보다 발전적인 사고 능력을 갖도록 한다. 이것은 독서를 통하여 얻은 지식과 지혜를 실생활에 직접 응용하고 적용하는 삶의 일부가 되어 실제적인 문제 해결 능력이 길러진다. 내가 아는 것, 생각한 것을 발전된 행동으로 옮기는 것이 교육의 최종 목표라면 독서 지도는 그 목표에 더 가깝게 다가서게 한다.

5) 표현 능력과 의사소통 능력을 기른다.

현대 사회는 의사소통 능력이 점점 중요해지고 있다. 의사소통의 가장 대표적인 수단이 말과 글이다. 독서 수업을 통해 아이들은 말하는 방법과 글 쓰는 방법을 배울 수 있다. 토의와 토론을 통해 나의 의견뿐만 아니라 다른 사람의 의견을 경청하여 자신의 생각을 조절해 나갈 수 있으며 효과적으로 남을 설득하는 방법을 터득할 수 있다. 또한 말뿐 아니라 글로써 자신의 생각을 효과적으로 표현하는 법을 배우게 된다. 현대 사회는 아는 것보다 아는 것을 표현하는 것이 중요해지고 있다. 따라서 독서 수업을 통해 의사

소통 능력을 길러 주는 것이 필요하다.

6) 인성 교육과 생활 지도에 효과적인 방법이다.

독서 지도는 무엇보다 인성 교육과 생활 교육을 가장 자연스럽고도 효과적으로 할 수 있는 방법이다. 학생은 독서 활동을 통해 다른 세계를 공감하게 되고, 자연스럽게 타인의 가치관이나 신념도 이해할 수 있게 된다. 독서 지도는 미처 확립되지 않은 생각의 기틀을 올바로 잡아 주고 정서를 순화시킨다. 마치 비행을 방지하는 예방 주사를 맞는 것과도 같다. 뿐만 아니라 이미 문제의 경향을 가지고 있는 사람에게도 적당한 책을 읽게 함으로써 자기반성의 기회를 갖고, 스스로 바른길로 나아가도록 도울 수 있다.

3. 독서 지도의 목표와 원리

1) 독서 지도의 목표

독서 지도는 교육적 관점에서 볼 때 '독서를 통한 인간 교육'을 의미한다.[5] 따라서 독서 지도의 목표 자체는 아동 및 청소년들이 현대 사회가 바라는 건강한 인간, 자주적·창조적·도덕적 인간으로 바르게 성장할 수 있도록 그 활동을 돕는 방향에서 정립되지 않으면 안 된다. 이러한 독서 지도의 목표를 이루기 위해 일반적 목표와 구체적 목표로 나누어 볼 수 있다. 독서 지도의 일반적 목표는 직접적으로는 현재의 실생활에 필요한 적절한 독서 생활을 영위하도록 하는 것이고, 간접적으로는 독서 지도를 통하여 바람직한 독서인으로 육성하는 데 있다. 독서 지도의 구체적 목표는 이러한 일반적 목표를 달성하기 위해 실천적인 방향에서 구체적으로 수립해 놓은 것으로 연령 계층이나 실시 장소, 관점에 따라서 조금씩 다르다.

일반적으로 독서의 방향은 독서를 통하여 독자 스스로 도서를 선택할 수 있는 태도를 기르는 것이다. 그리고 독서의 범위, 분야, 영역 등에 있어서 한쪽에 치우침이 없도록 각 방면의 책을 조화를 이루며 읽는 태도를 기르는 것이다. 또한 비판적으로 독서를 함으로써 활자를 매체로 하는 활동과 시청각적 전달 방법을 통로로 하는 활동을 유기적·기

---

5) 손정표(2018), 앞의 책, 92쪽.

능적으로 결부시켜 이들 제 방법을 관련지어 종합적으로 구사하는 기술이나 태도를 몸에 익히도록 하는 것이다. 또한 독서 내용과 실제적인 삶을 결부시켜 현실에서 실천하는 태도를 길러 주는 것이다. 따라서 독서를 개인적인 활동으로만 끝나게 하지 말고 독서를 매체로 하여 대인 관계와 사회 활동에 도움이 되도록 지도해야 한다. 이러한 기본 골격을 바탕으로 다음과 같은 요건을 고려하여, 너무 추상적이고 일반적인 목표 설정이 되지 않도록 구체적이고 명확하게 설정해야 한다.

먼저, 지도 대상자들의 현실적인 독서 생활의 실태를 파악해야 한다. 교사는 지도 대상자의 현재 독서 환경을 고려해야 한다. 가르칠 대상의 독서 능력이 어느 정도의 발달 단계에 있는지를 점검하고 독서 흥미는 어떤지, 가정과 학교에서의 일상적인 독서 활동은 어떻게 행해지는지, 독서 환경 조건은 어떤지 등에 대해 될 수 있는 한 정확하게 파악하여 독서 지도의 목표를 설정한다.

다음은 사회인으로서 생활을 해 나가기 위해 필요한 특성이 무엇인지 생각해야 한다. 독서 수업은 학습자의 현실 생활에 도움이 되어야 하며 장래 참여하게 될 사회생활에 도움이 되어야 한다. 독서 수업의 중요한 목적 중에 한 가지는 학습자의 현실 생활을 고려하여 현실 상황에의 적응력을 길러 주고 문제 해결력을 길러 주기 위함이다. 그러므로 학습자가 장래 참여하게 될 사회는 그들에게 어떠한 독서 활동을 기대하고 있는가를 염두에 두고 독서 지도의 목표를 설정해야 한다.

그리고 이론과 현실적인 환경을 비교하여 어느 수준까지 도달이 가능한지도 고려해야 한다. 교사는 학생의 일반적인 발달 기준에 비추어 볼 때 현재의 상황에 문제는 없는지, 만약 향상을 저해하는 요인이 있다면 어디까지 극복할 수 있는지, 지도를 위한 시설이나 지도자 자신의 지도 능력은 어떠한지 등을 자세히 살펴보아야 한다. 때로는 이론과 현실적인 환경이 맞지 않을 수도 있고, 교사가 추구하는 목표나 이상에 도달하기 위한 여러 가지 조건이 충족이 안 될 수도 있다. 교사 자신의 능력을 포함한 현실적인 조건을 고려하여 지도 목표 설정을 해야 한다.

2) 독서 지도의 원리

(1) 한우리 5력 1체 독서 지도의 원리

한우리 독서지도사 양성 과정에서 이루어지고 있는 모든 강의에는 '5력 1체 독서 지도의 원리'가 전제되어 있다. '5력 1체 독서 지도'는 책을 읽은 후 소집단 활동으로 독서 토의와 토론을 진행하여 사고력을 계발하는 독서 지도 원리다. 독서 수업은 일반적으로 ① 책 읽기(읽으며 생각하기) → ② 언어 활동(질문, 답변, 토의, 토론) → ③ 독후 활동(역할극, 독서 감상화, 다양한 쓰기 활동 등) → ④ 피드백(feed-back: 전체 활동을 정리하며 반성하기) 등의 순서로 진행한다.

　요약하면 '5력 1체 독서 지도의 원리'란 말하기, 듣기, 읽기, 쓰기의 모든 언어적 활동을 '생각하기'와 동시에 진행하여 사고를 촉진하고 자극하여 사고 언어 환경을 조성해 주는 원리라고 할 수 있다. 5력 1체 독서 지도의 원리를 적용한 독서 지도는 5가지 감각 기능을 동시에 복합적으로 활동하도록 하여 사고력을 계발·육성하는 방법이다.

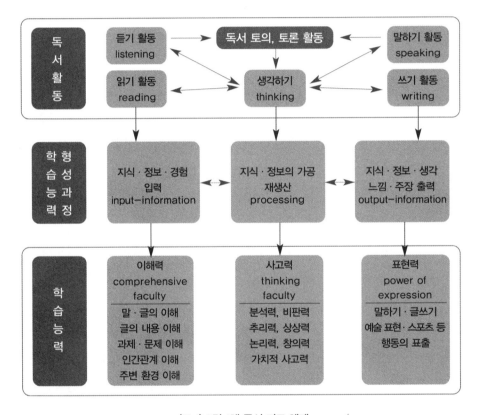

〈표 1〉 5력 1체 독서 지도 체제

① 5력 1체 독서 지도를 통한 학습 능력 계발 과정

　독서 활동에서 읽기와 듣기 활동은 외부로부터 지식이나 정보 및 경험을 두뇌 속으로 입력(input-information)하는 기능을 담당한다. 인간은 정보의 양이 많을수록 이해 능력(comprehensive faculty)이 향상된다. 언어 이해, 문장 이해, 인간관계의 이해, 주변 환경의 이해 등은 정보의 양과 경험(직접·간접 경험)의 양에 비례하여 증가한다. 그러므로 학습 능력의 중요한 요소인 이해력의 증진은 많이 읽고 많이 듣는 활동에 의해서 상당한 영향을 받을 수밖에 없다.

말하기와 쓰기는 자신의 지식이나 의견 또는 주장과 자신의 의지를 외부로 출력(output-information)하는 기능을 한다. 언어 활동이나 글쓰기, 예술 창작, 각종 시험에서 답안지 작성, 논술 시험, 구술 시험 등은 모두 그 사람이 알고 있는 지식이나 정보의 양과 문제 해결 능력, 환경 이해 능력 등을 측정하는 수단이다. 그리고 일반적으로 인간의 능력을 측정하고 평가할 때는 언어나 글로 표현된 내용을 중심으로 판단하게 된다. 아무리 많은 지식을 알고 있다고 해도 표현되지 않은 지식을 평가할 수는 없다. 그러므로 모든 교육에서 지식 습득 못지않게 중요한 것은 표현력 계발이라고 할 수 있다.

과거 암기 중심의 교육 풍토에서 표현력은 암기 능력과 비례할 수밖에 없었다. 표현할 수 있는 지식이 암기된 지식을 초과해서는 안 되었기 때문이다. 그러나 사고력이 신장되면 사고 과정에서 암기된 지식의 양과 질을 가공하고 재창조할 수 있기 때문에, 표현할 수 있는 지식이 암기된 지식보다 양적으로 증가할 수 있게 되고, 보다 다양하고 우수한 지식으로 재생산(가공·창조)할 수 있게 된다. 따라서 지식과 정보가 기하급수적으로 팽창하고 다양한 형태로 변모하는 21세기에는 암기 중심의 교육보다 사고력을 신장시키고 표현력을 육성하는 프로그램이 모든 교육의 핵심 목표로 등장하게 되었다.

② 5력 1체 독서 지도의 기초 훈련

듣기 훈련은 어린 시절부터 이야기 듣기, 음악 듣기를 많이 하는 것이다. 이 경우에는 출생부터 5세까지가 가장 중요하다. 읽기 훈련은 3세부터 그림책 읽기로 시작하여 글자 읽기로 확대시킨다. 어린아이의 읽기는 ① 그림 읽기 → ② 이야기 읽기 → ③ 생각하며 읽기 → ④ 따져 읽기 → ⑤ 분석하며 읽기로 진행된다. 말하기 훈련은 어린 시절부터 자신의 욕구나 의사를 조리 있게 표현하도록 지도하는 것이다. 이 경우에는 ① 일상적인 대화를 듣고 말하기 → ② 보고 느낀 점을 말하기 → ③ 읽고 말하기 → ④ 요약하여 말하기 → ⑤ 논리적으로 말하기 → ⑥ 토의·토론 과정에서 말하기 순서로 발전시킨다. 쓰기 훈련은 생활 경험 쓰기, 느낌 쓰기, 독서 감상문 쓰기, 일기 쓰기, 주장하는 글쓰기 등을 꾸준히 계속하는 것이다. 생각하기 훈련은 들으며 생각하기, 읽으며 생각하기, 토의·토론하면서 생각하기, 자기주장 발표하기, 생각한 내용 글쓰기, 즉흥적인 발표 훈련하기 등을 통하여 생각하는 능력을 향상시킨다.

5력 1체 독서 지도는 말하기, 듣기, 읽기, 쓰기 가운데 어느 하나만을 강조하는 방식이 아니라 독서와 관련된 모든 활동을 생각하기와 더불어 종합적으로 향상시키는 독서 지도 방식이다. 그러므로 5력 1체 독서 지도는 말하기 위주의 웅변 지도와 다르며 읽기 위주의 국어 지도와도 차이가 있을 뿐 아니라 쓰기 위주의 작문 지도와도 다르다. 독서 지도는 서로 공감할 수 있는 가치관을 정립하도록 함으로써 인간적인 유대 강화를 목표로 하며, 성숙한 인격과 합리적인 인성을 종합적으로 발전할 수 있도록 이끌어 주는 총체적이고 전인적인 교육 방식이라고 할 수 있다.

(2) 일반적인 독서 지도 방법의 원리

독서 지도를 하다 보면 여러 가지 문제에 부딪치게 된다. 이런 문제를 원만하게 해결하고 효율적인 독서 지도를 하기 위해 언제나 일관된 방법의 원리들을 정립해 두면 문제를 해결하기가 더 수월할 것이다.

〈표 2〉 일반적인 독서 지도 원리[6]

원리	내용
동기·자발성	강제로 독서를 시키기보다는 학생의 자발적 동기에 의하여 독서를 잘할 수 있도록 이끌어 주어야 한다.[7]
목적	독서의 목적에 맞는 독서를 시켜 나가야 한다. 여러 가지 독서 방법 가운데 독서 목적에 맞는 방법을 찾아 적용시켜야 한다. 읽기를 시작하기 전에 목적을 확인시킨다면 더욱 효과적일 것이다.
선택	독서 자료를 적절히 준비하여 점차 스스로 책을 선택할 수 있도록 지도해야 한다. 선택하는 방법을 지도하는 것도 필요하다.
능력	독서 능력 진단을 실시하여 아동·학생의 독서 능력에 알맞은 독서 자료를 제공하고, 개인차에 따라 적절한 지도를 해 나간다.
흥미	독서에 대한 흥미를 기르고 책과 관련된 관심사를 생활에서 조화롭게 전개해 가도록 돕는다.

---

6) 손정표(2018), 『신독서 지도 방법론』, 태일사, 149~150쪽을 참고하여 표로 재구성.

7) '피그말리온 효과'와 '플라세보 효과'가 그 예이다. '피그말리온 효과(pygmalion effect)'란 타인의 기대나 관심으로 인하여 능률이 오르거나 결과가 좋아지는 현상으로 로젠탈 효과, 자성적 예언, 자기 충족적 예언이라고도 한다. 그리스 신화에 나오는 조각가 피그말리온의 이름에서 유래한 심리학 용어이다. 조각가였던 피그말리온은 아름다운 여인상을 조각하고, 그 여인상을 진심으로 사랑하게 된다. 여신(女神) 아프로디테(로마 신화의 비너스)는 그의 사랑에 감동하여 여인상에게 생명을 주었다. 심리학에서는 타인이 나를 존중하고 나에게 기대하는 것이 있으면 기대에 부응하는 쪽으로 변하려고 노력하여 그렇게 된다는 것을 의미한다. 특히 교육 심리학에서는 교사의 관심이 학생에게 긍정적인 영향을 미치는 심리적 요인이 된다는 것을 말한다. (두산 백과사전)
'플라세보 효과(placebo effect)'란 투약 형식에 따르는 심리 효과로 위약 효과라고도 한다. '플라세보'란 '마음에 들도록 한다.'는 뜻의 라틴어로 가짜 약을 의미한다. 약효가 전혀 없는 거짓 약을 진짜 약으로 가장하여 복용하도록 했을 때 환자의 병세가 호전되는 효과를 말한다.

통합	독서와 생활이 별개의 것이 아니라 상호 연계된 것임을 인식시키고 통합시킴으로써 개인의 인격 형성에 도움이 될 수 있도록 지도해야 한다.
개성화	독서를 통하여 자아를 깨닫고 자신의 개성을 이해하여 올바른 자아를 완성하도록 도와주어야 한다.
사회화	독서는 개인적 활동이다 보니 자칫 고립화될 우려도 있다. 그런 폐단을 막고 독서를 통하여 개인의 사회적 적응을 이루고 사회와 더불어 살아감으로써 사회 발전에 기여하도록 지도할 필요가 있다.
환경	학생이 보다 나은 환경에서 적극적으로 독서할 수 있도록 해야 한다. 정서적인 환경 외에 물리적인 환경 구성이 필요하다.
평가	독서 활동 과정과 결과를 평가하여 다음 수업에 적용시켜 독서 지도 목적을 달성할 수 있도록 해야 한다.
치료	독서 자체에 문제가 보이거나 인격에 결함이 보이는 학생은 독서를 통하여 원인을 제거하고 회복할 수 있도록 도와야 한다. '치료'라는 말은 주로 정서적인 측면에 강조점을 둘 때 사용한다.[8]

(3) 독해 과정으로 보는 독서 지도 원리

읽기 연구가들은 보통 독해의 단계를 3~5단계로 나눈다. 각 단계는 연령별로 점차적으로 발전되기도 하고 연령에 관계없이 자연적으로 혹은 훈련에 의해 발달되기도 한다. 적용 순서에 있어서도 1단계가 사실적 독해이고, 4단계가 창의적 독해라는 식으로 순차적으로 진행되는 것이 아니다. 사실적 독해가 추론적 독해보다 뒤에 적용되기도 하고 감상적 독해가 먼저 적용되기도 하며 또한 단계 간의 역동적인 흐름을 보이기도 한다. 더불어 모든 글에서 네 단계가 전부 적용되는 것은 아니다. 독해 수준은 개인의 편차에 따라 혹은 글의 성격에 따라 사실적 독해 단계에서 끝날 수도 있고 창의적 단계에서 끝날 수도 있다.

독서 행위가 독자와 작가의 만남이라면 효율적인 독해를 위해 교사는 작가의 분명한 의도를 파악할 수 있도록 사실적 독해나 추론적 독해를 지도해야 한다. 그리고 독자가 책이 가진 주제를 평가하고 삶에 적용하여 새로운 가치를 형성할 수 있도록 비판적 독해나 창의적 독해가 원활히 이루어지도록 지도해야 한다.

① 사실적 독해

사실적 독해는 독해의 과정에서 가장 기본이 된다. 저자가 사용한 어휘의 이해, 문장

---

8) 책을 이용하여 정의적 영역의 발달과 정신 건강을 도모하는 것으로 독서 치료, 문학 치료, 치유적 독서 지도 등의 용어를 사용한다.

의 이해, 문단의 이해, 글의 구조에 대한 이해를 통해 글의 표면에 나타난 기본적인 요지를 파악하는 것이다. 독자는 사실적 독해를 기본으로 자신의 경험이나 지식을 불러내어 사고를 깊이 있는 독해의 수준으로 발전시킨다. 사실적 이해는 문학 도서보다는 비문학 도서에서 훨씬 높은 비중으로 적용된다. 전달하고자 하는 지식의 핵심을 잘 파악하는 것이 비문학 도서가 지향하는 독해의 핵심이기 때문이다. 물론 문학 도서에 있어서도 사실적 독해가 원활히 진행되지 않으면 깊이 있는 감상에 도달하는 데 문제가 생긴다. 사실적 독해는 이처럼 가장 기본적인 독해라고 할 수 있다.

사실적 독해 전략과 활동으로는 지시어의 내용 알기, 글의 종류와 읽기 목적에 따른 읽기 방법 알기, 원인과 결과 알기, 사건과 배경 알기, 중심 내용 파악하기, 내용 요약하기, 퀴즈 문제 만들기, 생각 그물 만들기 등이 있다.

② 추론적 독해

저자는 글을 서술함에 있어서 사실적인 부분을 생략하거나 의도적으로 글을 함축하여 표현함으로써 독자 스스로 의미를 찾으며 기쁨을 느끼기를 원한다. 그러므로 독자가 작가의 의도를 진정으로 이해하려면 사실적 독해와 함께 생략된 혹은 함축된 의미를 스스로 찾아낼 줄 알아야 한다. 추론적인 독해를 하기 위해서 독자는 글의 내용에 등장하는 배경이나 인물, 사건과 유사한 자신의 경험이나 지식을 이끌어 내어 끊임없이 상상하며 글을 이해하려고 노력해야 한다. 그러므로 독자가 가진 배경지식이나 사고 능력에 따라 추론의 깊이는 달라질 수 있고 추론을 잘하는 독자는 글 속에 숨어 있는 진정한 의미를 발견할 수 있다. 독자는 추론을 통해 깊은 감상의 단계에 도달할 수 있다.

추론적 독해 전략과 활동으로는 단어의 의미 추론하기, 생략된 내용 추론하기, 이어질 내용 추론하기, 유사한 상황 찾기, 더 알고 싶은 것 적기 등이 있다.

③ 비판적 독해

비판적으로 글을 읽는다는 것은 글의 내용을 무조건적으로 수용하며 이해하는 것이 아니라 잘못된 점은 없는지, 다른 관점으로 바라봐야 할 부분은 없는지를 생각하며 읽는 것이다. 비판적 독해를 통해 비판적인 사고가 발달하게 되는데, 이런 비판적인 사고는 비단 글을 읽을 때뿐만 아니라 모든 생활 전반에 작용하게 된다.

비판적 독해는 첫째, 글 자체를 비판하는 것이다. 가장 기본적으로 맞춤법, 띄어쓰기에서부터 어휘, 문장, 문체, 글의 구조가 작가의 의도를 드러내는 데 적절하고 올바르게 선택되었는지를 분석하고 평가·비판하는 것이다. 또 글 속에 나타난 작가의 주장이나 의도 또는 제시된 근거가 신뢰할 만한 것인지를 비판하는 것도 의미한다.

둘째, 사회적인 측면에서 글을 비판하는 것이다. 글에 담긴 내용이나 표현이 이치에 합당하고 사회적 통념이나 도덕적 가치 기준에 적합한 것인지, 아니면 저자의 편견이 강하게 개입된 것은 아닌지를 분석하고 타당한 근거를 들어 비판하는 것이다. 또 글의 내용이 저자의 가치 판단 기준과는 다른 관점에서 해석할 수 있는지를 살펴보고 새로운 가치를 창출해 내는 것이다. 흔히 '독서 논술'의 주제는 이러한 사회적인 측면의 비판을 근간으로 하여 안건을 도출하는 경우가 많은데, 이러한 비판적 독해 훈련을 통해 독자는 한층 높은 수준의 책 읽기 단계로 진입할 수 있다.

비판적 독해 전략과 활동으로는 사실과 의견 구분하기, 쟁점과 결론 찾기, 가치 갈등과 가정 찾기, 다양한 관점으로 바라보기, 편견 찾기, 광고 분석하기, 토의·토론하기, 작가나 작중 인물 인터뷰하기 등이 있다.

④ 창의적 독해

독서의 궁극적인 목적은 책 속에서 새로운 깨달음을 얻어서 자신의 삶에 적용하고 보다 나은 생을 살아가는 데 있다. 창의적인 독해는 독해의 단계 중 최고 단계라 할 수 있다. 창의적 독해를 다른 말로 '적용적 독해'라고도 한다. 글 속에서 깨닫게 된 새로운 지식이나 가치를 자신의 기존 가치에 적용하여 새로운 가치관을 형성하고 삶에 적용할 수 있도록 창의적으로 해석하고 적용해 보는 단계이다. 창의적 독해를 잘하기 위해서는 인물이나 사건에서 공감되는 부분을 찾아 자신의 문제와 비교하고 주인공과 동일시하며, 자신의 가치나 행동에 새로운 발전적 변화를 추구하며 읽어야 한다.

창의적 독해 전략과 활동으로는 문제 발견하기, 원인과 결론을 재구성하기, 견해에 대해 사고 확장하기, 본문 내용을 모의 재판하기, 역할극 하기, 독후감 쓰기, 토의·토론 후 논술하기, 독후 감상화 그리기 등이 있다.

제 3 장
독서지도사의
개념 및 역할과 역량

1. 독서지도사의 개념

우리나라에서 독서지도사란 개념이 생기고 독서지도사의 필요성이 대두된 것은 문학 장르를 포함한 보편적인 읽기 기능과 언어 활동의 실제성을 다루게 된 5차 교육 과정 (1987~1992) 이후부터이다. 교육 개혁 차원에서 정부가 독서의 중요성을 강조하고, 특목고와 대학 입시 제도에서 면접 및 논술 평가를 반영하게 되면서 체계적이고 의도적인 독서 교육에 대한 대중의 관심이 높아지게 되었다.[9]

1989년에 전 국민 독서 생활화 운동을 전개하여 국민들의 의식 수준을 향상시키자는 취지로 출범한 한우리독서문화운동본부는 1992년부터 '독서지도사' 과정을 운영하고 독서지도사를 양성해 왔다. 독서지도사에 대한 개념이 아직 불분명하던 때 우리나라에서 가장 먼저 '독서지도사'라는 명칭을 사용한 한우리독서문화운동본부는 직무 분석을 통해 '독서지도사는 독서 교육 프로그램을 개발, 적용, 평가함으로써 아동과 청소년에게 독서 지도를 하며 독서 교육에 대한 학습 상담을 수행하는 직무이다.'라고 정의하고 독서 지도의 직업 적성을 아래와 같이 밝히고 있다.[10]

---

9) 이희영(2020), 「독서지도사 역량검사 개발 및 타당화」, 숭실대학교 박사학위 논문.
10) 한우리독서문화운동본부(2004), 독서지도사 직무 분석.

1) 아동 및 청소년 문학에 대한 전반적인 이해를 바탕으로 문학의 해석과 함축적 의미를 도출할 수 있는 능력

2) 독서 지도를 위해 문학·비문학(지식 정보)에 관련된 전문 용어 및 주요 용어를 이해하고, 구두 또는 서면으로 효과적인 의사 전달을 할 수 있는 표현 능력

3) 흥미와 재미를 유발할 수 있는 창의적 능력

4) 사람들의 사회적, 심리적 요구 등을 이해하고 결론을 도출할 수 있는 판단력

5) 자료 분석을 통해 문제점을 파악하고 이를 해결할 수 있는 문제 해결 능력

6) 적극적인 사고 능력

7) 의사 전달에 있어 자신의 생각을 함축적으로 표현하고 이를 이해시킬 수 있는 설명력

위와 같은 독서지도사의 직업 적성은 독서지도사의 역할 및 역량과도 밀접하게 연결되어 있고, 한우리독서문화운동본부의 평생교육원에서 진행하는 독서지도사 과정의 커리큘럼과도 무관하지 않다.

독서지도사에 대한 개념은 여러 연구자에 의해 정리되고 있다. '유치원 아동이나 초·중·고생, 성인 학습자를 대상으로 체계적인 독서 지도를 통해 책의 내용을 올바르게 이해하고 분석할 수 있는 능력을 심어 주는 역할을 수행하는 사람'(황미숙, 2016)[11]으로 정의하기도 하고, '학습자의 인지, 학습 과정, 평가에 대한 폭넓은 지식을 가지고 학습자의 독서 수준을 진단하며 효과적인 독서 지도를 통해 학습자의 독서 능력을 향상시키고 독서 동기 유발 및 독서 환경 조성에 전문적인 능력을 가진 사람'(이주은, 2015)[12]으로 정의하기도 한다. 또 이희영(2020)은 박사학위 논문에서 그 이전까지의 독서지도사에 대한 선행 연구를 검토하여 '독서지도사는 유아에서 초·중·고, 대학생은 물론 성인 학습자를 대상으로, 학습자의 특성과 독서 목적에 따라 알맞은 독서 환경을 조성하고, 독서 동기를 유발하며 적절한 독서 프로그램(수업)을 제공하여 학습자의 독서 능력을 향상시킴으로써 유능한 평생 독자가 되도록 돕는 사람'이라고 정의하고 있다.[13]

11) 황미숙(2016), 「독서지도사의 전문성 개발을 위한 학습공동체 사례연구」, 카톨릭대학교 석사학위 논문.
12) 이주은(2015), 「독서지도사들의 독서자료 선정 실태와 인식 연구」, 카톨릭대학교 석사학위 논문.
13) 이희영(2020), 앞의 글, 18쪽.

2. 독서지도사의 역할

독서 지도란 단지 국어 교육의 연장선상에서만 학습되는 영역이 아니라 가정생활, 학교생활, 생활 지도에 이르기까지 여러 교육 과정과 인간 교육이 상호 밀접하게 연결되어 있다. 그 성격 자체도 교육학, 심리학, 문학 교육, 문헌 정보학 등의 종합적인 접근 방법에 의해 응용 학문으로 하나의 독립된 영역을 지니고 있기도 하다.

과거에는 학교 교육 위주로 독서 교육이 이루어졌다면 최근에는 학교 밖 독서 교육이 학교 교육 못지않은 영향력을 발휘하고 있다. 이것은 독서가 중요하다는 인식이 확장된 결과이기도 하겠지만, 독서 문화 진흥과 관련된 국가 정책과도 관련이 있다. 학교 교육에서 독서 교육은 교과 교육으로서의 국어 교육의 하위 과목이자 영역이다. 따라서 학교 독서 교육은 국어 교사가 중심이 되어 이루어진다. 이때 독서 교육을 담당하는 교사를 편의상 '독서 교사' 또는 '독서 지도 교사'로 부를 수 있다. 다음은 학교 밖 '독서 지도'의 위상이다. 학교 밖 교육에서의 독립적 영역인 '독서 지도(또는 독서 교육)'는 학교 국어 교육의 한 분야인 독서 교육과 비교된다. 학교 독서 교육이 주로 형식적이고 명시적인 교수 모형을 중심으로 이루어진다면, 학교 밖 독서 지도는 비형식적이고 암시적인 교수 모형도 많이 사용된다. 2015교육과정 개정 이후에는 학교 교육에서도 국어 교과서에 독서 단원이 신설되어 한 학기 한 권의 온 책 읽기를 통해 독서 전·중·후 활동을 모두 경험할 수 있도록 구성했다. 하지만 아직은 할애할 수 있는 시간이나 집단의 수적인 면에서 한계가 있다.

학교 밖 독서 교육은 학교 독서 교육의 이런 한계를 실제적으로 보완해 주고, 독서 교육의 새로운 지평을 넓히는 데 일조하고 있다. 학생들의 문해 능력뿐만 아니라 성인들의 모국어 문해력도 낮은 우리나라에서 학교 밖 독서 교육이 교육적인 상승효과가 나도록 독서 전문가들의 적극적인 노력이 필요한 시점이다. 따라서 학교 밖에서 활동하는 독서지도사들의 역할이 더욱 더 중요한 때라고 볼 수 있다. 독서지도사의 역할은 고정적으로 정해진 것이라기보다는 상황에 따라 조금씩 다를 수 있지만 기본적인 역할은 대체로 다음과 같이 정리할 수 있을 것이다.

1) 독서 수업에 적합한 물리적, 정서적 환경을 갖춘다.
2) 학습자의 관심, 흥미, 수준 등을 파악하여 적절한 도서를 선정한다.
3) 효율적인 교수 학습 방법을 조직하고, 독서 프로그램을 수립 운영한다.

4) 책을 읽는 목적에 따라 적절한 전략을 사용할 수 있도록 가르치고 도와준다.

5) 독서의 과정과 독서 활동(글쓰기, 토론을 포함한 다양한 독서 전·중·후 활동)에서 나타난 행동이나 정의적인 영역들에 대한 적절한 평가와 피드백을 해 줄 수 있어야 한다.

이 외에도 학부모와의 지속적인 상담을 통하여 학생들이 교사와 독서 수업을 하는 시간 외에도 가정에서 꾸준한 독서 생활을 할 수 있도록 돕는 역할도 독서지도사의 몫이라고 볼 수 있다.

이렇게 다양한 역할을 잘 수행하기 위해 독서지도사가 갖추어야 할 역량도 한 가지로만 국한되지 않고 하나의 독립된 전문직으로서 폭넓은 역량이 요구된다. 독서 지도에 관한 전문적인 지식, 학습자에 대한 이해와 텍스트 이해는 물론이고, 독서 프로그램을 개발하고 교수 학습을 할 수 있어야 하며 자기 관리 역량도 갖추어야 한다. 이러한 역량을 갖춘 독서지도사는 독서 교육에 강조점을 둔 아동 초기, 초등, 중등, 고등, 성인들의 독서 담당 교사에서부터 독서 교육 임상 전문가인 교육 전문가, 언어 및 독서 교육 상담자, 교사 교육자 혹은 연구자로 활동할 수 있다.[14]

3. 독서지도사가 갖추어야 할 역량

독서지도사에게 요구되는 역량은 독서지도사가 그 역할을 잘 수행할 수 있도록 하기 위해 갖추어야 할 항목들로 한우리 독서지도사 과정에서는 이런 역량들을 잘 갖출 수 있도록 커리큘럼을 구성하여 과정을 운영하고 있다. 한우리 독서지도사 교육 과정에서 교육하고 있는 내용들과 가장 근접한 독서지도사 역량에 대한 논문이 있어서 소개한다.

---

14) 한우리독서문화운동본부(2010), 개정판 독서지도사 기본 교재.

〈표 3〉 독서지도사 역량 구성 요인 및 하위 요인의 조작적 정의[15]

구성 요인	하위 요인	조작적 정의
독서 전문 지식	독서 지도 원리 이해	독서에 대한 다양한 관점(언어학적, 심리학적, 철학적, 교육학적)에서의 개념 정의, 독서의 과정, 독서 전략의 지도 방법 등 독서 지도에 필요한 원리와 관련된 전문 지식
	인지와 언어 발달 이해	인지·언어·독서의 관련성에 대한 이해와 인지 및 언어의 발달 과정과 특징 등에 대한 지식
	인문학적 소양	독서와 책의 역사, 다양한 주제에 대한 지식 등과 같이 독서 지도의 토대가 되는 기본 지식
학습자 이해	학습자의 독서 능력	학습자의 독서 수준을 파악할 수 있는 독서 능력 진단 도구의 사용 및 해석 능력
	학습자의 독서 흥미	학습자의 독서 흥미도와 관심 영역을 파악할 수 있는 능력
	독서 상담	학습자의 독서 목적이나 독서 문제와 같은 독서 환경을 파악할 수 있는 상담 능력
텍스트 이해	문식성(literacy)	다양한 매체를 통해 제공되는 텍스트를 읽고 쓸 수 있으며, 텍스트의 특성과 의미를 이해, 분석, 종합할 수 있는 능력
	텍스트 평가 능력	텍스트 종류 및 장르의 특성을 이해하고, 텍스트의 내용과 수준이 독서 지도의 목적에 적합/부적합한지 평가할 수 있는 능력
독서 프로그램 개발 및 교수 학습	독서 프로그램 개발	독서 지도 요구와 학습자 이해를 기반으로 적합한 텍스트를 선정하여 독서 프로그램(수업)을 개발할 수 있는 능력
	독서 환경 조성	독서 동기를 유발하는 독서 요인(물리적, 인지적, 사회적)을 기반으로 독서 환경을 조성하여 학습자의 독서 행동을 유도하는 능력
	수업 운영 (교수 학습의 실제)	독서 프로그램(수업)을 실제로 운영하는 데 필요한 교수 학습 능력 (1) 명료한 의사 전달과 공감적 경청을 통한 의사소통 (2) 학습자의 독해 수준을 높이는 효과적인 독서 전략 지도 (3) 학습자의 독서 경험을 확장하거나 내면화할 수 있는 독서 후 활동 지도 (4) 학습 효과를 극대화하는 ICT 및 정보의 활용
	수업 평가	독서 프로그램(수업) 운영 전반에 대한 평가 및 추후 독서 프로그램 개발에 반영하는 능력
자기 관리	긍정적 리더십	자신의 일에 긍정적 정서(감사, 확신, 추진력)를 갖고, 학습자를 존중하고 친밀한 관계를 형성하며, 긍정적인 결과를 이끌어 내려는 성향 및 특성
	전문성 개발	독서 지도 분야의 동료, 지역 전문가와의 학습 공동체 활동 혹은 독서 관련 학회·연구에 참여하며 전문성과 역량을 개발하고자 하는 성향 및 특성
	평생 학습 지속성	평생 학습의 필요성을 인식하고, 스스로 자신의 학습을 점검하고 평가하며, 다양한 형태의 평생 학습에 지속적으로 참여하고자 하는 성향 및 특성

〈표 3〉의 독서지도사 역량 요인을 구조화시켜 독서지도사가 갖춰야 할 역량을 한눈에 볼 수 있도록 했다.

〈표 4〉 독서지도사 역량 요인의 구조도[16]

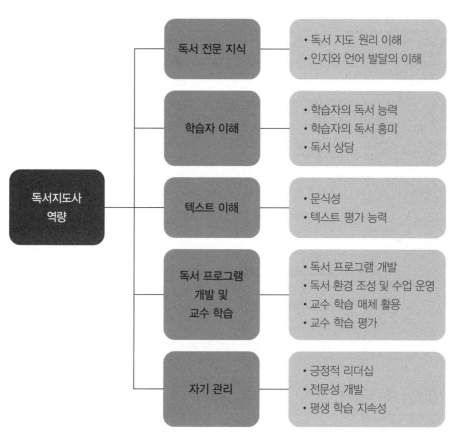

이와 같이 독서에 관한 전문 지식을 갖추고, 학습자와 텍스트, 자신에 대한 이해를 바탕으로 독서 프로그램을 개발하여 적절한 교수 학습을 통해 학습자를 평생 독자로 이끌어 내는 일이야말로 그 어떤 교육보다 선행되어야 할 값진 일이다. 독서 능력 없이 학습 능력을 갖추기 힘들고, 독서 지도는 학습 능력의 바탕을 마련하는 교육일 뿐만 아니라 인성 지도까지 아우를 수 있는 참 교육이라는 것을 인지하여 충분한 역량을 갖춘 독서 지도사가 많이 배출되기를 바란다.

---

15) 이희영(2020), 앞의 글, 68쪽.
16) 이희영(2020), 앞의 글, 79쪽.

● 제1장 독서의 이해

독서의 개념	독서 행위는 필자와 텍스트와 독자, 이 삼자가 만나 의미를 협상하는 소통의 과정
독서에 대한 관점의 변화	• 해독 관점: 독서는 글자를 읽을 줄 아는 능력 • 의미 구성 관점: 독서는 독자가 텍스트를 통해 의미를 만들어 내는 과정 • 사회 문화적 상호 작용 관점: 독서는 개인의 지적 작용을 넘어 사회 문화적인 소통 과정
독서의 목적	• 앎의 즐거움: 독서 과정에서 지식과 정보의 획득을 통해 앎의 세계를 확장시킬 때 오는 즐거움(신문 읽기나 전문 서적 읽기이며 대체로 진급이나 졸업, 승진, 신제품 생산 등을 위해 수행하는 독서) • 깨달음의 즐거움: 인생의 지혜를 획득하여 삶에 대한 통찰을 얻을 때 오는 즐거움(『논어』나 『대화편』 등의 고전 읽기나 선조들의 삶 읽기 등을 위해 수행하는 독서) • 느낌의 즐거움: 글을 매개로 글쓴이와의 만남을 통해 공감과 감동을 받을 때 오는 즐거움(문학 작품이나 감동적인 글 읽기 등을 위해 수행하는 독서). 감동, 울분, 환희 등의 정서와 관련된 즐거움 • 성취의 즐거움: 앞의 세 가지 기본적인 즐거움 이외에 뭔가 끝까지 읽어 냈을 때 부수적인 결과인 성취감에서 오는 즐거움(두꺼운 고전 소설을 다 읽었을 때의 쾌감) 이 밖에도 과제 해결, 업무 처리, 연구, 커뮤니케이션 등 다양

● 제2장 독서 지도의 이해

독서 지도의 개념	• '독서를 통한 인간 교육'으로 글과 책을 다루는 모든 행위 • 독서하는 태도, 지식, 기술, 능력, 흥미, 습관 등의 형성과 계발의 지도 • 독서를 통한 인지적, 정의적 영역의 발달을 돕는 것을 뜻한다. • 글과 책을 다루는 모든 지도 행위를 통해 학생들의 언어 사고 능력을 계발한다는 기존의 개념에 더하여 미디어와 인터넷 매체 등 다양한 매체를 다루는 행위까지를 말한다.
독서 지도의 필요성	• 올바른 독서 습관을 기르고 스스로 독서하는 태도를 기른다. • 제대로 된 정보를 선택할 수 있는 능력을 기르고 균형 잡힌 독서를 가능하게 한다. • 성장 과정에 필요한 이해력과 감상력을 통해 독서 효과를 높인다. • 사고력 향상과 문제 해결을 위한 실질적인 응용력을 기른다. • 표현 능력과 의사소통 능력을 기른다. • 인성 교육과 생활 지도에 효과적인 방법이다.

독서 지도의 목표	일반적 목표	• 직접적: 현재의 삶에 필요한 적절한 독서 생활을 영위하도록 한다. • 간접적: 독서 지도를 통하여 바람직한 독서인으로 육성한다.
	구체적 목표	• 일반적 목표를 달성시키기 위해 실천적인 방향에서 구체적으로 수립해 놓은 것 → 연령 계층이나 실시 장소 관점에 따라 조금씩 다르다.
	독서 지도의 목표 설정을 위해 알아야 할 것	지도 대상자들의 현실적인 독서 생활 실태 파악 • 사회인으로서 생활을 해 나가기 위해 필요한 특성이 무엇인지 생각 • 이론과 현실적인 환경을 비교하여 어느 수준까지 도달이 가능한지를 통찰
독서 지도의 원리	한우리 5력 1체 독서 지도의 원리	듣기, 말하기, 읽기, 쓰기의 모든 언어적 활동을 생각하기와 동시에 진행하여 언어사고 환경을 조성해 주는 원리, 즉 5가지 감각 기능을 복합적으로 동시에 활동하도록 하여 사고력을 계발 육성하는 방법
	일반적인 독서 지도 원리	동기(자발성), 목적, 선택, 능력, 흥미, 통합, 개성화, 사회화, 환경, 평가, 치료의 원리
	독해 과정으로 보는 독서 지도 원리	사실적 독해, 추론적 독해, 비판적 독해, 창의적 독해

● 제3장 독서지도사의 개념 및 역할과 역량

독서지도사의 개념	학습자의 특성과 독서 목적에 따라 알맞은 독서 환경을 조성하고 독서 동기를 유발하며 적절한 독서 프로그램을 제공하여 학습자의 독서 능력을 향상시킴으로써 유능한 평생 독자가 되도록 돕는 사람
독서지도사의 역할	• 독서 수업에 적합한 물리적, 정서적 환경을 갖춘다. • 학습자의 관심, 흥미, 수준 등을 파악하여 적절한 도서를 선정한다. • 효율적인 교수 학습 방법을 조직하고, 독서 프로그램을 수립 운영한다. • 책을 읽는 목적에 따라 적절한 전략을 사용할 수 있도록 가르치고 도와준다. • 독서의 과정과 독서 활동(글쓰기, 토론을 포함한 다양한 독서 전·중·후 활동)에서 나타난 행동이나 정의적인 영역들에 대한 적절한 평가와 피드백을 해 줄 수 있어야 한다.
독서지도사가 갖추어야 할 역량	• 독서 전문 지식 • 학습자 이해 • 텍스트 이해 • 독서 프로그램 개발 및 교수 학습 • 자기 관리

1. 독서를 통해 얻을 수 있는 즐거움을 바탕으로 독서의 목적을 정리해 보자.

2. 독서 지도 목표를 설정할 때 고려해야 할 요건에 대해 말해 보자.

3. '5력 1체 독서 지도 원리'가 총체적이고 전인적인 교육 방식이라고 말할 수 있는 이유를 설명해 보자.

4. 독서지도사가 갖추어야 할 역량에 대해 말해 보고, 자신이 독서지도사로서의 역량을 갖추기 위해 노력해야 할 영역들에 대해 생각해 보자.

• 김열규(2008), 『독서』, 비아북.
• 노명완(1996), 「독서개념의 현대적 조명」, 『독서연구』 창간호, 한국독서학회, 55~88쪽.
• 노명완(2008), 「인간, 언어, 교육, 그리고 문식성」, 노명완·박영목 편 『문식성 교육 연구』, 한국문화사, 13~41쪽.
• 노명완(2011), 『독서교육의 이해』, 352쪽.
• 노명완(2014), 『독서의 의미와 가치』, 이관규·신호철·박정진 외, 고등학교 독서와 문법, 비상교육, 24~27쪽.
• 노명완·박영목·권경안(1991), 『국어과 교육론』, 갑을출판사.
• 망구엘 저, 정명진 역(2000), 『독서의 역사』, 세종서적.
• 박인기(2008), 「문화와 문식성(文識性)의 관계 맺기」, 노명완·박영목 편 『문식성 교육 연구』, 한국문화사, 78~98쪽.
• 박정진(2009), 『국어교육학 정체성 탐구』, 소통.
• 박정진(2012), 「'의미 구성' 관점의 재음미를 통한 독서교육의 지평 확장」, 『독서연구』, 제28호, 한국독서학회, 265~289쪽.
• 서울대학교 국어교육연구소 편(1999), 『국어교육학 사전』, 대교출판.
• 손정표(2018), 『신독서 지도 방법론』, 태일사.
• 신헌재·권혁준·우동식·이상구(2003), 『독서 교육의 이론과 방법』, 박이정.
• 오주석(2012), 『한국의 미 특강』, 솔.
• 이도형(2007), 「국어과 교육과정에 나타난 텍스트 유형에 대한 비판적 검토」, 『텍스트 언어학』 22, 한국텍스트언어학회, 249~276쪽.
• 이주은(2015), 「독서지도사들의 독서자료 선정 실태와 인식 연구」, 카톨릭대학교 교육대학원 석사학위 논문.
• 이희영(2020), 「독서지도사 역량검사 개발 및 타당화」, 숭실대학교 박사학위 논문.
• 최재천(2020), 『과학자의 서재』, 움직이는 서재, 209쪽 7~8행 인용.
• 한국어문교육연구소 편(2006), 『독서 교육 사전』, 교학사.
• 황미숙(2016), 「독서지도사의 전문성 개발을 위한 학습공동체 사례연구」, 카톨릭대학교 교육대학원 석사학위 논문.
• 한우리독서문화운동본부(2004), 독서지도사 직무분석.
• 한우리독서문화운동본부(2010), 개정판 독서지도사 기본 교재.
• 한우리독서문화운동본부(2017), 개정판 독서지도사 기본 교재.
• Mcneil, J. D.(1992), Reading Comprehension: New Direction for Classroom Practices(3rd ed.), Harper Collins.
• Raphael, T. E., and Hiebert, E. H.(1996), Creating Integrated Approach to Literacy Instruction, Harcourt Brace College Publishers.
• 두산 백과사전

02

아동 발달과 독서

제1장 발달과 독서 · 44
　　1. 발달의 개념과 특징
　　2. 발달의 원리와 독서

제2장 발달 이론 · 48
　　1. 인지 발달
　　2. 도덕성 발달
　　3. 성격 발달
　　4. 언어 발달

제3장 진로 발달과 독서 능력 발달 · 71
　　1. 긴즈버그(Ginzberg)의 진로 발달
　　2. 수퍼(Super)의 진로 발달
　　3. 천경록의 독서 능력 발달
　　4. 생애 독서 전략 세우기

발달이란 태어나서 죽을 때까지 개인에게 나타나는 체계적이고 연속적인 변화를 의미한다. 즉 일정한 질서를 지닌 채 나타나는 변화의 순서나 단계를 가리키며, 이는 지속성을 띤다.

아동의 발달은 연령에 따라 다르게 나타나기 때문에 독서 교육의 내용과 방법도 달라진다. 그러므로 아동 발달에 대한 이해는 독자의 독서 행위를 진단하고 해석할 수 있는 준거를 마련하는 데 도움이 된다. 또한 독서 발달 단계는 독자를 평가하거나 판별하는 기준이며 독서 교육 과정의 위계화를 위해 고려되어야 할 조건이다. 따라서 독자의 수준과 능력에 맞는 독서 교육의 목표와 내용을 설정하려면 연령별, 학년별에 따라 보편적으로 나타나는 독자의 발달을 고려해야 한다.

이 장에서는 아동의 인지, 도덕성, 성격, 언어, 독서 능력, 진로 독서 발달의 다양한 특성을 살펴볼 것이다. 이를 바탕으로 독서 지도뿐만 아니라 생애 독서 전략을 계획하고 실행하는 데 도움을 주고자 한다.

● 발달에 대한 설명을 읽고, 자신의 생각에 맞으면 ○, 틀리면 × 표시를 해 보자. 단원 학습 후 학습 전 나의 생각과 비교해 보자.

	학습 전	학습 후
발달의 순서는 개인마다 다르다.		
언어 발달이 급속도로 이루어지는 시기가 있다.		
토의나 토론 수업은 아동의 도덕성 발달에 도움을 준다.		
독서 교육의 목표와 내용은 아동의 발달 수준에 따라 달라진다.		
부모나 교사 혹은 또래와의 상호 작용은 아동의 인지 발달을 촉진한다.		
진로 독서 교육은 직업 선택 교육이다.		

제 1 장
발달과 독서

1. 발달의 개념과 특징

1) 발달의 개념

발달은 인간 생명의 시작부터 죽음에 이르기까지 개인에게 나타나는 체계적이고 연속적인 변화를 의미한다. 주로 발달은 운동 기능·장기의 작용·정신 능력 등이 어떻게 기능하고 변화하는지를 나타내는 말로 일정한 질서를 지닌 채 나타나는 변화의 순서나 단계를 가리킨다. 발달 과정은 점진적이고 지속적이며 연쇄적으로 분화와 통합을 해 나간다.

인간의 발달은 다양한 측면에서 살펴볼 수 있는데, 울포크(A. Woolfork)에 의하면 '신체적 발달'은 몸의 변화를 말하며 성격 발달은 개인 성격의 변화를 말한다. '사회적 발달'은 개인이 타자들과 맺는 관계의 변화를 말하며 '인지적 발달'은 사고의 변화를 말한다.

2) 발달의 특징

같은 나이라 하더라도 개개인의 발달 특징은 서로 다르다. 어떤 사람은 더 활발하고 어떤 사람은 덜 활발하며 어떤 사람은 민감하고 어떤 사람은 덜 민감할 수 있다. 이러한 다양성에도 불구하고 모든 인간에게는 비슷한 발달 과정이 일어난다. 발달에 무엇이 포함되고 발달이 어떻게 진행되는지에 대해 여러 논의가 있지만 특수한 경우를 제외하면 대단위 집단, 즉 같은 연령대의 보편적인 발달 특징이 나타난다.

공통적으로 발달은 단순한 것에서 복잡한 것으로, 구체적인 것에서 추상적인 것으로, 보편적인 것에서 개별적인 것으로 변화한다. 그리고 발달에서 변화는 점진적으로 나타나며 비교적 오랜 시간에 걸쳐 이루어진다.

이러한 발달의 특징은 독서 교육을 설계하는 데 많은 시사점을 준다. 독서를 통해 발달시키고자 하는 목표를 구체화할 수 있고, 그에 적합한 독서 목록을 정할 수 있다. 더 나아가 발달의 특성에 맞는 독서 교수 학습 방법을 개발하는 데 도움을 준다.

2. 발달의 원리와 독서

발달은 개인의 특성 또는 사회 문화적인 환경에 따라 차이가 있지만 대개 같은 연령층이나 학년 집단의 구성원들 사이에서는 유사한 특징이 있다. 발달은 일정한 순서에 따라 단계적으로 이루어지며, 연령이 증가할수록 더욱 능숙하고 정교해지며 다양하게 변화한다. 이러한 발달의 원리는 인간을 이해하고 독서 교육의 목표와 방법을 설계하는 데 도움을 준다.

1) 발달의 순서

발달에는 일정한 순서가 있다. 그 순서는 거꾸로 갈 수 없다. 이러한 점은 다음 단계 발달의 기초가 된다. 만약 전 단계에서 제대로 된 발달이 이루어지지 않을 경우 다음 단계 발달을 기대하기는 어렵다. 전 단계에서 발달에 결손이 생긴다면 다음 단계에서도 결손이 생기므로 영·유아기의 발달 과정은 전 생애에 걸쳐 가장 중요하다.

발달의 결손은 이어지는 과업에 대한 학습자의 흥미를 유발하기 힘들다. 예를 들어 보통 아동은 유아기부터 가정에서 부모와 상호 작용하면서 독서에 흥미를 갖는다. 이때의 흥미는 초등학교 시기의 독서 활동으로 이어진다. 그런데 어느 시점부터 독서 자체에 대해 흥미를 잃어버리고, 아예 독서는 힘들고 고된 행위처럼 인식하는 아동이 있다. 이러한 아동은 발달 과정의 어느 단계에서 제대로 된 독서 경험을 하지 않았거나 혹은 다음 단계로 나아가는 데 실패했을 가능성이 높다.

따라서 독서 교육은 연령별로, 학년별로 아동에게 적합한 독서 경험을 제공해야 하며 이를 위해 독서 경험 발달 단계를 명확히 수립해야 한다.

2) 발달의 방향성

발달은 일정한 방향으로 이루어진다. 신체 발달은 머리에서 다리 방향으로, 중심에서 말초 방향으로, 전체에서 특수 부분으로 발달한다. 예를 들어 아동은 처음에는 비교적 단순하게 조립할 수 있거나 다루기 쉬운 장난감을 가지고 놀다가 점차 복잡하게 조립할 수 있고 조종하기 난해한 장난감을 갖고 논다.

독서 교육도 마찬가지다. 문자 언어를 모르는 시기의 아동은 부모로부터 이야기를 들으면서 독서 경험을 한다. 이때의 이야기는 서사 구조가 비교적 단순하고 주제도 명확하다. 이 아동은 문자를 익히면서 그림과 글이 함께 어우러진 책을 보다가 점차 복잡한 플롯을 지닌 이야기를 읽는다. 이러한 점을 고려한다면 독서 교육은 발달 수준에 적합한 도서 목록을 아동에게 제공하는 데서 시작하는 것이다.

3) 발달의 개인차

발달은 평생 일어나고 일정한 순서로 일어나지만 속도는 같지 않고 개인차가 있다. 이는 신체 발달이나 지적 능력 발달뿐만 아니라 특정 대상에 대한 흥미나 호기심의 정도와도 관련이 있다. 예를 들어 중학교 시기에 키가 크는 아동이 있는 반면 고등학교 시기에 키가 크는 아동도 있다. 언어 발달이 일찍 일어나는 아동이 있는 반면 늦게 발달하는 아동도 있다.

따라서 개인차에 너무 민감하게 반응할 필요는 없다. 그렇다고 둔감해야 한다는 말은 아니다. 보편적인 발달을 고려하여 개인차를 인정하라는 의미이다. 이는 독서 교육의 방법을 마련하는 데에도 시사점을 준다. 즉 독서 교육은 아동 개개인의 지적 능력과 정서적 능력을 고려한 수준별 독서 프로그램, 아동 독자의 관심과 흥미를 고려한 장르별 독서 교육 프로그램 등을 개발하여 개개인의 특성에 맞게 이루어져야 한다.

4) 발달의 결정적 시기

발달의 최적기가 있는데, 이를 결정적 시기(critical period)라고 한다. 결정적 시기에 발달이 이루어지지 않으면 정상적으로 발달하는 데 치명적인 영향을 미친다. 따라서 발달의 결정적 시기를 놓쳐서는 안 된다.

독서 교육에도 문자를 해독하는 능력을 갖추는 시기, 어휘를 이해하고 문장을 구성할 수 있는 능력을 갖추는 시기, 텍스트를 통해 의미를 구성할 수 있는 기본 능력을 갖추는 시기 등과 같은 시기가 있다. 독서에 필요한 기본적인 능력을 갖추지 못한다면 제대로 된 독서 행위를 기대할 수 없다. 따라서 독서 교육의 일차 목표는 아동에게 각 시기에 갖춰야 할 기본적인 능력을 신장시키는 것이라고 할 수 있다.

5) 발달의 통합성

발달은 인지, 정서, 신체, 사회성 발달 등이 개별적이고 독립적으로 이루어지는 것이 아니라 서로 관련을 맺으면서 복합적이고 통합적으로 이루어진다. 어느 한 영역이라도 소홀하게 되면 발달의 극대화를 기대하기 어렵다. 따라서 각 영역이 조화를 이루면서 발달할 수 있도록 교육 내용을 구성하는 것이 필요하다.

마찬가지로 독서 교육도 지적 능력 발달이나 정서 발달, 표현력 향상 등 한 영역에만 치우쳐서는 안 된다. 독서 과정에서 지식을 얻을 뿐만 아니라 공감과 같은 정서 능력 및 사고력이나 표현력 등을 통합적으로 신장시킬 수 있는 방법을 개발해야 한다.

제2장
발달 이론

1. 인지 발달

인지는 지식을 습득하고 이를 활용해 문제를 발견하고 해결하는 정신적 활동을 가리키며 인지 발달은 연령에 따라 발달하는 인지의 변화 과정을 말한다. 인지 발달 이론의 대표적인 학자에는 피아제와 비고츠키 등이 있다. 피아제는 단계에 따라 인지 발달 과정을 제시하고 있으며, 비고츠키는 인지 발달에 관여하는 사회 문화적 맥락에 주목한다. 피아제와 비고츠키의 인지 발달 이론의 기본 관점과 주요 개념은 다음과 같다.

1) 피아제(J. Piaget)의 이론
스위스의 심리학자인 장 피아제는 아동은 어른과 질적으로 다른 사고방식을 가지고 있다고 주장한다. 이러한 주장을 바탕으로 인간의 인지 구조가 발달하는 데는 생득적 요인인 성숙과 환경적 요인이 상호 작용하며, 이들 요인은 적합한 방식으로 통합되고 조정되며 단계적으로 발달한다는 이론을 제시했다.

(1) 피아제 인지 발달의 주요 개념
① 도식(schema)

도식은 머릿속에 저장된 외부 세계에 대한 지식, 행동 유형, 가상의 인지 구조다. 사물이나 사건에 대한 전체적인 윤곽, 즉 사고의 틀로 '스키마(schema)'라고도 한다.

예를 들어 5세 아동이 날아다니는 참새나 비둘기 등의 사진을 보고 새라고 배웠을 경우 참새나 비둘기가 아닌 다른 날아다니는 물체를 보고 "날아다니는 물체는 새와 같다."라는 도식이 생기는 것이다.

② 동화(assimilation)

동화는 기존 도식에 새로운 대상을 받아들이는 인지 과정이다. 아이가 새로운 경험을 자신이 기존에 가지고 있는 도식에 맞추어 적용하는 과정이다.

예를 들어 하늘에서 날아다니는 물체를 새라고 배웠는데, 새로운 새인 종달새를 배울 때 기존에 알고 있던 "하늘에 날아다니는 건 새다."라는 개념(도식)에 적용하여 지적 발달을 이루는 것이다.

③ 조절(accommodation)

조절은 새로운 대상에 맞게 도식을 바꾸는 인지 과정이다. 새로운 경험이 기존에 가지고 있던 도식에 맞지 않을 때 아동은 불평형의 상태를 겪게 된다. 이 상태에서 평형의 상태로 돌아가기 위해 기존에 가지고 있던 도식을 변경하거나 새롭게 만들어 내야 하는데, 이 과정이 조절이다.

예를 들어 5세 아동은 하늘에 날아다니는 모든 물체를 새라고 배웠는데, 하늘을 날아다니는 비행기를 보면서 기존에 알고 있는 새와 다르다는 것을 깨닫게 된다. 새라고 부르기에는 비행기는 털도 없고 날개도 펄럭이지 않는다는 것을 알게 되고, 이것은 기존에 알고 있던 새와는 다르다고 느끼면서 불평형의 상태가 온다. 이때 아동은 그 물체가 새가 아니라 비행기라는 것을 알게 되는데, 이 불평형의 과정이 평형의 상태로 돌아가는 인지 과정을 조절이라고 한다.

④ 평형화(equilibration)

평형화는 동화와 조절이 균형을 이루도록 하는 적응의 과정이다. 우리는 도식을 사용하여 의미를 만들기도 하고(동화), 새로운 것을 수용할 때 도식을 수정하고 변형시키기도 한다(조절). 그 적응의 과정이 평형화이다.

피아제는 인간의 지적 행동을 환경에 대한 순응으로 보며 이 순응은 동화와 조절이라는 두 가지의 과정을 통해서 이루어진다고 했다. 이러한 과정을 통해 체계화되어서 인간이 행동에 의미를 주게 되는 지능의 여러 측면을 구조(structure)라고 부른다. 구조는 처음에 도식으로 구성되어 있다가 후에는 점점 더 복잡한 체제들로 체계화된 조직으로 이루어진다고 보았다.

개인은 사회적 및 물리적 환경에 적응할 때 이미 습득한 지식(동화)과 새로운 정보(조절) 간에 균형을 유지하려고 한다. 그 과정에서 학습자는 자발적 탐구와 지식 습득을 하게 되며 점점 논리적이고 추상적인 사고를 발달시킨다. 인간의 지식 발달은 개인과 환경이 상호 작용하는 가운데 동화와 조절을 통해 이루어지는 것이다.

(2) 피아제 인지 발달의 단계

피아제는 아동의 인지 발달은 연령에 따라 4단계를 거쳐 진행된다고 보았다. 피아제의 4단계는 감각 운동기, 전 조작기, 구체적 조작기, 형식적 조작기이다. 이 단계는 정해진 순서로 일어나며 뒤에 오는 단계는 앞 단계의 경험에 따라 순차적으로 발달이 이루어진다고 설명한다.

① 감각 운동기

출생 후 한 달 동안 갓난아기는 쥐고, 빨고, 팔과 다리를 아무렇게나 움직이는 것과 같은 선천적인 반사 행동을 한다. 우연히 발견한 행동을 반복하고, 그 반복을 통해 사고하는 무작위적 반사 행동을 한다. 1~4개월 때 아기는 모양과 형태를 구분하는데, 이때 엄마와 엄마가 아닌 사람의 얼굴을 구분할 수 있게 된다.

10~18개월 때 아기는 대상이 자신과 별도로 존재한다는 것을 이해하게 된다. 엄마가 방을 나가더라도 여전히 엄마는 존재하며 다시 나타날 것을 믿는다. 이를 대상 영속성이라고 한다. 또한 이 시기의 아기는 이미 학습한 행동과는 다른 새로운 도식을 시작한다. 피아제는 이 시기의 아기에게 '원인'에 대한 개념이 생긴다고 보았고, 이것이 진정한 지능의 시작이라고 보았다.

18~24개월 때 아기는 자신의 사고를 표현하기 위한 동작을 사용한다. 즉 상징적 사고가 시작된다. 18개월 이후 언어를 사용하기 시작하지만, 그것의 의미를 표현하지는 못한다. 대신 동작으로 의미를 나타내려는 시도를 한다.

② 전 조작기

이 시기에 아동은 언어를 습득하지만 세상을 보는 눈은 여전히 자신만의 시각과 관점 안에 머무른다. 즉 자기중심적 사고에서 벗어나지 못하기 때문에 고집스러운 모습을 보이기도 한다. 상대를 배려하거나 자신의 생각과 상대방의 생각이 다르다는 것을 이해하지 못한다. 자기중심적 사고에서 벗어나 타인에 대한 배려가 가능해지려면 이 시기에 '자기'라는 인식과 정체감이 먼저 생겨야 한다.

이 시기에는 호기심이 많아 새로운 것을 탐색하고 질문이 많아진다. 아동은 오직 자신의 제한된 경험을 통해서 배우기 때문에 경험이 없을 때는 꾸며 내기도 한다. 이는 어른들이 생각하는 거짓말과 다르다.

4~6세의 시기는 언어로 소통을 시작하면서 언어가 폭발적으로 발달하여 언어의 양적 발달이 최고로 이루어진다. 따라서 양육자나 교사는 아동과 상호 작용을 적절하게 하여 아이의 언어 발달을 촉진시켜야 한다.

③ 구체적 조작기

이 시기의 아동은 물리적으로 존재하는 대상에만 정신적으로 조작을 할 수 있다. 조작은 머릿속에서 수행되는 행동으로 내면화된 행동을 말한다. 이 시기의 아동은 논리적인 사고가 발달하는데, 이를 통해 자신과 다른 사람의 행동을 논리적으로 설명할 수 있으며 다른 사람의 시연을 보고 논리적 개념을 이끌어 낼 수 있게 된다.

이 시기에 아동은 5에다 3을 더하면 8이 된다는 더하기의 개념을 알게 되며, 8에서 3을 빼면 5가 된다는 것도 유추할 수 있게 된다. 이러한 '가역성'으로 사고의 방향을 바꿀 수도 있고, '보존'의 개념으로 대상의 물리적 외양이 변해도 그것이 그대로 남아 있음을 알 수도 있다. 또한 대상을 색깔, 모양, 크기와 같은 특징으로 분류하고 배열하는 서열화 능력을 갖춘다.

④ 형식적 조작기

이 시기의 아동은 구체적이고 가시적인 대상이 없어도 추상적인 이해가 가능하다. 구체적 조작기의 아동이 현재를 안다면 형식적 조작기의 아동은 과거, 현재, 미래를 이해할 수 있으며 구체물이 없어도 추상적 이해가 가능하고 가설을 세우며 논리적 사고가 완성된다. 문제를 해결할 수 있는 가능한 방법을 모두 생각해 낼 수 있고, 시간적 질서속에서 자신을 이해하며 다양한 관점에서 문제를 해결할 수 있다. 사고가 더욱 융통적이며 이성적이고 체계적으로 발달한다. 이전 발달이 밑바탕이 된다면 독립적이고 능동적인 독서가 가능해지는 시기다.

워즈워스(Wadsworth)가 정리한 피아제의 인지 발달 단계는 다음과 같다.(Anita E. Woolfork, 1995:59)

〈표 1〉 피아제(Piaget)의 인지 발달 단계

단계	연령	특징
감각 운동기	0~2세	• 모방, 기억, 사고를 사용하기 시작한다. • 물체를 숨겼을 때 그 존재가 없어지는 것이 아님을 인식하기 시작한다 (대상 영속성). • 반사 행동으로부터 목표-유도 행동으로 이동한다.
전 조작기	2~7세	• 언어의 사용과 상징적 형태로의 사고 능력이 점차적으로 발달한다. • 조작을 논리적으로 한 방향으로만 할 수 있다. • 타인의 관점에서 보는 데에 어려움을 겪는다(자기중심성). • 직관적 사고를 한다.
구체적 조작기	7~11세	• 구체적 문제를 논리적 방식으로 해결할 수 있다. • 보존 법칙을 이해하고 분류와 서열화를 할 수 있다. • 가역성을 이해한다.
형식적 조작기	11~16세	• 논리적인 방식으로 추상적 문제들을 해결할 수 있다. • 사고에 있어 더 과학적이 된다. • 사회적 쟁점, 정체성에 대한 관심이 커진다.

2) 비고츠키(L. S. Vygotsky)의 이론

레프 비고츠키는 자기 자신뿐 아니라 모든 아동이 부모와 친구, 교사와의 상호 작용을 통해 많은 것을 배운다는 사실에 주목했다. 발달의 어느 시점에서 아동은 유능한 또래나 성인의 도움을 받아 문제를 해결한다고 보았다. 피아제는 아동은 혼자서 세계에 대한 폭넓은 이해를 구성한다고 보았지만, 비고츠키는 아동의 인지는 세계 속의 다양한 사람들에게 의존하면서 발달한다고 주장한다. 교육 철학의 관점에서 보자면 피아제의 이론은 인지적 구성주의에, 비고츠키의 이론은 사회 문화적 영향력을 중시한 사회적 구성주의에 해당한다.

(1) 근접발달영역(Zone of Proximal Development)

아동이 주변 사람들과 상호 작용하면서 도움을 받아 인지 발달을 이루는 영역을 '근접

발달영역'이라고 한다. 비고츠키는 아동의 발달 수준을 실제적 발달 수준과 잠재적 발달 수준으로 구분하였다. 실제적 발달 수준은 아동이 주위의 도움 없이 스스로 문제를 해결할 수 있는 수준을 말하며, 잠재적 발달 수준은 도움을 받아서 문제를 해결할 수 있는 더 높은 수준을 말한다. 이 두 수준 사이에 존재하는 영역이 근접발달영역이다.

근접발달영역은 혼자서는 문제를 해결할 수 없지만, 성인의 안내를 받거나 친구와 협동하면 성공적으로 문제를 해결할 수 있는 영역이다. 비고츠키는 현재의 발달 수준이 같더라도 근접발달영역은 개인에 따라 다를 수 있음을 강조하였다.

(2) 비계 설정(scaffold)

비계 설정은 근접발달영역에서 제공되는 더 뛰어난 친구나 성인 등 주변인의 도움을 뜻한다. 비고츠키는 아동이 홀로 인지적 조작의 원리를 발견하지는 않는다고 생각하였다. 가족이나 교사, 친구 등과의 상호 작용, 보조 역할이나 중재, 도움을 통해 이루어진다고 보며 이러한 것을 비계 설정이라고 하였다. 주변인은 아동이 문제를 해결할 수 있도록 지식과 정보를 제공하기도 하고 자극과 격려를 한다. 주변인이 아동의 인지 발달에 '비계'가 되는 것이다.

이때 비계는 학습자 스스로 할 수 있도록 지원해 주는 것으로 국한해야 한다. 교사와 부모는 도움을 줄 수 있을 뿐, 실제로 학습하는 주체는 학습자 자신이어야 한다. 또한 학습에서의 비계 설정은 초기 단계에서는 많은 도움을 제공하다가 점점 지원을 줄여서 스스로 할 수 있는 단계까지 이끌어 나가야 한다.

(3) 언어

비고츠키는 비계 설정을 포함하여 대부분의 사회적 상호 작용이 언어를 통해 이루어지며 언어는 사고를 형성하고 지적 능력을 발달시키는 데 강력한 역할을 한다고 보았다. 이처럼 언어는 지식에 접근하도록 해 주고 스스로 문제를 해결할 수 있도록 돕는 중요한 기재다.

특히 혼잣말의 형태로 나타나는 언어를 사적 언어라고 하며, 이것이 외부의 사회적 지식을 내부의 개인적 지식으로 바꾸어 주는 기제로 보았다. 사적 언어는 생각을 조절하고 반영하는 수단으로 어린 아동에게서 쉽게 발견된다. 아동의 사적 언어는 성장하면서 내적 언어로 변환되어 밖으로 소리 내어 말하지 않는다. 성인도 밖으로 소리 내어 말하지 않을 뿐 머릿속으로 끊임없이 혼잣말을 하는데, 이러한 점은 사적 언어가 내적 언어로 변환된 것이다.

비고츠키는 아동의 성장에 주변인의 개입이 필요하다고 주장한다. 만약 주변인이 아동의 사고 발달 과정에 상징적으로 매개하는 모델이 되지 않는다면 아동의 인지는 제대로 발달하지 못해 낮은 수준에 머물러 있을 수밖에 없다.

이 점에서 비고츠키와 피아제의 주장이 다르다. 피아제는 아동 스스로 지식과 개념을 형성한다고 보지만, 비고츠키는 아동의 성장에 유능한 또래나 성인의 개입이 필요하다고 본다.

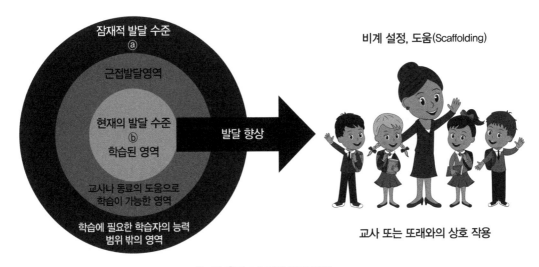

[그림 1] 비고츠키의 인지 발달

2. 도덕성 발달

도덕성은 어떤 사물이나 상황 등에 대하여 옳고 그름을 판단하고 바르게 행동하는 능력이다. 일반적으로 인간으로서 마땅히 지켜야 할 도리 또는 그것에 준하는 행동으로서 관습, 풍습, 선악의 표준을 말한다.

행동주의 이론가들은 도덕성을 도덕적 행동이 습관화된 것으로 보고 있다. 반면 인지론자들은 도덕성을 도덕적 가치에 대한 판단력으로 보며 '좋은', '나쁜', '옳은', '잘못된', '당연히', '반드시' 같은 단어를 사용하여 가치와 상황을 판단한다.

종합하면 도덕성 발달은 인간 행위의 선과 악의 규범에 대한 개인의식의 내면화 과정의 발달을 말한다. 도덕성 발달에 관한 이론은 1930년대의 피아제와 1950년대 이후에 피아제의 이론을 발달시킨 콜버그의 이론이 있다. 이 두 이론은 도덕성이 단계별로 발달한다는 설이다.

이후 길리건은 도덕성이 정의와 배려라는 두 개의 상호 의존적인 요소로 이루어져 있으며, 이 요소들은 도덕적 문제를 파악하는 특수한 방식을 나타냄과 동시에 각각의 요소들은 서로 다른 발달 유형을 보여 준다고 주장하였다. 길리건은 성적 갈등, 낙태 등의 문제와 관련되는 상황에서 청소년들의 도덕적 판단을 분석한 결과를 가지고 배려의 윤리라는 3수준의 여성 도덕성 발달 단계를 제안하였다. 이 장에서는 콜버그와 길리건의 도덕성 발달 이론을 중심으로 살펴본다.

1) 콜버그(L. Kohlberg)의 이론

콜버그는 인간의 도덕적 판단이 인지 발달과 병행한다고 보았다. 그는 '도덕적 행위자로서 개인의 사회적 환경 인식, 여러 규율의 개념화, 도덕적 추론 능력, 도덕적 판단 능력' 등을 도덕성의 기본 요소로 보고 이와 관련된 문제를 질문지 기법으로 제시하여 도덕성 발달의 단계를 설정했다.

콜버그는 질문지에서 '도덕적 행위의 동기', '인간 생명의 가치' 등 도덕적 문제를 담은 일련의 도덕적 딜레마 이야기를 제시하고 그런 상황에서 "어떻게 해야 하는가?", "왜 그렇게 해야 하는가?"를 질문하였다. 그는 이 질문에 대한 응답을 기초로 도덕성을 3수준 6단계의 도덕 판단 체계로 분류하였다.

<표 2> 콜버그의 도덕성 발달 단계

수준	단계별 특징
수준 1. 전인습적 수준 **(Preconventional Level)** 인습적이란 사회 규범, 기대, 관습, 권위에 순응하는 것을 뜻한다. 전인습적 수준에 있는 사람은 도덕적 선악의 개념은 있으나 권위자의 힘이나 자신의 욕구에 더 큰 영향을 받는다. 매우 자기중심적으로 자신의 욕구 충족에만 관심이 있어 사회 규범이나 기대, 다른 사람의 입장을 잘 이해하지 못한다. 9세 이전의 아이나 일부 청소년, 그리고 성인 범죄자들이 이 수준에 있다.	**단계 1. 벌과 복종 지향** 이 단계의 아동은 결과만 가지고 행동을 판단한다. 권위자의 벌을 피하고 권위에 복종한다. 보상을 받는 행동은 좋은 것이고, 벌을 받는 행동은 나쁜 것이다. 이 단계에서 아동은 벌을 피하기 위해 복종한다. 예를 들면 아동은 부모에게 야단맞을까 봐 차가 달리는 거리에서 뛰어다니지 않는다. **단계 2. 목적과 상호 교환 지향** 자신의 흥미와 욕구를 만족시키는 것이 도덕적 판단의 기준이다. 이 단계에서 아동은 다른 사람의 입장을 고려하기 시작하지만, 대부분 자신이 원하는 것을 얻기 위해서 행동한다. 예를 들면 아동은 어머니가 약속한 상 때문에 찻길에서 뛰어다니지 않는다.
수준 2. 인습적 수준 **(Conventional Level)** 이 수준에 있는 아이나 청년은 다른 사람의 입장을 더 잘 이해하게 되고, 도덕적 추론은 사회적 권위에 기초하며 보다 내면화된다. 다른 사람과의 상호 작용을 고려한 사회 지향적 가치 기준을 갖고 사회 관습에 걸맞은 행동을 도덕적 행동이라 간주한다.	**단계 3. 착한 아이 지향** 다른 사람들의 기대 때문에, 그리고 다른 사람으로부터 인정을 받기 위해 착한 아이로 행동한다. 이 단계에서는 동기나 의도가 중요하며, 신뢰, 충성, 존경, 감사의 의미가 중요하다. 예를 들면 아동은 동생이 자기를 믿기 때문에, 동생이 잘못한 것을 부모님께 말씀드리지 않는다. **단계 4. 법과 질서 유지 지향** 추상적 사고를 할 수 있는 능력으로 인해 청년은 이제 자신을 사회의 일원으로 생각하게 되고, 그래서 사회 기준에 따라 행동을 평가한다. 사회 질서를 위해 법을 준수하는 행동이 도덕적 행동이라고 생각한다. 예를 들면 한 운전자는 사회적 법과 질서를 준수하기 위해 보는 사람이 없더라도 '멈춤' 표지판 앞에서 차를 멈춘다.
수준 3. 후인습적 수준 **(Postconventional Level)** 후인습적 수준에 있는 사람은 사회 규범을 이해하고 기본적으로는 그것을 인정하지만 법이나 관습보다는 개인의 가치 기준에 우선을 둔다. 인간으로서의 기본 원리에 따라 행동한다. 일반적으로 20세 이상의 성인들 중 소수만이 이 수준에 도달한다.	**단계 5. 사회 계약 지향** 법과 사회 계약이 '최대 다수의 최대 행복'이라는 전제하에 만들어졌다는 것을 이해하고, 모든 사람의 복지와 권리를 보호하기 위해 법을 준수한다. 그러나 때로는 법적 견해와 도덕적 견해가 서로 모순됨을 깨닫고 갈등 상황에 놓인다. 예를 들어 한 운전자는 많은 이들에게 피해를 주지 않기 위해 교통 법규를 지킨다. **단계 6. 보편 원리 지향** 법이나 사회 계약은 일반적으로 보편적 윤리 기준에 입각한 것이기 때문에 정당하다고 믿는다. 따라서 만일 이러한 원칙에 위배될 때에는 관습이나 법보다 보편 원리에 따라 행동한다. 보편 원리란 인간의 존엄성, 인간의 평등성, 정의, 양심의 결단 같은 것을 말한다. 예를 들어 횡단보도 한복판에 사람이 쓰러져 있다. 지금 신호는 빨간 불이다. 길을 건너면 법규를 어기는 것이지만, 쓰러진 사람을 돕기 위해 누군가 무단횡단을 한다. 생명이라는 가치가 법률보다 우선하기 때문이다.

(Colby & Kohlberg, 1987)

'하인즈의 딜레마'는 콜버그가 제시한 딜레마 중에서 가장 잘 알려진 것으로 암에 걸린 부인을 위해 하인즈가 약을 훔쳐야 하는지에 대한 관점과 도덕성 발달 단계의 특징을 연결하고 있다.

유럽에 있는 한 여인이 특수한 종류의 암으로 죽음 직전에 있었다. 의사들은 한 가지 약만이 그 여인을 구할 수 있다고 생각했다. 그것은 라디움과 같은 것으로, 같은 마을에 사는 한 약제사가 최근에 발견한 것이다. 그 약은 원가가 쌌지만, 그 약제사는 약값으로 원가의 10배 값을 요구했다. 약을 제조하는 데는 200달러가 들었는데, 그는 조그마한 약 한 알에 2,000달러를 요구했다. 앓고 있는 여인의 남편 하인즈는 자신이 알고 있는 모든 사람에게 찾아가 돈을 빌렸지만, 약값의 절반인 1,000달러밖에 빌릴 수 없었다. 그는 약제사에게 찾아가 아내가 죽어 가고 있으니 약을 싸게 팔거나 다음에 갚게 해 달라고 부탁했다. 그러나 그 약제사는 "안 됩니다. 나는 이 약을 발견했고 이것으로 돈을 벌려고 합니다."라고 하였다. 실망한 하인즈는 그 사람의 약국을 부수고 들어가 아내를 위해서 약을 훔쳤다. 과연 이 남편은 그렇게 행동해야만 했을까?

'하인즈와 약사'의 이야기에 대한 학습자의 반응에 따라 도덕성 발달 단계를 구분할 수 있다. 콜버그의 도덕성 발달 단계별 반응은 다음과 같다.

〈표 3〉 '하인즈와 약사' 이야기에 대한 반응의 예

단계	반응
1단계	▶ 찬성: 하인즈는 약을 훔쳐야 한다. 그는 나중에 약값을 지불하겠다고 했다. 처음부터 약을 훔치려는 것과는 다르다. 그리고 그가 훔친 약값은 2,000달러가 아니라 실제로 200달러짜리다. ▶ 반대: 하인즈는 약을 훔쳐서는 안 된다. 그것은 큰 범죄다. 그는 허락을 받지 않고 강제로 침입했다. 그는 가게를 부수고 들어가서 매우 비싼 약을 훔치고 큰 피해를 입혔다.
2단계	▶ 찬성: 하인즈가 약을 훔치는 것은 괜찮다. 그는 그의 아내를 살리기를 원하고, 그러기 위해서 약을 훔치는 것은 어쩔 수 없는 일이다. 그냥 도둑질하는 것과는 다르다. ▶ 반대: 하인즈는 약을 훔쳐서는 안 된다. 약사가 그리 나쁜 것은 아니다. 그는 다른 사람들과 마찬가지로 이윤을 남기려고 한 것뿐이다. 그것은 사람들이 돈을 벌기 위해 사업을 하는 것과 마찬가지다.
3단계	▶ 찬성: 하인즈는 약을 훔쳐야 한다. 그는 좋은 남편으로서 마땅히 해야 할 일을 했을 뿐이다. 우리는 그가 아내를 사랑하는 마음에서 한 행동에 대해 그를 비난할 수 없다. 약을 훔쳐서라도 아내를 살리고 싶어 할 정도로 아내를 사랑했지, 오히려 아내를 사랑하지 않는 것이 비난받을 일이다. ▶ 반대: 하인즈는 약을 훔쳐서는 안 된다. 만약 하인즈의 아내가 죽는다 해도 그를 비난해서는 안 된다. 약을 훔치지 않았다고 해서 그가 무정한 사람이거나 아내를 사랑하지 않는 것은 아니다. 하인즈는 그가 할 수 있는 최선을 다했다. 약사가 이기적이고 무정한 사람이다.

4단계	▶ 찬성: 하인즈는 약을 훔쳐야 한다. 아내를 죽게 내버려 두어서는 안 된다. 아내를 살리는 것은 하인즈의 의무다. 나중에 갚을 생각으로 약을 훔치는 것은 괜찮다. ▶ 반대: 하인즈가 그의 아내를 살리고 싶어 하는 것은 당연하다. 그러나 남의 물건을 훔치는 것은 나쁜 일이다. 어떤 상황에서도 법을 준수해야 한다.
5단계	▶ 찬성: 절도가 도덕적으로 잘못된 것이라고 말하기에 앞서 모든 상황을 고려해야 한다. 물론 약국에 무단 침입해서 약을 훔치는 것이 옳은 일은 아니지만 그러한 상황에서 약을 훔치는 것은 정당화될 수 있다. ▶ 반대: 하인즈가 약을 훔친 것이 전적으로 잘못된 일이라고 말할 수는 없지만, 아무리 극한 상황이라도 범법 행위가 정당화될 수는 없다. 아무리 절박한 상황에서도 모든 사람이 다 도둑질을 하지는 않는다. 목적이 수단을 정당화할 수는 없다.
6단계	▶ 찬성: 법을 어기는 것과 한 사람의 생명을 구하는 것 사이에서 선택을 해야 할 때 생명을 구하려는 도덕적으로 더 높은 원리가 약을 훔치는 행위를 정당화한다. 하인즈는 생명을 보존하고 존중하는 원리에 따라 행동해야 한다. ▶ 반대: 하인즈는 그의 아내만큼 그 약을 절실히 필요로 하는 다른 사람도 생각해야 한다. 그는 아내에 대한 특별한 감정에 의해 행동해서는 안 되고 다른 모든 사람의 생명의 가치도 생각하면서 행동해야 한다.

(정옥분, 2006:310)

2) 길리건(C. Gilligan)의 이론

많은 학자는 오래전부터 남성을 대상으로 도덕성 발달 연구를 수행하였다. 대부분의 연구 결과들은 남성의 반응만을 토대로 하여 이루어졌고, 이를 바탕으로 도덕성을 설명하였다. 기존의 성차에 관한 연구들은 도덕적 선택에 있어서 남성들이 여성보다 사려 깊고, 현명하며, 합리적으로 보았다. 여성들은 직관적이고, 동정적이며, 사심이 없고, 친절한 것으로 평가했다. 이러한 기존의 가치관에 반발한 길리건은 도덕 발달에 대한 기존의 관점을 확대하여 남성들과는 본질적으로 상이한 여성의 관점을 다루는 연구를 했다.

길리건은 콜버그의 추상적 도덕 원리를 강조하는 정의 지향적 도덕성에 반대하였다. 콜버그의 도덕성 발달 이론 6단계가 남성 우월주의의 산물로 성차별적이라고 비판하며 인간관계의 책임, 타인과의 관계성, 보살핌, 애착, 희생을 강조하는 대인 지향적 도덕성 이론을 제시했다.

길리건은 도덕성 발달상의 성차의 문제를 넘어서서 지나치게 인지적인 측면에서만 도덕성을 고려한 콜버그 이론의 한계를 보완했다. 길리건의 도덕성 발달 이론은 도덕성 발달에 대한 우리의 시야를 넓히는 데 도움이 된다.

단계		내용
단계 1	개인적 생존 지향의 자기중심적 단계	자기 자신을 돌보는 것에 몰두한다. 무엇이 자신을 위해 좋은가를 생각한다. 자신의 이익과 생존을 위해 몰두하는 단계다. 타인에 대한 관심이나 배려가 결여됐으며 자신만을 위한 욕구와 그에 따른 행동을 한다. 자기중심적이고 실용적 관점에서 도덕적 문제를 해결하려고 한다.
제1 과도기	이기주의에서 책임감으로 변화	다른 사람과의 관계를 인식하고 무엇이 자기 자신뿐만 아니라 다른 사람에 대해서도 책임이 있는 선택일까를 생각하기 시작한다. 이기심과 책임감의 대립 개념이 등장하는 과도기로 자아와 타인 간의 연계성을 인식하기 시작한다. 이기심에 대한 자책감을 느끼지만 여전히 자신의 행복이 삶의 목표이다.
단계 2	책임감과 자기 희생으로서의 선(善) 지향 단계	여성 자신이 원하는 것을 다른 사람이 원하는 바를 위해 희생하게 하며 타인에 대한 책임을 인식하고 타인을 돌보고 보호하려고 한다. 자신을 돌보는 것은 타인에게 해가 될 수 있고 비판의 대상이 되거나 버림받을 가능성이 있다고 생각한다. 타인에 대한 책임과 보살피고자 하는 모성애적 도덕률을 얻는 단계로 자신을 희생하더라도 타인을 위한 욕구가 앞서게 된다. 배려의 대상에서 자신은 제외되는 경향이 있다.
제2 과도기	착함에서 진실로 변화	다른 사람의 욕구뿐만 아니라 자기 자신의 욕구도 고려한다. 다른 사람을 책임짐으로써 '착하게' 되기를 원하지만, 자기 자신도 책임을 지며 '정직하게' 되고자 한다. 생존은 다시 주요 관심사가 되며 책임의 개념이 확대되는 과도기로 선에 대한 관심보다 진실에 대한 관심이 증가한다. 타인의 욕구뿐만 아니라 자신의 욕구도 고려한다.
단계 3	자신과 타인에 대한 배려의 비폭력 도덕성 지향 단계	자기 자신과 타인 양자에게 최선이 될 수 있는 방법을 모색한다. 타인은 물론 자신에 대한 책임의 중요성을 인식하고 자신과 타인 모두에게 상처를 주지 않는 방안을 찾는다. 이기심과 책임감 간의 대립이 해소되는 단계로 인간관계가 상호적이라는 것을 인식하여 더 이상 자신을 무기력하거나 복종적인 존재로 여기지 않는다. 의사 결정 과정에서 적극적이고 동등한 참여자로서 참여하여 자기 자신에 대한 책임감을 갖는다.

(Carol Gilligan, 2020)

3. 성격 발달

성격 발달의 과정을 설명하는 체계는 이론에 따라서 제각기 다르나 일반적으로 개인의 생득적 특성과 환경의 상호 작용에 따라서 결정되는 것으로 간주하고 있다. 성격 발달 이론의 대표적인 것으로 정신 분석 이론·행동주의 이론·현상학적 이론 등이 있으나 발달의 단계를 분명하게 구분하여 놓은 것은 주로 정신 분석학적 연구들이다.

정신 분석의 아버지로 불리는 프로이트는 성격의 발달이 초기 경험에 큰 영향을 받는 다고 보고 발달의 단계를 구강기·항문기·남근기·잠복기·성기기로 구별하였다. 무의식의 개념과 결정론을 주장하며 주로 인간의 초기 발달 과정이 성격 형성에 주요한 영향을 미친다고 말한다. 유년기의 발달 과정이 성인 행동의 근원이 된다고 보며 각 단계에서 적절한 만족을 얻어야만 다음 단계로 발달이 순조롭게 이루어진다고 보았다.

에릭슨은 프로이트의 무의식 개념에는 동의하나 성격은 유아기뿐만 아니라 전 생애에 걸쳐 발달한다고 보았다. 전 생애를 8단계로 구분하여 시기마다 심리 사회적 과업 혹은 위기가 있어 그 위기 극복의 과정에 따라 성격이 발달한다고 설명한다.

1) 프로이트(S. Freud)의 정신 발달 이론

정신 분석학은 정신 속에 들어 있는 의식과 무의식의 요소들이 빚어내는 상호 작용을 연구함으로써 정신병을 치유하는 것을 목표로 삼는 치료법의 하나이다. 고전적인 정신 분석 기법은 환자가 자유롭게 이야기를 하게 함으로써, 환자가 지닌 문제점들의 원인이 되는 억압적 공포와 갈등을 무의식 속에 '묻어 두기'보다는 의식으로 끌어내어 드러내 놓고 맞서도록 하는 것이다.

프로이트는 인간의 정신세계를 의식(conscious), 전의식(preconscious), 무의식 (unconscious)이라는 세 가지 구조로 나누고, 세 영역의 성격을 원초아(id), 자아(ego), 초 자아(superego)라는 개념으로 설명하였다.(오윤선, 2020) 프로이트의 모든 작업은 무의식 의 개념에 바탕을 두고 있는데, 무의식은 의식 너머에 존재하는 정신의 일부이지만 행 동에 강력한 영향을 미친다고 보았다.

(1) 구강기(oral stage, 0~18개월)

출생부터 대략 생후 1년 6개월 사이의 연령에 해당된다. 이 시기에는 입과 입술을 통 해 어머니의 젖을 빨고 깨물면서 입을 통해 생리적 쾌감을 느끼는 시기다. 이때의 아기 는 주로 활동이 입술, 혀 및 입속의 쾌감을 통해 리비도의 욕구가 충족된다.

이 시기에 구순 고착 경험은 과식이나 과음, 과도한 흡연, 타인과의 접촉에 대한 지나 친 요구, 타인에 대한 비난이나 분노, 의존성 등의 퇴행적 성격 등으로 나타난다. 이 시기 욕구가 충족되지 않거나 과잉 고착되면 성인이 되어서도 과도하게 의존적이거나 비판적이고 타인에 대한 불신이 크거나 타인을 지배하려는 공격적인 성격으로 나타날 수 있다.

(2) 항문기(anal stage, 18개월~3세)

항문기는 생후 18개월에서 3세까지다. 배변 훈련과 관련된 시기로 배설 경험을 통해 리비도의 충족이 이루어진다. 생리적 쾌락이 항문으로 옮겨가 배설물을 보유하거나 내보낼 때 쾌감을 얻는다. 이 시기에 아기는 처음으로 배변 훈련과 관련된 통제를 받게 되며 실패를 경험하기도 하고 그 과정에서 부모의 사랑에 대한 갈등을 겪기도 한다.

이 시기에 지나치게 엄격한 배변 훈련을 받으면 항문기에 고착되어 성인이 되어서도 불안감이 강해지거나 자기를 지나치게 억제하는 성격으로 나타날 수 있다. 대소변 훈련이 어땠느냐에 따라 지나치게 청결하거나 지저분한 성격에 영향을 준다. 혹은 강박적 성격으로 나타나 고집이 세고 인색한 성격으로 나타나기도 한다. 질서 정연하거나 반대로 무질서하고 무절제하고, 사치와 낭비가 심한 성격이 되기도 한다. 항문기는 처음으로 사회의 기대에 순응하는 요구에 직면하는 단계이다.

(3) 남근기(phallic stage, 3~6세)

프로이트는 3~6세경의 아동은 신체적 성숙으로 성기를 통한 쾌감을 느낄 수 있다고 보았다. 이 시기 아동은 성기에 관심을 갖고 자위행위를 하거나 성이나 출산에 관해 궁금해한다. 성기를 통해 리비도의 만족을 추구하며 이성의 부모에게는 성적 관심을 보이고, 동성의 부모에게는 성적 '동일시(identification)'를 한다고 주장한다.

이 시기에 남아는 남자답게, 여아는 여자답게 행동하려고 애쓴다. 부모와 자신을 동일시하여 가치관의 영향을 많이 받는다. 동성 부모를 자신과 동일시함으로써 자신의 성에 대한 역할이나 가치관, 태도 등을 내면화하게 되고 초자아와 자아 이상, 성 역할이 발달하게 된다. 이성 부모에 대한 갈등은 오이디푸스 콤플렉스나 엘렉트라 콤플렉스로 나타난다. 성 차이를 인식하게 되면서 성적 매력이나 원망, 경쟁, 질투, 두려움 등의 갈등이 생긴다. 이 시기에 고착이 되면 자만해지거나 자기를 과시하기 위한 연극적 성격이 강하거나 쾌락을 추구하고 성적으로 공격적일 수 있다. 양심과 자아가 발달해 초자아가 발달한 성격이나 반대로 사회 질서를 깨트리는 성격이 될 수 있다.

(4) 잠복기(latency period, 6~12, 13세)

이 시기의 아동은 비교적 평온한 잠복기에 들어선다. 성적인 관심이 철저히 잠복해 버리고 학교, 친구, 스포츠 등의 관심으로 대치된다. 동성끼리의 집단 형성에 관심이 집중된다. 실생활을 살아가는 기본적인 기술과 사회 속에서 다른 사람과 관계 맺는 기술을 배운다.

초등학교에 다니는 시기로 지적 호기심이 왕성해지고 친구와 우정을 쌓으며 성적 관심은 오히려 줄어든다. 리비도의 신체적 특징이 특별히 한정되지 않아 신체의 발육과 성장, 지적 활동, 친구와의 우정 등에 집중한다. 이성에 대한 정서적인 친밀감을 갖지 못해 대인 관계가 원만하지 못하기도 한다.

(5) 성기기(genital stage, 12, 13~19세)

12세경에 성호르몬이 분비되면서 잠복기에 나타나지 않았던 성 충동에 눈을 뜨게 된다. 남근기의 주제였던 갈등이 다시 시작되지만, 사회적 제한 때문에 성적인 에너지가 사회적으로 수용되는 다른 곳에 향하므로 자신의 에너지를 관리할 수 있다. 진정한 사랑의 대상을 찾아 만족하기를 원하므로 이성과 친밀한 관계를 형성하고, 일하는 것을 통해 사회에 기여하려고 애쓴다.

성기기는 사춘기가 시작되는 시기로 이성에 대한 관심이 증가하고 성적 에너지가 직접적으로 표현된다. 성기기를 잘 보내면 사회·성적 관계를 원만하게 유지하고 책임감이 강한 사람이 된다. 이 시기 청년들은 성생활을 통한 리비도를 충족하고 이는 전 생애를 통해 지속된다.

2) 에릭슨(E. H. Erikson)의 심리 사회적 발달 이론

에릭슨은 프로이트의 성격 발달 이론의 기본 개념을 받아들이면서 발달 과정을 평생으로 추가 확대하였다. 그는 생물학적 입장보다는 발달에 있어서 심리적이고 사회적인 부분이 더 중요하다고 보았다. 에릭슨은 사회적 관계에 따라 일생에 거쳐 이루어지는 성격 발달을 8단계로 나누어 각 단계에 획득해야 할 과업 혹은 위기를 제시했다. 즉 에릭슨에 의하면 각 단계의 핵심적인 갈등을 잘 해결하면 건강한 성격이 발달하고 그렇지 않으면 부정적 성격을 경험하게 된다.

에릭슨은 아동의 양육 상황을 연구하는 과정에서 모든 인간은 기본적으로 동일한 욕구를 지니며 사회는 어떤 방식으로든 그러한 욕구를 채워 줄 방법을 제공해야 한다고 말한다. 개인의 정서적 변화와 사회 환경에 대한 관계는 모든 사회에서 유사한 패턴을 따른다고 보았다. 에릭슨은 문화와 개인 사이의 관계를 강조하며 성격 발달을 심리 사회적 이론으로 설명한다.(곽금주·정윤경·김민화 외, 2005:35~36)

(1) 신뢰감 대 불신감(생후 1년)

이 시기에 영아는 자신을 돌보아 주는 양육자를 신뢰한다. 양육자와 영아의 상호 작용을 통해 사회적 관계가 발달하는 시기다. 이때 영아가 양육자로부터 적절한 보살핌과 기본적인 욕구가 충족되면 신뢰감이 형성되지만 그렇지 못한 경우 불신감을 갖게 된다. 유아가 처음으로 맺는 양육자와의 관계는 이후 인생 전반에 걸쳐 다른 세계와 관계 맺기에 영향을 미친다. 영아기의 신뢰감은 세계가 살기 좋은 곳이라는 일생에 걸친 기대를 위한 단계이다. 중요한 사회적 대리인은 양육자이다.

(2) 자율성 대 회의감과 수치심(생후 2년)

이 단계는 영아기 말경, 유아기 초기에 나타난다. 양육자에 대한 신뢰를 얻은 후에 영아는 그들의 행동이 자신의 것이라는 것을 깨닫는다. 그리고 자신의 독립이나 자율성에 대한 느낌을 말하기 시작한다. 또 자신의 의지를 깨닫는다. 이 시기 대소변 가리기와 자기 통제가 가능하여 자기를 통제할 수 있으면 자신을 독립된 존재로 인식한다. 이러한 독립을 달성하는 일에 억압되거나 실패를 하거나 실패에 대한 비난, 혹은 체벌을 받게 되면 자신의 능력을 의심하고 수치심과 회의를 갖게 된다. 중요한 사회적 대리인은 양육자이다.

(3) 주도성 대 죄책감(3~6세)

이 시기는 자신의 욕구를 충족시키기 위해 부모의 의존을 벗어나 주도적으로 행동하는 시기다. 또래와의 놀이에서 자기주장이 나타나고 이전 시기보다 넓은 사회적 세상을 만나게 되면서 영아기 때보다 더 많은 도전을 받는다. 이러한 도전을 지지 받으면 주도성이 발달하지만, 그렇지 못하면 책임감이 없고 걱정이 많으며 죄책감이 높아질 수 있다. 아동은 그들의 신체, 행동, 장난감, 반려동물에 대한 책임감을 요구받고 그것에 대한 책임을 지는 경험을 바탕으로 주도성을 획득한다. 양육자가 중요한 사회적 대리인이다.

(4) 근면성 대 열등감(6~12세)

이 시기 아동은 학교에서 주어진 과제를 수행하고 성실히 임하는 과정이 중요하다. 학교 생활에 적응해 가면서 과업 성실성을 갖게 된다. 아동은 학습을 해 나가며 지식을 쌓아 가고 친구와 교사와의 상호 작용을 해 나간다. 하지만 학교 과제 수행 능력이 부족하고 적응에 문제가 생긴다면 열등감이 생긴다. 에릭슨은 교사가 아이의 근면성 발달에 특별한 책임을 갖고 아이가 스스로 성취할 수 있도록 격려해 주어야 한다고 강조한다. 교사와 또래가 중요한 사회적 대리인이다.

(5) 정체감 대 역할 혼돈(청년기)

이 시기의 청소년은 급격한 신체 변화와 새로운 사회적 역할을 요구받으며 자신의 정체성을 찾고자 한다. 나는 누구이고, 내가 할 수 있는 일이 무엇이며, 내가 삶에서 가고 있는 곳이 어디인지를 찾는 일에 직면한다. 청소년들은 많은 새로운 역할과 앞으로의 진로에 대해 고민하게 된다. 이때 지금까지 발달해 온 것을 통합하여 자아 정체감이 형성되면 자신의 역할이나 책임을 분명히 알게 되지만 정체감 형성에 문제가 생기면 방황이 길어지고 역할 혼미 또는 정체감 혼미로 남게 된다. 따라서 교사나 부모는 청소년들이 특정한 역할 내에서 다양한 역할과 다른 길을 탐험할 수 있도록 허용할 필요가 있다. 또래 집단이 중요한 사회적 대리인이다.

(6) 친밀성 대 고립(성인 초기)

성인의 초기 시기로, 이 시기의 개인은 다른 사람들과의 친밀한 관계를 형성하는 발달 과제에 직면하게 된다. 직업을 갖고 연애를 하며 배우자를 찾는 과정을 통해 강력한 우정, 타인과의 사랑, 동료애 등을 갖게 된다. 에릭슨은 친밀감을 자신의 정체감과 다른 사람의 정체감을 융합시키는 능력이라고 표현했다. 만약 이 시기에 건강한 우정을 쌓고 다른 사람들과 가까운 관계를 형성한다면 친밀감이 생길 것이다. 하지만 역할 혼미로 방황하는 사람은 자신감이 부족하여 타인과 친밀감을 형성하지 못하여 고립감이나 자아 몰입에 빠지게 된다. 연인, 배우자, 친구가 중요한 사회적 대리인이다.

(7) 생산성 대 침체(중년기)

성인 중기에 해당하는 시기로 자신의 인생이 저물어 가는 것을 바라보고 다음 세대를 통해 자신의 불멸을 성취하고자 하는 시기다. 이 시기의 주요 관심사는 젊은 세대를 돕고 다음 세대를 양성하는 것이다. 직업에서 생산성을 발휘하고 가족을 부양하고 더 나아가 사회적 봉사 등을 통해서 생산성을 발휘하는 시기다. 생산성이 발휘되지 못할 때 침체기가 생기는데 이러한 사람은 자신의 삶에 정체되거나 자신의 행복에만 몰두하는 자기중심적인 모습을 보인다. 중요한 사회적 대리인은 배우자나 자녀, 문화적 규준이다.

(8) 자아 통합 대 절망(노년기)

성인기의 후기인 노년기는 신체적으로 젊음을 잃고 사회적 역할도 상실하며 자신의 삶을 정리하는 시기다. 이 단계에서 인간은 과거를 긍정적으로 회고하거나 또는 일생을 잘 보내지 못했다고 결론짓는다. 회고한 결과 인생을 잘 보냈다는 그림을 그리게 되고, 만족감을 가지게 되는 등 자신의 삶을 수용하며 자아 통합감을 획득한다. 만약 이전 단계의 많은 부분을 부정적으로 해결했다면 대개 의심이나 우울감 등과 같은 절망감을 야기하고 절망에 빠지게 된다.

에릭슨은 단계별 위기의 해결책이 항상 긍정적일 것이라고 생각하지는 않았다. 사람들 간 갈등을 해결하기 위해 부정적인 경험은 불가피하다고 보았다. 하지만 단계적 위기에 대한 건강한 해결책에서는 긍정적인 해결이 우위를 차지한다. 에릭슨의 8단계를 정리하면 다음과 같다.

〈표 5〉 에릭슨의 심리 사회적 발달 이론

시기	프로이트 발달 단계	에릭슨 발달 단계	특징	발달 과업
생후 1년	구강기	신뢰감 대 불신감	양육자로부터 적절한 보살핌과 기본적 욕구의 충족 여부에 따라 신뢰감 형성에 영향을 줌.	나는 이 세상을 신뢰할 수 있는가?
생후 2년	항문기	자율성 대 회의감과 수치심	독립된 존재로서 목표 도달에 실패하면 자신의 능력을 의심하고 수치심과 회의감을 갖게 됨.	나는 나의 행동을 통제할 수 있는가?
3~6세	남근기	주도성 대 죄책감	주도적인 행동을 할 기회가 부족하거나 실패하면 죄책감을 갖게 됨.	나는 부모에게 독립하고 나의 한계를 찾을 수 있는가?
6~12세	잠복기	근면성 대 열등감	충분히 근면하다면 성공적인 사회적 기술을 습득하지만, 그렇지 못하면 열등감을 초래함.	나는 생존과 적응에 필요한 기술을 숙달할 수 있는가?

청년기	성기기	정체감 대 역할 혼돈	정체성 형성에 문제가 생기면 방황이 길어지고 역할 혼미 또는 정체감 혼미로 남음.	나는 누구인가? 나의 신념, 감정, 태도는 어떤 것인가? 나는 무엇인가를 할 수 있는 사람인가?
성인 초기		친밀성 대 고립	타인과 친밀감을 갖지 못하면 고립감이나 자아 몰입에 빠짐.	나는 다른 사람에게 나 자신을 아낌없이 줄 수 있는가?
중년기		생산성 대 침체	생산성이 발휘되지 못하면 침체성이 생김.	나는 사회에 어떤 공헌을 하고 있는가? 나는 다른 세대에게 무엇을 줄 수 있는가?
노년기		자아 통합 대 절망	자아 통합이 이루어지지 못하면 삶이 무의미하다고 생각하고 자아 절망감에 빠짐.	나는 내 평생에 한 일과 역할에 만족할 수 있는가?

4. 언어 발달

인간은 언어 없이는 하루도 생활할 수 없을 뿐 아니라 자신이 필요로 하는 정보를 수용하고 생산하는 일을 포함한 모든 학습 활동도 불가능하다. 대부분의 인지 심리학자들과 언어학자들은 발달 영역 중에서 특히 인간의 사고와 언어는 아주 밀접한 관련이 있다고 말한다. 언어를 사용하는 사회적·문화적 과정에서 사고가 발달한다고 보기도 하며 사고가 발달하는 한 부분이 언어의 발달이라고 설명하기도 한다. 언어의 발달 이론은 크게 학습 이론, 생득 이론, 상호 작용 이론으로 분류할 수 있다.

1) 언어 발달의 세 가지 관점

(1) 학습 이론

학습 이론에서는 언어 발달의 경험적 요소를 강조하여 언어는 인간의 다른 행동과 마찬가지로 학습과 모방의 과정을 통해서 습득된다고 본다. 대표적인 학자는 스키너(B.F.Skinner)와 반두라(A.Bandura)이다.

스키너는 언어 발달이 ① 조건 ② 반응 ③ 강화의 과정을 거쳐 연습이나 훈련과 같은 후천적인 경험에 의해 발달한고 주장하였다. 그의 조작적 조건화(S-R-R: Stimulus-Response-Reinforcement) 이론은 행동의 결과 때문에 그다음의 행동이 변화되는 기본적 학습 과정으로 여기서 행동의 결과는 보상을 받느냐 처벌을 받느냐이다.

고전적 조건화는 자극(S)에 의하여 행동(R)이 결정되는 것이지만 조작적 조건화는 행동의 결과(R)로 자극(S), 즉 보상이 달라지고 이에 따라 다음 행동이 결정되는 것이다. 언어 교육에 있어서 하나의 조건은 칭찬과 꾸지람이며 학습자는 칭찬과 꾸지람에 따라 반응을 달리 하며 언어가 획득된다는 내용이다.

이러한 학습 이론은 결코 들은 적이 없는 것을 이야기하는 아이들의 놀라운 상상력에 대해서는 설명하지 않는다. 또한 부모가 문법적 규칙에는 거의 주의를 기울이지 않는다는 점과 인간이 사용하는 단어나 문장의 수가 무수히 많다는 점을 간과하고 있다.

또 하나의 이론은 반두라가 주장한 사회 학습 이론이다. 반두라는 인간의 행동은 보상이나 처벌의 조작 결과로서 형성되는 것이 아니라, 다른 사람의 행동을 관찰하고 모방한 결과로서 이루어진다고 주장한다. 지금까지는 모방과 관찰이란 용어를 구분하지 않고 사용해 왔으나, 반두라는 이 두 용어의 구분이 아주 중요하다고 하였다. 관찰 학습에는 모방이 포함될 수도 있고, 그렇지 않을 수도 있다고 하였다. 이것은 관찰과 반복 연습을 통해 언어가 획득된다는 시각이다.

하지만 이 이론 역시 완성된 문장으로 표현하지 못하고 필요한 단어를 나열하여 의사 표현을 하는 문장 단계일 때는 성인 문장을 흉내 내지 못한다는 점과 아이의 말실수에서 볼 수 있는 나름의 규칙성을 간과하고 있다.

(2) 생득 이론

생득 이론 관점에서 인간은 언어를 획득할 수 있는 선천적인 능력을 가지고 태어난다. 생득 이론의 대표적 이론은 언어 심리학자인 촘스키(N. Chomsky)의 생래적 언어 학습 기제론이다. 그는 『변형 생성 문법(Generative Transformational Grammar)』이라는 책을 통해서 언어 습득과 언어 행위는 모방적 과정이 아니라 창조적 과정으로 수행된다는 언어 습득설을 주장하였다.

인간은 누구나 블랙박스라고 불리기도 하는 언어 습득 장치(LAD: Language Acquisition Device)를 선천적으로 가지고 태어난다고 가정하였다. 이 LAD가 활발하게 기능하는 시기에 대해서는 학자마다 다소 차이가 있지만, 대개 3~6세에 가장 뛰어나다가 10세까지 완만하게 감소하며, 12세부터 급속히 둔화하기 시작한다. 그러므로 3~6세가 선천적인 언어 습득 능력이 가장 왕성한 시기라고 할 수 있다.

하지만 생득 이론에서도 LAD가 어떻게 생성되며 어떠한 과정을 거쳐 인간이 언어를 습득하는지는 설명하지 못하는 한계가 있다. 그리고 똑같은 상황에서 성인이 제2외국어를 배워 아동을 능가하는 경우가 있어 결정적 시기에 대한 도전을 받고 있다.

(3) 상호 작용 이론

상호 작용의 관점은 학습 이론과 생득 이론이 부분적으로 옳다고 보는 입장이다. 생득 이론에서 주장하는 것처럼 아동이 생물학적으로 언어 학습을 할 수 있도록 태어났다고 전제한다. 그리고 생물학적인 성숙과 인지 발달, 언어 환경의 상호 작용을 반영하여 발달하는 것이지 언어 처리 과정만으로 되는 것은 아니라고 본다.

상호 작용 이론가들은 아동이 언어를 배울 수 있도록 생물학적으로 준비가 되었다고 보았다. 여기에 언어적 환경을 만들어 주면 아동의 어휘 및 언어 발달을 증진시킬 수 있다. 의사소통을 하려는 아동의 시도가 양육자의 말에 영향을 주고, 아동은 이를 처리하면서 뇌의 언어 영역이 더 발달하게 되고, 언어적 규칙을 알게 되어 더욱 분명하게 말하며 이는 다시 양육자의 말에 영향을 주는 과정에서 언어 발달이 이루어진다고 주장한다.

비고츠키가 말한 협동 학습과 같이 아동이 성인과의 사회적 상호 작용으로 인지 발달과 언어 발달은 증진된다고 보는 관점이다. 부르너는 아동의 언어 발달에서 사회 문화적 영향을 중요하게 강조한다. 비고츠키와 마찬가지로 아동의 언어 발달에 부모와 교사의 역할이 중요하다고 보았다.

상호 작용 이론이 생득 이론이나 학습 이론과 다른 점은 상호 작용의 초점이 선천적인 언어 획득 기제의 작용이 아니라 일반적 인지 발달이라는 점이다. 그리고 모방이나 강화가 아니라 사회적 의사소통 요인을 강조한다. 상호 작용 이론은 발달학자들이 선호하는 입장이나 아동이 어떻게 언어를 습득하는가 하는 질문에는 완벽하게 답을 하지 못하는 것이 한계이다.

2) 언어 발달의 특징

(1) 언어 발달은 인지의 발달과 지각, 운동성의 발달이 전제되어야 한다.

많은 언어학자의 견해에 따르면 언어 발달은 인지의 발달, 지각성의 발달, 운동성의 발달과 밀접한 관련이 있다. 언어 발달 단계는 크게 전 언어 단계와 언어 단계로 나뉘는데, 보통 12~18개월 이전의 전 언어 단계는 울음, 소리내기(cooing), 옹알이, 몸짓

(gesture) 등을 포함한다. 생후 최초로 내는 소리인 울음은 목소리를 내기 위한 첫 단계이며 감정의 표현이기도 하다. 3~4개월에 하는 1차 옹알이는 혀를 움직이는 연습이며, 7개월에 하는 2차 옹알이는 발성 연습의 의미가 있는데 주로 "ㄴ" 소리를 낸다.

언어를 배울 때 아동은 입술의 움직임을 보고 소리 내는 것을 모방한다. 따라서 선천적인 시각 장애인은 언어 발달이 정상인에 비해 1년 정도 지체된다. 딱딱한 것과 부드러운 것을 만져 보는 활동, 차갑고 따뜻한 것에 대한 지각, 빨기를 통한 입안 촉각 활동 등은 모두 말을 배우기 위한 준비 과정이다. 대근육, 소근육의 발달도 필요하다. 감각 기관을 통하여 들어온 정보를 지각하는 것은 언어 발달의 중요한 시작이라고 볼 수 있다.

(2) 언어 발달을 도울 수 있는 사회적·문화적 환경이 필요하다.

언어 발달을 위해서는 아동에게 자신의 의견을 당당하게 제시하고 다른 사람의 의견도 경청하는 합리적이고 효과적인 의사소통과 언어 사용의 기회가 제공되어야 한다. 아무리 어리더라도 아동을 의사소통의 대상으로 인정해 주고 의사 결정에 참여시키는 사회적·문화적 환경을 만들어 주어야 한다.

아동의 언어 발달은 자신이 이야기를 할 때 상대방이 진지한 표정으로 시선을 맞춰 주고 끝까지 들어 주며 적극적으로 반응해 줄 때 촉진된다. 아동이 말을 할 때는 아동의 말을 경청하고 적절한 말로 언어적 상호 작용을 해 주는 것이 아동의 언어 발달을 촉진시키는 방법이다.

(3) 인간은 언어를 창조할 수 있다.

촘스키에 의하면 인간은 생득적으로 낱자 한 자를 배우면 낱말로 조합해 낼 수 있고 상황에 맞는 어법이나 필요한 문법을 스스로 발전시켜 나갈 수 있다. 동물 중에서 유일하게 인간만이 언어를 창조해 낼 수 있고 언어로 기록을 한다.

(4) 언어 발달에는 결정적인 시기가 있다.

인간의 발달에서 결정기가 있는 가장 대표적인 영역이 언어 발달이다. 어릴 때 말을 배우지 못하면 나중에 어른이 되어서 배우기가 극히 어려워진다는 견해는 린넨버그(E. H. Lenneberg)에 의해 알려지게 되었고 오늘날 널리 인정되고 있다. 린넨버그는 언어 발달은 특히 뇌의 발달에 의해 크게 좌우되므로 늦어도 뇌의 편재화가 마무리되는 사춘기 이전에 언어가 습득되어야 한다고 주장한다.

(5) 언어 발달은 의미 있는 사건들 속에서 상호 작용을 통해 일어난다.

언어 발달이 되려면 언어를 사용하는 상황 자체가 아동에게 특별한 의미가 있어야 한다. 아주 즐거웠다든지, 오랫동안 기억될 만한 사건이었다든지, 다른 감각 작용과 결부되어 새로운 경험이 되었다든지, 자신의 사전 지식과 연결이 잘되어야 언어 발달을 촉진시킬 수 있다.

(6) 언어 발달은 문화적 이해에 기초를 둔다.

아동이 세상을 이해하기 시작하는 방식은 그들이 사용하는 언어를 통해서 구성되며, 아동의 언어는 자신들이 속해 있는 문화에 대한 이해와 문화가 지닌 가치들을 반영한다. 언어를 사용하고 있는 문화를 이해하지 못하면 언어를 습득하기에 어려움이 있다.

제**3**장
진로 발달과
독서 능력 발달

 넓은 의미에서 '진로'의 개념은 삶의 가치나 태도로도 볼 수 있고, 좁은 의미에서는 졸업 후 선택하는 직장으로도 볼 수 있다. 개인이 삶에서 갖는 일의 총체를 가리키며, 진로 독서 교육은 이러한 개인의 진로와 관련된 활동을 도와주는 독서 교육이다.

 학습자가 진로와 관련하여 도서를 선택하여 읽고 자신의 진로를 탐색하는 활동을 '진로 독서'라 한다. '독서'는 경험하지 못한 세계를 경험하게 하는 수단인 동시에 직업 세계에 대한 새로운 지식을 얻을 수 있는 통로이기 때문이다. 또한 학습자는 독서 후 토론이나 글쓰기 활동을 통해 자신에게 맞는 진로를 깊이 탐색할 수 있다. 다양한 독서 활동을 통해 자아 이해와 발견, 다양한 일과 직업 세계에 대한 이해, 일과 삶에 대한 가치관 및 태도 육성, 진로 선택 등에 도움을 받는 것이다.

 진로 독서는 단순히 직업을 선택하는 독서가 아니라 유연한 사고를 발휘해 현상을 다양하고 역동적으로 보도록 만드는 힘을 지니고 있다. 학습자는 진로 독서를 통해 현재와 미래의 시간적 질서 속에서 자신을 통합적으로 이해하는 능력을 갖게 된다.

 학습자는 자신의 관심이나 흥미, 그리고 능력을 이해하고, 자신의 진로에 대해 다각도로 인식하고 탐색하는 능력, 그리고 합리적으로 자신의 진로를 결정할 수 있는 능력을 갖추어야 한다. 진로 독서는 궁극적으로 학습자의 현재와 미래의 삶과 관련된다. 현재의 삶을 바탕으로 미래의 진로를 예견할 수 있기 때문이다. 이를 위해 독서 교육은 학습자의 진로 탐색 능력과 진로 결정 능력 등을 길러 주는 것을 목표로 한다.

또한 독서 능력은 독자의 자연적 성숙과 교육에 따라 달라진다. 독서 능력의 주요한 구성 요소인 배경지식은 각자의 인생 경험에 따라 다르고 독서 능력의 발달도 개인마다 달라서 엄밀히 말하면 모든 이들의 독서 능력은 다르다. 개인차가 있어 어떠한 단계로 구분하는 것은 적절하지 못할 수도 있으나 일반적인 단계별 발달 특성은 학생의 발달 수준에 맞는 지도 및 평가, 수업의 설계와 교재 개발 등의 근거가 된다.

이 장에서는 진로 발달과 독서 능력 발달이 어떻게 이루어지는지 살펴본 후 생애 독서 전략을 어떻게 짜면 좋을지 종합하여 정리하도록 한다.

1. 긴즈버그(Ginzberg)의 진로 발달

긴즈버그의 진로 발달 이론은 진로 지도에 필요한 개인의 직업적 성숙도와 규준을 제공한다. 그의 이론은 시기와 연령별로 진로 발달의 특징을 제시하고 있기에 각각 단계별 진로에 대한 문제 발견과 지도에 도움을 줄 수 있는 장점을 지닌다. 그가 제시한 발달 단계의 특성은 다음과 같다.

〈표 6〉 긴즈버그(Ginzberg)의 진로 발달 단계

단계	연령	내용
환상기	아동기 (11세 이전)	• 초기 단계는 놀이 중심 • 자신의 욕구 충족을 직업과 동일시 • 이 단계 후반에서 놀이가 일 지향이 됨.
잠정기	청소년 초기 (11~17세)	• 작업 요구 수준 즉 관심, 능력, 작업 보상, 가치관·시간 전망에 대한 점진적 인식으로 특징되는 과도기적 과정 • 초기에는 흥미나 취미를 중시하다가 차차 현실적인 여건을 고려
현실기	청소년 중기 (17세~성인 초기)	• 능력과 관심의 통합, 가치관의 발달 • 직업 선택의 명료화, 직업 유형의 정형화 • 진로 선택의 구체적 계획 수립 필요

(김충기, 1996:148)

환상기는 진로 독서의 시작 단계로서 가정이나 이웃 등 가까운 데서 직업에 대한 정보를 얻는 단계이다. 초기에는 역할 놀이를 통해 진로를 경험하다가 놀이가 일 중심으로 변화한다. 따라서 독서지도사는 아이들에게 특정 진로만을 강조하는 편향된 독서보다는 직업에 대한 올바른 개념을 가질 수 있도록 직업 세계의 다양성을 이해할 수 있는 통합적 독서 지도를 수행해야 한다. 교사는 학습자가 독서를 통해 다양한 직업을 확인하면서 삶의 목표를 세우고 적성과 꿈을 탐색하는 데 동기 부여가 되도록 주의를 기울여 지도한다.

잠정기는 진로 독서를 통해 진로를 결정할 수 있는 기본적 조건들을 충족해 나아가는 단계이다. 이 시기에는 흥미나 적성 등을 고려하여 직업을 생각하게 되므로 당사자가 희망하는 진로의 가치를 존중하며 관련된 도서를 추천해야 한다. 아직 진로에 대해 생각해 본 적이 없다면 자신의 진로와 적성을 명확하게 찾고 다양한 직업 정보를 활용해 고교 시기에 진로 결정을 돕는 지도가 필요하다. 따라서 독서지도사는 학습자의 진로를 확인하고, 그와 관련된 도서를 선정해 추천해야 한다. 독서 후 토론 활동이나 글쓰기 활동을 병행하여 그 진로에 대해 학습자가 심도 있게 생각할 수 있는 기회를 부여해야 한다. 또한 학습자는 적성과 능력에 맞는 진로가 무엇인지 생각하면서 독서 행위를 할 필요가 있다.

현실기는 진로 독서의 구체적 단계다. 자신의 진로를 선택하고 결정한 자신의 진로에 대해 본격적으로 탐색하는 단계이다. 따라서 교사는 학습자의 진로에 특화된 도서를 선정하고 추천해야 한다. 특정 진로에 맞는 직업 훈련을 본격적으로 받는 단계이므로 '직업 훈련'이 될 수 있을 정도의 독서 지도가 필요하다. 학습자는 자신의 진로에 대해 확신하며 장기적으로 진로 개발을 할 수 있는 독서를 수행할 필요가 있다. 또한 자신이 선택한 진로에 대해 가치를 인정하고 의미를 부여하기 위해 그 진로에 대한 다양한 관점이 필요하기에 교양 독서도 함께 수행할 필요가 있다.

긴즈버그의 이론은 연령별로 진로 발달의 특성을 제시해 그에 맞는 진로 교육의 방법과 내용을 설계하는 데 장점이 있다. 하지만 연령대가 청소년 중기에 그치고 있어 성인기나 노년기의 진로 발달은 간과하고 있다.

2. 수퍼(Super)의 진로 발달

수퍼는 전 생애적 관점에서 진로 발달을 논하기 위해 '진로 성숙'이라는 용어를 제시한다. 논자에 따라서 '진로 성숙'의 개념은 조금씩 차이가 나지만 수퍼는 '진로 성숙'은 전생애 과정에서 직면하게 되는 직업에 대한 준비 정도와 대처 행동이라고 정의한다. 구체적으로 개인이 자아에 대해 이해하고, 일과 직업 세계에 대해 파악하고 있으며, 자기 자신의 진로를 보다 합리적으로 계획하고, 탐색, 선택, 결정할 수 있는 준비가 되어 있는 준비 정도를 가리키는 개념이다.

또는 자아의 이해, 일과 직업 세계에 대한 이해를 바탕으로 자신의 진로를 적극적으로 계획하고 선택하는 과정에서 나타나는 의식이나 행동으로 규정되기도 한다.(정세영 외, 2014) 요컨대 진로 성숙은 '직업 세계를 탐색해 자신의 진로를 계획하고 선택하는 과정에서 나타나는 주체의 의식이나 행동'을 가리키는 개념이다.

수퍼는 진로 발달을 평생에 걸쳐 일어나는 것으로 파악하고 있으며, 이 관점은 우리나라 진로 교육의 이론적 기반을 제공한다. 그의 발달 단계는 다음과 같다.(김봉순, 2014:72~73)

〈표 7〉 수퍼의 진로 발달 단계

발달 단계	연령	특성	세부 단계
성장기	출생~14세	주위 인물과의 동일시를 통해 자아 개념 발달	• 환상기(4~10세): 아동의 욕구가 지배적임. • 흥미기(11~12세): 흥미, 취향이 진로 선택의 기준이 됨. • 능력기(13~14세): 자신의 능력을 고려하여 진로 선택함.
탐색기	15~24세	욕구, 흥미, 능력, 가치, 직업 기회 등을 고려하여 잠정적으로 직업 선택	• 잠정기(15~17세): 욕구, 흥미, 능력, 자아 등을 고려하여 환상 속에서 통나 기타 경험으로 잠정적으로 직업을 선택함. • 전환기(18~21세): 취업에 필요한 훈련, 교육 등 현실적인 요인을 고려하여, 자아가 직업적 자아 개념으로 전환이 일어남. • 시행기(22~24세): 직업을 갖고, 적합성 여부를 시험함.
확립기	25~44세	자신에게 적합한 분야를 발견함.	• 수정기(25~30세): 자신에게 적합한 일인지 평가하고, 적합한 일을 발견할 때까지 한두 차례 변화를 겪으며 영구적인 직업을 확보하려 함. • 안정기(31~44세): 진로 유형이 명확해짐. 자신의 직업 세계에서 안정과 만족, 소속감, 지위 등을 얻으려 함.

유지기	45~64세	직업 세계에서 그 자신의 위치를 확고히 하고 유지하려는 시기로 가장 안정된 생활 속에서 지낼 수 있게 됨.
쇠퇴기	65세 이후	정신적, 육체적 기능이 쇠퇴해지고 은퇴하여 새로운 역할을 하게 됨.

진로 교육은 짧은 시일에 이루어지는 것이 아니다. 장기적인 안목으로 학습자의 흥미와 능력을 탐색하며 학습자가 가치관을 발달시키고 삶의 방향성을 찾을 수 있도록 해야한다. 한국진로교육학회에서 제시한 진로 교육의 단계는 다음과 같다.(장석민, 1997)

〈표 8〉 진로 교육의 단계

발달 단계	시기	과제
진로 인식 단계	초등학교	• 일의 세계 인식 • 일의 세계에 대한 건전한 가치관의 기초 형성 • 자기 인식 • 다양한 직업군과 이에 의한 사회의 발전 등에 대한 인식의 기회 제공
진로 탐색 단계	중학교	• 진로의 탐색 • 잠정적 진로 계획 • 직업에 대한 경제적, 종교적, 취미, 오락적 의의 및 지역 사회와 가족에 대한 이해
진로 준비 단계	고등학교	• 진학 또는 취업에 필요한 지식, 기능 습득 • 직업의 가치관 정립 • 구체적인 진로 계획
진로 유지 개선 단계	대학교/성인	• 직업 직장 탐색 • 전문가 능력 개발 • 직업의 성숙, 승진, 전환, 정년을 위한 학습과 훈련

3. 천경록의 독서 능력 발달

천경록(1999:15~19)은 찰(Chall)[1]의 발달 단계 모형을 참조하여 우리나라의 10년 공통기본 교육 과정을 고려하여 독서 능력 발달을 제시하였다. 독서 능력 발달은 총 7단계로

---

1) 찰은 피아제의 인지 발달을 근거로 독서 발달 단계를 읽기 이전 단계(출생부터 유치원까지), 기호의 음성화 단계(초등학교 1~2학년), 확인과 유창함의 단계(초등학교 3~4학년), 새로운 학습을 위한 읽기 단계(초등학교 5학년~중학교), 다양한 관점을 개발하는 단계(고등학교), 세계적인 관점의 단계(대학생 이상) 등으로 제시한다.

독서 맹아기, 독서 입문기, 기초 기능기, 기초 독해기, 고급 독해기, 독서 전략기, 독립 독서기로 설정했다.

1) 독서 맹아기: 읽기 이전 단계

스스로 글을 읽기 이전 단계로 주로 음성 언어를 사용하는 단계이다. 아기가 태어나서 유치원을 다닐 때까지의 시기다. 유아는 부모 형제, 친구 등으로부터 음성 언어를 배우고 사용한다. 유아의 직접적인 경험과 부모로부터 듣게 되는 옛이야기, 텔레비전의 유아 프로그램, 그림책 등은 이 단계의 언어 발달의 주요 동인이 된다.

이 단계의 독서 발달에서 부모의 역할이 매우 중요하다. 부모는 가정의 문식력 환경을 적극적으로 조성해야 한다. 유아에게 책을 읽어 주는 것은 유아기 독서 지도의 가장 효과적인 방식이다. 유아에게 책을 읽어 줄 때는 단순히 읽어 주기만 하는 것이 아니라 책을 읽어 주는 중간에 유아의 느낌이나 생각을 물어볼 수도 있다. 또 등장인물이나 사건을 자신들의 상황과 관련시킬 수 있도록 질문할 수 있다. 유아에게 이야기를 몇 번 되풀이하여 읽어 준 후 들은 이야기를 다시 이야기하도록 하는 것도 이 시기 독서 지도의 좋은 방법이다.

2) 독서 입문기: 초등학교 1~2학년

이 단계는 음성 언어에서 문자 언어로 나아가는 단계이다. 아동이 말뿐만 아니라 글로도 의사소통할 수 있다는 것을 깨닫는 시기다. 이 시기에 아동은 글자를 배우며, 글자와 소리의 관계를 인식한다. 그리고 단어를 소리 내어 읽을 수 있다. 이 단계의 독서에는 음독 활동이 중요하다. 글자를 소리 내어 읽는 것은 아이가 글을 읽고 있다는 증거다.

아동은 그림과 글자를 구분하고 글자가 그림보다 추상적인 실체라는 사실, 글자는 소리와 일정한 관계를 맺고 있다는 사실, 기초 어휘에 대한 발음과 해독, 단어와 구절, 문장을 정확하게 끊어 읽기 등을 익힌다. 아동은 자신의 경험이나 사고를 자신의 언어로 말하고, 그것을 자신이 직접 쓰거나 다른 사람의 도움으로 문자화한다. 이 시기는 독서 학습 시기에 해당하며 이 단계에서 배우는 독서 학습은 나중에 다른 교과 학습의 기초가 된다.

3) 기초 기능기: 초등학교 3~4학년

이 단계는 해독에서 독해로 나아가는 기간으로 독서의 기초 기능을 익히는 시기이다.

아동은 긴 문장을 의미 중심으로 끊어 읽기 시작한다. 글을 유창하게 소리 내어 읽을 수 있어야 하며 글을 읽을 때 문자에 안구가 고착되는 것으로부터 점점 자유로워지는 시기다. 유창성 습득이 가능하도록 책을 많이 읽는 것을 강조한다. 앞 단계에서 글자에 집중하여 '떠듬떠듬' 읽다가 이 단계에 오면 글로부터 안구가 점점 자유로워지며 유창하게 읽는다는 점에서 낭독의 형태로 글을 읽을 수 있어야 한다. 음독에서 묵독으로 넘어가는 과도기라 할 수 있다. 또한 학습 독서가 시작되는 시기라는 점에서 앞 단계와 질적으로 구분된다.

4) 기초 독해기: 초등학교 5~6학년

이 단계는 초급의 사고 기능을 익히는 단계로 볼 수 있다. 해독보다 독해에 더욱 큰 비중을 두고 글을 읽게 되며 묵독이 강조된다. 이 단계에서는 사실과 의견을 구별하기, 정보를 축약하기, 생략된 정보를 추론하기, 이어질 내용 예측하기, 비유적 표현의 의미 이해하기, 표현의 적절성 판단하기 등과 같은 기초 독해 기능을 기르게 된다. 묵독과 의미 중심으로 글을 읽는 것으로 기초 기능기와 구별된다.

5) 고급 독해기: 중학교 1~2학년

이 단계에는 고급의 사고 기능을 발휘하는 시기다. 이 시기에는 글쓴이의 의도나 목적을 파악하며 글을 읽기, 내용의 통일성을 생각하며 글 읽기, 글의 구조를 파악하기, 글의 일관성을 평가하기, 추론하기, 읽은 내용의 신뢰성과 타당성 판단하기 등 작자의 관점·태도·글의 동기 등에 대하여 비판적 시각으로 글을 읽게 된다.

6) 독서 전략기: 중학교 3~고등학교 1학년

이 시기에는 독해 기능을 구체적인 독서 목적에 맞추어 자기의 독서 상황을 점검하고 조정하면서 전략적으로 독서를 한다. 독자는 앞 단계에서 배운 독서 기능을 실제 독서 상황에서 적용할 수 있어야 하며, 유연하고 융통성 있게 각자의 독서 목적에 맞게 독서 상황을 조절하면서 글을 읽을 수 있어야 한다. 정상적인 발달 단계의 독자는 초인지 전략을 능숙하게 활용하는 단계이다. 또한 독서가 독자와 작자가 글이라는 매개체를 통해 의사소통하고 서로 의미를 타협하고 중재하는 과정이라는 것을 깨닫는 시기이다.

7) 독립 독서기: 고등학교 2학년 이후

이 단계는 고등학교 후반기부터 대학생과 사회인 시기에 해당한다. 이 시기는 능숙한 독서 단계이다. 독자가 각자의 교양, 학문이나 직업의 필요에 따라 전문적인 상황에서 필요한 책과 글을 스스로 선택하여 자발적으로 글을 읽는 시기이다. 이전까지가 남의 도움을 받아 책을 읽는 시기였다면, 이 시기는 독립된 독자로서 책을 읽는 단계이다. 도표로 정리하면 다음과 같다.

〈표 9〉 천경록의 독서 능력 발달 단계

단계	시기	주요 특징
독서 맹아기	유치원 시기까지	음성 언어 시기, 읽기 이전 시기
독서 입문기	초등학교 저학년 (1~2학년)	문자 지각, 해독, 자소—음소 관계 파악, 음독, 독서 학습의 시기
기초 기능기	초등학교 중학년 (3~4학년)	기초 기능 발달, 낭독, 음독과 묵독의 과도기, 학습 독서의 시작
기초 독해기	초등학교 고학년 (5~6학년)	기초 기능 숙달, 묵독, 학습 독서의 시기, 의미 중심의 글 읽기
고급 독해기	중학교 1~2학년 (7~8학년)	추론, 글 구조 파악, 작가의 관점 파악 및 비판
독서 전략기	중학교 3~고등 1학년 (9~10학년)	초인지 활용, 독서 전략 구사, 독자와 작자와의 사회적 상호 작용임을 이해
독립 독서기	고등학교 2학년 이후	교양, 학문, 직업 세계의 독서

4. 생애 독서 전략 세우기

생애 독서 전략을 세우기 위해서는 인간의 발달 특징을 이해하고 연령별 독서 능력 발달과 인지·정의적 영역의 발달 수준 등을 고려하여야 한다. 학습자의 인지적·정의적 영역의 발달 수준을 알고 독서 계획을 세우면 학습자의 독서 흥미를 잃지 않게 하면서 독서 효과는 높일 수 있다. 아무리 좋은 책이라도 학습자에게 맞지 않으면 무용지물이 되기 때문이다. 또한 학습자의 교육 과정 등을 고려하여 학습자의 진로에 도움이 되도록 독서 전략을 세워야 한다.

대부분 입학 전에는 독서 능력에 차이가 두드러지게 나타나지 않는다. 부모의 책 읽어 주기가 주된 독서 활동이기 때문이다. 그러나 이때 부모가 어떻게 책을 읽어 주고 활동했느냐에 따라 아동의 독서 흥미 및 독서 능력에 영향을 미친다. 독서는 어휘력이나 사고력, 표현력, 학습력 등에 밀접한 영향을 미치게 되는데, 초등학교 3, 4학년 시기부터 독서 습관 및 독서 능력은 개인마다 차이가 현저히 나타난다. 초등학교 6학년 정도에는 독서 습관이 고착된다. 대부분 이 시기의 독서 습관이 평생 영향을 주게 되므로 어린 시절부터 독서 습관을 기르는 지도가 필요하다.

일반적으로 초등학교 저학년까지는 책에 대한 흥미를 꾸준히 가지게 만들고, 고학년부터는 다양한 독서 전략을 사용하여 목적에 맞는 책 읽기를 할 수 있도록 지도해야 한다. 더불어 학습자의 진로에 도움이 되도록 독서 전략을 세울 필요가 있다.

생애 독서 전략은 평생 독자가 되기 위한 전략이다. 이를 위해 독서의 중요성을 알고 인간 발달을 이해하며 개개인의 삶의 방향을 고려해야 한다. 이 과목에서는 인지 발달과 도덕성 발달, 성격 발달과 언어 발달, 진로 발달과 독서 능력 발달을 살펴보았다. 이를 종합하여 생애 독서 전략을 세우는 의미로 〈발달 단계에 따른 독서 지도 전략과 권장 도서〉를 정리하면 다음과 같다.

〈표 10〉 발달 단계에 따른 독서 지도 전략과 권장 도서

시기	주요 특징	강조할 지도 전략	권장 도서
태아	들려주기	들려주기	좋은 글, 좋은 말
유치원 시기	음성 언어, 읽기 이전 시기	흥미, 놀이, 책 읽어 주기, 문식성 환경 구성 중요	다양한 종류의 그림책
초등학교 저학년 (1, 2학년)	문자 지각, 해독, 자소–음소 관계 파악, 음독, 독서 학습의 시기	흥미, 독서 습관 형성기	그림책, 옛이야기, 우화, 창작 동화 등
초등학교 중학년 (3, 4학년)	기초 기능 발달, 낭독, 음독과 묵독의 과도기, 학습 독서의 시작	편독, 독서 습관 형성기, 학습 독서, 흥미와 적성 탐색기	정보책, 창작 동화, 인물 이야기 등
초등학교 고학년 (5, 6학년)	기초 기능 숙달, 묵독 의미 중심의 글 읽기, 학습 독서의 시기	사고력 발달, 독해 기능기, 적성과 진로 인식	성장 동화, 역사, 인물 이야기, 과학, 사회, 경제 등
중학교	추론하기, 글 구조 파악하기 작가의 관점 파악 및 비판	학습 독서, 전략 독서, 적성 및 진로 설계 및 탐색	한국 중단편, 고전, 문학, 역사, 세계사, 성장 소설, 시사 등

고등학교	초인지, 독서 전략 구사	적성 및 진로 실행, 전략적 읽기	한국 중단편, 고전, 문학, 역사, 세계사, 동서양 철학 및 사상서 등
성인 시기	교양, 학문, 직업 세계의 독서	신토피칼 독서[2]	관심 분야에 대한 다양한 장르

우리가 사는 세상은 변했다. 지금도 계속 변하고 있다. 그중 가장 큰 변화는 휴대폰, 컴퓨터, 아이팟 등이 일상생활의 필수품으로 되고 있다는 사실이다. 지하철이나 버스, 혹은 식당이나 학교, 가정에서도 제각각 내 손안의 인터넷 세계에 빠져 있는 장면은 더 이상 낯설지 않다.

그런데 이런 현상이 독서에는 어떤 영향을 미칠까? 옥스퍼드 뇌 과학자 수전 그린필드 교수는 전자오락을 자주 하면 우리의 뇌는 도파민이 과잉 생산되어 결국 논리적 사고와 관련된 전두엽 부분이 손상될 수 있으며 이는 전자오락을 하며 맛보는 행복감은 독창적 사고를 개발할 수 있는 확률과 기회를 모두 감소시킨다고 보고한다. 디지털 기계는 우리를 산만한 사람들로 이루어진 사회로 내몰고 집중력을 감소시키고 사고력과 결정력을 떨어뜨린다. 스크린은 우리에게 많은 기회를 제공하지만 반대로 생각, 큰 그림에 대한 의식이 결여된 사고를 조장한다. 멀티태스킹은 우리가 좀 더 빨리 생각하는 데 능숙해진다는 것을 의미하지만 생각의 질은 계속해서 떨어뜨린다.

이런 멀티태스킹에 반해 '슬로 미디어(slow media)' 운동도 이미 시작되고 있다. 이것은 인터넷이나 전자 매체를 통한 읽기와 사고가 아닌 책을 읽으며 종이에 글을 쓰며 천천히 커뮤니케이션 하는 것을 말한다. 우리의 생각과 사고 능력을 개선하기 위해 외부로부터 밀려오는 전자 자극으로부터 일정 시간 벗어나 책을 읽어야 함은 분명하다.

기업과 학교, 입시마저 글로벌 인재의 첫째 조건으로 '독서 능력'을 꼽는다. 독서 능력은 하루아침에 길러지거나 나이 먹는다고 저절로 발달하는 게 아니다. 어린 시절부터 꾸준히 책 읽는 습관이 바탕이 되어야 한다.

책 읽는 동안 우리는 즐거움을 느끼고 감동하며 지식을 쌓고 성장한다. 개인의 사유를

---

2) 모티어 J. 애들러는 『독서의 기술』에서 신토피칼 독서는 독서의 최고 수준이라고 주장한다. 이 독서 방법은 같은 주제를 가진 여러 권의 책을 비교하고 분석하는 방법이다. '신토피칼'이란 표현은 영어로 'Syntopical'인데 여기서 'Syn'은 '함께' 또는 '동시에'의 뜻을 나타내는 접두사이며, 'topical'은 '제목' 및 '주제' 등의 의미를 갖는다. 따라서 '신토피칼 독서'를 우리말로 표현하면 '동일 주제 독서'이다. 여러 권의 책을 비교하기 위해서는 사전에 비교 대상 책들을 대상으로 위에서 언급한 분석적인 독서가 완료되어 있어야 한다. 그러므로 '신토피칼 독서'는 상당한 시간과 노력이 투여되는 가장 높은 수준의 독서 방법이다.

넘어 다른 세계와 조우하며 사유를 깊게 하고 확장한다. 단순히 공부를 잘하기 위한 도구로써의 독서를 넘어 평생을 나와 함께 성장할 벗이자 스승을 만나게 한다. 그렇다면 우리가 할 일은 '독서'의 힘을 믿고 아이들의 현재와 미래에 관심을 기울이며 아이들이 책을 좋아하며 즐기는 평생 독자가 되도록 하는 일일 것이다.

1. 발달의 원리와 독서의 관련성

발달 이론: 독서 교육의 위계화 가능

▼

- 독서 경험의 발달 단계 수립 필요
- 발달 수준에 적합한 도서 목록 제공
- 독자의 관심과 흥미를 고려한 장르별 독서 교육 방법 개발
- 독서에 필요한 기본적 능력을 갖추기 위한 독서 교육 방법 개발
- 인지 능력과 정서 능력의 통합 지향의 독서 교육 방법 개발

▼

발달의 원리와 독서 교육

1) 발달에는 일정한 순서가 있다.
2) 발달은 일정한 방향성이 있다.
3) 발달의 속도는 일정하지 않으며 개인차가 존재한다.
4) 발달에는 결정적 시기가 있다.
5) 발달은 영역 간의 통합을 지향한다.

2. 발달 이론

관점	대표 학자 및 내용
인지 발달	• 피아제: 감각 운동기 → 전 조작기 → 구체적 조작기 → 형식적 조작기
	• 비고츠키: 근접발달영역, 비계 설정 사회적 구성주의, 대화와 협력
도덕성 발달	• 콜버그: 벌과 복종 지향의 도덕 → 목적과 상호 교환 지향의 도덕 → 착한 아이 지향의 도덕 → 법과 질서 유지 지향의 도덕 → 사회 계약 지향의 도덕 → 보편 원리 지향의 도덕
	• 길리건: 개인적 생존 지향의 자기중심적 단계 → 이기주의에서 책임감으로의 변화 → 자기희생으로서의 선 지향 단계 → 착함에서 진실로 변화 → 자신과 타인에 대한 배려의 비폭력 도덕성 지향 단계
성격 발달	• 프로이트: 구강기 → 항문기 → 남근기 → 잠복기 → 성기기
	• 에릭슨: 신뢰감 대 불신감 → 자율성 대 회의감과 수치심 → 주도성 대 죄책감 → 근면성 대 열등감 → 정체감 대 역할 혼돈 → 친밀성 대 고립 → 생산성 대 침체 → 자아 통합 대 절망
언어 발달	• 언어 발달의 세 가지 관점: 학습 이론, 생득 이론, 상호 작용 이론

언어 발달	• 언어 발달의 특징: (1) 언어 발달은 인지의 발달과 지각, 운동성의 발달을 전제함. (2) 언어 발달을 도울 수 있는 사회적·문화적 환경이 필요함. (3) 인간은 언어를 창조함. (4) 언어 발달에는 결정적인 시기가 있음. (5) 언어 발달은 의미 있는 사건들 속에서 상호 작용을 통해 일어남. (6) 언어 발달은 문화적 이해에 기초를 둠.

3. 진로 발달

개념	내용
진로	진로는 개인이 살아가면서 갖게 되는 일의 총체로서 생애 전반에 걸쳐 이루어지는 일과 관련된 모든 활동을 말한다. 넓은 의미로 '진로'는 삶의 가치나 태도로도 볼 수 있고, 좁은 의미로는 졸업 후 선택하는 직장으로도 볼 수 있다.
진로 독서 교육	진로 독서 교육은 개인의 진로와 관련된 활동을 도와주기 위해 학습자가 진로와 관련하여 도서를 선택하여 읽고 다양한 활동을 통해 자신의 진로를 탐색하는 활동이다.

학자	내용
긴즈버그	환상기 → 잠정기 → 현실기
수퍼	성장기(환상기, 흥미기) → 탐색기(잠정기, 전환기, 시행기) → 확립기(안정기, 전보기) → 유지기 → 쇠퇴기

4. 진로 교육의 단계

단계	내용	과제
진로 인식 단계	초등학교	• 일의 세계 인식 • 일의 세계에 대한 건전한 가치관의 기초 형성 • 자기 인식 • 다양한 직업군과 이에 의한 사회의 발전 등에 대한 인식의 기회 제공
진로 탐색 단계	중학교	• 진로의 탐색 • 잠정적 진로 계획 • 직업에 대한 경제적, 종교적, 취미, 오락적 의의 및 지역 사회와 가족에 대한 이해
진로 준비 단계	고등학교	• 진학 또는 취업에 필요한 지식, 기능 습득 • 직업의 가치관 정립 • 구체적인 진로 계획

진로 유지 개선 단계	대학교/성인	• 직업 직장 탐색 • 전문가 능력 개발 • 직업의 성숙, 승진, 전환, 정년을 위한 학습과 훈련

5. 독서 능력 발달

학자	내용
천경록	독서 맹아기(유아기) → 독서 입문기(초등학교 1~2학년) → 기초 기능기(초등학교 3~4학년) → 기초 독해기(초등학교 5~6학년) → 고급 독해기(중학교 1~2학년) → 독서 전략기(중학교 3~고등학교 1학년) → 독립 독서기(고등학교 2학년 이후)

6. 발달 단계에 따른 독서 지도 전략과 권장 도서

시기	주요 특징	강조할 지도 전략	권장 도서
태아	들려주기	들려주기	좋은 글, 좋은 말
유치원 시기	음성 언어, 읽기 이전 시기	흥미, 놀이, 책 읽어 주기, 문식성 환경 구성 중요	다양한 종류의 그림책
초등학교 저학년 (1, 2학년)	문자 지각, 해독, 자소-음소 관계 파악, 음독, 독서 학습의 시기	흥미, 독서 습관 형성기	그림책, 옛이야기, 우화, 창작 동화 등
초등학교 중학년 (3, 4학년)	기초 기능 발달, 낭독, 음독과 묵독의 과도기, 학습 독서의 시작	편독, 독서 습관 형성기, 학습 독서, 흥미와 적성 탐색기	정보책, 창작 동화, 인물 이야기 등
초등학교 고학년 (5, 6학년)	기초 기능 숙달, 묵독 의미 중심의 글 읽기, 학습 독서의 시기	사고력 발달, 독해 기능기, 적성과 진로 인식	성장 동화, 역사, 인물 이야기, 과학, 사회, 경제 등
중학교	추론하기, 글 구조 파악하기 작가의 관점 파악 및 비판	학습 독서, 전략 독서, 적성 및 진로 설계	한국 중단편, 고전, 문학, 역사, 세계사, 성장 소설, 시사 등
고등학교	초인지, 독서 전략 구사	적성 및 진로 실행, 전략적 읽기	한국 중단편, 고전, 문학, 역사, 세계사, 동서양 철학 및 사상서 등
성인 시기	교양, 학문, 직업 세계의 독서	신토피칼 독서	관심 분야에 대한 다양한 장르

1. 다음 물음에 답해 보자.

   (1) 발달의 일반적인 특징 다섯 가지를 정리해 보자.

   (2) 피아제의 인지 발달 단계와 특징을 정리해 보자.

   (3) 에릭슨의 심리 사회적 발달 단계에서 '정체감 대 역할 혼돈' 시기의 특징을 말해 보자.

2. 그룹 독서 교육의 장점을 비고츠키의 인지 이론을 바탕으로 생각해 보자.

3. 아래 발달 단계의 특징을 제시한 자료를 바탕으로 학년별로 독서 교육에서 목표로 해야 할 내용을 제시해 보자.

학년	특징
초등학교 1~2학년	학습자는 글자를 배우고 글자와 소리의 관계를 인식한다. 교사의 '책 읽어 주기'를 통해 학습자는 다른 사람과 독서 경험을 공유한다. 전통적인 방식의 책 읽어 주기에서는 아동은 듣기만 하지만, 새로운 방식의 책 읽어 주기에서 아동은 글자 크기가 확대된 글을 같이 읽는 기회를 갖는다.
초등학교 3~4학년	독서의 기초 기능을 익힌다. 학습자는 긴 문장을 의미 중심으로 끊어 읽기 시작한다. 학습 독서가 시작된다.
초등학교 5~6학년	해독보다 독해에 더욱 큰 비중을 두고 글을 읽게 되며 묵독이 강조된다. 기초 독해 기능을 기르는 것이 중요하며 의미 중심으로 글을 읽도록 한다.

학년	독서 교육의 목표
초등학교 1~2학년	

초등학교 3~4학년	
초등학교 5~6학년	

4. '독서 목적'의 관점에서 진로 독서의 특징을 말해 보자.

5. 긴즈버그의 진로 발달 단계를 기준으로 잠정기에 적절한 독서 지도 방법 세 가지를 제시해 보자.

6. 평생 독자가 되기 위한 구체적인 실천 사항을 세 가지 제시해 보자.

- 강영하 옮김(2011), 『교과수업 맥락에서의 인지 발달과 학습』, 아카데미프레스.
- 곽금주·정윤경·김민화 외 옮김(2005), 『아이발달심리학』, 박학사(Santrock, John. W., Child development, Boston:McGraw-Hill, 2004).
- 교육과학기술부(2012), 『학교 진로 교육 목표와 성취기준』, 교육과학기술부.
- 김동일(2000), 『BASA(읽기)』, 학지사.
- 김봉순(2014), 「진로교육과 독서·작문교육의 관련성과 상호 발전 방안」, 『독서연구』, 제33호, 한국독서학회.
- 김아영·백화정·설인자 외 역(2001), 『교육심리학』, 학문사(Woolfork, Anita. E., Education Psychology, Boston:Allyn and Bac.on, 1995).
- 김용래(2000), 『효과적인 수업을 위한 교육심리학』, 문음사.
- 김춘경 외(2016), 『상담학 사전』, 학지사.
- 김충기(1996), 「한국 진로 교육의 발달 과정에 관한 연구」, 『진로 교육연 5권 0호』, 한국진로교육학회.
- 방숙영 외(2016), 『진로독서교육의 이해와 실제』, 태일사.
- 모티머 J. 애들러, 찰즈 밴도런(2011), 『독서의 기술』, 범우사.
- 서울대학교 국어교육연구소 편(1999), 『국어교육학사전』, 대교출판.
- 송명자(2008), 『발달심리학』, 학지사.
- 오윤선(2020), 『인간심리의 이해』, 양서원.
- 이경화(2001), 『읽기 교육의 원리와 방법』, 박이정.
- 이순영·최숙기·김주환 외(2015), 『독서 교육론』, 사회평론.
- 이차숙·노명완(1994), 『유아언어교육론』, 동문사.
- 정옥분(2006), 『사회정서발달』, 학지사.
- 천경록(1999), 「독서 교육과 독서평가」, 『독서 교육』, 4권, 한국독서학회.
- 최경숙(2005), 『발달심리학』, 교문사.
- 캐럴 길리건(2020), 『침묵에서 말하기로(심리학이 놓친 여성의 삶과 목소리)』, 심심.
- 한국독서학회 편(2003), 『21세기 사회와 독서 지도』, 박이정.
- 한국심리학회편(2004), 『현대 심리학의 이해』, 학문사.
- 한국진로교육학회(2011), 『진로교육의 이론과 실제』, 교육과학사.
- 한우리독서문화운동본부 교재집필위원회(2014), 『독서교육론. 독서지도방법론』, 위즈덤북.
- 황매향(2013), 「독서를 활용한 진로 교육의 가능성 탐색」, 교육논총 제33권 2호.
- David r. Shaffer(2005), 『발달심리학』, 시그마프레스 .
- Dorothy G. Singer·Tracy A. Revenson(1995), 『아동은 어떻게 생각하는가?』, 양서원.
- Neil J. Salkind(1993), 『인간 발달과 교육』, 창지사.

03

아동 문학의 이해

제1장 아동 문학의 개념 · 90
  1. 어린이와 아동 문학
  2. 한국 아동 문학의 형성

[더 알아보기] 세계 아동 문학의 역사 · 105

제2장 아동 문학의 본질 · 116
  1. 아동 문학의 특징
  2. 아동 문학의 범주
  3. 아동 문학의 구성 요소
  4. 아동 문학의 교육적 가치

제3장 아동 문학의 장르별 특징 · 138
  1. 그림책
  2. 동시
  3. 동극
  4. 옛이야기
  5. 동화
  6. 청소년 소설

[더 알아보기] 세계 아동 문학상 · 179

아동 문학은 아동의 존재를 명시적으로 드러냄으로써 특별한 성격을 부여받는 문학이다. 우리나라 아동 문학사에서 아동 문학의 형성과 확립을 가르는 중요한 시기는 『소년』과 『어린이』가 창간된 1908년과 1923년이다. 이 시기를 기점으로 아동 문학의 본질과 가치, 장르에 대한 고민이 이루어지기 시작하였다. 아동 문학에서 '어린이', '청소년'이라는 어휘는 새로운 관점과 논의를 사회적으로 확산시키는 데 구심적 역할을 하였으며, 새로운 세대의 특정한 의미를 띠고 이들을 수신자로 하는 도서가 발간되었다.

아동 문학은 어린이와 청소년을 독자로 하는 문학이기 때문에 '교육성', '계몽성'과 같은 개념을 완전히 벗어던지기 어렵다. 어린이와 청소년의 성장과 발달의 특성에 따라 아동 문학의 교육적 가치는 매우 중요하다. 아동의 교육과 정서를 위해 창작한 아동 문학의 장르는 그림책, 동시, 동극, 옛이야기, 동화, 청소년 소설 등으로 나누어 각 개념과 교육적 효과를 살펴볼 수 있다. 현대 아동 문학에서는 텍스트들이 복잡하고 다차원적인 양상으로 발전해 가고 있다. 그리고 아동 문학의 여러 장르에서 점차 예술적으로 세련되고 풍부한 언어를 사용하려는 의식적인 노력이 이루어지면서 문학적 장치와 표현 기법이 확장되고 있다.

이러한 아동 문학의 개념과 한국 아동 문학의 특징을 1장에서 살펴보고, 아동 문학의 특징과 교육적인 가치를 2장에서 정리한다. 그리고 3장에서는 아동 문학의 장르적 특징을 살펴보는 것이 본 과목의 목표이다.

● 다음은 아동 문학에 대한 설명이다. 맞는 설명이라고 판단하면 ○, 틀린 설명이라고 판단하면 × 표시를 해 보자. 그리고 이 단원 학습 후에 다시 판단해 보고, 학습 전 나의 생각과 비교해 보자.

	학습 전	학습 후
'아동의 발견'은 어린이에 대한 인식과 제도 전반에 대한 근본적인 고민을 안겨 주었다.		
아동 문학의 개념은 개인의 차이보다는 아동 집단의 특성을 중심으로 구성되었다.		
현대 아동 문학은 텍스트들이 복잡하고 다차원적인 양상으로 발전해 가고 있다.		
그림책은 문해력이 낮은 어린이만을 대상으로 하는 장르이다.		
1990년대 이후 청소년은 그들만의 고유한 특성과 문화를 가진 주체로 인식되어, 청소년 문학의 중요성이 강조되었다.		

제 **1** 장

아동 문학의 개념

1. 어린이와 아동 문학

'아동 문학'은 '아동'의 존재를 명시적으로 드러냄으로써 특별한 성격을 부여받는 문학이다. 어린이라는 인식이 존재하기 전에는 어린이는 어른이 교육해야 할 대상에 지나지 않았으며, 어린이 도서는 문학적·예술적인 가치보다는 교육적·윤리적인 가치의 이데올로기를 재생산하는 데 가까웠다. '아동의 발견'은 어린이에 대한 인식과 제도 전반에 대한 근본적인 고민을 안겨 주었고, '아동 문학'의 태동에 지대한 영향을 미쳤다.

17세기 유럽에서 어린이용 텍스트들은 영국 청교도들이 만들었는데, 이들은 문학적인 형식은 전혀 고려하지 않은 채 어린이들이 올바른 길로 들어서도록 이끌어 주는 교화에만 초점을 두었다. 중세 유럽에서 어른과 다른 어린이에 대한 인식은 필립 아리에스(Philippe Ariés)[1], 닐 포스트먼(Neil Potman)[2]에 의해 제기되었고, 일본에서는 가라타니 고진[3]에 의해서 제고되었다. 이들은 어린이에게도 그들만의 욕구가 있다는 것을 자각하기 시작하였고, 아동 문학은 아동기를 인생에 있어서 특별한 시기로 간주하면서 점

---

1) 필립 아리에스(2003), 『아동의 탄생』, 문지영 옮김, 새물결.
2) 닐 포스트먼(1987), 『사라지는 어린이』, 임채정 옮김, 분도출판사.
3) 가라타니 고진(1997), 「아동의 발견」, 『일본근대문학의 기원』, 박유하 옮김, 민음사.

진적으로 발전하였다.

우리나라에서는 20세기에 와서야 어린이와 아동 문학에 대한 역사·사회적인 접근이 이루어지기 시작하였다. 본격적으로 어린이에 대한 탐구가 시작된 것은 방정환에 의해서라 할 수 있다. 방정환은 평론과 수필을 통해서 천진무구한 '어린이'의 이미지를 형성해 나갔고, 「어린이」를 창간하여 어린이를 위한 아동 문학을 구체화하였다. 방정환의 '동심주의'는 인내천(人乃天) 사상과 일본을 중개로 유입된 서구의 낭만적 동심주의가 결합하여 조선 시대에는 없던 '순진무구한 어린이'의 이미지를 확산시켰다. 방정환의 동심주의에 내장된 낙천성과 밝음, 순수의 사상은 윤석중의 동심주의로, 이상과 신념으로서 '동심'을 현실에서 실현하고자 했던 사상은 이원수의 현실주의로 이어지게 된다.[4]

이오덕은 '문학'이라는 말을 안 쓸 수는 없지만, '아동'인가 '어린이'인가 하는 것은 문제라고 지적한다. 언어 순화 운동을 펼치며 순수 우리말을 사용할 것을 강조해 온 이오덕은 '아이'나 '어린이'는 순수한 우리말이면서 우리가 흔히 사용하는 말이라고 주장하였다. 그래서 아이들을 상대로 하는 문학이라면 아이들이 잘 알 수 있고 또 친근하게 느끼는 말을 쓰는 것이 바람직하다고 보았으며, 이에 따라 '아동 문학' 대신에 '어린이 문학'이라는 용어를 사용하였다.[5] 최근에는 '아동 문학'이라는 용어 대신 '어린이 문학'이라는 용어를 사용하는 사람들도 있다. 그러나 '어린이 문학'이든 '아동 문학'이든 어린이를 대상으로 한 문학이라는 점은 변함없는 사실이다.

김상욱은 어린이 문학이란 어린이를 주요한 독자로 상정하고 창작된 문학 작품 전반을 지칭하는 것으로 규정되어야 하며, '주요한'이란 단서는 어린이만을 독점적인 향유 주체로 한정할 필요가 없다고 규정하였다.[6] 독자인 어린이의 범위는 세계에 대해 특정한 자각을 형성하는 시점부터 초등학교 6학년까지로 설정하는 것이 일반적이다. 그러나 김상욱은 문학 일반을 받아들이기에 많은 어려움이 있고, 독자적인 문학 장르도 갖지 못한 청소년을 포함하여 15세 전후가 적절하다고 보았다.

---

4) 염희경(2014), 「소파 방정환과 근대 아동 문학」, 경진출판, 135~141쪽.

5) 이오덕(2009), 「우리글 바로 쓰기」, 한길사.

6) 김상욱(2006), 「어린이 문학의 재발견」, 창비, 85~86쪽.

2. 한국 아동 문학의 형성

1) '아동의 발견'이라는 의미

한국 아동 문학사에서 아동 문학의 형성과 확립을 가르는 중요한 시기는 『소년』과 『어린이』가 창간된 1908년과 1923년이다. 이 시기를 기점으로 아동 문학의 본질과 가치, 장르에 대한 고민이 이루어졌으며, 본격적으로 '어린이'를 문학의 자장 안으로 소환하게 된다. 그러나 일반 문학과 달리 아동 문학은 개인의 차이보다는 아동 집단의 특성을 중심으로 개념이 구성되었다.

19세기 말부터 미성년에 대한 인식과 제도가 전반적으로 급격히 재편되면서 '소년', '청년', '어린이' 등이 주된 관심의 대상이 되기 시작하였다. 이 어휘들은 새로운 관점과 논의를 사회적으로 확산시키는 데 구심적 역할을 하였으며, 새로운 세대의 특정한 의미를 띠고 '어린이'라는 말이 보급되기 시작하였다. '아동'이라는 말은 전대에도 사용되었지만, 20세기 초반 전반적인 제도나 개념의 전환이 이루어지는 과정에서 '어린이'를 지시하는 연령층은 점차 하향된다. 특히 십대 연령층을 호명하는 방식이 다양해지면서 이들을 대상으로 하는 여러 가지 기획이 이루어졌고, 이에 따라 어린이를 수신자로 하여 아동 문학 도서가 발간되기 시작하였다.

우리나라에서 최남선의 『소년』(1908)을 아동 문학이 태동한 시기로 보는 시각도 있으나 이때에는 '아동의 발견'이라기보다는 '아동 독자의 발견'에 가깝다. '본격적인' 아동 문학이 갖추어야 할 요건을 갖춘, '진정한 아동의 발견'은 방정환으로부터 시작된 1920년대 이후로 보기도 한다.[7] 그러나 아동을 주요 독자로 창간된 『붉은 저고리』(1913), 『아이들보이』(1913), 『새별』(1913)과 같은 아동 잡지는 아동을 위한 읽을거리의 다채로운 시도를 보여 준다는 점에서 주목할 필요가 있다.

아동 문학사의 시대를 정확하게 구분한다는 것은 쉬운 작업이 아니다. 아동 문학 연구가들 사이에서도 적절한 합의를 도출하지 못하고 있다. 아동 문학사는 이재철에 의해 처음 정리되었고, 이후 연구자들에 의해 이를 보완하고 수정하는 작업이 계속해서 이루어지고 있다. 이 교재에서는 한국 아동 문학의 개론서인 이재철의 『한국현대 아동 문학사』[8]와 이재철의 『아동문학개론』[9], 이후 아동 문학 연구가들에 의해 수정·보완된 내용

---

7) 원종찬(2001), 「한국 현대 아동 문학사의 쟁점」, 『아동 문학과 비평정신』, 창작과비평사, 144쪽.
8) 이재철(1978), 『한국현대 아동 문학사』, 일지사.
9) 이재철(1983), 『아동문학개론』, 서문당.

을 중심으로 아동 문학사의 전체적인 흐름을 정리하였다.

2) 한국 아동 문학의 역사

(1) 아동 문학의 기원

우리나라 현대 아동 문학은 서구와는 다른 특수한 역사적 경험을 안고 전통적 고전 유산의 계승과 외래 문화의 수용이 교섭을 이루며 변화·발전하였다. 문학적 전통 속에서 아동 문학의 자취와 계보를 찾아본다면 구비 문학을 들 수 있다. 구비 문학의 원시성과 단순성, 소박성이나 인격화 현상은 아동 문학이 지닌 본질적 속성과 맞닿아 있다. 우리나라에서 가장 오래된 작품으로 동화의 원형으로 보는 「단군 신화」와 「고주몽 신화」, 『삼국사기』, 『고려사』, 『동국여지승람』 등에서 아동 문학적 특징을 찾을 수 있다.[10]

특히 「방이 설화」, 「귀토 설화」는 논리를 초월한 공상적 현실이 자유롭게 구사되고, 우화적 수법을 통한 기지와 풍자가 주를 이룬다는 점에서 동화의 원류로 볼 수 있다. 그리고 『삼국사기』에 전하는 「연오랑세오녀」, 「거타지 설화」 등은 주목할 만한 고전 동화적 유산이다. 조선 후기에는 『콩쥐팥쥐전』, 『흥부전』, 『옹고집전』 등의 동화적 기록이 이루어졌으나 전래 동화의 성인 소설적 재구성이라는 점에서 아쉬움이 있다.

동요(詩)는 민요와 혼류되어 그 구분이 명백하지 않은 상태에서 구전 또는 정착되어 오다가 근대에 오면서 일반 문학에서 전래 동요의 모습으로 점차 분화되어 나갔다. 문헌상 최초의 동요의 원형은 가락국 김수로왕의 「강림신화」에 삽입되어 전해진 「구지가」와 백제 무왕이 불렀다는 「서동요」, 「해가사」 등이 있다. 고전 동요의 가장 두드러진 특징은 현실을 비판하는 참요적(讖謠的) 기능을 가진다는 점이다.

현대 아동 문학은 고전 문학과 단절되어 새롭게 생성된 것이 아니라 아동 문학이 지니고 있는 형식적·내용적 특성들이 고전 속에 내재되어 변화·발전하였다. 특히 아동 문학이 지닌 서사적 속성이나 작품 세계·표현 세계 등의 유사성과 동요에 나타나는 운율적 리듬·기능적 특성들은 오늘날 현대 아동 문학의 작품 세계와 소재 및 표현 수법의 다양화를 가져온 훌륭한 본보기가 될 수 있다. 다만 이들의 문학은 아동을 개별적인 인격체로 보지 않은 데서 한계를 지닌다.

계몽기에는 기독교가 전파되고 선교사들에 의해 학교가 들어서면서 성경의 번역과 찬

---

10) 이재철(1983), 『아동문학개론』, 서문당, 36〜37쪽.

송가의 보급이 활발해져 한글 보급과 창가 발생에 영향을 끼치기도 하였다. 또한 외국 작품들을 번역하거나 번안하는 작품들도 등장하기 시작했다. 1895년에는 선교사 게일에 의해 번역된 『천로역정』, 윤치호의 『이색우언』도 선보였고, 이솝 우화는 19세기 후반 서구 문물의 유입과 함께 유행하게 되었다.

1895년 7월 29일 '소학교령' 공포 이후에는 근대적인 신교육이 제도화되면서 초등학교 교과서를 중심으로 이야기를 실었는데, 계몽기 교과서에서 문학성을 가진 이야기로 가장 많은 비중을 차지하는 것은 이솝 우화이다. 구비 문학의 형식을 지닌 우화는 교과서에서 다양하게 변용되어 활용되었는데, 교훈적인 성격을 부각시키기 위한 설명이 두드러진다. 그리고 사물이나 현상의 이해를 돕기 위한 비유적인 표현과 이미지가 활용되었다.

(2) 아동 문학의 성장기

세계적으로 아동 문학이 독자적인 영역을 굳힌 것은 18~19세기에 이르러서지만 아동 문학이란 용어가 정착된 것은 20세기 들어와서이다. 우리나라에서는 육당 최남선의 『소년』(1908)에서 '소년 문학'이라는 용어를 사용하며 일반 문학의 독자와 다른 '소년'을 소환하게 된다. 당시의 '소년(少年)'은 오늘날의 소년과 다른 신구 교체기의 소년이었다는 점에서 '어린이'와는 다른 세대이다. 그리고 그 내용에 있어서도 「거인국 표류기」, 「이솝 이야기」, 「로빈손 무인절도 표류기」, 「어른과 아이」 등의 번안물과 춘원 이광수의 「어린 희생」 등 소년들의 읽을거리가 대부분이었다.

[그림 1] 『아이들보이』(제2호) 표지

일제 강점기라는 시대 현실을 자각한 지식인들은 민족의 정체성을 확립하기 위한 노력으로 '아동'을 독서 주체로 상정하여 정기 간행물을 발간하였다. 1910년대 신문관에서 발행한 아동 대상 매체는 우리 정체성을 회복하기 위한 '우리말 우리글' 사용에 대한 실천 의지를 보여 주었으며, 근대와 함께 '아동'이라는 새로운 독자층을 형성하게 된다. 근대 계몽기에 출현한 아동을 위한 정기 간행물 『붉은 저고리』(1913)[11], 『아이들보이』(1913)는 그 시작부

---

11) 『붉은 저고리』는 1913년 1월에 이광수의 오산학교 제자인 김여제를 발행자로 창간되었다. 1913년 7월 폐간될 때까지 한 번도 압수당하지 않고 통권 12호를 낸 것으로 알려져 있다. 김여제는 『붉은 저고리』 폐간 후 와세다(早稻田)대학 영문과로 유학했고, 후일 『학지광』에 「만만파파식적」, 「산여」 등의 시를 싣기도 했다. 1919년 상해 임시 정부 국사편찬위원회에서 이광수와 일을 했으며, 임시 정부 국무원 외무부 일을 보기도 했다.(이재철(1978), 『한국현대 아동 문학사』, 일지사, 50쪽. 김윤식(1986), 『이광수와 그의 시대』, 한길사, 349쪽 참고.)

터 아동 독자를 상정하였다. 『붉은 저고리』는 아동만을 독자로 삼은 최초의 정기 간행
물이었으며, 아동용 읽을거리를 만들어 내기 위한 적극적이고 다채로운 시도를 보여
준다. 내용에 있어서도 화려한 시각적 이미지와 삽화, 다소 많은 글이 있는 이야기까지
다양하게 구성되어 있다. 『아이들보이』는 『붉은 저고리』 폐간 직후 창간된 아동 잡지이
다. 『아이들보이』는 옛이야기와 동화, 교훈담 등의 서사물이 차지하는 비중이 매호마다
60%를 넘는다. 『아이들보이』와 같은 시기 신문관에서 창간된 『새별』(1913.9~1915.1.) 역
시 차별화된 독자층을 상정하고 출간된 것을 알 수 있다.

우리나라에서 아동 문학의 장르 개념이 보급되고 본격적으로 자리 잡기 시작한 것은
1920년대에 이르러서이다. 1910년대까지만 해도 '어린이'라는 말이 단순히 어린 사람
정도의 의미를 지녔다면, 1920년대에는 특정한 의미를 띠고 본격적으로 아동 문학이
보급되기 시작하였고, 마해송의 창작 동화 「바위나리와 아기별」[12]과 한국 최초의 동요
곡집 『반달』(1926)이 발간되었다.

당시 4대 아동 잡지인 『어린이』(1923~1935), 『신소년』
(1923~1934), 『별나라』(1926~1935), 『아이생활』(1926~1944)
등에서 전문적인 아동 삽화가와 아동 문학가의 활동이
활발해지면서 아동 문학의 장르 인식이 확고하게 자리
잡게 되었다.

특히 소파 방정환은 1922년에 『안데르센 동화』, 『그림
동화』, 『아라비안나이트』 중에서 몇몇 작품들을 번역·번
안하여 세계 명작 동화집 『사랑의 선물』을 출간하였다.
본격적인 아동 문학의 출발을 알리는 『어린이』는 동요·동

[그림 2] 『어린이』 제8권 3호 표지

화·동화극 등 분명한 장르 의식을 확립하였고, 동요에서 동시로 전환·발전시키는 데 기
여하였다.

『신소년』은 독자 문단을 통해 이원수·서덕출·목일신 등의 동화 작가가 등단한 잡지로
'색동회' 회원들을 중심으로 서양의 동화를 번안하여 간략하게 소개하기도 하였다. 『별
나라』는 유년 독자를 위한 '유년 페이지'가 있었다. '유년欄', '유년페−지'를 혼합해서 사

---

12) 이재철은 『한국현대 아동 문학사』에서 「바위나리와 아기별」은 1923년 『샛별』에 발표된 최초의 창작 동화라고 언급하고 있으나 아
직까지 문헌으로는 밝혀진 바가 없다. 현재 확인할 수 있는 문헌은 1926년 1월 『어린이』지에 수록된 것이 최초이다. 그리고 「어머
님의 선물」은 1925년 12월 『어린이』에 발표되었다. 1953년 학원사에서 출간된 마해송의 『떡배 단배』의 서지사항 후기에 의하면 「어
머님의 선물」은 1922년에 지어 1923년에 『샛별』에 실렸고, 「바위나리와 아기별」은 1923년에 지었다고만 되어 있다.(원종찬(2015),
「아동 문학사의 잘못된 연표」, 『한국아동 문학사의 재발견』, 청동거울 참고.)

용하기는 했지만, 그 성격이 유년을 대상으로 하는 페이지라는 것은 같다. 이처럼 『별나라』에서 유년 독자를 위한 페이지에 제한해서 다수의 삽화를 넣었다는 것은 '어린이'뿐만 아니라 유년 아동까지 독자층이 확대되었다는 것을 알 수 있다.

『아희생활』(1930년 11월 『아이생활』로 제호 변경)은 1926년 3월에 창간되어 1944년 4월까지 총 19권 1호를 낸 잡지이다.[13] 『아이생활』은 동시대에 발행된 다른 잡지들에 비해 서양 문물이나 이야기를 비롯하여 그림, 삽화, 만화 등과 같은 시각적 이미지가 많은 비중을 차지하였다. 1920년대 중반 이후 꾸준히 늘기 시작한 시각적 이미지는 1930년대가 되면서 표지화, 삽화, 만화, 그림 등에서 폭발적으로 늘어나게 된다. 이러한 변화의 중심에 서 있었던 『아이생활』은 새로운 감각으로 다양한 시각적 이미지를 활용하였다.

1930년대에는 근대적 아동 문단으로 발돋움하는 계기를 마련하며 아동 문학의 전문성을 높여 주기도 하였다. 특히 20년대 독자 문단의 투고자였던 윤석중·이원수·서덕출·윤복진 등이 중견 작가로 활약하였으며, 박영종·강소천·강승한·김영일·이구조 등이 참신한 신인으로 등장하여 근대적인 작가 문단이 형성되었다. 생활 동화에 이구조, 소년 소설에는 최병화, 노양근, 정우해, 현덕과 같은 유능한 작가들이 자기의 세계를 넓히거나 새로 배출되었고, 동요 문학 역시 새로운 국면을 맞아 동시로 발전하게 되는데, 이 과정에서 한정동[14], 윤석중[15], 이원수, 윤복진, 박영종, 강소천, 김영일 등이 나름대로 확고한 세계를 구축해 나갔다.

(3) 해방 전후 아동 문학

일제 말기 침체되었던 출판계는 해방 이후에 와서야 대중들의 욕구가 분출되면서 활기를 찾기 시작하였다. 우리말과 우리글을 소생시키려는 대중적인 욕구와 함께 을유문화사, 박문출판사, 백양당, 수선사, 정음사 등의 출판사들이 잇따라 문을 열게 되었다.[16]

을유문화사에서는 아동 문고를 조선아동문화협회(이하 아협)가 담당하여 『소파동화독

---

13) 창간 당시의 발행인은 나의수(羅宜秀), 편집인은 정인과(鄭仁果)가 담당하였다. 이후 발행인은 반우거(班愚巨: G.W Bonwick), 안대선(安大善: W.J Anderson), 한석원(韓錫源), 허대전(許大殿: J.G Holderoft) 등이었다. 편집인은 정인과, 한석원 등이 담당하였고, 전영택, 방인근, 이윤재, 최봉직, 임홍 등이 차례로 편집 실무를 맡았다.(이재철(1978), 『한국현대 아동 문학사』, 194쪽.)
14) 「따오기」, 「갈잎피리」의 작가로 『어린이』에 가장 많은 작품을 발표한 시인.
15) 1924년과 1925년에 『신소년』과 『어린이』를 통해 등단한 후 한국 최초의 동요집 『윤석중 동요집』(1932)과 한국 최초의 동시집 『잃어버린 댕기』(1933)를 발간한 세계적인 동요 작가.
16) 「출판홍수」, 『동아일보』, 1946년 3월 23일.

본(小派童話讀本)』(1946)과 시리즈 '아협 그림얘기책'을 출판하였다. '아협 그림얘기책'은 어린이가 좋아할만한 이야기에 삽화를 그려 넣어 발간된 아동물 개인 전집이라는 데 의미가 있다. 『소파동화독본』은 방정환의 동화 작품을 모아 다섯 권이 한 번에 발행되었다. 각 권마다 김규택, 김의환, 윤희순, 정현웅, 한홍택의 그림이 들어간 반양장본 형태로 되어 있다. 그리고 윤석중의 『초생달』(1946), 박영종의 『동시집』(1946), 이원수의 『종달새』(1948), 윤복진의 『별초롱 꽃초롱』(1949), 김영일의 『다람쥐』(1950) 등 동요·동시집과 마해송의 『토끼와 원숭이』(1946), 이주홍의 『못난 돼지』(1946), 임인수의 『봄이 오는 날』(1949), 노양근의 『열 세 동무』(1946) 등의 동화와 아동 소설집 등 단행본들이 발간되었는데, 대부분 해방 이전 작품들을 수록하거나 개작(改作)한 것이었다.

이 시대에는 좌·우익의 대립에 의한 혼미, 새로운 아동 문화 운동의 재흥, 전대 아동 문학의 정리와 결산, 과도기적 문단 형성, 율문 중심에서 산문 중심으로의 교체, 대중적 아동 문학의 태동 등 실질 문학 지향으로서 과도기적 현상이 그대로 드러나기도 했다.

(4) 아동 문학의 지형 변화

한국 전쟁 이후 출판계는 아동 문학의 상업성이라는 벽에 또다시 좌절을 경험하게 된다. 외래 문화가 무비판적으로 들어오면서 아동 문학의 질적인 타락과 함께 통속적, 상업적 경향을 띠게 된다. 작가의 새로운 경험의 창조로 작품이 출간되기보다는 이전의 작품을 재화하거나 복제하는 방식이 주를 이루었다. 이 시기에는 아동 문학의 제대로 된 이해 없이 상업적인 전략에서 생산된 작품 수가 늘어나게 되는데, 이러한 현상은 1970년대까지 지속된다.

한국 전쟁 이후부터는 통속적인 소년 소설, 탐정 모험물, 악성 만화 등에 의해 아동 문학이 통속화되는 경향을 보이는데, 당시 작품들의 경향을 나누어 보면 현실 비호적인 경향과 몰현실적 경향으로 양분화되어 나타난다. 그러나 통속 문학이 팽창하는 현실의 악조건 속에서도 본격 문학으로서의 아동 문학은 미흡하나마 그 모습을 드러내기 시작했다. 동화의 마해송·이원수·강소천·이주홍·김요섭·박화목, 동시의 최계락·이종택·이종기·한정동·윤석중·박영종, 동극의 주평과 홍은표 등과 같은 순수 아동 문학가들의 꾸준한 활동으로 문학적 성과를 보이기 시작하였다.

1950년대 통속 팽창기의 아동 문학은 전체 한국 아동 문학사 중 유일하게 발전적 측면보다는 부정적인 의미가 강했다. 한 시대의 문학으로서 독립된 의미를 갖기보다는 1960년대 본격 문학 운동의 교량적 역할을 한 과도기적 특성이 나타났던 시기였다. 그리고 1960년 4·19를 계기로 자각과 반성을 일으켜 아동 문학을 본격 문학으로 정리 형성하게 되었다. 신춘문예 제도가 부활되었고, 전국 각지에서 무수한 아동 문학 동호인들의 조직체가 결성되어 활발한 활동을 전개하였다. 이들 문학동인 단체들은 1960년대 후반에 들어서면서부터 동시인동인회(1966)와 한국동화문학회(1968) 같은 전문성을 지닌 장르 중심으로 조직되고 발전해 갔다. 또 이 시기에는 『한국아동 문학독본』(을유문화사, 1962, 전 10권), 『한국아동 문학전집』(민중서관, 1964, 전 12권), 『강소천 아동 문학전집』(배영서, 1964, 전 6권) 등 출판물에 의한 정리 작업이 이루어지고, 소천아동 문학상, 해송아동 문학상, 한정동아동 문학상 등의 제정과 아동 잡지들의 복간 및 창간으로 인해 아동 문학이 질적으로 향상되었다.

본격 문학 운동은 동시 분야에서 먼저 괄목할 만한 변화를 보여 주었다. 50년대에 등장한 3가 동시인(3家 童詩人)이라 불리는 최계락·이종택·이종기 등은 순수 본격 동시를 출현시킨다. 이후 동시의 평면성 극복, 폐쇄적인 시어의 개방, 동심 세계의 확장, 지시적 전달 기능의 탈피, 도식적인 교육성에서의 해방 등이 동시인동인회를 중심으로 전개되었다.[17] 1960년대의 동시인들은 동시의 수준을 시의 수준에 어느 정도 접근시키는 데는 성공하였으나 동시의 난해성 문제 때문에 독자를 잃게 되고, 이에 대한 극복의 과제를 1970년대에 물려주게 되었다. 1970년대 초기의 일부 동시인들은 난해성 극복 문제를 조심스럽게 검토하였으나 이를 극복하지는 못하였다.

1970년대 초기 동시의 개념이 갈수록 어려워지고 있는 현실과는 달리 동화는 아동 소설과 동화를 혼동하던 전대의 유산이 거의 사라지고 있었다. 동화 작가의 수도 늘어나게 되었고, 역사의식 속에서 자기 발견, 현실 고발적 의식, 인간 집단의 구조적 모순 풍자, 부조리한 사회 노출 등 작가들의 주제 의식에 대한 강력한 확인이 특징적 현상으로 나타난다. 이러한 동화의 강세와는 달리 아동 소설이 퇴조 현상을 보이는 것도 이 시기의 특색이다.

(5) 아동 문학의 담론 형성

1970년대 중반부터 약 10여 년간 한국 아동 문학은 문학 본질 면에서나 문단적 환경에서 새로운 바람이 일면서 아동 문학이 바람직하게 정착되어 갈 분위기가 무르익고

---

17) 여기에는 주로 신현득·박경용·유경환이 주축이 되고, 최계락·석용원·김종상·김사림 등이 눈부신 활약을 했다. 서사시적 실험(이종기·최계락·신현득 등), 산문 동시의 가능성(유경환 등), 동시조의 개발과 정형 동시의 시적인 형상화에 대한 재검토(박경용·조유로 등) 등 동시가 수용할 수 있는 새로운 장르의 개발도 이 시기에 와서야 의도적 실험이 추진되었다.

있었다. 1971년에는 '한국아동 문학가협회'와 '한국아동 문학회'로 양분되어 활동해 오다가 1979년에 새로운 단체인 '한국현대 아동 문학가협회'가 창립되면서 아동 문학 문단이 삼분되어 정립되었다. 이들 단체들은 조직과 내적 성장, 회원 간의 친목 도모 등 긍정적인 활동을 해 왔으나 현실적으로 제한된 활동 무대와 작품 발표 창구로 인해 부작용이 일어나기도 했다.

1970년대 중기에 평론 전문지 계간 『아동문학평론』(1976)과 순수 아동 문학 작품으로 꾸민 전문 월간 잡지 『아동문예』(1976)가 창간되면서 아동 문학인들의 작품 활동에 크나큰 전기가 마련되었다.[18] 한국동화문학회는 "아동관의 확립, 전통성의 발굴, 창작 동화의 체질 개선, 동화 문학의 효용성 재발견" 등과 같은 이념 구현에 이바지하였으며, "환상의 필요성에 대한 자각, 주제 의식의 강화, 상징적 수법의 다양화, 전승 설화 정리에의 의욕 증대, 동화 문체의 확립, 재미에 대한 재인식, 생활 동화에의 반성" 등 다채로운 문학적 성과를 낳았다.

이 시기의 두드러진 특징은 국내 전문 아동 문학가들이 창작집을 발간하기 시작하였다는 점과 출판사들에서 창작 동화와 아동 소설의 전집을 기획·제작하여 작가들을 고무시켰다는 것이다. 대표적으로 『창비아동문고』(창작과 비평사), 『한국아동문학총서』(아동문예사), 『웅진아동문고』(웅진출판), 『교음아동문고』(교음사), 『소년소녀한국창작동화』(아동 문학사), 『한국아동문학대표선집』(웅진출판) 등이 있다.

1970년대 후반부터 이어진 사실 동화, 생활 작문 운동은 농촌 어린이, 근로 소년, 도시 서민 가정 내 어린이의 생활을 소재로 저항적 리얼리즘 운동이 전개되었고, 이오덕은 평론집 『어린이를 지키는 문학』(백산서당, 1984)을 통해 이들 문학 운동의 이론을 살피고자 하였다. 아동 문학이 학문의 영역에서 확실히 자리 잡게 된 것도 이 시기의 큰 특징으로 본다. 1980년 후반에는 중편과 장편 동화가 크게 발전하여 장편 동화와 장편 아동 소설이 매우 활발하게 발표되었다. 그러나 아동 시장이 활발해지면서 지나치게 흥미만 강조하여 문학성이 결여된 명랑 소설들이 대거 쏟아지면서 독서계의 거센 비판을 받기도 하였다.

아동 문학의 주제에 있어서도 전쟁, 분단, 가난뿐만 아니라 다양한 주제와 소재를 다룬 동화와 동시들이 출간되기 시작하였다. 현실 문제를 동심의 시각에서 다루면서 풍

---

18) 이때 오순택·제해만·이해인·이준관·김향·하청호·전원범·권오삼 등 신인들이 대거 등용되어 기성 동시인들과 겨루며 왕성한 창작 의욕을 보여 주었다. 본격 동화 운동은 동시의 경우처럼 적극적이지는 못했으나, 1960년대까지 등단한 유여촌·장욱순·윤사섭·최효섭·권용철·이준연 등의 신인들은 이원수·김성도·김요섭·이영희·신지식 등 기성 중진들과 더불어 상당한 진전을 보였다.

자적이고 고발성 짙은 작품과 인간성 회복을 다룬 작품들이 등장하였다. 그리고 환상 세계를 다룬 작품들도 두각을 나타내기 시작하였다. 특히 동시 부분에 있어서는 자연을 소재로 하거나 환경 문제의 심각성, 우리 것을 찾기 위한 노력, 실험 정신이 깃든 작품들이 눈에 띄었다. 또한 재미있는 옛이야기를 새롭게 풀어 쓰는 전래 동화와 성에 대한 지식을 쉽게 풀이해 주는 성교육 동화도 출판되었다.

1988년 이후 한국 아동 문학에는 그림책 분야의 발전, 다양한 주제를 다룬 작품들의 창작, 활발해진 외국 동화와 그림책들의 번역, 동화 비평 모임과 독서 문화 활동의 보급, 출판사 중심의 아동 문학 시상 제도의 확산 등 여러 가지 변화된 특징을 보인다. 특히 아동용 도서에서 시각적 이미지의 의미가 강조되면서 그림을 지칭하는 용어가 '삽화'에서 '일러스트레이션'으로 변화하게 된다. 이와 함께 전문적인 직업인으로서 '일러스트레이터'의 영역도 확고하게 자리 잡게 되었다.

아동 문학의 평론 분야는 1960년대를 넘어서면서 『아동 문학』(배영사, 1962)이 출판되었고, 강소천·김동리·박목월·조지훈·최태호 등을 중심으로 한 편집 위원들이 아동 문학의 원론적 이론을 탐색함으로써 비평 이전의 아동 문학의 본질, 장르 의식의 확립, 문제점 및 방향에 대한 논의가 계속되었다. 그리고 이원수·윤석중·어효선 등이 아동 문학 비평을 모색하였고, 아동 문학 이론서인 『아동문학개론』(이재철, 서문당, 1967)이 발간되었다. 비록 『아동문학사상』(1970~1974)은 10집까지 발간되고 종간되었지만, 아동 문학 비평의 기반을 형성해 주었다. 「환상과 현실」, 「창작 기술론」, 「동요와 시의 전망」, 「전래 동화의 세계」 등의 특집은 한국 아동 문학의 이론적 뒷받침이 되었고, 1976년에 『아동 문학평론』이 창간되면서 본격적인 아동 문학 평론가를 배출하게 되었다.

(6) 아동 문학, 지금 여기

2000년대에 들어서서 동화와 청소년 문학 그리고 그림책은 폭발적인 성장을 이룩하기 시작하였다. 아동 문학은 2000년을 고비로 지속과 변화의 두 갈래 흐름이 중첩된 전환기의 모습을 드러내더니 최근에는 변화의 방향에 뚜렷한 특징을 보여 주며 사회적인 관심을 모으고 있다. 최근 5년간 전체 출판물 가운데 일반 도서와 비교할 때 어린이 책의 발행량이 월등하게 앞서고 있음을 한눈에 파악할 수 있다.

아동 문학의 호황기라 불렸던 2000년대 초반까지만 해도 동시는 침체나 퇴보라는 말이 붙여질 만큼, 화려하게 부상하는 동화에 비해 변방의 장르처럼 인식되었다. 새로운 감각과 인식으로 어린이 독자에게 다가가려는 몇몇의 시도가 있었지만, 동시단의 활성화를 위한 적극적인 돌파구가 되기에는 역부족이었다. 이러한 가운데 1990년대 중반 백창우의 동요 운동은 동요·동시 대중화에 기여한 바가 크다. 백창우는 동시에 곡을 붙이는 작업을 통해 새로운 동요의 보급을 시도하였다. 특히 2005년 최승호의 『말놀이 동시집』(비룡소)의 출현은 동시단의 새로운 전환을 예고하였고, 2007년에는 새로운 신인들과 성인시단의 시인들이 대거 동시 창작에 참여함으로써 작가층이 두터워지기 시작하였다. 문학동네의 동시집 시리즈를 비롯한 여러 출판사의 꾸준한 동시집 출간과 2010년 창간한 동시 전문지 『동시마중』은 새로운 변화를 추동한 원동력이 되었다는 점에서 주목된다.[19]

창작과비평사에서 의욕적으로 시작한 시리즈 '우리시그림책'은 2014년 『강아지와 염소 새끼』를 마지막으로 완간되었다. '우리시그림책'은 시와 그림의 독특한 결합 방식으로 그림책의 세계를 넓혀 준 시리즈라 할 수 있다. 어린이들을 위해 전래 동요, 현대시, 어린이 시를 토대로 시의 운율과 이미지가 만나 개성 있는 그림책이 되었다. 그림 작가들의 깊이 있는 해석으로 우리 그림책의 지평을 넓혀 주었을 뿐만 아니라 '시와 그림'을 어린이 눈높이에 맞췄다는 점에서도 의미가 있다. 작품마다 독창적인 화법과 캐릭터, 전통적인 색감을 다양한 기법으로 펼친 '우리시그림책' 시리즈는 어른과 어린이가 함께 보며 세대를 넘나드는 소통을 이루어 낸다는 점에서도 새롭다.

이에 비해 동화는 아동 문학의 영역이 확대되고 작가의 양식과 기법이 다양해지면서 분류하는 것이 쉽지 않을 만큼 다층적인 모습을 띠고 있다. 동화와 소설의 경계가 모호해지는 작품의 출간이 이어지면서 현실에서 경험할 수 없는 인물·사건·배경을 지닌 비현실적인 이야기와 현실에서 경험할 수 있는 인물·사건·배경을 지닌 이야기가 발전되어 가는 양상을 확인할 수 있다. 대표작으로는 강정연의 『건방진 도도군』(비룡소, 2007), 김기정의 『바나나가 뭐예유?』(시공주니어, 2002), 김남중의 『자존심』(창비, 2006), 김려령의 『우아한 거짓말』(창비, 2009), 『그 사람을 본 적이 있나요?』(문학동네, 2011), 배유안의 『초정리 편지』(창비, 2013) 등이 있다.

2000년대 들어 문학은 청소년을 끊임없이 호출하였다. 2000년대 중반 이경혜의 『어느 날 내가 죽었습니다』(바람의아이들, 2004), 이금이의 『유진과 유진』(밤티, 2004), 신여랑의 『몽구스 크루』(사계절, 2006), 정유정의 『내 인생의 스프링캠프』(비룡소, 2007), 이현의 『우리들의 스캔들』(창비, 2007) 등 현재의 청소년을 화자로 하고 동시에 독자로도 겨냥한 작품이 출간되기 시작했고, 청소년에 대한 사회적 관심과 더불어 청소년 소설

---

19) 김제곤(2013), 「동시: 낡은 외투를 벗어던지다」, 『창비어린이』, 40호, 31~33쪽.

은 폭발적으로 가시화되었다. 그리고 청소년 소설은 2008년 『완득이』(김려령, 창비)의 인기에 힘입어 대중에게 그 존재를 전면적으로 드러냈다.

2000년대 후반에는 일반 문학계에서도 청소년 문학에 대한 호기심이 많아졌다. 청소년을 주인공으로 삼은 일반 소설이 창작되기 시작하면서 청소년 소설과의 경계가 모호해지기도 하였다. 2010년을 지나며 청소년 소설은 내실을 다지기 위한 작품성을 든든히 축적하기보다는 자기 복제와 소재주의에 가까운 작품이 양적으로 늘어나는 양상을 보이기도 하였다. 청소년 소설은 경제력을 상실한 무능력한 아버지, 가장의 권위를 불신당하며 한편으로 도덕적으로 타락한 아버지를 전면에 배치함으로써 가족 문제의 해결을 청소년 자녀의 몫으로 남기고 있는 경우가 많았다. 그리고 타자와 연대하여 가족의 위기를 극복하고 자아 정체성 성취라는 발달 과업을 완수하거나 또는 타자의 의도에 의한 전도된 성장을 경험하며 자아 정체성을 조기 완료하는 주제가 주를 이루고 있다.[20]

2000년대에 들어서서 가장 빠른 성장세를 보이고 있는 것은 그림책이다. 2000년대 초반에는 그림책 이론에 관한 탐구와 그에 따른 장르 고유의 정체성 찾기에 주력했으며, 글과 그림의 관계에 대한 논의가 주를 이루었다. 이때부터 그림책의 그림과 일반적인 일러스트레이션은 확연히 다른 것으로 인식되었다. 한편으로 이 시기에는 자체적인 서사 구성보다는 그림의 우세가 두드러졌다. 그리고 글과 그림의 관계와 서사성의 결여에 대한 비판적인 논의를 통해 진전을 모색하던 시기이기도 하였다. 2000년대 중반을 넘기면서 권윤덕, 이억배, 이형진, 김환영, 김용철, 김재홍, 김세현 등의 기존 작가들은 보다 완성도 높은 작품을 창작하며 전진하였으며, 이영경, 이수지, 박연철, 백희나 등의 작가들은 자신만의 독특한 스타일을 형성하며 약진하였다.[21]

그림책의 폭발적인 성장의 동력에는 그림책을 읽는 독자의 연령이 파괴되었다는 것도 한 축을 형성하고 있다. 이것은 더 이상 그림책이 어린이의 전유물이 아닌 0~100세까지 읽는 새로운 미디어로 자리 잡기 시작하였다는 것을 의미한다. 그림책은 분명 어린이의 삶을 담아내고 어린이들에게 세상을 보여 주는 창 역할을 한다. 그림책에서 이별, 죽음, 부정적인 감정 등의 주제를 다루기 시작했다는 것은 큰 변화 중에 하나이다.

2000년 이후에는 아동 문학 평론 및 정기 간행물이 많이 등장하며 제법 활발한 비평

---

20) 오세란(2013), 「청소년 문학: 응답하라! 청소년」, 『창비어린이』 40호, 40~43쪽.
21) 남지현(2013), 「그림책과 일러스트레이션: 아동 문학의 새로운 영토」, 『창비어린이』 40호, 37~39쪽.

이 이루어졌다. 이는 아동 문학이 2000년을 전후로 외형상 유례없는 확장을 거듭한 것과 밀접한 관련이 있다. 아동 문학의 변화된 조건에서 새롭게 부상하기 시작한 비평은 그동안 자명한 것으로 여겨져 온 문학적 가치나 이론들에 대한 근본적인 질문을 제기하며 아동 문학의 한 시기를 매듭짓고 새로운 돌파구를 마련하기 시작하였다.

이재복은 『우리 동화 바로 읽기』(한길사, 1995)를 통해 근대 아동 문학사를 바라보는 시각에 새로운 거리 조정을 꾀했으며, 원종찬은 『아동 문학과 비평정신』(창비, 2001)을 통해 굴절된 역사 속에서 우리 아동 문학의 주류를 유지해 오던 동심주의, 교훈주의의 폐해를 날카롭게 지적하였다. 이 과정에서 한국 아동 문학의 기원, 공상 동화 등에 관한 논쟁이 촉발되었다. 김이구의 「아동 문학을 보는 시각-'일하는 아이들' 이후의 길」(『아침햇살』, 1998년 여름호)은 이른바 '일하는 아이들 논쟁'을 불러일으키며 변화한 시대에 새로운 비평적 시각을 호출하였다.

아동 문학의 호황기로 명명해도 좋을 2000년대 초반에는 창작물에 대한 현장 비평이 활발하게 이루어진 시기였다. 이러한 움직임 속에서 아동 문학 비평은 현장 비평을 더욱 강화하는 동시에 창작 방법에 관한 이론 탐구, 장르 용어에 대한 검토, 어린이라는 존재에 대한 본질 규명, 독자 역할에 대한 문제 제기, 구체적인 작품 해석과 평가에 이르기까지 변화된 시대 환경에서 새롭게 등장한 아동 문학의 경향과 씨름하며 나름대로 자신의 영역을 확보하려는 노력을 거듭해 왔다.[22]

---

22) 김제곤(2013), 「비평: 도전과 모색을 통한 제자리 찾기」, 『창비어린이』 40호, 22~23쪽.

〈표 1〉 한국 아동 문학의 역사

고전 아동 문학 시대	◆ 삼국 시대 이전부터 1908년까지 – 일반 문학에서 분화되지는 않았으나 현대 아동 문학의 성립 배경으로 중요한 의미를 갖는 시대이고, 기록 문학보다는 구비 문학적 전통 속에 그 자취와 계보를 담고 있다. 　1. 개화 이전기(갑오경장 이전 시기): 신화나 설화, 전래 동요 등 구비 문학이 주류 　2. 개화기(1894~1908): 외래문화 도입으로 번역·번안 작품이 먼저 등장
아동 문화 운동 시대	◆ 1908년부터 1945년까지 – 아동 경시 개념을 불식시키고, 어린이의 인격과 개성을 존중하도록 하는 문제와 일본 식민지 치하에서 국가 독립을 위하여 어린이들의 민족적인 자각을 일깨우고 계몽시키고자 하는 시대적 여건으로 인해 예술로서의 문학 활동보다는 문화 운동적 성격이 강했다. 　1. 태동 초창기(1908~1922)–육당 최남선 『소년』 발간: 우리나라 최초의 근대적 종합 교육지, 아동 잡지 『붉은 저고리』, 『아이들보이』, 『새별』 　2. 발흥 성장기(1923~1939)–방정환 아동 문예지 『어린이』 발간: 아동 문학 잡지. 아동 잡지와 동요 전성기, 운문 문학의 형태 변화, 마해송 『샛별』, 『바위나리와 아기별』, 윤석중 동시집 『잃어버린 댕기』, 그림책 용어 사용한 『아기네동산』(1938), 그림 동요, 좋은 그림책에 대한 논의 　3. 암흑 수난기(1940~1945): 일본은 『조선일보』와 『동아일보』를 강제로 폐간. 아동 문학의 암흑기
아동 문학 운동 시대	◆ 1945년부터 현재까지 – 특수한 시대적 여건 아래에서 형성된 전대의 문학을 정리하고 아동 문학을 통해 새로운 국가에서의 새로운 민족상을 정립하려는 모색기를 거쳐 아동 문학의 다양화 및 본격적인 예술로서의 아동 문학을 추구하는 시기 　1. 광복 혼미기(1945~1950): 좌우익 문단 대립, 민족 문학 논쟁. 　2. 통속 팽창기(1950~1960): 본격 문학과 통속 문학의 분화, 통속 대중 문학 발전으로 아동 문학 사상 유일한 저해기(沮害期), 순수 본격 동시 출현. 50년대 말기를 전후한 이들 신인의 등단에 크게 힘입어 뚜렷한 새로운 문학 운동의 기운을 조성 　3. 정리 형성기(1960~1976): 본격 문학으로서의 반성과 자각, 동인 중심 문단 형성, 동시·동화·동극 등 장르별 발전. 윤리적 효용 가치보다는 미적 효용 가치가 앞서야 한다는 교훈주의에 대한 반성으로 교육성에 대한 새로운 인식을 갖게 됨. 대중 상업주의 문학에의 반성. 아동 문학상 제정(1965년 소천아동문학상, 1967년 해송동화상, 1968년 세종아동 문학상, 1969년 한정동 아동문학상, 1972년 창주아동문학상 제정) 　4. 전환 발전기(1976~1988): 아동 문학 문단 정립과 국내 전문 아동 문학가들의 작품집 발간, 아동 문학 전문 비평가 등장. 『아동문학평론』, 『아동문예』: 신인 발굴, 발표 욕구 수렴, 다양한 문학사조의 수용과 반영 　5. 1988년 이후: 그림책 분야 급성장. 다양한 종류의 책 출판. 우리나라 최초의 창작 그림책 『백두산 이야기』 단행본으로 출간. 전집 그림책 성행

세계 아동 문학의 역사

아동 문학이 문학의 한 분야로 독립하여 발전을 보이기 시작한 것은 17~18세기의 근대 이후가 된다. 그 이전에는 성인 문학과 아동 문학이 미분화된 상태로 융합되어 있었다. 그러므로 아동 문학의 역사는 신화, 전설, 민담 등 구전 문학에서 출발했다고 할 수 있다. 이른바 전승 문학이 활자화되어 사람들에게 읽히면서부터 아동 문학도 본격적으로 시작되었다.

1. 19세기 이전의 아동 문학

19세기 이전에는 아동의 독립된 인격이나 권리를 인정하지 않았기 때문에 어린이를 위한 문학이 별도로 필요하다는 인식 자체가 없었다. 중세부터 19세기 이전 아동 문학은 구전되어 오는 신화와 전설, 민담을 수집한 작품과 종교적인 색채와 학습을 위한 교훈적인 내용이 주를 이루었다.

1) 중세 초기의 구전 동화와 초기 교과서

인쇄술이 발달하기 이전 중세 시대에는 시골집에 모여 앉아 나눈 이야기들이나 궁전의 홀에서 불렀던 노래 등이 전해졌다. 궁전이나 거대한 영주의 저택에서는 중세의 음유 시인이나 방랑 시인이 고대 영어 서사시의 주인공이나 아서왕의 영웅적인 설화가 향유되었고, 시골 농부들은 설화나 늑대, 여우, 암탉에 대한 우화를 즐겼다. 16세기 말까지는 수도사들에 의해 필사된 교사와 학생이 묻고 답하는 형식의 대화나 기억하기 쉬운 시의 대구를 이루는 시 형식으로 쓴 라틴어 교과서가 널리 쓰였다. 그리고 어린이의 신념에 대한 원리를 가르치기 위한 의무와 예절, 자연 과학, 종교적인 주제를 다룬 백과사전류의 책이 있었다.[23]

2) 인쇄기의 발명과 어린이책

서양 최초의 금속 활자 인쇄본인 구텐베르크의 『42행 성서』는 근현대 인쇄 문화의 꽃이라 부를 수 있는 한정판 성경들이다. 정교하고 아름다운 그림들이 실려 있으며, 자연 색감을 그대로 살려 오랜 시간에도 변함없이 색을 유지하고 있다. 더욱이 표지 장정과 타이포그래피와 장식된 그림은 현대의 관점에서도 손색이 없을 정도이다. 성경의 장정을 비롯한 표지화는 아동 도서에 지대한 영향을 미쳤을 뿐만 아니라 그림책의 기원에 자리한다.

[그림 3] 근현대 인쇄 문화의 꽃이라 부를 수 있는 성경들

인쇄술의 발명으로 어린이들을 위한 교과서인 프리머(Primer, 입문 독본·기도서)나 혼 북(Horn Book, 알파벳과 기도문이 적힌 입문서) 등이 나왔다. 혼 북은 1440년대에 처음으로 등장한 것으로 양피지에 가르칠 내용을 써서 나무에 붙였는데,[24] 문자 학습과 종교 교육을 함께 하기 위한 용도로 쓰였다.

---

23) 중세의 원고로 남겨진 것 중 잘 알려진 유일한 작품의 하나로 초서의 『켄터베리 이야기』다. 1387년에 어른들을 위해 쓴 것임에도 불구하고 이 시대의 어른뿐만 아니라 어린이들에게까지 잘 알려진 소문이나 민간 설화로 가득 채워져 있다.(신현재 외(2007))
24) 김현희·박상희(2003), 『유아문학교육』, 학지사, 71쪽.

독일에 가서 인쇄 기술을 배운 뒤 영국으로 돌아와 최초로 인쇄를 시작한 윌리엄 캑스턴(William Caxton, 1422?~1491)은 전통적인 소설, 문학, 민간 전설, 교과서, 종교서 등을 포함한 106권의 책을 출판했다. 그의 책들은 질이 우수하고 값이 비싸서 어린이들을 제외한 오직 부유한 어른들만이 이용할 수 있었는데, 가정 교육에 관한 책으로 어린이를 위해서『세 살 먹은 영리한 아이』와 같은 교훈적인 책도 간행하였다. 그러나 어린이들은 윌리엄 캑스턴이 우화·민간 설화·전설 등 구전으로 전해지던 이야기를 책으로 인쇄한『여우 레너드』,『이솝 우화집』,『아서왕 이야기』,『로빈 후드』등에 더 관심을 보였다.『트로이 전쟁 이야기』(1474)는 그가 최초로 출판한 책으로 유명하다.

3) 종교적 색채가 강한 작품

17세기에는 청교도주의가 전성기를 이루면서 어린이 교육에서조차 극단적인 종교적인 색채가 짙어졌다. 그 당시에는 4~5세에 인생의 모든 것을 아는 조숙하고도 신앙심이 깊은 어린이가 이상적인 아동상으로 묘사될 정도였다. 이런 특징은 당시의 대표적인 여러 작품에 그대로 깔려 있다. 영국의 토마스 제인웨이(Thomas Janeway)의『아이들에 대한 가르침—일곱 아이들의 고상하고 모범적인 생애와 아름다운 죽음』[25]에서는 부모님을 사랑하고 자신의 영혼을 사랑하고, 죽어서 지옥의 불길에서 벗어나 천국에 가고 싶다면 책에 나오는 아이들처럼 행동하라고 설교한다. 그 책보다 훨씬 전에 발간된 존 폭스(John Foxe)의『순교자 이야기(Book of Martyrs)』(1563)에서는 교황주의(Papism)에 대한 신랄한 고발과 죽음에 대한 기록이 있다. 그리고 존 버니언(John Bunyan)의『성스러운 상징(Divine Emblems)』(원작은 1686년에 쓴 소년 소녀를 위한 책이었으나 후에 제목을 바꿈)[26] 역시 제인웨이를 능가하는 엄격함으로 가득 차 있다.

미국의 아동 문학도 영국에서 건너간 청교도주의의 영향을 받은 종교적이고 교훈적인 작품이 주를 이룬다. 목사인 코튼 마더(Cotton Mather)의『뉴잉글랜드 어린이들을 위한 가르침–죽음 직전에 하나님의 두려움을 깨우쳐 안 아이들의 이야기』(1700)[27]나 벤자민

---

25) '이재철(1983), 『아동문학개론』, 232쪽.'과 '존 로 타운젠드(1996), 『어린이책의 역사』, 18쪽.'에는 같은 작품에 대해 제임스 제인웨이의 『어린이들에게 보내는 선물, 몇몇 어린이들의 회개, 성스럽고 모범적인 생활, 그리고 기쁨에 찬 죽음에 관한 정확한 기록(A Token for Children, being an Exact Account of the Conversion, Holy and Exemplary Lives, and Joyful Deaths of Several Young Children)』이라고 밝히고 있다.

26) 존 로 타운젠드(1996), 『어린이책의 역사』, 시공사, 19쪽.

27) '이재철(1983), 『아동문학개론』, 256쪽.'과 '존 로 타운젠드(1996), 『어린이책의 역사』'에는 『뉴잉글랜드의 어린이들에게 보내는 선물, 또는 뉴잉글랜드의 몇몇 지방에서 죽음을 앞둔 어린이들이 하나님을 경외하는 마음을 눈에 띄게 싹틔운 사례들, 다른 어린이들에게 신앙심을 북돋아 주기 위한 기록과 출판』이라는 제목으로 실려 있다.

콜먼의 『신앙 깊고 사랑스러운 아이들이 일찍 죽는다는 사실에서 드러나는 신의 섭리를 경건하게 숙고한다』(1714), 그리고 알파벳과 교리 문답이 결합되어 있는 시와 그림 모음집인 『뉴잉글랜드 입문서(New England Primer)』[28] 등이 대표적인 책이다.

4) 옛이야기

구전되어 오던 신화, 전설, 민담을 수집한 작품으로 대표적인 것은 프랑스의 샤를 페로에 의해 쓰인 아동을 위한 세계 최초 동화집 『옛이야기 또는 조그만 이야기(Histoires ou Contes du temps passé·avec des moralitez)』(1697)이다. 이 책은 샤를 페로(Charles Perrault, 1628~1703)가 1695년에 루이 14세의 조카에게 헌정한 『어미 거위 이야기』에 수록된 「잠자는 숲속의 공주」, 「빨간 두건 소녀」, 「장화 신은 고양이」, 「푸른 수염의 거인」, 「요정들」에 「신데렐라」, 「엄지동자」, 「고수머리 리케」 세 편의 이야기를 더 추가하여 출간되었다.

페로의 이 동화집은 비록 순수 창작이 아니라 민간 설화에서 취재한 이야기를 써 놓은 것이지만, 아동 문학 사상 세계 최초로 아동에게 읽힐 목적으로 쓰였다는 점에서 인정받는 책이다.[29] 페로 동화집이 나온 그 시기를 전후로 하여 당시 살롱 문학의 분위기를 여실히 보여 주는 귀족 부인들의 옛날이야기집들이 나오기도 했는데 드노아 백작부인(Mme d'Aunoy, 1650~1705)의 「파랑새」, 「금발의 미녀」, 「하얀 고양이」 등이 들어 있는 옛이야기집, 보몽 부인(Leprince de Beaumont, 1711~1780)의 「미녀와 야수」, 「세 가지 소원」 등이 들어 있는 동화집, 그리고 뮤라 부인의 『새 옛이야기 모음』[30] 등이 있다.

5) '챕북' 그리고 어린이를 위한 책

16세기에서 19세기까지 오랜 세월에 걸쳐 만들어진 '챕북'은 시골을 돌아다니며 잡다

---

28) 존 로 타운젠드(1996), 『어린이책의 역사』, 시공사, 21~24쪽.
29) 『옛이야기 또는 조그만 이야기』에 등장하는 「빨간 두건 소녀」나 「잠자는 숲속의 공주」의 경우는 일반적으로 우리가 알고 있는 작품의 결말과는 사뭇 다른 형태를 보이고 있다. 예를 들어 빨간 두건 소녀가 늑대에게 잡아먹힌 채 지금까지도 늑대 배 속에서 구출되지 못한다는 것과 저주 때문에 백 년 동안 잠들었다 깨어난 공주가 자식을 잃었다고 생각하는 아픔을 겪은 다음에서야 비로소 행복한 결말을 맞이하는 것이 대표적인 예이다. 이는 전래 동화집이 발표될 당시의 사회상과 그 이야기들을 계승시켜 온 사람들의 민족성 등이 그대로 작품 속에 담겨 있기 때문에 나타나는 특징이다. 또한 옛이야기를 천박하게 여기던 당시 귀족들에게 옛이야기 속에 담긴 교훈이 어린이 교육에 꼭 필요하다고 알리기 위해 페로는 동화집 속에 등장하는 이야기마다 늘 교훈을 강조했는데 이를 통해 17세기 프랑스의 분위기를 충분히 짐작할 수 있다.
30) 박화목(1982), 『신아동 문학론』, 보이스사, 398~399쪽.

한 물건과 책을 파는 챕맨(chapman)에서 유래되었다. 챕북은 조악한 그림이 들어간 손바닥 크기의 작은 책에서 시작되었지만 점차 발달하면서 크기도 다양해졌다. 그러나 대부분은 짧은 이야기나 우화가 주를 이루었고, 조악한 목판 삽화는 이야기 서사와 상관없이 실려 있는 경우가 대부분이었다. 하지만 저렴한 챕북은 서민에게 읽을거리를 제공해 주며 독서 대중화에 크게 기여했다.

[그림 4] 랜돌프 칼데콧의 챕북 시리즈

본격적으로 어린이를 위한 책이 만들어지고 발전하게 된 것은 18세기 후반으로 영국의 존 뉴베리(John Newbery, 1713~1767)라는 출판인에 의해서였다. 그는 런던에 '성서와 태양'이라는 아동 도서 전문 출판사와 서점을 열고, 『작고 귀여운 포켓북』(1744)을 시작으로 약 200여 종에 이르는 '챕북(chap book)'을 출간하였다. 『플루타르코스 영웅전』(1762), 『구두 두 켤레 씨』(1765), 『마더구스의 멜로디(Mother Goose's Melody)』(1760) 등은 근대 아동 문학의 시초로서 중요한 의미를 지닌다. 또한 그의 출판사에서는 1751년에 어린이를 위한 최초의 잡지인 『난쟁이 나라의 잡지(Lilliputian Magazine)』(1751~1752)가 발행되기도 했다. 그리고 『구두 두 켤레 씨』는 어린이를 위한 최초의 창작 동화라는 점에서 의미가 있다.

2. 19세기 아동 문학

19세기에 들어서면서 아동 문학에 새로운 장이 열리기 시작하였다. 전(前) 시대의 잔재인 교훈주의의 영향과 챕북식의 안이성이 여전히 남아 있긴 했으나 역량 있는 작가들이 상상과 창조의 세계를 개척하기 시작한 것이었다.[31] 19세기의 낭만주의 사조 출현으로 아동의 권리와 독자성이 인정되면서 아동 문학의 탄생이 가능하게 되었다. 특히 루소의 '자연주의 사상'은 아동만의 고유한 권리에 대한 인식과 아동 교육의 성장과 발달에 대한 이해와 존중의 필요성을 제기하였다.[32] 또 다른 배경으로 전래 동화와 전래 동요에 대한 인식의 변화로 동화라는 문학적 형식에 대한 관심과 가치 인식이 고조된 것이다.

독일의 그림 형제는 전래 동화에 대한 학문적 연구 및 재화를 통해 전래 동화를 아동 문학의 수준으로 한 단계 높이는 데 많은 공헌을 하였다. 또한 이 시기의 낭만주의 문학은 인간의 자연스러운 본능을 인정하고, 인간의 감정과 감각의 해방을 추구하고 인간 내부의 발현을 통한 자유로운 창작의 기회를 가능하게 해 주었다. 낭만주의라는 문학 사조의 변화는 아동 문학에 있어서도 상상과 공상을 바탕으로 한 많은 작품을 출현시키는 중요한 역할을 했다. 근대적 아동 문학을 성립한 작가로 안데르센을 들 수 있다. 안데르센 작품의 상상적이고 공상적인 요소는 상상과 공상을 주제로 한 아동 문학을 꽃피우게 하는 중요한 역할을 한다. 영국의 킹즐리나 루이스 캐럴, 이탈리아의 꼴로디, 프랑스의 쥘 베른의 작품은 현대까지도 어린이의 마음을 사로잡는 획기적인 아동 문학 작품으로 인정받고 있다.

1) 옛이야기

장 드 라퐁텐(Jean de La Fontaine, 1621~1695)의 우화집 『우화 선집(Fabies Choisies)』에는 124개의 우화가 수록되어 있다. 그중에 「장화 신은 고양이」는 이색적이면서도 풍자적인 그림이 함께 실려 있다. 그리고 19세기 초인 1812년 세계 아동 문학사에서 '전래 동화의 아버지'로 불리는 그림 형제(Jacop L .K. Grimm, 1785~1863과 Wilhelm K. Grimm, 1786~1859)가 등장하게 된다. 그들은 1807년부터 이야기를 수집하여 1812년에 『어린이와 가정을 위한 동화』를 출간하였다.[33]

---

31) 이재철(1983), 『아동문학개론』, 서문당, 234쪽.
32) 루소가 제시한 근대적인 아동관은 아동 중심 사상의 중심을 이룬 것으로, 근대적 아동 문학의 성립을 가능하게 하는 중요한 원동력이 되었다.
33) 그림 형제가 민담을 수집하게 된 데에는 루트비그아힘 폰 아르님과 클레멘스 브렌타노의 영향이 컸다. 이들은 사비니 교수의 집을 왕래하며 그림 형제와 친분을 쌓았고, 1805년 아르님과 브렌타노가 독일 민요 모음집인 『소년의 마적』을 출간한 일은 그림 형제에게 큰 자극이 되었다. 사비니 교수의 추천으로 민요집 2권 작업에 참여하게 된 그림 형제는 1806년부터 방대한 양의 민요를 모았다. 그림 형제는 이 과정에서 민담에 관심을 갖게 되었고 , 1812년 그림 동화로 알려진 『어린이와 가정을 위한 동화』가 출간되었다. 그림 동화는 대부분 독일 여러 지역에서 전해 오던 민담이나 위그노의 구전 설화나 프랑스에서 전해 온 이야기 등이 수록되어 있다.

다른 옛이야기로 19세기 말에 나온 영국뿐 아니라 전 세계 어린이들의 사랑을 받고 있는 책은 조셉 제이콥스(Joseph Jacobs)가 엮은 『영국 옛날 이야기집(English Fairy Tales)』(1890)[34]이다. 그는 어린이들에게 페로나 그림 형제와는 다른 즐거움을 주려고 애썼다. 페로나 그림 형제의 옛이야기들에는 교훈적인 메시지가 많이 담겨 있지만 그는 가급적이면 원래 이야기를 훼손하지 않고 그대로 살리되, 소리 내어 읽기에 알맞고 운율이 잘 살아나는 이야기로 재화하기 위해 노력했다. 즉 리듬감과 생동감을 부여해서 구연의 묘미를 살리고자 했다.[35]

2) 창작 동화─근대적 아동 문학의 성립

덴마크 출신으로 창작 동화의 아버지, 근대 아동 문학의 아버지로 불리는 안데르센 (Hans Christian Andersen, 1805~1875)은 『인어공주』, 『성냥팔이 소녀』, 『미운 오리새끼』, 『눈의 여왕』, 『그림 없는 그림책』, 『벌거숭이 임금님』, 『엄지공주』, 『백조왕자』, 『빨간 구두』 등 수많은 동화를 발표했다. 그는 1835년에 『어린이를 위한 이야기』를 발표한 초기에는 구전 동화를 개작한 작품을 썼으나 제2 동화집부터는 창작적인 요소가 많이 가미된 이야기를 써 나갔고, 3집 이후로는 왕성하게 작품을 써내어 1870년까지 146편이라는 방대한 분량의 동화를 발표하였다.

새로운 창작 동화의 창시자인 안데르센의 작품들은 문학적 가치가 높아 동화 작품을 평가하는 척도가 될 뿐만 아니라 독일의 그림 동화와 더불어 세계 아동 문학의 고전이 되고 있다. 안데르센의 동화들은 자유로운 상상의 세계가 담겨 있고, 긍정적인 인간관이 깃들어 있다. 단순한 선과 악의 구별이 아닌 인간에 대한 깊은 애정이 표현되어 있을 뿐만 아니라 아동에게 삶에 대한 가치와 인류에 대한 이상을 지켜 나가려는 믿음을 심어 준다. 또한 간결한 언어와 함축성 있는 용어를 사용하고 있고, 생명이 없는 것에도 생명을 부여해 줌으로써 아이들이 이야기에 더욱 몰입할 수 있게 해 준다. 그리고 우수한 독창성을 지니고 있어 어린이들의 무한한 상상력을 이끌어 준다. 이러한 점이 기존의 동화와 구분되는 가장 독창적인 면이라고 할 수 있다.

---

34) 민속학자이자 역사학자였던 제이콥스는 영국, 아일랜드, 스코틀랜드, 웨일스, 인도 등 여러 지역에서 민중들의 입으로 전승되어 온 옛이야기를 수집해서 모두 6권의 옛이야기 모음집을 펴냈다. 그가 펴낸 이야기집 속에는 우리에게도 잘 알려진 「잭과 콩나무」, 「아기 돼지 삼 형제」, 「곰 세 마리」, 「어리석은 잭」을 포함한 87편의 옛이야기가 들어 있다.
35) 조셉 제이콥스(2003), 『영국 옛이야기』, 웅진닷컴, 122쪽.

3) 다양한 소재를 활용한 동화

아동 문학에 상상의 세계가 열린 것은 『셰익스피어 이야기』(1807)를 재화(再話)한 매리 램(Mary Lamb, 1764~1847)과 찰스 램(Charles Lamb, 1775~1834) 남매에 의해서였다. 찰스 램의 『율리시스의 모험』(1808) 역시 호메로스를 어린이용으로 재화한 것으로 당대 작가들에게 큰 영향을 끼쳤다. 이후 킹즐리(Charles Kingsley, 1819~1875)가 그리스 신화의 정신과 영웅성을 충실히 재현한 『영웅 이야기』(1856)를 내놓아 또 하나의 그리스 신화의 재화 작가로 자리 잡게 되었다.

또한 킹즐리는 아동 문학의 황금기라고 불리는 빅토리아 시대에 『물의 아이들』(1863)을 내놓음으로써 루이스 캐럴(Lewis Carroll, 1832~1898), 조지 맥도널드(George MacDonald, 1824~1905)와 함께 환상 동화의 3대 거장이라고 불리는 작가가 되었다. 『물의 아이들』은 상반된 두 가지 측면의 평가를 받고 있는 작품이다. 하나는 긍정적 평가로 이 작품이 일반적인 요정 이야기와는 다르게 작가 자신이 직접 창조해 낸 환상적인 세계를 배경으로 한 첫 번째 환상 동화라는 것이다. 다른 하나는 부정적인 평가로 작가 킹즐리가 자신의 종교적·사상적 입장을 작품에 뚜렷하게 반영함으로써 교훈적 색채가 짙게 드러나 환상 동화의 순수성을 흐렸다는 지적이다. 루이스 캐럴은 『이상한 나라의 앨리스』(1865)를 출간하였는데, 이 책은 그 시대의 아동 문학 작품과 달리 교훈의 목적이 아닌 어린이들의 즐거움만을 위해 씌었다.

반면 맥도널드는 『북풍의 등에서』(1871)와 『공주와 고블린』(1872) 등과 같이 직접적인 교훈을 주기 위한 작품을 썼다. 그러나 그는 자신의 철학과 종교를 작품에 드러내기는 했지만, 작품의 내용과 흐름에 성공적으로 용해시킴으로써 깊이 있게 도덕적 성격을 견지하였다는 평가를 받는다. 이탈리아의 콜로디(Collodi, 1826~1890)가 쓴 『피노키오의 모험』(1883)은 동화적인 상상력을 무한하게 보여 주는 우스꽝스럽고 기상천외한 상황을 끊임없이 전개하며 기존의 책과는 다른 차별되는 교육성의 개념을 보여 준다. 무한한 환상의 세계에 대한 경험, 신선하고 생동감 넘치는 이야기의 전개, 예술적인 요소, 그리고 교육적인 이야기의 구성을 겸비하고 있다. 그 밖에 미국의 첫 번째 판타지 동화로 인정받고 있는 프랭크 바움(Frank Baum, 1856~1919)이 쓴 『오즈의 마법사』(1899)가 있다.

독일의 호프만이 쓴 『더벅머리 페터』(1845)는 아이들이 자

[그림 5] 『더벅머리 페터』

신의 잘못된 습관을 스스로 깨달아 고쳐 나갈 수 있도록 이끌어 주는 사실 동화다. 오싹한 재미와 잘못된 습관에 대한 따끔한 가르침을 주는 사실 동화가 창작된 지 150여 년이 지난 오늘날까지도 유럽에서 스테디셀러로 꼽히고 있다. 또 다른 작품으로는 미국의 헬렌 바나만 여사의 『꼬마 검둥이 삼보』(1899)가 있다. 이 책은 소박한 그림, 단순한 언어, 운율적인 문장, 그리고 점진적인 반복을 통한 긴장감이 포함된 이야기로 구성된 작품이다.

4) 그림책의 등장

현대적 의미의 그림책은 랜돌프 칼데콧(Randolph Caldecott, 1846~1886)이 워싱턴 어빙의 작품집 『스케치북(Sketch Book)』에서 크리스마스를 소재로 한 다섯 편의 이야기를 골라 『오래된 크리스마스(Old Christmas)』(1875)를 펴낸 때부터라 할 수 있다. 에드먼드 에반스가 이 책에 실린 120점의 흑백 삽화를 보고 그림책 시리즈 출간을 제안하였고, 『존 길핀의 유쾌한 이야기(The Diverting History of John Gilpin)』(1878)와 『잭이 지은 집 (The House That Built)』(1878)이 출간되었다. 그러나 그

[그림 6] 『존 길핀의 유쾌한 이야기』

림과 글이 상호 작용하며 중요한 역할을 담당하는 그림책 고유의 형식이 완성된 시기는 18세기 말, 19세기 초라고 보는 것이 일반적이 견해이다.

19세기 말에 근대 그림책은 초기 그림책의 황금기라고 할 수 있을 정도로 많은 작가들이 등장하며 발달한다. 독일의 하인리히 호프만과 영국의 인쇄업자인 에드먼드 에반스로 인해 그림책이 발전하였다. 에반스는 컬러 인쇄를 아름다운 예술로 승화시켰을 뿐만 아니라 다른 그림 작가의 배출에도 힘썼다. 그가 배출한 작가로 월터 크레인(Walter Crane, 1845~1915)과 케이트 그리너웨이(Kate Greenaway, 1846~1901), 랜돌프 칼데콧이 있다. 케이트 그리너웨이는 꽃, 나비, 나무 등 소박한 자연 풍경을 소재로 하여 어린 시절의 추억을 그림에 담아냈다. 현재의 아이들, 과거의 어른들이 공유할 수 있는 시간을 그림책 속에서 재현해 냈다. 케이트 그리너웨이 그림책의 특징은 아이들의 표정에 있다. 어린아이다운 옷을 입은 개성 넘치는 아이들, 생동감 넘치는 아이들이 존재한다. 월터 크레인은 동요, 옛이야기, 전설 등을 소재로 하여 그림책을 펴낸 작가이다. 그의 그림책은 이미 알려진 이야기를 재화하여 자신만의 방법으로 한층 새롭고 아름답게 미화

된 그림책으로 탄생시켰다.[36]

<표 2> 세계 아동 문학의 역사

	영국	독일	프랑스
특징	어린이를 위한 책을 가장 먼저 만든 곳. 보편적인 정서	실용적 낭만주의 척박한 자연환경 게르만족−강인하고 잔인함.	사실주의적 성향 개인의 행복 추구 민화 전설 등 구비 문학
7~8 세기	중세: 주로 예절과 교육에 관한 책이 먼저 만들어짐.		봉건 제도의 영향. 개인적 행복을 추구하려는 경향−콩트, 파블리오
15~16 세기	교훈주의적인 경향 윌리엄 캑스턴−구비 문학 정리 출간 신앙 설화, 교훈·설교 중심의 서적	쿠텐베르크−인쇄술 발명 『마음의 위로』 『트리스탄의 전설』 『파우스트 이야기』 『여우 라이네케』	라블레 『가르강튀아』 『팡타그뤼엘』
17 세기	청교도주의적인 경향이 강함. 극단적인 종교적 색채 존 버니언 『천로역정』 디포 『로빈슨 크루소』 스위프트 『걸리버 여행기』−아동이 읽게 된 성인 문학		라 퐁텐 『우화시』
18 세기	계몽주의적인 성향. 도덕주의적 내용이 주류를 이룸. **존 뉴베리**−아동 문학의 역사 시작. 아동 도서 전문 출판사와 어린이 최초 잡지 등을 발행 『구두 두 켤레 씨』 『마더구스의 멜로디』 『플루타르크 영웅전』	레싱 『레싱비유담』 우화집 발간 낭만주의 문학 하우프 『캐러밴』	**샤를 페로** 『어미 거위 이야기』−세계 최초로 아동에게 읽힐 목적으로 쓰여짐. 운문으로 표현. 살롱 문학−아동 자체를 위한 문학으로 발전하지 못함.

---

36) 조성순(2015), 「19세기 전후 유럽 그림책의 풍경」, 『어린이책이야기』 32호, 청동거울.

	낭만주의, 판타지 문학의 황금기. 아동 문학의 새로운 장이 열림.	낭만적인 경향–루소의 영향 아동 문학, 일반 문학이 혼용되어 읽혀짐.	낭만주의의 승리기 작가의 개성과 상상력이 자유롭게 표현되는 문학
19세기	찰스 킹즐리『물의 아이들』, 루이스 캐럴『이상한 나라의 앨리스』, 조지 맥도널드『북풍의 등에서』–환상 동화의 3대 거장 제이콥스의 옛이야기 재화	실러『빌헬름 텔』 그림 형제『어린이와 가정을 위한 동화』: 민담을 체계적으로 정리한 작품	위고『레 미제라블』 뒤마『삼총사』,『몽테크리스토 백작』 피에르 에첼『교육잡지』 쥘 베른의 과학 소설『해저 이만리』,『15소년 표류기』 알퐁스 도데, 생텍쥐페리, 드뤼엥 작가

	미국	기타
18세기	개척주의. 청교도적 개척 정신 민화 없음. 종교적, 교훈적 뉴베리 간행물 유입	● 이탈리아 – 일찍 민간 설화집이 출간 스트라파롤라『즐거운 서른 밤』: 동화집으로는 세계 최초
	코튼 메이더(잉글랜드 어린이들을 위한 가르침)	
19세기	어린이 잡지를 통한 아동 문학가 배출 아동 문학 발전에 기여	● 덴마크 – 안데르센『인어공주』,『성냥팔이 소녀』,『미운 오리새끼』: 국제안데르센상 제정
	인디언 역사 소설『모히컨의 최후』 프랜시스 버넷『소공자』,『소공녀』 시튼『시튼 동물기』,『늑대왕 로보』 가정 소설의 장을 엶–올콧『작은 아씨들』	● 노르웨이 – 스트린드베리『페아의 여행』,『관 쓴 새색시』,『백조 아가씨』
20세기	아동 문학 발달	
	뉴베리상 제정: 아동 문학이 크게 전환, 발전(미국도서관협회 제안) 어린이 도서관이 생김. 대학에서 아동 문학 강좌 개설 많은 여류 작가의 출현 전기 문학과 과학 소설의 성행: 미국 아동 문학이 비약적으로 발달	● 스웨덴 – 라게를뢰프『닐스의 신비한 여행』 – 린드그렌『삐삐 롱스타킹』,『사자왕 형제의 모험』 ● 러시아 – 민화: 아파나셰프에 의해 계통적으로 모아짐.

아동 문학의 본질

1. 아동 문학의 특징

현대의 아동 청소년 문학이 보다 더 '문학적'으로 성장해 가고 미학적으로 공고해졌다는 것은 의심할 여지가 없다. 현대 아동 문학에서는 텍스트들이 복잡하고 다차원적인 양상으로 발전해 가고 있다. 아동 문학의 여러 장르에서 점차 예술적으로 세련되고 풍부한 언어를 사용하려는 의식적인 노력이 이루어지면서 문학적 장치와 표현 기법이 확장되고 있다.

아동 문학에서 짧은 문장을 쓰고 '어려운' 단어를 아껴 쓰는 것이 예술적 장치의 단순화나 빈곤화를 의미하는 것은 아니다. 아동 문학의 패턴의 유사성, 플롯 변용의 제한성은 아동 문학의 본질을 이해하는 데 무엇보다 중요하다. 아동 문학의 단순성은 그 자체가 하나의 예술적인 장치로 사용되기도 하며, 여기에서 더 나아가 풍부한 예술적인 변주가 적용된다.

이원수는 아동 문학의 특징을 다음과 같이 제시하였다.[37]

첫째, 아동이 이해하기 쉬운 형식과 내용을 가진다. 즉, 아동의 생활과 관련하여 아동

---

37) 이원수(2001), 『아동 문학 입문』, 한길사, 11~13쪽.

이 관심을 가질 수 있는 내용을 아동이 이해할 수 있는 어휘로 표현한다.

둘째, 소박하고 단순한 것이 많다. 소박하다는 것은 인간의 자연성과 결부되며, 성인 사회의 부정적인 것을 거부하고 자연스러운 인간으로 성장하는 데 기초가 된다는 것을 의미한다. 또한 아동 문학이 단순한 것은 아동들의 생활이 어른들의 생활에 비해 단순하기 때문에 작품의 길이가 짧다는 것을 말한다.

셋째, 대상 독자의 계층의 폭이 넓기 때문에 작품 내용의 난이도 차가 심하다. 아동 문학의 내용은 유년 문학, 저학년 문학, 고학년 문학, 청소년 문학 등의 계층을 이룬다. 따라서 아동 문학은 문학적인 그릇으로서 작은 것, 그리고 고도한 문학 정신과 평이한 서술이 잘 조화되어야만 이룩할 수 있는 문학이다.

아동 문학에 나타나는 가치 판단은 건전하고 직설적이다.[38] 스미스(Smith)에 따르면 어린이의 문제는 어른의 문제보다는 단순하지만, 동시에 어른의 문제보다 더욱 사물의 핵심을 찌르는 특성을 지닌다고 보았다. 일반적으로 어른은 선악이나 진위 등의 문제를 빗대어 표현하지만 어린이들은 그와 같은 추상적 구별 없이 직접 느끼고 표현한다.

페리 노들먼(Perry Nodelman, 1942~)은 아동 문학의 표현 양식은 단순하되 반드시 가장 단순하지는 않고, 인물 지향적이라기보다 행위 지향적이며, 순수한 관점으로 제시되고, 낙관적이며 행복한 결말이며, 교훈적이고, 서술과 구조에서 반복적이어야 한다고 설명한다.[39]

우에노 료(上野瞭)는 어린이 속에 잠재해 있는 인간의 가능성에 형태를 부여하는 것을 아동 문학의 특징으로 보았다. 인간의 가능성은 다양한 인물과 사건을 통해 표현된다. 이 관점에 따라 어린이 문학을 '일상 세계', '신비한 세계', '이상한 세계' 등의 관점에서 탐구한다. '일상 세계'는 현실 세계에서 인간의 모습을 탐구한다. '신비한 세계'는 일상 세계 너머에 있는 '또 하나의 세계'로서 그 별세계를 그려 냄으로써 인간 본연의 모습을 추구한다. 그리고 '이상한 세계'는 '난센스'로서 일상적 세계를 뒤집어 만들어진 세계로서 인간이나 세계가 이상해질 수 있다는 형태로 인간 속에 있는 가능성을 찾는다. 즉 아동 문학은 아동의 일상 세계와 판타지 세계, 그리고 일반적인 상식을 뛰어넘는 세계를 다룬다.[40]

김상욱은 '계몽성, 낭만성, 현실성'을 어린이 문학의 본질이자 특징으로 제시한다. 그

---

38) 릴리언 H. 스미스(2000), 『아동문학론』, 김요섭 옮김, 교학연구사, 7쪽.
39) 페리 노들먼(2001), 『어린이 문학의 즐거움 1, 2』, 김서정 옮김, 시공주니어, 190쪽.
40) 우에노 료(2003), 『현대 어린이문학』, 햇살과나무꾼 옮김, 사계절, 197쪽.

는 이들 범주들은 어린이 문학의 특징을 고려해 제한되고 변동된 채 적용될 수 있다고 본다. '계몽성'은 기존의 교육적 의미라는 협소한 틀을 벗어나 다소 폭넓고 융통성 있는 범주로 확장되어야 하며, 낭만성은 오히려 기존의 광범위한 범주의 틀을 극복하고 다소 정교하게 제한되어야 한다. 그리고 현실성은 과도한 계몽성을 제어하는 장치이기도 하며, 나아가 초월적인 낭만성을 걸러 내는 장치이기도 하다. 계몽성, 낭만성, 현실성 세 가지 범주가 어린이 문학의 본질적인 계기들이며, 형식적으로 드러나지 않는 자질이라고 설명한다.[41)]

아동 문학은 어린이를 독자로 하는 문학이기 때문에 '교육성', '계몽성'과 같은 개념을 완전히 벗어던지기는 어렵다. 더욱이 아동 문학과 교육의 관계는 복잡다단하게 얽혀 있기 때문에 아동 문학은 일반 문학의 예술 이념을 수용하면서도 나름의 양식적 기준을 마련하고 미적 가치를 구성하며 개척해 나가고 있다.[42)]

아동 문학의 내용적인 측면의 특징을 정리하면 다음과 같다.

1) 교육성

아동 문학의 궁극적인 목적은 육체적, 정신적, 사회적으로 미성숙한 아동을 건전한 사회적 인간으로 성장시키는 데 있다. 이를 아동 문학의 '교육적 기능'이라고 말할 수 있다. 훌륭한 문학은 교육성과 도덕성을 갖추고 있다. 아동 문학에서의 도덕성은 단순히 권선징악의 요소를 말하는 것이 아니라 언제까지나 변하지 않는 진리, 인간의 영혼을 생기 있고, 분별력 있게 하는 진리를 내포하고 있다. 그렇더라도 문학성을 교육성과 대등한 개념으로 볼 수는 없다. 그것은 문학성이 교육성을 포함할 수는 있지만 교육성은 문학성을 보완할 따름이기 때문이다. 따라서 문학성과 예술성이 풍부하면서도 교육성을 전제로 한 작품은 아동들에게 바람직한 영향을 미치며 가장 교육적이라 할 수 있다.

교육성은 아동 문학이 심신의 발달 단계에 놓인 어린이들의 내면을 풍성하게 하고 확충시키는 역할을 해야 한다. 때문에 대부분의 아동 문학 작품에는 어린이의 연령적 단계에 알맞으면서도 올바른 가치관이나 사회 구성원으로서의 중요성, 국민으로서 올바른 애국심, 생명과 자연의 소중함 등을 생각하는 인간으로 성장할 수 있도록 하는 교육성이 포함되어 있어야 한다. 어린이들이 문학 작품을 통해서 예술적 표현의 밑바탕에 깔려 있는 교훈을 절실하게 공감하고 동화될 수 있게 하는 것도 아동 문학의 몫이다. 때

41) 김상욱(2006), 『어린이 문학의 재발견』, 창비.
42) 조은숙(2009), 『한국 아동 문학의 형성』, 소명출판, 18쪽.

문에 아동 문학 작품들은 교훈 자체가 그대로 노출되어 드러나 보이는 것이 아니라 어린이들의 각 발달 과정에 요구되는 윤리성이나 교육성이 예술성과 미적 표현 위에서 시도되어야 한다.

2) 흥미성

아동 문학은 흥미를 중요시한다. 아동 문학에서 흥미를 중요시하는 이유는 아동은 흥미가 없는 것에는 관심이 없으며 아동의 흥미를 자극하지 못하면 아무런 효과도 기대할 수 없기 때문이다. 아동 문학의 즐거움은 언어 자체에서 즐길 수 있는 즐거움이 있다. 글자 텍스트로 되어 있지만 소리를 만들어 내고 아름다운 정경이나 생각을 만들어 내며 즐거움을 느낄 수 있다. 그리고 감정을 이끌어 내는 즐거움이 있다. 작품 안에서 재미있는 상황을 보고 웃거나 고통과 기쁨을 함께 느끼게 함으로써 즐거움을 느끼게 한다. 때문에 아동 문학에서는 단어나 텍스트가 불러일으키는 그림, 생각 등의 즐거움이 활용된다. 어린이가 직접 경험하지는 않았지만 작품을 통해 비슷한 경험을 즐길 수 있고, 이를 다른 사람에게 이야기를 들려주면서 의미 있는 패턴을 만들어 낸다. 이것뿐만 아니라 작가가 의도적으로 만들어 낸 '빈자리'를 채우며 즐기게 된다.[43]

아동의 흥미에는 개인차가 있으므로 아동의 인지 단계에 맞는 문학 작품을 경험할 수 있도록 해야 한다. 아동은 그들의 인지 구조에 의미를 줄 수 있는 이야기를 더 좋아하기 때문이다. 아동은 성인과는 달라서 아무리 좋은 내용의 작품이라 하더라도 흥미가 없으면 관심조차 갖지 않는 특성을 지니고 있기 때문에 환상적(fantasy)인 내용이 가져다 주는 흥미성도 갖춰야 한다. 아동의 발달에 따라 흥미를 갖게 하는 주제나 소재, 그것을 표현하는 어휘, 문체, 구성 방식 등도 아이들의 성장에 따라 달라져야 한다. 자신들의 수준에 비해 너무 쉽거나 지나치게 어려운 작품은 어린이들에게 흥미를 잃게 한다. 예를 들어 이기훈의 『09:47』(글로연, 2021)은 리얼리티와 환상성을 동시에 즐기도록 해 주는 그림책이다. 제목에서부터 흥미를 불러일으키는데, 시간이 말하는 의미를 읽어 내기 위해서는 그림책에서 발생하는 빈자리를 스스로 채워 나가야만 한다. 이 그림책은 2020년 환경 위기 시계 9시 47분을 제목으로 하고 있지만 환경에 대한 직접적인 목소리를 내지는 않는다. 때문에 소녀가 찰라의 순간에 현실과 환상의 경계를 넘나드는 행위를 통해 여행의 의미를 읽어 내야 한다.

---

43) 로버트 C. 홀럽(1999), 『수용미학의 이론』, 최상규 옮김, 예림기획, 127쪽.

3) 환상성

아동 문학은 일반 문학에 비해 비현실적인 판타지적 요소를 많이 갖고 있다. 어린이는 무한한 가능성이 잠재된 마법의 세계에서 살고 있다. 상상은 어린이에게 최고의 즐거움일 뿐만 아니라 자유의 상징이며 생명의 도약이다. 어린이는 객관적, 논리적 사고보다는 물활론적 사고를 하고 애니미즘적인 경향을 띤 사고방식과 개념을 가지고 있어서 동식물이나 사물이 사람처럼 생각하고 말하고 움직이는 것을 자연스럽게 받아들인다. 그리고 모든 사물마다 요정들이 숨어 있어 그들이 노래하고 장난치는 장면이 나와도 아이들은 전혀 이상하게 생각하지 않는다. 이렇게 어린이는 신비의 세계, 몽환적인 세계에 쉽게 빠져드는 경향이 있다. 환상성을 통해 현실의 논리와 법칙을 초월한 이상 세계가 펼쳐짐과 더불어 각박한 현실의 어둠을 온정과 정의가 항상 이기는 이상적 세계, 낭만적 세계가 펼쳐지게 마련이다.

아동 문학에서 환상성은 다양한 방식으로 동원된다. 예를 들어 2020년 ALMA 상(아스트리드 린드그렌 추모 문학상) 수상자인 백희나의 작품에서는 달콤한 먹거리가 주요 환상적인 모티프로 사용된다. 『구름빵』(한솔수북, 2004)에서는 '구름'이라는 소재와 달콤한 '빵'이 만난다. 이 두 소재의 만남은 이야기 서사의 연결 고리를 형성하며 '날아다니는 아이들'에게 정당성을 부여해 준다. '구름빵'은 단순히 유쾌한 즐거움만을 제공하는 것이 아니라, 바쁜 출근길 도로에 갇힌 아빠를 구출해 내는 역할까지 하게 된다. 이러한 문제 해결의 장치는 『달 샤베트』(책읽는곰, 2014)에서도 활용된다. 달콤한 먹을거리인 달 샤베트는 아이들에게 즐거움을 제공해 주는 역할뿐만 아니라, 현실을 비판적으로 바라보는 시선을 갖게 한다. 지구 환경의 문제를 유쾌하게 풀어 나가기 위해 동원되는 환상성은 유쾌한 먹을거리와 연결이 되어 정점을 이룬다. 아이들이 거부할 수 없는 달콤함은 심리적인 위로를 주고, 세상 밖으로 나아갈 수 있도록 용기를 준다.[44]

4) 예술성

아동 문학은 예술 문학이 아니며 성인 문학보다 쉽고 안이한 문학으로 보는 견해가 있다. 안데르센이 살던 시대에도 이러한 견해가 있었던 것으로 나타난다. 안데르센은 "문학이란 부자나 학식이 많은 자들만의 것이 아니다. 가난한 사람들이나 아무것도 모르는 어린이들도 자신만의 문학을 갖고 싶어 한다. 동화란 이런 아이들을 상대로 장난삼아

---

44) 조성순(2018). 「달콤하고 유쾌한 환상성」. 『KBBY 작가연구회 자료집』. 52~68쪽.

쓴 이야기가 아니라 훌륭한 문학이다. 동화가 이제까지 격이 낮은 것으로 취급당해 왔다면 그것을 높은 지위로 끌어올리자."라는 말을 하였다. 이재철은 아동 문학 작가는 세련된 기법과 원숙한 필치의 소유자로 다시 어린 시절로 돌아가 좋은 작품을 써야 한다고 말했다. 아동 문학의 예술성은 작품을 읽는 간접적인 경험을 하는 독자의 진실이라고 보며 이러한 진실은 문학 작품에서 얻는 감동이라 볼 수 있다.

이처럼 아동 문학의 특징은 아동 문학 연구자마다 조금씩 다르게 규정된다. 그러나 아동 문학이 어린이의 '동심'을 표현하고, 현실 세계와 판타지 세계를 그림으로써 아동에게 가능성을 탐구할 기회를 제공한다는 점은 공통된 의견이다.

2. 아동 문학의 범주

아동 문학의 유형을 범주화하는 데 있어 아동 문학가들과 아동 문학 교육자들은 서로 다른 방법으로 접근하고 있다. 아동 문학을 문학의 본질에 바탕을 두면서 동심을 주제로 어린이를 대상으로 한 특수 문학답게 아동 문학의 세부 갈래도 일반 문학의 기본 3대 갈래인 시, 소설, 희곡으로 나눠 문학의 장르별로 분류하려는 경향을 나타내고 있다. 이러한 방법으로 장르를 범주화하는 사람들은 주로 문학 이론가들 사이에서 흔히 발견되는데, 이재철이 대표적이다. 그에 반해서 서구에서처럼 아동 도서 사서나 아동 교육학자들의 관점은 도서 내용의 다양성에 근거하여 구분하고 여기에 그림책과 동물 이야기, 모험담과 과학적인 정보를 주는 논픽션까지 포괄시키는 경향이 있다. 따라서 문학성을 갖춘 글뿐만 아니라 아동을 대상으로 하는 모든 문헌을 포함시킨 탈문학 장르적으로 접근하여 유형을 분류한다.

〈표 3〉 문학 장르별 접근 유형(이재철)

시	동요	전래 동요	구전 동요	
			정착 동요	
		창작 동요		
	동시	정형시형(정형 동시) 자유시형(정형 동시) 산문시형(산문 동시)	서정 동시 서경 동시 서사 동화(동화시)	
소설	동화	전래 동화	구전 동화	
			정착 동화	
		창작 동화	문장 동화 구연 동화	유년(저학년) 동화 소년(고학년) 동화
	아동 소설	개작 소설 창작 소설 실화 소설 (nonficition)	소년 소설	탐정 소설 모험 소설 명랑 소설 과학 소설 역사 소설
			소녀 소설	순정 소설 서정 소설 가정 소설
희곡	아동극 (동극)	생활극 동화극	학교극 아동 극단극	
	아동 시나리오(영화, TV, Radio)			

〈표 4〉 탈문학 장르적 접근 유형(스미스)

그림책 (picture books)	그림 이야기책
	삽화가 그려진 책
마더 구스(mother goose)	
동물 이야기(animal Books)	
유머 이야기(humor books)	
시(poetry)	
전래 동화 (folklore)	신화
	전설
	서사시
	요정들의 이야기
	발라드나 동화시
모험담(adventure tales)	
신비한 이야기(mystery)	
사랑 이야기(romance)	
환상적 동화(fantasy)	
사실적 동화(realistic fiction)	
논픽션 (nonfiction)	전기
	정보를 주는 책

원종찬은 동화와 소설을 연령을 대상으로 구분하였는데, 동화를 다시 전래 동화, 의인 동화를 포함하여 공상 동화와 사실(생활) 동화로, 소설을 판타지와 소년(아동) 소설로 나누었다.[45]

〈표 5〉 원종찬(2001)

동화(낮은 연령 대상)	공상 동화(전래 동화, 의인 동화 포함)
	사실(생활) 동화
소설(높은 연령 대상)	판타지
	소년(아동) 소설

---

45) 원종찬(2001), 『아동 문학과 비평정신』, 창작과 비평사.

김상욱은 서정, 서사, 극, 교술, 기타로 기본 장르를 나누고 서정 장르에 동시(동요 포함), 서사 장르는 동화, 극에는 동극, 교술에는 동수필, 아동 문학 평론을 포함하고 기타에는 그림책을 제시하여 장르를 구분하였다.[46]

〈표 6〉 김상욱(2009)

서정	동시(동요 포함)
서사	동화(판타지 동화(옛이야기 포함), 현실주의 동화)
극	동극
교술	동수필, 아동 문학 평론
기타	그림책(이야기 그림책, 시 그림책)

산문을 허구와 비허구로 나누고 아동 문학을 전기 문학으로부터 기타 과학 분야로까지 확대시키는 대신 분류 과정에서 희곡 분야를 제외하는 범주 구분도 있다.[47] 이는 문학의 기본 장르보다 다양한 도서를 그 형식과 내용에 따라 분류·정리하는 것에 초점을 두고 실용적인 관점이 크게 작용한 것으로 볼 수 있다.

〈표 7〉 아동 문학의 범주와 갈래

산문	허구 (fiction)	사실 동화	• 가족 • 친구 • 청소년기의 이슈 • 서바이벌이나 모험 • 무능력자 • 문화적 다양성 • 스포츠 이야기 • 미스터리 • 동물 이야기	역사 동화
		환상 동화	전통 환상 동화	• 신화 • 서사시적 작품 • 전설 • 민간 설화 • 우화 • 종교적 이야기
			현대 환상 동화	• 현대 민간 설화 • 동물 환상 동화 • 역사 환상 동화 • 비범한 등장인물이나 상황 • 난쟁이들의 세계 • 의인화된 인형과 물건 • 초현실적 사건/미스터리 • 탐험 이야기 • 과학 동화/환상 동화
	비허구 (nonfiction)	• 전기 문학 • 생물학 • 물리학 • 사회 과학 • 응용과학 • 인문 과학		
운문	• 동요(nursery rhymes) • 서정시 • 서사시			

신헌재는 우리나라 아동 문학의 전통과 현상을 좀 더 중시하는 입장에서 일반 문학의

---

46) 김상욱(2009), 「아동 문학의 장르와 용어」, 「아동청소년 문학연구」 4호.
47) Carol Lynch–Brown & Carl M. Tomlinson(1999), 「Essentials of Children's Literature」 Allyn & Bacon, 39쪽.

기본 3대 갈래인 서정, 서사, 희곡 갈래에 아동 문학 범주를 제한하여 9가지로 분류하였다. 서정 문학은 전래 동요와 동시만을 포함하고, 희곡 문학은 어린이를 대상으로 일반화된 갈래가 '동극'뿐이라 그것만을 포함하였다. 서사 문학은 실제 소통되는 유형들이 많아 전해 오는 민담, 전설, 옛날이야기 중 아동에게 알맞게 개작한 동화류로 제한해서 이를 '옛이야기'로 명명하였다. 책 내용 제시 과정에서 글 못지않게 그림도 큰 몫을 하는 그림책을 '그림 동화'로 명명하여 범주에 포함하였다. 기존에 동화를 판타지와 리얼리티의 비중 차이에 따라 순수 동화/사실 동화, 판타지 동화/아동 소설 등 여러 방식으로 나누었는데 이 범주에서는 판타지 동화와 사실 동화로 나누어 명명하였다. 비허구(nonfiction)로 전기(傳記)와 역사 동화를 포함하고, 이 중 '인물 이야기'는 그동안 '위인전기'로 불린 전기 문학의 갈래라고 설명하였다.[48)]

〈표 8〉 아동 문학의 갈래(신헌재 외, 2007)

서정 문학	전래 동요, 동시
서사 문학	옛이야기, 그림 동화, 판타지 동화, 사실 동화, 인물 이야기, 역사 동화
희곡 문학	동극

우리나라 아동 문학의 장르는 성인 문학을 토대로 3대 장르로 나누어 정리한 것을 시작으로 최근에는 서구에서처럼 아동과 관련된 다양한 작품과 내용을 아동 문학 범주에 포함시키는 것으로 변화하고 있다.

3. 아동 문학의 구성 요소

좋은 아동 문학을 이루기 위해서는 여러 가지 요소들이 필요하다. 이것들이 서로 잘 어울려야 가치 있는 작품이 되기 때문이다. 아동 문학 작품의 대표라고 할 수 있는 동화의 경우는 인물, 플롯, 배경, 주제, 화소, 일러스트레이션 등의 요소가 필요하다.

---

48) 신헌재 외(2007), 『아동 문학과 교육』, 박이정, 23~24쪽.

1) 인물

등장인물을 캐릭터(character)란 용어로 설명하는데 캐릭터는 인물과 성격의 두 가지 의미로 사용된다. 전자의 경우에는 작품 속에 등장하는 개개인을 가리키며, 후자의 경우에는 개개인들을 결정하는 관심, 욕망, 정서, 도덕률 등을 혼합한 그 무엇을 가리킨다. 독자는 아동 문학에 등장하는 인물을 자신의 친구, 혹은 역할 모델, 일시적으로 자신의 부모라고 느끼기도 하고, 자신의 모습과 동일시하는 경우도 있다. 따라서 아동은 인물이 어떻게 묘사되었는지, 이야기의 전개 과정에서 등장인물이 어떻게 변화하는지 지대한 관심을 갖는다. 아무리 어린 독자라 할지라도 이야기에 등장하는 인물에 공감이 되지 않으면 사건에도 흥미를 갖지 않는다. 따라서 아동 문학에 등장하는 인물은 성격화와 일관성에 초점을 두어야 한다.

성격화는 인물의 신체적 외모와 개성을 묘사하는 방식을 말하는데, 인물의 감정적이고 도덕적인 특질을 묘사하거나 다른 인물들과의 관계를 드러내는 방식은 미묘하고 효과적인 기법이다. 이러한 성격화는 독자들이 인물을 파악하도록 도와주며 인물의 신빙성을 이루는 데 필요한 수단이다. 가장 설득력 있는 성격화는 등장인물의 행동이나 대화, 다른 인물이 나타낸 반응, 화자에 의한 설명이다.

아동 문학에 등장하는 캐릭터 중 생활 동화에 등장하는 인물들은 사실적이다. 마치 옆집에 사는 이웃과 같이 친근하고 생생하고 무엇인가를 추구하는 모습이 보여야 한다. 만약 등장인물의 성격이 극단적으로 한 가지 측면만 제시되거나, 생활 속에서의 행동과 감정의 표현이 변화무쌍하여 예측이 불가능하거나, 동물이나 식물 혹은 판타지 동화에 등장하는 등장인물의 감정과 상황이 인간 생활의 보편성에 근거하여 묘사되지 않으면 아동 독자가 쉽게 동일시할 수 없다. 생활 동화의 주인공들은 자신의 생각이나 주장이 뚜렷하고 개성이 독특한 인물이다. 그리고 환상적인 인물이든 현실적인 인물이든 간에 그 등장인물이 행동하고 생각하고 말하는 모든 것은 나이, 문화, 교육 배경에 합당한 보편성과 일관성을 갖추어야 한다.

『수상한 선글라스』(고수산나 글, 박이름 그림, 스푼북, 2019)의 주인공 한솔이와 은솔이는 주위에서 어렵지 않게 만날 수 있는 아이들의 특징을 가지고 있다. 한솔이는 자신의 물건을 소중히 여길 줄 모르는 아이다. 때문에 물건을 쉽게 잃어버리고 찾으려고 하지 않는다. 운동장에서 놀다가 점퍼를 잃어버려도 찾으려 하지 않는다. 매번 줄넘기를 잃어버려서 체육 시간에 줄넘기가 없어서 친구들이 줄넘기하는 걸 구경만 하기도 한다. 은솔이는 새것을 좋아하는 아이다. 멀쩡한 가방이 여러 개 있지만 새로운 가방을 볼 때마다 갖고 싶어서 엄마를 조르기 일쑤다. 이처럼 생활 동화에서 주인공은 주위에서 흔히 만날 수 있는 아이들처럼 사실적이다.

이에 반해 옛이야기에 등장하는 인물은 일차원적이고, 선과 악이 분명하게 성격 지어진다. 그리고 서술을 통해서 인물의 성격을 선보이는 특징이 있다. 옛이야기에서는 인물이 사건보다 중요시되지 않으므로 생김새, 나이, 성격 등도 필수적이지 않아 언급하지 않고 인물의 개성도 나타나지 않는다. 등장인물의 정형성 문제는 내면의 갈등을 외면적 대립 관계로 보여 준다. 예를 들어『흥부전』에 등장하는 놀부는 태생부터 나쁘고 흥부는 착하다. 또『콩쥐팥쥐전』에 등장하는 콩쥐는 착하고 팥쥐는 나쁘다. 더구나 콩쥐의 계모인 팥쥐 엄마는 모질고 콩쥐는 이미 착한 인물로 설정되어 있어 구태여 착한 행동을 하지 않아도 늘 착하다. 여기에 팥쥐는 망설이거나 고뇌하는 것이 없고 주위 환경의 변화에도 전혀 영향을 받지 않는다.

옛이야기의 인물은 고뇌할 줄도 모르고 아픔을 느낄 줄도 모른다. 예를 들어『해와 달이 된 오누이』에 등장하는 엄마는 호랑이에게 팔다리를 떼어 먹히고도 슬퍼하거나 우는 대신 바쁘다는 듯 다음 고개를 향해 간다. 누이 역시 호랑이에게 도끼로 콕콕 찍어 올라왔음을 이야기하지만 이 때문에 위험에 처한 상황에 대해 후회하거나 죄의식을 느끼지 않는다. 옛이야기 속 주인공은 힘없고 어려운 처지에 놓여 있거나 부자의 등쌀에 시달리는 가난한 사람이거나 나쁜 양반들의 횡포에 힘겨워하는 소작농, 호랑이에게 쫓기는 토끼, 힘없는 어린아이 등이다.

등장인물의 성격이 변화하거나 다른 관점에서 이야기를 다시 쓰는 옛이야기도 늘고 있다. 『늑대가 들려주는 아기돼지 삼형제 이야기』(존 셰스카 글, 레인 스미스 그림, 보림, 1996)은 늑대의 입장에서 이야기를 들려줌으로써 늑대의 행동에 주목하게 한다. 『팥빙수의 전설』(이지은, 웅진주니어, 2019)는 '팥죽할멈과 호랑이'를 모티프로 하여 할머니와 호랑이의 단선적인 대결 구도로 이루어진다. 『무서운 이야기』(이갑규, 창비, 2020)는 '호랑이와 곶감' 설화를 모티프로 서사의 즐거움을 선사하며 세대를 뛰

[그림 7]『수상한 선글라스』

[그림 8]『팥빙수의 전설』

어넘는 메시지를 던져 놓는다. 또한 야생동물의 등장과 퇴장을 반복하는 현실과 환상의 경계를 일종의 놀이로 만들어 버리는 수법에서 한국 그림책의 수준이 한층 성장했다는 것을 알 수 있다.

2) 플롯[49]

플롯은 아리스토텔레스의 『시학』에서 나와 있는 미토스(mythos)라는 말의 번역에서 유래된 것으로, 사건의 논리적인 패턴과 배치를 일컫는 말이다. 잘 짜인 플롯은 유기적이고 밀접하게 구성된다. 플롯은 우연과 계획에 의존하기보다 믿을 만해야 하며 사실과 연결되어야 한다. 플롯은 평범하고 지루하고 예측 가능하기보다는 독창적이고 신선해야 한다. 좋은 플롯은 독자에게 흥분과 긴장감을 유지시키는 '갈등'을 조성한다. 플롯은 모든 독자들에게 중요한 요소이지만, 빠른 진행과 흥미진진한 이야기를 즐기는 아동들에게는 특히 중요하다. 잘 구성된 플롯은 이야기를 받아들이고 즐기도록 도와준다.

플롯은 단순 플롯과 복합 플롯, 피카레스크식 플롯으로 구분된다.

단순 플롯은 스토리의 진행이 하나의 사건을 계기로 다른 사건들이 차례차례 그것을 계승·발전해 나가는 방식으로 이루어지는 유형이다. 단순 플롯은 단편 작품에서 많이 찾아볼 수 있다.

복합 플롯은 언뜻 보기에는 관계가 없는 듯한 사건들이 번갈아 가며 시작되고 다음에 그것들이 결합하여 발전하는 유형이다. 이 유형은 언뜻 보기에는 앞선 사건이 다음 사건에 의해 중단된 듯 보인다. 그러나 실제로는 각 사건들 사이에 유기적인 연계가 유지되고 그 연계가 플롯의 진행과 더불어 차차 밀도를 더해 간다. 그리고 마침내 여러 개의 작은 직선적인 플롯들이 단속적으로 이어져서 하나의 큰 플롯을 형성한다. 이 유형에는 한 사건에 대한 다른 사건의 침입이 이루어지기 때문에 거기에는 자연히 어떤 함축적인 의미가 생기게 되며, 그 결과 작품의 음영이나 변화가 풍부해지는 장점이 있다. 그렇기 때문에 이 유형은 인생의 복잡하고 미묘한 여러 양상을 암시하는 데 적합하다.

피카레스크식 플롯은 몇 개의 사건만으로도 충분히 하나의 이야기로 독립할 수 있는 플롯들을 종합적으로 서로 연결하여 또 하나의 플롯 위에 배열한 유형을 말한다. 여기

---

49) 플롯이란 용어는 아리스토텔레스가 시학에서 사용한 미토스를 번역한 데서 기인하였다. 그가 사용한 개념은 행동의 모방, 행하여진 것의 결합이라는 고전적인 의미였다. 서사 텍스트에서의 플롯은 인과 관계로만 연결된 사건들, 즉 다른 사건들의 직접적인 원인이거나 혹은 결과이며 그것을 생략하면 줄거리의 연결이 단절되어 버리는 사건들만 포함하는 데에 개념이 한정된다. 플롯의 역할과 기능은 인과 관계에 의한 사건의 전개, 주제를 구현하는 기법, 서사 텍스트의 예술미를 형성, 논리적 지적인 활동들을 열거해 볼 수 있다.

서 옴니버스식 구성과 비슷하다고 느낄 수 있다. 피카레스크식 구성은 각각의 독립된 이야기가 동일한 주제 아래 사건이 연속적으로 전개되는 구성이고, 옴니버스식 구성은 영화, 연극, 소설 등에서 하나의 주제를 중심으로 몇 개의 독립된 짧은 이야기를 늘어 놓아 한편을 만드는 구성 방법이다. 피카레스크식 구성은 동일한 인물이 등장하여 여러 가지 이야기를 전개하는 방식이다.

플롯은 갈등을 중심으로 일어난다. 갈등은 인물의 내부 혼란이나 그를 둘러싼 외적인 요소와의 심리적 혼란을 말하는데 사건의 필연성을 부여하는 역할을 한다. 기본 갈등으로 주요 인물의 내면에서 일어나는 내적 갈등과 동료들, 형제, 주변 어른 등 다른 인물 간의 갈등, 사회와의 갈등 관계에 있는 주요 인물이 등장하기도 한다. 혹은 주인공과 자연환경과의 갈등을 그리는 이야기도 있다.

예를 들어 『수상한 선글라스』에서 쌍둥이인 한솔이와 은솔이는 체육 시간에 줄넘기가 필요하지만, 줄넘기는 하나밖에 없고 게다가 너무 낡았다. 줄넘기를 중심으로 시작된 갈등은 한솔이의 내적 혼란과 함께 줄넘기를 새로 살 수 없다는 외적 요소와 결합되면서 가중되는데, 이때에 알뜰 장터 전단지를 보게 된다. 이로써 한솔이와 은솔이는 새 줄넘기가 아닌 새것 같은 줄넘기를 사기 위해 알뜰 장터에 가게 된다.

옛이야기의 경우는 '사건'에 치중되어 있다. '팥죽할멈과 호랑이'를 모티프로 하는 『팥빙수의 전설』에서는 물건을 팔러 장에 가던 할머니를 중심으로 이야기가 구성된다. 여기에는 할머니의 상황과 '눈이 내린다'는 사건 사이에 유기적인 관계를 형성하며 이야기의 구조는 한층 풍성해진다. 또한 패러디라는 특성에 맞게 교훈성보다는 이야기 자체에 담긴 유머를 즐길 수 있도록 하고, 언어적 유희를 통해 재미를 더해 준다.

옛이야기의 사건은 어린이를 중심으로 구성되지 않고 성인을 중심으로 구성되는 경우가 많은데 이것은 옛이야기가 설화의 분신으로 어린이들만을 위해 만들어진 것이 아니라 성인들과 공유하기 위해 만들어졌기 때문이다. 옛이야기의 사건은 시간에 따라 단선으로 표시되는 경우가 많다. 따라서 옛이야기의 경우 플롯은 시간의 흐름에 따라 순리대로 펼쳐지고 이는 필연으로 단순하고 간결한 형식미를 얻는다. 오로지 사건 중심으로 이야기가 전개되기 때문에 심리 묘사나 장면 묘사가 필요하지 않고, 인물의 심리를 헤아리거나 장면을 떠올리는 것은 독자의 몫이 된다.

3) 배경
이야기 속에서 인물이 활동하고 사건을 벌이는 구체적인 시간과 공간 또는 작품이 창작될 때의 시대적, 사회적 배경을 이야기의 배경이라고 한다. 배경은 인물이나 행위와 함께 아동 문학의 중요한 요소를 이루고 있다. 이야기의 사건은 과거, 현재, 미래 혹은 특별한 장소나 대도시, 도시 근교, 시골의 마을, 환상 세계나 막연한 장소에서 일어날 수도 있다.

이야기의 시간과 장소는 사건, 등장인물 그리고 주제에 영향을 미친다. 『괭이부리말 아이들』(김중미, 창비, 2001)은 인천의 달동네 '괭이부리말'이라는 지역을 배경으로 이야기가 펼쳐진다. 괭이부리말은 일제 강점기부터 가난하고 집 없는 사람들이 들어와 마을을 이루며 살게 되었고, 6·25 때에는 피난민들이, 산업화 시기에는 농촌에서 올라온 사람들이 모여 살았다. 그곳에 살고 있는 아이들의 목소리로 들려주는 이야기는 배경이 전체적인 서사에 기여를 하며 작품을 형성한다. 권정생의 『몽실 언니』(창비, 2012)의 경우 1950년 전후 전쟁으로 인한 사회 모순과 어린이들이 겪는 삶의 비애를 드러내고, 유은실의 『변두리』(문학동네, 2014)는 서울 변두리 동네를 배경으로 절망적인 삶 속에서도 서로를 의지하며 기대어 사는 사람들의 이야기를 담고 있다.

그런가 하면 이금이의 『알로하, 나의 엄마들』(창비, 2020)은 하와이 이민 1세대 여성의 이야기가 사진 한 장으로 시작된다. 사진 한 장에 자신의 운명을 걸고 조선에서 '포와(하와이)'로 시집간 세 여자들의 이야기, 이별과 갈등, 외로움과 서러움의 감정이 하와이를 배경으로 파노라마처럼 펼쳐진다. 이처럼 이야기의 배경은 아동 문학 작품의 분위기와 진실성 그리고 신뢰성을 만드는 측면에서 중요한 부분을 차지한다. 특히 현실의 삶을 정확하게 반영하는 사실주의 동화의 경우는 현재와 일상의 삶의 공간이 주 배경이 되어 이야기가 전개된다.

이에 반해 옛이야기의 경우 시간적인 배경은 구체적이지 않고 막연하게 옛날로 표현되는 것이 대부분이다. 예를 들어 『팥빙수의 전설』에서는 "옛날옛날 한 옛날에, 춥지도 덥지도 않는 딱 좋은 그런 날이었어."로 시작하며 구체적인 시공간을

[그림 9] 『괭이부리말 아이들』

[그림 10] 『알로하, 나의 엄마들』

밝히지 않는다. 민담 같은 경우는 관용적으로 '옛날 옛날에~'로 시작하고 신화의 경우는 '태초에 세상이~' 등으로 배경이 구체화되어 있지 않다. 전설적인 이야기는 증거물을 가지고 있기 때문에 조금 더 구체적으로 신라 시대, 혹은 조선 시대처럼 왕조명이 나타나거나 '지금으로부터 100년 전' 등의 관용적인 표현으로 대체된다. 공간적인 배경의 경우는 현실계와 비현실계로 나눠 표현되는데 현실계의 경우는 시골이나 산골, 농촌 등이 대부분이고 가끔 한양이라는 도시가 등장하기도 한다.

비현실계의 경우는 천상계나 지상계, 수중계의 이야기가 등장하는데 현실에서 이룰 수 없는 것을 꿈꾸거나 상상하는 초현실의 세계를 만든다. 대부분 옛이야기에 등장하는 비현실계는 화려하고 풍요롭고 살기 좋은 곳으로 묘사되고, 이야기의 주인공은 이 현실계과 비현실계를 자유롭게 왕래할 수 있도록 구분되어 있지 않다.

4) 주제

작품의 모든 구성 요소는 주제를 전달하는 데 도움이 되도록 짜여 있을 뿐만 아니라 아동 문학 가치의 기준은 주제에 집약된다고 볼 수 있다. 작품에서의 주제는 작가가 독자에게 전달하려는 주요 사상으로 작품의 바탕에 흐르고 있는 철학이나 인생 문제, 미의 문제에 관해 구현된 의미이며, 소재에 대한 해석이기도 하다. 아동 문학은 어린이를 대상으로 한다는 특수 조건을 전제로 하기 때문에 그 작품의 주제는 교육적으로 영향을 줄 수 있어야 한다. 하지만 교육적 목적이 있다고 해서 문학 작품으로서의 의미를 상실해서는 어린이의 공감을 얻을 수 없다.

문학 작품의 주제는 이야기의 모든 요소인 인물, 사건, 배경, 문체의 유기적 통합에 의해 이루어진다. 주제는 사실들 가운데 나타나야 하며, 거기에서 주제를 찾아내는 일은 독자들의 몫이다. 주제는 인생의 어떤 양상을 조명해 주거나 해석함으로써 작품과는 별도로 그 나름대로의 가치를 지닌다. 그리고 어떤 경험의 의미와 같이 주제는 서사 텍스트의 초점, 통일성, 영향, 요점을 제시하며, 모든 사건과 세부적인 정보들과 관련이 있다. 따라서 주제란 가장 간단한 방법으로 가장 많은 요소들을 구체적으로 설명해 주는 작품의 의미라고 정의할 수 있다.

『수상한 선글라스』의 주제는 자신의 물건을 소중히 다루고 아껴 쓰는 습관으로 환경 보호와 자원 절약을 하자는 것이다. 작품에서 주제를 전달하기 위해서 은솔이와 한솔이의 성격이 부여되고, 알뜰 장터에서 수상한 선글라스를 씀으로써 이야기는 입체적으로 풍성해진다. 단순히 물건을 아껴 쓰자는 것을 교훈적으로 전달하는 것이 아니라 물건을 사용했던 사람들의 모습을 서사적으로 보여 줌으로써 물건의 소중함을 느끼게 한다.

아동 문학 작품은 발달 과정에 있는 아동들을 대상으로 한다는 점에서 아동의 연령에 맞게 아동의 관점에서 고려되어야 한다. 작가들은 자신의 창작품과 독자 관계에서 의식적인 질문을 제기하게 되는데, 이 과정에서 소재나 주제의 다양성을 획득하게 되었다. 어린이와 어른의 가교 역할을 하는 아동 문학은 어린이의 세계와 어른의 세계를 경계 짓지 않는다. 이러한 흐름 속에서 그동안 아동 문학에서 회피되어 왔던 슬픔과 고통, 죽음, 노화, 이혼, 재혼, 성폭력이나 성폭행, 임신과 낙태, 차별이나 차이, 소수자나 다문화 등을 다루는 작품이 늘고 있다.

『노를 든 신부』(오소리 글·그림, 이야기꽃, 2019) 는 소녀의 자유로운 감정을 표현하는 일러스트레이션이 돋보이는 그림책이다. 세상의 관념과 통념을 깨고 자신만의 길을 향해 당당히 나아가는 모습은 다채로운 색채와 어우러져 젠더 스와프

[그림 11] 『노를 든 신부』   [그림 12] 『완득이』

(gender swap)의 효과를 넘어 인간 본연의 모습을 생각해 보게 한다. 『완득이』(김려령, 창비, 2008)는 담임 선생님의 소소한 간섭과 관심이 시작되면서 주인공이 진정 하고 싶었던 것을 찾고, 가족 간의 소통이 이루어지는 청소년 성장 소설이다. 장애인을 아버지로 둔 아들의 고통, 어릴 때 집을 나간 베트남인 어머니와의 재회를 통해 소수자의 삶을 돌아보게 한다. 이처럼 아동 문학은 하나의 주제만을 향해 달려가기보다는 다층적인 주제를 담아내는 노력을 하고 있다.

5) 화소(motif)

화소는 이야기의 최소 단위로 이야기를 이루는 핵이며 특이하고 인상적인 내용을 말한다. 옛이야기의 내용이 문학적으로 형상화하는 과정에서 필요한 화소가 선택되고, 이 화소를 핵으로 플롯이 작용하여 하나의 유형이 되는 것이다. 옛이야기에서 화소는 반복되는 등장인물을 통해 알 수 있는데 학대받는 소녀, 악독한 계모, 꾀 많은 소년, 신선,

무서운 괴물, 초자연적인 힘과 도구 등이 옛이야기의 대표적인 모티프를 만들어 낸다.

첫째, 마법의 힘은 대부분 옛이야기 속의 사람이나 동물 등에게 주어진다. 마법의 재능을 주는 인물은 '노파', '할머니', '늙은 아낙네'나 혹은 동물이나 노인에게 맡겨지기도 한다. 예를 들어『신데렐라』에서 마법의 힘을 준 요정의 이미지와『인어공주』가 사람이 되기 위해 마법사 할머니에게 간다는 화소가 그것이다.

둘째, 마술 도구는 선한 주인공에게는 어려움을 극복할 수 있는 용기와 현명함을 증대시키고, 부와 행복의 원천이 되지만, 욕심을 부리거나 악한 사람에게는 오히려 재앙이 된다.『흥부전』에서는 '박',『도깨비가 준 보물』에서는 '보자기, 당나귀, 방망이' 등이 마법의 힘을 지니고 있다. 그리고『젊어지는 샘물』에서는 '샘물'을 마시고 젊어지기도 하고 욕심을 부려 아기가 되기도 한다.

셋째, 사람이 동물로 변하거나 동물이 사람으로 변하는 이야기들이 있다. 예를 들어『반쪽이』,『소가 된 게으름뱅이』,『구렁덩덩 신선비』,『미녀와 야수』,『개구리 왕자』 등은 마법에 걸려 동물로 변한 사람이 다시 사람으로 되돌아오는 이야기 서사를 지니고 있다.

넷째, 소원을 모티프로 한 이야기에서는 대부분 세 가지 소원이라는 원칙이 적용된다. 또한 소원을 현명하지 못하게, 혹은 악한 사람이 탐욕을 목적으로 사용하게 되면 소원은 유명무실해지거나 소원을 빈 인물이 벌을 받게 된다.『세 가지 소원』,『욕심 많은 어부의 아내』,『혹부리 영감』,『이상한 맷돌』 등에서 소원은 우연히 얻은 이익이나 탐욕을 경계하는 화소로 작용한다.

다섯째, 옛이야기에서 사람과 동물은 친구나 이웃, 악한 사람들을 속이는 속임수를 사용하게 된다. 거북이는 토끼를 속이지만, 토끼는 용왕과 거북이, 사냥꾼, 독수리 등을 속인다. 또한 사람이 도깨비나 호랑이를 속이기도 한다. 상대방을 속이려다가 오히려 당하고 만『혹부리 영감』이나 눈이 먼 마법사를 속이려고 말라비틀어진 나뭇가지를 내보이는『헨젤과 그레텔』에서도 속임수 화소가 나타난다.

마지막으로 금기의 화소는 보통 신적 존재나 비범한 인간이 평범한 인간에게 '하지 마라'는 명령이나 권고로 나타난다. 옛이야기에서 금기는 무수히 많이 나타나는데,『선녀와 나무꾼』의 나무꾼,『돌이 된 며느리』의 며느리는 착한 인간이지만 금기를 깨뜨렸을 때 올 수 있는 비극을 그렸다. "저승문을 떠날 때까지 아내를 보지 말라."라는 금기를 어긴 오르페우스, 자신을 보지 말라던 에로스의 얼굴에 촛농을 떨어뜨려 남편을 잃은 프시케 등 신화 속의 이야기는 '금기'가 얼마나 강력한지 보여 준다. '금기'의 화소는 신적 존재와의 약속이 얼마나 중요한 것인지를 알려 주는 것으로 외부 세계의 경이감에 대한 인간의 두려움이 잘 드러난다. 금기 화소는 옛이야기 속뿐만 아니라 사람들의 삶에도 영향을 미쳐 관혼상제나 인간의 태어남에서 죽음까지 삶을 규정한다.[50] 이 외에도 아동 문학에서는 다양한 화소를 동원해서 재미를 더해 준다.

『수상한 선글라스』에서는 선글라스라는 마법적인 도구가 등장한다. 은솔이와 한솔이가 알뜰 장터에서 우연히 선글라스를 파는 아저씨를 만나고, 아저씨는 아이들에게 선글라스를 써 볼 수 있는 기회를 준다. 그러나 여기에는 규칙이 적용된다. 선글라스를 사용할 수 있는 시간은 2시간이며, 시간이 되면 아저씨에게 선글라스를 돌려주어야 한다는 것이다. 아이들이 선글라스를 쓰는 순간 알뜰 장터에 있는 물건을 사용했던 사람들의 이야기가 펼쳐진다. 선글라스를 통해 아기 때 신었던 은솔이의 신발을 만나고, 작은 앞치마가 된 아빠의 티셔츠를 만난다. 그리고 누군가에게 소중했던 줄넘기에 담긴 사연을 알게 된다. 그리고 선글라스를 주면 한솔이와 은솔이가 갖고 싶어 했던 새 줄넘기와 캐릭터 가방을 주겠다는 아저씨를 만난다. 하지만 아이들은 유혹에 넘어가지 않고 선글라스를 원래의 주인에게 돌려줌으로써 성장하게 된다.

6) 일러스트레이션

라틴어로 삽화를 의미하는 '일러스트레이션(illustration)'은 '빛으로 밝힌다'라는 뜻에서 유래하였다. 단테는 삽화를 '책의 미소'라고 말하였는데, 삽화는 텍스트의 내용을 알기 쉽게 설명하는 도상(圖像), 즉 그림을 뜻한다. 페이지 여백의 무늬를 뜻하는 '일루미네이션(illumination)'도 삽화와 기원을 함께하며 책을 아름답게 꾸미는 역할을 담당해 왔다.[51]

우리나라에서는 1980년대를 전후하여 서양의 'picture book' 형태의 그림책이 들어오면서 '삽화'와 '일러스트레이션'이라는 용어를 혼용하여 쓰기 시작하였다. 우리나라에서는 글과 그림이 종속 관계를 가지며 그림이 글을 보충 설명해 주는 경우를 삽화, 글과 그림이 동등한 위치를 차지하거나 그림이 글 이상의 위치를 차지하는 경우에 일러스트레이션이라는 용어를 사용하는 경우가 지배적이었으나 근래에는 일러스트레이션으로 사용하는 경우가 대부분이다.

그림은 어린이에게뿐만 아니라 어른에게도 시각적 각성의 효과가 뛰어나고 글자라는 기호를 해독하는 데 필요한 노력을 줄여 주기 때문에 정보를 전달하거나 정서적 울림을

---

50) 신헌재 외(2007), 『아동 문학과 교육』, 박이정, 174~178쪽 발췌 인용.
51) 이광주(2007), 『아름다운 책 이야기』, 한길아트, 97~112쪽.

[그림 13] 『책과 노니는 집』　　　　[그림 14] 『늑대가 된 아이』

주려는 목적으로 널리 사용되고 있다.

『책과 노니는 집』(이영서 글, 김동성 그림, 문학동네, 2009)에서 글은 독자적인 서사 구조를 진전시켜 나가면서도 주인공 장이의 캐릭터를 비롯해 인물 하나하나의 특성을 눈앞에 그려지듯 생생하게 묘사하고 있다. 그리고 소박하면서도 멋이 담긴 그림은 세련된 묘사로 작품을 매력적으로 빛나게 한다. 『늑대가 된 아이』(클레망틴 보베 글, 앙투안 데프레 그림, 산하, 2015)는 저학년 동화임에도 그림책이라는 착각이 들 만큼 일러스트레이션이 돋보이는 작품이다. 담담하게 서술되는 언어는 예술적인 문학성을 보여 주는 그림과 만나 가슴 시린 아름다움을 느끼게 한다.[52] 권정생의 『강아지똥』(정승각 그림, 길벗어린이)은 1969년 발표된 창작 동화를 1996년 그림책으로 펴낸 것이다. 이 작품은 그림책으로 재구성되면서 글로 제시되었던 장면이나 분위기가 화가의 풍부한 상상력과 표현력에 힘입어 훨씬 생동감 있고 풍부한 그림으로 제시됨으로써 새로운 느낌을 주는 이야기가 되었다.

4. 아동 문학의 교육적 가치

어린이가 성인과 다른 점은 정체되어 있지 않고 하루하루 성장 발달한다는 것이다. 아동 문학이 어린이의 성장 발달 과정에서 어떠한 의미를 지니며, 성장 발달 특성에 따른 교육적 가치는 무엇인지 살펴보면 다음과 같다.

1) 정서적인 만족

---

52) 조성순(2015), 「가족의 해체 그리고 가족」, 『어린이책이야기』, 31호, 청동거울.

아동 문학은 어린이들에게 즐거움과 호기심을 충족시켜 준다. 왜냐하면 문학 속에서 어린이들의 흥취를 돋우는 시적 운율을 맛볼 수 있고, 공감과 동일시 감정을 느끼며 상상의 세계에 투영할 수 있는 또 다른 세계를 발견할 수 있기 때문이다. 아동 문학은 아름다운 색채와 형상으로 흥미진진한 세상일을 담아내고 있어 어린이 자신의 경험과 직접적으로 관련되어 있고, 아름다운 상상 속으로 몰고 갈 수도 있기 때문에 매우 중요하다. 성인은 때로 필요에 의해 책을 읽기 때문에 즐거움과 재미가 없어도 끝까지 책을 읽어야 하는 경우도 많다. 그러나 어린이들은 책 속에서 즐거움과 재미를 찾을 수 없으면 더 이상 책을 보려고 하지 않는다. 책 속에 난센스와 유머가 있고, 기대하지 않았던 웃음이 있고, 우연한 발견이 있기 때문에 어린이들은 즐거워하고 재미있어하며 책을 읽는다. 이런 즐거움과 재미는 평생 동안 어린이의 독서에 대한 취향과 태도를 결정짓는다.

아동 문학은 어린이의 바른 인성을 키워 주고 정서를 풍요롭게 한다. 아동 문학은 어린이의 세계를 잘 알고 어린이의 발상이나 기분으로 이야기를 그려 낸 책이다. 이야기의 전개 과정에서 어린이들은 주인공과 함께 슬퍼하고, 기뻐하고, 놀라고, 걱정하고, 분노하고, 안도하는 등 동일시를 통해 정서적 경험을 같이한다. 이런 대리 경험은 마치 어린이들로 하여금 남의 신발을 신고 걸어 보게 하는 것으로, 남의 입장이 되어 보고 감정 이입하는 능력을 길러 준다. 이로써 어린이들은 역사적 인물과 사건을 좀 더 개인적 수준에서 친근하게 관련 맺게 되고 특정 시대의 상황이나 여건에 의해 제한된 사람들을 이해할 수 있게 된다. 이처럼 아동 문학은 어린이를 도와 역사를 초월하여 보편적인 인간의 삶에 대한 이해와 공감을 지니게 하고 다문화적이고 국제적인 이해를 위한 정서를 함양하도록 해 준다.

2) 사고력 발달

아동 문학은 어린이의 상상력을 자극하고 그 결과 사고의 발달을 가져온다. 상상력은 현실적 지각에 기초하지 않은 사물이나 사건의 심상을 마음속에 그리어 미루어 생각할 수 있는 능력이다. 아동 문학을 통해 어린이들이 막연하게 상상했던 심상을 그릴 수 있고, 보이지 않는 것을 구체화할 수 있는 능력이 생긴다. 어린이는 책을 읽으면서 자신이 가지고 있는 배경지식과 경험을 토대로 책의 내용을 이해하고, 그 이상의 세계를 펼쳐 나간다. 이 과정에서 어린이는 스키마를 자극하여 더 세부적인 지식 체계를 구성해 나가게 된다.

아동 문학은 과학적 설명과 자연의 법칙이 문제되지 않는다. 시간과 공간과 크기와 모양에 제한을 받지 않으면서 배경, 인물, 시대의 요소들을 잘 활용하여 환상적인 세계를 만들어 현실 세계와 상상의 세계를 넘나들며 즐길 수 있다. 그러나 여기에는 영원불변의 법칙이 존재한다. 시공간의 개념을 뛰어넘는 이야기라고 할지라도 인과 관계가 형성이 되며, 선과 악의 진리의 개념은 변하지 않는다. 때문에 어린이는 상상의 세계에서도 인류의 보편적인 진리를 적용하여 문제를 해결하며 즐길 수 있게 된다.

3) 자기와 주변 세계에 대한 이해

아동 문학은 어린이가 자신의 주변 세계와 이웃들에 대해 이해하도록 돕는다. 그림책은 어린이가 편견 없는 눈으로 세상을 바라볼 수 있게 해 주고, 자연 안에 있는 그대로를 존중하고 인정하게 해 준다. 때문에 어린이 책일수록 일러스트레이션이 중요하다. 어린이가 인식한 세계는 그대로 표상 세계와 연결되어 지식 체계를 형성하기 때문에 편견이 없는 어린이 책을 읽을 수 있는 환경을 조성해 주어야 한다.

아동 문학은 인간관계뿐만 아니라 인간과 자연의 관계에서도 이해의 폭을 넓혀 주는데, 인간은 자연의 일부이며 자연은 다른 인간과 더불어 지키고 보존해야 할 충분한 가치가 있음을 발견하게 해 준다. 인간이 자연 안에서 더불어 살아야 하는 존재들이라는 사실도 인식하게 해 준다. 어린이들은 자연스럽게 다른 사람이 겪는 문제와 그 문제의 해결 과정에서 겪는 감정들을 살피게 되고, 대리 경험하면서 더불어 사는 다른 사람들에 대한 이해를 발전시키게 된다.

4) 도덕적인 이해와 문제 해결 능력 함양

아동 문학을 통해 어린이들은 자신감과 자기 통제력을 갖게 된다. 자신감과 자기 통제력은 지적인 능력과 정서적 안정감이 통합되어 나타난다. 인간은 어떤 사실에 대해 새로운 사실을 인식하고, 이미 가지고 있는 기존의 지식과 통합하여 새로운 앎으로 발전시킨다. 어린이들은 책을 통하여 새로운 사람과 환경을 만나고, 문제 해결의 방법을 배운다. 이러한 경험들은 어린이들이 이미 가지고 있는 지식과 기술들에 합쳐지고, 걸러지고, 변화되어 하나의 새로운 능력으로 통합·발전하게 된다.

흔히 이야기의 주인공은 도덕적 결단을 내리도록 요구하는 상황에 놓이게 되는데, 주인공에 감정 이입이 된 어린 독자는 주인공과 함께 그 문제를 해결하게 된다. 이때 무엇이 옳고 그른지를 분별하게 되고, 나아가 어떻게 해야 할지 숙고하면서 자연스럽게 주인공의 선택과 결단에 동참하게 된다. 이야기가 전개되고 그 선택의 결말이 드러나면서 자신의 결정 여부가 어떤 궁극적인 결과를 가져오는지 간접 체험을 하게 된다. 어린이들은 독서를 통해서 이런 유형의 이야기들을 지속적으로 경험하며 차츰 옳고 그름에 대한 개념을 스스로 형성하게 되고, 도덕적 판단 능력과 선과 정의를 지향하는 동기 부여도 받게 된다.

5) 읽기 능력과 쓰기 능력의 함양

어린이들은 책을 통하여 자연스럽게 언어와 문자를 체득한다. 책은 여러 가지 가상적 상황에서 의미를 구성하고 재해석해 볼 수 있는 기회를 최대한 제공한다. 어린이는 좋은 문학 작품을 지속적으로 읽음으로써 읽기 능력을 향상시키고 언어 발달에 도움을 받는다. 또한 이야기를 많이 들려주면 어린이는 이야기 구조를 알고 특정 인물이 무엇을 할지 예상할 수 있는 단서를 얻게 된다. 그러면서 자기가 읽은 이야기에서 일어날 행위의 전개 과정을 예상하고 그 의미를 확인하는 데 도움을 받는다. 이렇게 문장의 패턴을 이해하는 것은 동화나 소설 감상뿐만 아니라 지식과 정보를 알려 주는 설명글을 이해하는 데도 영향을 미친다. 책 읽기는 읽기 능력뿐만 아니라 쓰기 능력도 향상시킨다.

제3장

아동 문학의 장르별 특징

1. 그림책

1) 개념 및 특징

그림책은 언어적 묘사가 아니라 시각적인 묘사를 통해서 이야기가 전달되는 독특한 형식의 예술 작품이다.[53] 그림책은 글뿐만 아니라 그림으로도 '읽을' 수 있는 특징을 가지며, 그림책의 그림은 주로 이야기의 전달을 돕기 위해 존재한다. 에드워드 호드넷 (Edward Hodnett)은 "문학 작품 속 일러스트레이션은 문학 작품과 분리하여 평가할 수 없으며, 문학과 관계없는 그림과 동일한 논리를 적용해서는 안 된다"고 하였다.[54] 따라서 그림책의 그림은 일상생활 속에서 만나는 미학적인 그림과는 다른 방식으로 읽어야만 한다.

그림책의 주요한 특징은 글과 그림이 상호 작용하며 이야기를 전달한다는 것이다. 그림책은 그림이 담고 있는 이야기를 연속적으로 보여 주는 그림의 맥락 속에서 함축된 이야기와 함께 전달한다. 때문에 글뿐만 아니라 그림도 '읽을' 수 있다. 즉, 그림책의 그림은 장식적인 그림이나 상세하게 기술된 글을 보조하기 위한 그림과 달리 글을 확장

---

53) 유리 슐레비츠(2017), 『그림으로 글쓰기: 어떻게 그림책에 글을 쓰고 그림을 그릴까?』, 김난령 옮김, 다산기획, 1쪽.
54) Edward Hodnett(1982), 『Image and Text: Studies in the Illustration of English Literature』, London: Scolar Press, pp.1~2.

하고 명료화하는 '일러스트레이션'이다.[55] 러셀(Russell)이 그림책을 "글과 그림의 행복한 결혼"에 비유한 것은 글과 그림이 결합하여 의미를 전달하는 그림책의 독특성을 설명하기 위함이다. 바버러 쿠니(Barbara Cooney)는 그림책을 "진주 목걸이"에 비유하고 있다.[56] 이는 그림책이 아름다워야 한다는 것은 사실이지만 글과 그림의 상호 의존성이 존재한다는 의미이기도 하다.

둘째, 그림책은 어린이 문학의 가장 보편적인 형식으로 글과 그림을 통한 스토리텔링 형식이기도 하다. 그림책은 글과 그림이 상호 작용하며 한 페이지에서 다음 페이지로 이야기가 연결된다. 맥락적 연속성을 통해 그림으로 동적인 상황을 묘사하고 이야기를 완성 짓고 한 권의 책으로 구성된다. 따라서 그림책은 정지된 화면에서 움직임을 보여 주어야 하기 때문에 시간성을 부여받게 된다. 그림책은 그림만으로는 인과 관계를 완벽하게 표현하기 어렵기 때문에 글이 그 역할을 대신하기도 한다. 그림책의 물리적인 제한성을 극복하고 움직임을 표현하기 위한 동일 화면 내 순차적인 표현은 서사를 가진 스토리텔링 형식이다.

셋째, 그림책은 글과 그림의 조화를 이루는 고유한 예술 형식이다. 그림책이 다른 사물과 구별되는 특징 중에 하나가 나름의 형식과 디자인을 가지고 있다는 것이다. 그림책은 교육적이어야 한다는 전통적인 시각에서 벗어나 다양한 매체와 다양한 방식을 활용하여 이야기를 전달한다. 그림책의 크기, 형태, 제본(binding), 면지(endpapers), 종이, 서체 등이 책의 형태의 역할을 넘어서 예술적인 가치를 지닌다.

우리나라 그림책은 인쇄 기술의 발달로 표현할 수 있는 범위가 넓어지면서 묘사, 형태, 사용하는 매체 등이 달라졌다. 즉 '인쇄 기술'은 그림책의 발달을 촉진하고 확장하는데 중요한 역할을 하였다. 1895년 근대의 학제가 시행되면서 삽화는 아동을 위한 문학형식으로 수용되었고, 아동을 위한 문학 형식은 근대의 인쇄 매체와 결합하면서 삽화의 발전에 기여하게 된다. 근대 인쇄술의 발달은 1910년대 출판 시장에 큰 변화를 가져왔을 뿐만 아니라 아동 문학잡지에서도 화려한 장정(裝幀)이 등장하였고, 4색 인쇄의 채색 기술이 도입되었다.[57]

한국 그림책은 미약하게나마 일제 강점기를 지나오면서 점진적으로 발전해 왔다. 일제 강점기에는 다색 인쇄와 원색 인쇄가 시도되었고 1930년대에 들어서면서 아동 문학

---

55) 페리 노들먼(2011), 『그림책론: 어린이 그림책의 서사 방법』, 김상욱 옮김, 보림, 8~9쪽.
56) 현은자 · 김세희(2005), 『그림책의 이해』, 사계절, 17쪽.
57) 전가경·정재완(2016), 『세계의 북 디자이너 10』, 안그라픽스, 67쪽.

가들 사이에서 어린이 교육을 위해 그림책이 필요하다는 주장이 제기되기도 하였다. 또한 어떤 그림책이 좋은 그림책인지에 대한 논의도 이루어지기 시작한다. 그리고 1938년 『아기네동산』에는 '애기그림책'이라는 꼭지명을 사용한 어린이를 위한 이야기가 등장하였다. 그러나 '애기그림책'은 글과 그림의 서사 중심의 이야기가 아닌 그림과 낱말을 연결하는 이야기 형식에 가까웠다.

해방 이후에는 삽화에 있어서도 일본의 화법에서 벗어나 빠르게 서구의 방식을 수용하는 것으로 변화하게 된다. 이러한 흐름 속에서 서구 그림책의 개념이 자연스럽게 유입되었고, 두 세계 간의 교섭을 이루며 그림책이 발전하였다. 이 시기에는 창작 그림책의 발전적 토대를 마련하기 위한 움직임과 함께 그림책 시장의 공백을 채우기 위한 옛이야기 출판이 번성하게 된다. 하지만 그림책 전문 작가의 부재로 인해 창작 그림책을 펴내는 데에는 한계가 있었다.

그림책은 글과 그림이 서사를 가진 스토리텔링 형식이다. 맥락적인 연속성을 통해 그림으로 사건을 묘사하고 서사를 이끌어 간다는 점에서 그림은 홀로 존재할 수도 있지만, 통합적인 연계성을 지닌다. 그림책은 그림만으로 인과 관계를 완벽하게 묘사하기 어렵기 때문에 글이 그 역할을 대신하기도 한다. 또한 그림책은 정지된 화면에서 동적인 움직임을 보여 주기 위한 시간성을 부여받게 된다. 이런 점에서 그림책의 서사를 이해하기 위해서 글과 그림의 연속적인 번갈아 보기가 필요해진다.

글과 그림이 상호 작용을 이루는 단행본 그림책은 1946년 마해송 동화에 김기창 그림으로 출간된 『토끼와 원숭이』(자유신문사출판국)라 할 수 있다. 아협에서 출간된 그림동산 시리즈 『우리마을』(1946), 『우리들 노래』(1947)도 시 그림책의 계보를 잇는 그림책으로 인정받고 있으나, 글과 그림이 상호 작용하는 완전한 그림책이라 할 수는 없다. 1960년대에는 모더니즘 표현이 활성화되기 시작하였고, 젊은 화가들 사이에서 전근대적인 화법에서 벗어나 자유로운 활동을 하며 새로운 시도가 잇따르게 된다. 그리고 1970년대에는 전집 그림책이 늘어나면서 본격적으로 글과 그림이 상호 작용하는 그림책이 다수를 차지하게 된다. 하지만 당시에는 옛이야기 그림책이 주를 이루었고, 무분별한 복제 그림책이 늘어나면서 그림책의 질적인 하락도 보이게 된다.

'picture book' 형태의 현대 그림책이 등장하게 된 것은 1980년대 이르러서이다. 이 시기에는 '일러스트레이션'이라는 용어가 사용되면서 삽화가와 일러스트레이터의 구분이 생기게 된다. 1981년에는 한국무지개일러스트회가 18명의 회원으로 '무지개일러스트회' 창립식을 갖고, 동화서적에서는 국내 중견 문학가들과 순수 미술가를 중심으로 100권의 그림책을 기획하면서 1981~1986년까지 순차적으로 '그림나라 100' 시리즈를 발간하게 된다. 그리고 1982년에는 정보 그림책 『올챙이』(김영자 글, 서시철 그림, 일지사)가 출간되었다.

류재수는 1984년 일본의 유네스코 아시아문화센터에서 주관하는 그림책 트레이닝 코스에서 「노란 우산」을 발표하였다. 그리고 『백두산 이야기』는 류재수가 3년이 넘는 기간 동안 수백 점의 스케치를 거쳐 6도 인쇄로 내놓은 그림책이다. 처음부터 출판을 계획으로 창작에 몰두하였는데, 출판사에서 백두산 이야기는 상업적 현실성을 이유로 출판을 꺼려하였다. 그러나 1988년 도서출판 '통나무'에서 적극적인 지원을 하면서 출간하여 국내 최초의 창작 신화 이야기로 인정받고 있다.

2000년대에 들어서서 한국 그림책은 어떠한 방향을 가늠하기 어려울 만큼 다양한 시도가 끊임없이 이루어지고 있다. 이러한 토대에는 1990년대 성장한 일러스트레이터들이 전문적인 영역을 구축하면서 성장한 작가들이 있었고, 이에 영향을 받은 신인 작가들의 약진이 더해 주었다. 또한 그림책 독자의 연령이 파괴되었다는 것도 이유일 것이다. 이것은 더 이상 그림책은 어린이의 전유물이 아닌 0~100세까지 읽는 책이라는 장르 의식과 함께 새로운 미디어로 자리 잡기 시작하였다는 것을 의미하기도 한다. 이러한 움직임 속에서 그림책 작가들의 정체성이 일관되게 확립되어 가는 과정이 더욱 선명하게 드러나기 시작하면서 그림책이 문학예술로서의 역할을 담당하게 되었다.

2) 글과 그림 읽기

그림책은 글과 그림이라는 문학적 요소와 예술적 요소가 결합하여 독특한 예술 형태를 만들어 낸다. 문학적 요소는 주제, 플롯, 등장인물, 문체(언어 표현력), 배경이고, 예술적 요소는 선, 공간, 형태, 색, 구도와 조망, 원근법 등을 말한다. 그림책 안에는 이러한 미술적 요소로 그림을 표현하는 예술 양식이 존재하며, 그림 작가는 다양한 매체를 사용하여 글이 아닌 그림 속에 이야기를 만들어 간다. 그림의 선, 형, 색, 질감, 글의 소리, 단어는 모두 기의를 가지는 기호이고, 이러한 요소들이 모여 이루는 그림책의 분위기, 주제, 배경, 등장인물, 플롯 또한 기호로서 기의를 가진다.

그림책을 잘 이해하고 즐기려면 여러 가지 특정한 능력과 읽기 전략이 전제되어야만 한다. 그림책은 미묘하고 복잡한 의사소통의 한 형식이다. 시각적인 정보로 언어적인 정보를 보완한다는 점에서 서사로서도 특별한 형식을 가지고 있고, 시각적 이미지로 표

---

58) 페리 노들먼(2011), 『그림책론: 어린이 그림책의 서사 방법』, 김상욱 옮김, 보림.

현한 것에 초점을 두고 의미를 부여한다는 점에서 시각 예술로서도 특별하다.[58] 글과 그림이 결합함으로써 서로를 한층 구체화해 나가고, 그림책의 화면이 이동해 감에 따라 이야기는 구체화된다.

그림책에서 글과 그림은 사실 그대로를 표현하기도 하지만 은유적인 의미를 담아내기도 한다. 특히, 그림책은 의인화를 통해 표현 가능성을 넓히는데, 가장 많이 동원되는 것이 사물에 부여된 환상성이다. 현실의 어려움을 유쾌하게 풀어나가기 위해 동원되는 환상성은 세상 밖으로 발을 내딛는 힘을 부여해 준다. 백희나는 현실과 환상의 경계를 넘나드는 모티프로 주로 달콤한 음식을 활용한다. 이 모티프들은 단순한 간식이 아니라 현실과 환상이 버무려진 음식으로, 현실의 팍팍함을 달콤하게 감싸고 시원하게 날림으로써 등장인물들에게 카타르시스와 위안을 준다는 특징이 있다.

[그림 15] 『알사탕』 ⓒ 백희나, 책읽는곰

『알사탕』(책읽는곰, 2017)은 '알사탕'을 통해 마음의 소리를 들려준다. 알사탕이 입안에서 사르르 녹듯 동동이 마음속의 외로움과 서러움, 야속함이 스르르 녹아 없어진다. 『알사탕』은 환상적인 이야기에 머무르지 않는다. 아이는 알사탕의 힘으로 드디어 세상 밖으로 한 걸음 내딛게 된다. 언제나 혼자 놀던 아이는 친구에게 말을 걸고 함께 놀자고 말할 수 있는 용기를 갖게 된다. 그림책에서는 "나랑 같이 놀래?" 이 말 한마디와 함께 동동이 집 앞에 놓인 두 대의 스케이트보드만을 뒤표지에 담아 보여 준다. 감탄스러울 정도로 세밀하게 만들어 낸 피규어들이 그림책을 보는 재미를 더해 준다.

그림책의 외연이 넓어지면서 글자 없는 그림책도 출간이 이어진다. 그림책의 그림이나 글은 다른 상황에서 존재하는 그림이나 글과는 전혀 다른 소통 방식을 요구한다. 더욱이 그림만 존재하고 글이 없다면, 글자의 빈자리[59]를 독자가 스스로 채워 나가야만 한다. 글자가 없는 그림책은 분명 독자로 하여금 낯선 상황에 부딪치게 한다. 이수지의 그림책은 글자 없이도 작가·텍스트·독자 사이의 문학적인 소통 방식을 잘 보여 준다. 특

---

59) 저자는 문학과의 소통을 설명하기 위해 빈자리 개념을 활용하였다. 이 개념은 '미정성(未定性)의 주인 없는 땅'으로서 잉가르덴의 빈틈의 개념과 비슷하게 정의된다. 대부분의 서사물에서 스토리의 줄거리는 갑자기 중단되었다가, 또 하나의 관점이나 예기치 않았던 방향으로 다시 계속된다. 즉, 빈자리는 텍스트 내의 연결 가능성을 가리키는 것이다. 이는 소통을 가능하게 하는 기본적인 수단이라 할 수 있다. (로버트 C. 홀럽(1999), 『수용미학의 이론』, 이상구 옮김, 예림기획, 126~131쪽.)

히 이수지의 삼부작 그림책『거울속으로』(비룡소, 2009),『파도야 놀자』(비룡소, 2009),『그림자놀이』(비룡소, 2010)는 글자 없는 그림책으로 그림책의 물리적인 측면을 효과적으로 활용한 책이다.[60]

가로가 좁은 판형은 그림책에 배경을 묘사할 여지가 많지 않다. 때문에 묘사된 인물에 더욱 집중하게 하고, 등장인물과 독자를 밀착해 동일시하게 한다.『거울속으로』는 그림책의 접지면을 이용하여 데칼코마니 무늬를 반복하고, 이런 형식을 차용하여 소녀의 이야기를 만들어 낸다. 주술과도 같은 '거울 속으로, 거울 속으로, 속으로 ……'는 마치 공포 영화 한 장면을 연상시키듯이 소녀를 거울 속으로 끌어들인다. 하지만 그림책의 소녀는 주체적이다.『거울속으로』에서 반사상의 소녀를 밀쳐 버리는 모습은 해방감을 안겨 준다.

그림책 독자의 폭이 넓어지면서 주제에 있어서도 다양성을 획득하게 되었다. 생명의 탄생은 가족으로 이어지며 삶을 영위해 나가지만 결국 죽음을 준비해야 한다는 숙제를 남긴다. 그림책에서 다루는 죽음은 새로운 세계로의 이동이며 통과 의례와 같은 것이다.『코딱지 할아버지』(신순재 글, 이명애 그림, 책읽는 곰, 2019)는 할아버지와 함께 했던 놀이를 통해 두려움을 극복하고, 아이가 자연스럽게 죽음의 의미를 받아들이는 것을 보여 준다. 죽음을 묘사하는 방식은 탄생과 생명의 묘사를 뛰어넘어 죽음의 의미를 다양하게 떠올려 볼 수 있도록 한다. 그림책에서 죽음을 묘사하는 방식은 자기만의 철학적인 사유를 담아내는 것에서 나아가 어린이가 이해 가능한 언어 문법이 존재한다. 때문에 죽음의 의미는 내 안의 나를 만나는 과정이 된다.[61]

3) 그림책의 교육적 가치

그림책의 교육적 가치에 대해 정리하면 다음과 같다.

첫째, 그림책은 어린이들의 문해력을 키울 수 있다. 그림책은 그림을 보고 의미를 파악해서 이야기를 연결해 내는 것이 중요하다. 이 과정에서 글자를 정확히 읽어 내는 문자 해독 능력을 키울 수 있다. 심지어는 글자 없는 그림책은 그림만으로 이야기를 이어 나가며 그림 읽기가 가능해진다. 때문에 그림책의 글과 그림 읽기는 자연스럽게 수준 높은 문해력을 키울 수 있다.

둘째, 그림책은 언어적인 유희를 통해 어휘를 학습하고 활용하는 능력을 키울 수 있도

---

60) 조성순(2017),「공간의 제한성을 넘어서는 소통방식: 이수지의 삼부작 그림책『거울속으로』,『파도야 놀자』,『그림자놀이』를 중심으로」,『창비어린이』, 158~159쪽.
61) 조성순(2021),「한국 그림책의 지금을 보다」,『K-Book Trends』웹진 6월, 한국출판문화산업진흥원.

록 도와준다. 그림책에서 사용되는 어휘는 유아에서 어린이까지 폭넓게 적용 가능하면서도 음성 언어의 즐거움을 누릴 수 있는 말놀이 글자들을 사용하는 경우가 많다. 이러한 그림책을 읽으며 자연스럽게 말놀이를 이어 갈 수 있고, 유의어와 반의어 등의 언어를 확장할 수 있도록 해 준다.

셋째, 그림책은 상상력을 자극하여 스토리텔링 능력을 함양시켜 준다. 그림책의 그림 읽기는 상상력을 자극하여 이야기 짓기를 가능하게 한다. 상상력은 현실적 지각에 기초하지 않은 사물이나 사건의 심상을 마음속에 그리며 생각할 수 있는 능력이다. 그림책을 통해 어린이들이 막연하게 상상했던 심상을 그릴 수 있고, 보이지 않는 것을 구체화할 수 있는 능력이 생기게 된다.

넷째, 그림책은 주인공과 동일시를 통해 정서적인 유희를 즐길 수 있게 해 준다. 그림책은 아름다운 색채와 형상으로 어린이들의 세계를 흥미진진하게 담아내고 있다. 그림책 속의 이야기는 어린이 자신의 경험과 직접적으로 관련되어 있거나 어린이를 아름다운 상상의 세계로 이끌어 가며 마음껏 즐길 수 있도록 해 준다. 이 과정에서 주인공의 상황에 공감하고 함께 기뻐하고 슬퍼하며 정서적인 유희를 즐기게 된다.

다섯째, 그림책은 어린이의 예술적인 감각을 발달시킨다. 그림책은 한 권의 책으로 이미지를 구성하여 연결된 이야기를 보여 주지만, 하나하나의 그림은 예술적인 완성도를 지닌다. 그리고 그림책은 작가와 화가의 독창적인 발상과 개성적인 표현으로 완성된 아름다움의 극치를 담고 있다. 이러한 그림책을 통해 어린이들은 예술의 세계를 향유하며 자연스럽게 예술적인 감각이 발달된다.

여섯째, 그림책은 자신의 주변 세계와 이웃들에 대해 이해하도록 돕는다. 그림책은 이미지로 각인되어 편견 없는 눈으로 자연을 볼 수 있게 해 주고, 자연 안에 있는 그대로를 존중하고 인정하게 해 준다. 자연을 지키고 보존해야 할 충분한 가치가 있음도 발견하게 해 준다. 자연 안에 사는 인간들은 누구나 다 똑같은 존재이며, 더불어 살아가야 한다는 사실도 인식하게 해 준다.

일곱째, 그림책은 읽어 주는 활동을 통해 읽기뿐만 아니라 말하기와 듣기 능력을 키울 수 있다. 그림책은 대부분 텍스트가 짧기 때문에 소리 내어 읽기가 가능하고, 언어적인 리듬감을 느낄 수 있다. 이를 통해 듣기와 읽기가 동시에 이루어지고, 끊어 읽기가 가능해지기 때문에 스스로 읽기의 오류를 쉽게 찾아낼 수 있다.

여덟째, 그림책을 통하여 조화로운 의사소통 능력을 키워 준다. 그림책은 글과 그림이 서로 상호 작용하여 이야기를 형성하는 장르이다. 그림 읽기를 통해 자연스럽게 정서적인 만족감을 누리고 글을 읽으면서 문자 해독 능력을 키우게 된다. 이로써 의미를 구성하고 재해석하여 효율적인 의사소통이 가능해지도록 한다. 효율적인 의사소통의 능력은 여러 가지 상황에서 의미를 주고받는 경험의 질과 양에 따라 결정된다. 그림책은 여러 가지 가상적 상황에서 의미를 구성하고 재해석해 볼 기회를 제공한다.

2. 동시

1) 개념 및 특징

동시는 어른이 어린이를 위해 쓴 시이다. 어른에게 즐거움을 주기 위한 것이기보다 어린이에게 즐거움을 주고 감동을 주기 위한 시이다. 그러므로 어린이에게 주는 시라면 어린이가 충분히 느낄 수 있는 세계를 담고 있어야 한다.[62] 일반적으로 동시 속에는 어린이들의 생활이 있고, 그들의 감정이 담겨 있어야 한다. 또한 어린이의 수준에 맞는 어휘와 표현이 갖추어져 있어야 한다. 그러나 여기에서 그친다면 좋은 동시라 말할 수 없다. 동시는 실제적인 어린이 독자와 소통하기 위한 미학으로 동심을 지향하며, 좋은 동시는 당대 현실과 어린이의 본질을 통찰한 바탕에서 성립한다.[63] 때문에 동시는 어린이가 자신이 충분히 상상하고 포착할 수 있는 세계를 뛰어넘어 아이들에게 세계에 대한 인식을 확대해 줘야 한다.

이러한 시가 되자면 아동의 현실 세계에 대한 시인의 깊은 관심과 이해가 있어야 할 것은 물론이고, 무엇보다도 시인으로서의 자각과 특질, 곧 높은 지성을 뒷받침으로 한 '시정신(詩精神)'이 있어야 한다.[64] 이를 발레리(Valery)는 '우주 감각'이라고 표현하였고, 보들레르(Baudelaire)는 '숭고한 미에 대한 인간의 열원'이라고 하였다. 이는 이오덕의 "동시는 먼저 시가 되어야 하고, 그 위에 다시 동시가 되어야 한다"는 동시인으로서의 자의식과 일맥상통한다. 이는 동시가 어린이가 보는 시라고 해서 무조건 쉽고, 단순해서는 안 된다는 의미이기도 하다. 동시는 시와 맞먹는 문학성을 구현해야 하며, 그것은 다시 한번 동시로 부정되어야 하는 시라는 것이다. 다시 말해 동시는 기존 동시 패턴에

---

62) 김제곤(2003), 『아동 문학의 현실과 꿈』, 창비, 11쪽.
63) 김이구(2014), 『해묵은 동시를 던져 버리자』, 창비, 178쪽.
64) 이오덕(2005), 『시정신과 유희정신』, 굴렁쇠, 9쪽.

대한 시적 거부로써 문학성이 획득되지만, 그렇게 획득된 시에 머물러서는 동시가 되지 못하므로 다시 한번 동시로써 부정되고 극복되어야 한다는 뜻이다.[65]

어른인 시인이 쓰는 동시가 어린 독자들과 교감하거나 소통할 수 있는 작품이 되기 위해서는 '지금 여기' 어린이의 현실을 예리하게 주시할 필요가 있다. 동시는 어린이 현실 속에서 동심을 발견하고, 이를 생생하고 구체적으로 묘사해 내는 것이다. 때문에 갑갑한 현실 속에 사는 아이들의 숨구멍을 좀 더 크게 열어 주기 위한 기발한 상상력이 동원되고, 그로 인해 해방감을 누리게 된다. 또한 그 답답한 현실을 뒤집어 버리는 시적 상상력이 충만한 세계를 경험한 후에 아이들은 자신이 처한 현실을 대면할 수 있는 용기를 획득하게 된다. 동시가 보여 주는 미덕은 바로 현실을 이겨낼 수 있는 '지금 여기' 아이들의 상상과 바람을 아이들의 눈높이에서 정직하게 그려 낸다는 점이다.

동시는 소리 또는 운율에 따른 음악성이 있다. 그래서 동시를 읽을 때 특별히 '낭송'이라고 한다. 즉, 노래를 부르듯 리듬을 살려 분위기에 어울리게 읊조리는 즐거움을 느끼게 된다. 최근 화제가 되었던 최승호의 『말놀이 동시집』(비룡소, 2020)은 5권으로 완간되었다. 말놀이는 옛 아이들 노래에서 거의 필수적이었는데, 최승호의 말놀이는 이러한 구전요(口傳謠)나 기존 창작 동시·동요의 말놀이 잇기에서 더 나아가 독자적인 음운 요소와 이미지, 의미 연관을 활용하였다. 이후 여러 동시인들의 동시에서 대화체를 도입하고, 수준 높은 유머를 구사하려는 노력이 이어졌고, 의미나 기호와 도형 등의 다양한 방법뿐만 아니라 상황을 전복시키며 해방감을 느끼게 하는 수사법의 사용이 증가하였다. 이러한 동시들은 동시의 모체인 동요의 맛을 제대로 살린 것이라 할 수 있다.

2000년대 이후에는 '청소년시'가 출간되기 시작하였다. 청소년시는 동시단에서 초기 형성 단계이지만 장르적 성격을 명확히 하면서 청소년의 삶의 체험에서 우러나오는 생각과 정서를 형상화하였다. 박성우의 『난 빨강』(창비, 2010)은 청소년 시집의 탄생을 알리며 출간되었고, 청소년 화자가 학업 스트레스나 친구 관계 등 학교생활의 애환, 가족 관계에서 발생하는 갈등 심리와 청소년들의 성장통 등을 토로하는 작품이 대부분이다. 즉, 청소년시는 청소년이 부딪치는 현실의 모습과 청소년의 심정을 정확히 포착하고 생생하게 그려 낸 것이다. 이장근은 『나는 지금 꽃이다』(푸른책들, 2013)를 내놓으며 청소년 전문 시인으로 발돋움하고 있으며, 김미희의 『외계인에게 로션을 발라주다』(휴머니스트, 2013)는 가족의 캐릭터를 설정해 청소년의 고민과 세대 간의 소통을 다루고 있다. 신지

---

65) 이안(2014), 『다같이 돌자 동시 한 바퀴』, 문학동네, 5쪽.

영의 『넌 아직 몰라도 돼』(북멘토, 2012)는 시 형식을 활용해서 청소년들에게 노동, 환경, 인권 등 사회 문제를 이야기한다.

동시는 함축적인 글로 이루어져 있다. 순간적인 감정을 얼마나 잘 포착하느냐에 따라 좋은 동시가 될 수도 있고 그 반대일 수 있다. 따라서 어린이들이 동시를 잘 쓰기 위해서는 순간적으로 떠오르는 생각이나 감정을 메모해 두는 것도 한 가지 방법이 될 수 있다. 동시를 쓸 때는 자세하고 구체적으로 표현하면 오히려 시가 되지 않는다. 그 이유는 사물이나 느낌에 대해 설명하듯 표현하면 동시의 함축성이 떨어져서 좋은 시가 되기 어렵기 때문이다. 동시에 비유와 상징이 많이 포함되어 있는 것은 동시가 이런 특징을 갖고 있기 때문이라 할 수 있다.

2) 동시의 생태계

어린이 독자는 동시의 생태계에서 든든한 대지와 같다. 농촌의 정서와 삶을 가장 잘 반영하는 시를 쓰는 김용택 시인이 내놓은 『콩, 너는 죽었다』(실천문학사, 1998, 개정 문학동네, 2008)는 어린이와 어른에게 가장 많이 사랑받고 있는 동시집이다. 김용택은 어린이들의 마음을 깊이 이해하려고 하고 있다. 이런 저변에는 아동 문학에 대한 교사로서의 치열한 고민이 먼저 자리하고 있다. 이 동시집이 보여 주는 미덕 가운데 빼놓을 수 없는 것이 바로 삶과 문학이 하나가 되고 있다는 점이다. 시인은 이 시집에서 철저하게 동심의 눈높이를 지키면서도 농촌 현실을 참되게 그려 내고 있다.

「콩, 너는 죽었다」의 화자는 마당에서 한창 도리깨질을 하는 아이다. 도리깨에 맞은 콩은 이리 튀고 저리 튀어 사방으로 굴러간다. 어른이라면 사방으로 튀어 달아나는 한두 알의 콩을 개의치 않겠지만, 아이는 한두 알 콩에 더 신경이 쓰이고 목을 매게 된다. 동심의 눈으로 보면 콩이 도리깨에 맞아 멀리 튀어가는 것이 마치 도망을 가는 것처럼 보이기 때문이다. 그래서 아이는 그 콩을 주우러 가는 것이 아니라 잡으러 가는 것이고, 잔뜩 약이 올라 "콩, 너는 죽었다."라는 말이 튀어나오는 것이다. 이처럼 김용택 동시는 대부분 어린이의 말과 동심에 기대고 있다.

동시의 생태계에서 가장 주목할 만한 것은 이전의 형식을 뛰어넘는 동시의 탄생일 것이다. 신민규의 『Z교시』(문학동네, 2017)는 아이들의 눈으로 세상을 바라보며 날리는 언어적 감각이 남다르다. 세상을 거꾸로 뒤집어 놓고 보는 듯한 통쾌함이 느껴진다. 어른과 어린이 사이에 존재하는 보이지 않는 경계, 그 사이에 존재하는 세상을 현격한 언어적 감각으로 그려 내는 동시들을 만날 수 있다. 신민규의 동시 「나쁜 사람」은 세상을 바라보는 작가의 비판적인 시각뿐만 아니라 아이들의 내면까지 고스란히 드러난다. 세상을 살짝 뒤집어 보았을 뿐인데, 그 마음이 너무 뚜렷해서 유쾌하고 통쾌하기까지 하다. 유쾌한 유머와 세상을 뒤집어 보는 통쾌함으로 한껏 웃겨 주고, 숙연하게 만들기까지 하니 어린이와 어른이 함께 누릴 수 있는 세계를 만나는 묘미가 있다.

신민규 동시 「:」은 제목부터 심상치 않다. 흔히 사용하던 부호들을 따로 떼어 놓고 다시 묶어 놓으며 어른과 어린이 사이에 존재하는 언어를 한순간에 뒤섞어 버리는데, 그 언어들이 전혀 어렵지 않다. 오히려 더 쉽고 편안하게 읽힌다. 이전과 다른 결을 가진 문체는 신선하기까지 하다. 랩을 읊조리는 듯한 운율은 현대를 사는 어린이에게 가장 친숙한 언어로 말을 건다. 서정적이면서도 감각적인 리듬감은 바로 랩의 운율을 담아낸 것에서 비롯된다.

유강희의 『손바닥 동시』(창비, 2018)는 짧은 동시 100편이 묶인 동시집이다. 전편이 모두 3행으로만 이루어진 동시는 짧으면서도 그 안에 형식에 대한 탐구와 시인의 문제의식이 고스란히 담겨 있다. 손바닥 동시는 중국의 절구, 일본의 하이쿠, 우리나라의 고유 장르인 시조 등 짧은 시를 효과적으로 계승하여 현대화하였다는 데에도 의미가 있다. 동시 한 편 한 편에서 시인의 진지한 질문과 응답을 들을 수 있으며, 짧은 시에 무슨 내용이든 담아낼 수 있다는 것을 보여 주었다.

송진권의 『어떤 것』(문학동네, 2019)은 언제 들어와 마음속 언저리를 맴돌고 있는지도 모르는 따스함이 자리 잡고 있다. 독자들 마음에 숨겨져 있던 그리움을 살짝 들춰내고 한 올 한 올 풀리듯 조용히 드리우게 하는 매력이 있다. 「어떤 것」은 자신도 모르게 흘려보낸 그 어떤 것을 찾는 여행을 하며 온몸에 온기를 퍼지게 하고, 그 온기로 "착한 척 꼬리를 살랑살랑(「내 동생 구미호」)" 흔드는 아이 머리를 쓰다듬어 주게 한다. 그리고 "없는 채로도 아직 개집 안에(「없는 개」)" 살고 있는 짙은 그리움도 그려 낸다. 시인은 아주 작

[그림 16] 『콩, 너는 죽었다』

[그림 17] 『Z교시』

[그림 18] 『똥시집』

은 것 하나에도 마음을 나누고, 예민한 감정을 조심스럽게 그려 내며 독자들의 마음을 어루만지며 어깨를 톡톡 두드려 준다.

김창완의 동시집 『무지개가 뀐 방이봉방방』(문학동네, 2019)은 그냥 재미있다. 동시뿐만 아니라 모든 언어에 리듬감이 살아 있는 김창완의 글은 배시시 웃다 못해 키득거리며 웃음을 터뜨리게 하는 유머가 살아 있다. 아이들의 마음이 고대로 동시가 되어 버린 것 마냥 간질거리고 귀엽다. 이미 노래로 단련된 시인이 쏟아 낸 언어는 "여기 있는 말들은 거의 다 입 밖으로 나오지 않은 말들이다"는 고백처럼 시인 안에 살아 숨 쉬는 어린이가 깨어난 듯하다. 특히 「호랑이」는 어린이라면 한 번쯤 경험했을 법한 경험을 살아 있는 이야기로 선명하게 그려 냈다.

박정섭의 『똥시집』(사계절, 2019)은 그동안 정의되어 오던 장르를 뛰어넘는 예술로서의 문학이다. 이 동시집은 한 장 한 장 넘기면 만화 같기도 하고, 그림 같기도 하고, 노래 같기도 한 그런 것들이 줄줄이 따라 나온다. 『똥시집』은 동시에서 동요로, 다시 동요에서 동시로 변주된다. 1930년대 동요에서 툭 튀어나와 현대적인 감각을 불어넣어 2000년대로 시간 여행을 온 듯한 착각을 불러일으키기도 한다. 악보, 동시, 그림이 하나의 예술로 융합되어 조화를 이루며 한 편 한 편 쏟아 낸 동시에는 '꼭 대단하고 멋진 것이 아니어도 삶의 모든 부분이 시와 그림, 음악으로 연결되어 있다는 걸' 작가뿐만 아니라 독자들까지 알게 하는 힘이 있다. 『똥시집』은 시와 함께 이미지를 형성하기도 하지만 시 자체로 이미지화되어 있다. 언어적 감각을 그대로 이미지로 표현하였고, 그만한 느낌을 담아내기 위해 독특한 편집 구성을 하였다. 이와 함께 우쿨렐레 악보까지 갖추고 있어서 평면적인 종이 위해 놓인 동시들이 어느새 춤을 추며 저마다의 모습을 되찾는다. 이 동시집은 동시로 제대로 노는 법을 가르쳐 준다.

3) 동시의 교육적 효과

유치원에서 어린이들이 반드시 공부하는 것 중의 하나가 바로 동시다. 물론 국어 시간에 동시를 공부하는 것과 같은 방법으로 어린이들이 접하는 것이 아니라 동시 외우기와 읊조리기를 주로 한다. 그 이유는 무엇일까? 동시는 리듬을 갖고 있기 때문에 읊조리는 맛이 있다. 즉, 동시의 리듬과 운율을 통하여 감각적인 혀와 귀의 즐거움을 경험하게 할 수 있다. 아이들은 태어날 때부터 리듬을 가지고 태어난다. 태어날 때 타고난 리듬과 동시가 갖고 있는 리듬이 서로 잘 어울려 아이들은 동시를 좋아한다. 그리고 동시를 어렸을 때부터 경험하게 되면 유아들의 감정 세계를 보다 풍부하게 할 수 있다. 따라서 어렸을 때 동요나 동시를 읽는 목적은 단순히 정서 함양에만 있는 것이 아니라, 인간 교육의 기초로서 필요하다고 할 수 있다.

동시를 쓰는 전문 문인은 어린이를 위해 가장 정선된 시어를 선택한다. 어린이들은 이를 통하여 언어의 신비스러운 기능을 체득하게 된다. 따라서 동시는 모국어의 아름다움을 느낄 수 있게 하는 가장 적절한 매체이다. 동시를 자주 읽거나 외우면 아이들이 사물에 대한 올바르고 날카로운 직관력, 관찰력을 기르는 데 도움이 된다. 사물에 대한 관찰력이 없으면 동시에 나오는 표현을 이해할 수 없고 관찰력과 직관력 없이 동시를 잘 쓸 수도 없다. 게다가 동시에는 진정성이 있기 때문에 동시를 읽으면 자신의 감정을 자연스럽고 솔직하게 표현할 수 있는 능력이 길러진다. 세밀히 느낀다는 것, 심정을 말로 적절히 나타내는 것은 어린이들의 국어 생활을 윤택하게 해 주며, 우리가 살아가는 데 있어서 솔직하게 표현하는 버릇을 기를 수 있게 해 준다.[66]

동시를 잘 지도하면 여러 가지 교육적 효과가 드러나지만 지나치게 교사 위주로 지도하는 것은 오히려 지도하지 않는 것만 못할 수도 있다. 따라서 동시를 지도할 때 교사는 우선 동시를 지도하는 목적이 무엇인지 알아야 한다. 동시를 지도하는 목적은 기본적으로 정서를 전달하기 위함이다. 즉, 작가가 작품에 담고 있는 정서를 독자인 어린이들도 공감하도록 지도해야 한다. 공감한다는 것은 작품에 담긴 정서를 독자인 어린이가 작가와 같거나 비슷한 정도로 느꼈다는 것이며, 감동을 받았다고 생각해도 된다. 그러나 감동의 정도는 어린이의 성향이나 기질에 따라 차이가 날 수 있다. 따라서 교사는 좋은 작품을 선택해야 한다. 작품을 잘 선택한다는 것은 어린이들로 하여금 동시가 재미있다는 것으로 인식하게 해 주는 요소이다.

좋은 동시는 사랑의 마음이 담겨 있는 작품을 말한다. 어린이들은 동시를 읽으며 사람과 사물에 대해 사랑의 마음을 배우기 때문이다. 또 동시를 읽으며 아이들은 상상하는 즐거움을 느끼므로 독창적이며 상상력이 풍부한 작품을 골라야 한다. 동시 속의 말이 살아 숨을 쉬는 듯하며 구체적이고 생생하며 이미지가 선명하고 생동감이 넘치는 작품 역시 좋은 작품이다. 어린이들이 동시를 쉽게 즐길 수 있도록 상쾌한 음악적 리듬이 있어 낭송하기 알맞고 외우기 좋은 작품을 골라야 하며, 그들의 생활과 경험이 일치하여 '아하, 그래 나도 그런 일이 있었어.' 하고 공감하는 작품이 좋은 동시다. 어린이들은 짧고 쉬운 작품을 좋아하므로 그들이 좋아하는 내용과 이해 가능한 표현이 갖추어져 가슴

---

66) 이원수(2001), 『아동문학 입문』, 한길사, 269쪽.

에서 우러나오는 진실과 진정성이 있는 작품을 골라야 한다. 흔히 시인을 '사물을 새롭게 바라보는 시각을 가르쳐 주는 사람'이라고 표현한다. 이는 동시가 갖고 있는 독창성과도 관련이 있는 부분이라 할 수 있다. 즉, 좋은 동시는 미처 깨닫지 못한 새로운 사실을 깨우쳐 주고 발견하게 해 준다. 그러나 좋은 작품에 대한 이론적 지식만으로 작품을 잘 고르기는 쉽지 않다. 그 이유는 아마 전문 문인이 동시를 썼기 때문이 아닐까 한다. 만일 좋지 못한 작품을 골라낼 수 있다면 좋은 작품을 고르기가 더 쉬울 것이다.

3. 동극

1) 개념 및 특징

어린이는 모방을 통해서 성장하고 의사 전달을 하게 되는데, 이러한 모방은 성장의 과정이며 연극의 요소라 할 수 있다. 인간은 본능적으로 이야기를 즐기는데, 이야기가 극화된 연극은 연기의 형태로 인간의 행동을 모방하는 것이다. 동극의 발생은 유희하는 본능에서 그 기원을 찾을 수 있는데, 가상적(假想的)인 상황을 설정하는 소꿉장난 등이 이에 해당한다고 할 수 있다.

우리나라에서는 일제 강점기 때 기존에 쓰던 '연극'이라는 용어 대신 '아동극'이라는 장르 용어를 따로 쓰기 시작하였는데, 이것은 어른이 아닌 아이들이 하는 연극, 즉 '연기자로서의 아동'을 인식하면서라고 할 수 있다. '아동극'은 점차 아동을 본위로 한 내용이나 형식 등이 발달하면서 '아동극'의 장르가 분화하기 시작하고, 새로운 장르 용어가 등장하였다. 1920년대 이후 아동극 내용에 따른 장르 용어의 등장은 이제 아동의 정서에 맞는 내용을 다양하게 모색하기 시작하였음을 나타낸다. 이전 시기에는 주로 아동극이 '어린이에 의한' 연극을 지칭하는 것이었다면, 본격적으로 '어린이를 위한', '어린이의 연극'에 대해 인식하기 시작하였다. 아동극 장르 용어가 '아동극', '동극'으로 통칭되기 시작한 것도 1920년대 이르러서이다.

이후 방정환이 중심이 되어 색동회가 조직되었고, 『어린이』지가 창간되면서 본격적으로 동극이 지면을 통해 발표되기 시작하였다. 당시 동극으로는 방정환의 「노래 주머니」(혹부리 영감 이야기: 1막 3장), 마해송의 「장님과 코끼리」 등이 있다. 1923년 『어린이』 창간을 기념하는 '어린이 가극 대회'가 열렸고, 동극 대회도 잇달아 상연되었다. 그리고

1925년에는 윤극영 등이 중심이 되어 '다리아회'가 창립되어 동요극 「파랑새를 찾아서」를 상연하였다. 1930년대 말기부터는 일제의 한국어 말살 정책으로 동극 상연이 점차 어려워지기 시작했으나, 광복 이후 아동 극단 '호동(好童)'이 창립되었고 1946년에는 방송극 「똘똘이의 모험」이 큰 인기를 모으기도 하였다. 1980년대 이후 기성 극단의 동극 공연이 성황을 이루면서, 동극이나 인형극을 전문으로 하는 극단이 생겨나기 시작했으며, 동극 전문 공연장도 세워졌다.

동극은 '하는 것'으로서의 동극인 연극의 희곡과 '보는 것'으로서의 동극인 공연을 모두 포함하는 의미에서 상호 보완적이다. 따라서 동극은 아동을 주체로 하여 상연되는 교육적인 연극(시간적, 공간적 종합 예술)과 동극본(희곡) 두 가지를 통틀어 일컫는 갈래의 명칭으로 보는 것이 일반적이다.

동극은 동화와 달리 무대 상연을 위한 것이기 때문에 제한이 따를 수밖에 없다. 극화할 수 있는 것이어야 하고 대사를 활용하여 여러 가지 국면을 표현해야 하므로, 다양한 주제를 다루는 데에는 어려움이 있다. 동극의 주제는 동화와 마찬가지로 아동들에게 미치는 교육적인 영향을 고려하여야 하며, 인간의 존엄성이나 협동 정신, 친구들과의 우정, 어려움을 극복해 내기 위한 인내와 노력, 모험의 세계 등 아동의 현실과 상상력에 뿌리를 둔 주제여야 한다. 동극의 주제는 명확해야 하지만 지나치게 직접적으로 드러내는 것은 좋지 않다.

동극은 갈등과 해결, 반전과 발전을 동화보다 더욱 선명하게 보여 주어야 관객에게 극적인 긴장감을 가져다줄 수 있다. 관객으로 하여금 긴장과 정서적 순화를 경험하게 해주는 것인 플롯은 인과 관계가 명확해야 하며 유기적 통일성이 있어야 한다. 동극의 구조는 일반적으로 발단, 전개(상승), 위기, 절정, 대단원의 단계를 거친다.

발단은 동극의 도입 부분으로 간략하고 자연스러워야 한다. 발단은 배경을 간단하게 설명하고, 등장인물을 소개한다. 그리고 앞으로 있을 사건의 예고를 통해 극의 전체적인 분위기를 조성해야 한다. 동극에서 등장인물이 지나치게 많은 것은 좋지 않다. 배경도 지금-현재로 설정하는 것이 좋지만, 옛이야기와 같이 어린이가 알고 있거나 쉽게 이해할 수 있는 이야기일 경우에는 그 당시 배경을 설정하는 것도 효과적이다.

전개는 사건이 펼쳐지는 단계이며 본론으로 들어가는 부분이다. 전개에서 가장 강조되는 것은 자연스러움이다. 짜임이 긴밀하면서도 인물과 사건에 대한 흥미를 일으킬 수 있도록 해야 한다. 그리고 동극의 원동력인 갈등을 향하여 자연스럽게 사건을 전개시켜 나가야 하며, 인물과 행동이 성장하고 변화·발전하는 등 점차 복잡해져야 한다.

위기 단계에서는 인물과 사건의 윤곽이 확실히 드러나고 극적인 분위기가 만들어지는 부분이다. 이 단계에서는 갈등 구조가 변하면서 대립 관계가 만들어지는데, 이야기의 주제가 선명하게 드러날 수 있도록 하는 것이 좋다. 이를 위해 인물들 간의 선악의 행동 구조나 등장인물의 내면에서 일어나는 대결 구조 등이 드러나도록 한다.

절정 단계는 사건이 최고조에 이르는 부분이다. 동극에서는 어린이들의 주의 집중을 고려해 바로 절정 단계로 이끌어 가는 것이 필요하다. 앞선 단계는 최소화하고 절정 단계로 들어가서 어린이 스스로 가치 판단을 할 수 있는 기회를 주는 것이 필요하다.

마지막으로 대단원에서는 극에 펼쳐졌던 사건이 해결되어야 한다. 동극에서 대단원은 박수가 나올 수 있도록 구성되어야 좋은 극이라고 할 수 있다.

동극에서의 등장인물은 연극을 이끌어 가는 주요 요소이며, 한 사람이 등장할 수도 있고 여러 사람이 등장할 수도 있다. 동극은 등장인물들 간의 극적 갈등을 중심으로 전개되기 때문에 개성이 있으면서도 보편적인 인물이 좋다. 또한 극적인 상황과 행동을 중심으로 이야기가 전개되기 때문에 문제 해결을 하는 인물이어야 한다. 등장인물의 문제 해결 과정과 문제 해결 그 자체가 바로 극적인 상황과 극적인 행동의 중심이 된다. 따라서 희곡의 등장인물은 처한 상황에 따라 문제 해결 의지를 보이고 문제 해결을 하는 인물이어야 한다.

희곡에서는 해설, 등장인물들의 대사, 무대 지시문에서 언어가 활용된다. 해설은 동극의 첫머리에서 등장인물을 소개하는 부분이고, 대사는 등장인물들의 대화, 무대 지시문은 극작가가 무대 공연에 필요한 사항을 지시하는 글이다. 여기에서 가장 중요한 것은 대사이다.

동극은 등장인물에 의해 진행되고 등장인물은 대사를 통해 극을 진전시키기 때문에 동극의 대사는 인물의 성격을 나타내야 한다. 대사는 사건을 설명해 주며 발단, 전개, 위기, 절정, 대단원의 과정을 포함하여 극을 진행할 수 있어야 한다. 또한 관객이 흥미와 감동을 느낄 수 있도록 음성, 리듬, 빠르기, 몸의 움직임 등이 자연스럽게 통합되어야 한다. 극의 대사는 극적 분위기를 지속해야 하므로 관객에게 지속적인 긴장감을 줄 수 있도록 전달하려는 의미가 압축되고 간략해야 한다.

2) 동극의 범주 및 동극본의 선정 기준

(1) 동극의 범주

아동 연극이 과거에는 어린이들에게 보여 주기 위한 것으로 한정되었다면, 오늘날은 어린이들을 위한 연극과 어린이가 어린이들을 대상으로 하는 연극을 모두 포함하고 있다. 아동 연극으로서의 동극은 어린이를 관객으로 하는 '순수 동극(children's theatre)', 어린이 참여자를 위한 '교육 연극', '순수 동극'과 '교육 연극' 사이에 놓여 있는 '학예회 극(recreational drama)'으로 나눌 수 있다.

'순수 동극'은 공연 활동을 목적으로 제작한다. 순수 동극은 극작가가 쓴 대본을 관객인 어린이를 위해 성인이나 어린이 배우가 공연하는 연극이다. 어린이 관객을 위해 가장 효과적인 극적 경험을 제공하는 공연을 목적으로 한다. 관객의 감상을 위해 성인이 완벽하게 공연하는 인형극도 동극의 한 분야다.

'교육 연극'은 어린이의 교육 과정에 초점을 둔다. 그러므로 교육 연극은 연극을 지도하는 교사의 안내를 받아 어떤 놀이나 연극을 창조하는 것이다. 즉흥적인 대화를 사용하는 비공연적인 특징을 지니고 있으며, 대부분 학교 수업과 연계하여 교실 안에서 이루어진다.

'학예회 극'은 어린이들의 경험과 인격 발달을 목적으로 행해지는 일정한 공연 형식을 갖춘 활동이다. 이때 동극의 목적은 어린이의 교육적인 성과를 연계한 활동으로 공연에 참여하는 어린이와 관객 모두에게 만족을 줄 수 있다. 동극은 어린이들을 위한 혹은 어린이들에 의한 연극이기 때문에 단순한 오락으로 전락되지 않기 위해서는 지도하는 교사의 역량이 중요하다.

(2) 동극본의 선정 기준

동극본은 여러 가지 기준을 염두에 두고 선정하는 것이 좋다. 첫째, 동극에서는 복합적인 주제보다는 단일 주제가 더 적합하다. 동극의 주제가 지나치게 직설적이고 도덕적이면 어린이들의 흥미를 감소시키게 된다. 때문에 주제는 명확하되 도덕적인 내용을 지나치게 직설적으로 전달해서는 안 된다.

둘째, 어린이가 이해하기 쉬운 것이어야 한다. 어린이들은 전체적인 극의 내용을 이해하지 못하고 장면을 부분적으로 이해하기 쉽다. 때문에 『흥부전』, 『토끼전』, 『팥죽 할멈과 호랑이』 등과 같이 이해하기 쉬우면서도 선악의 구조를 선명하게 보여 줄 수 있는 것이 좋다.

셋째, 선과 악에 대한 인과 관계의 진실을 관찰할 수 있는 것이어야 한다. 어린이들은 단순한 행동만으로 선과 악을 구분하려는 경향이 있다. 때문에 선인이 악행을 하거나,

악인이 선행을 하게 될 경우 인상적인 표현과 심리 변화의 뚜렷한 경로를 보여 줄 수 있는 것이어야 한다. 대표적인 예로 『장 발장』이 있다.

넷째, 동극은 무엇보다 재미가 있어야 한다. 어린이들이 일상생활에서 경험하는 것을 소재로 하더라도 스토리가 뚜렷하고 재미가 있어야 한다. 또한 극의 구성상 극적인 요소가 포함되어야 한다.

다섯째, 교육적인 가치가 있어야 한다. 동극은 예술 작품으로서의 가치도 중요하지만 어린이를 위한 혹은 어린이에 의한 공연이기 때문에 적당한 교훈성이 포함되어야 한다.

여섯째, 어린이들의 수준에 맞는 작품이어야 한다. 동극은 어린이들의 마음을 그대로 표현한 작품에서 공감대를 형성하게 된다. 때문에 어린이들의 눈높이를 맞춘 이야기로 구성되어야 한다.

이 외에도 어린이들이 상상의 세계를 펼쳐 나갈 수 있는 판타지나 가치 판단을 할 수 있는 시간을 갖게 하는 구조로 된 동극본을 선정하는 것이 좋다.

3) 동극의 교육적 효과[67]

종합 예술인 동극은 개별 예술을 통합적으로 익힐 수 있어 어린이들의 예술 교육에 크게 도움이 된다. 어린이의 예술 교육은 정서 교육이며 미에 대한 감정을 배양하는 것이다. 동극은 시각(視覺)을 통한 공간미(空間美)와 청각(聽覺)을 통한 시간미(時間美)를 종합적으로 인식하여 함축적(含蓄的) 의미를 받아들일 수 있도록 도와주기 때문에 어린이들을 보다 높은 지적, 정서적 수준까지 끌어올릴 수 있다. 그리고 어린이들은 동극에 참여하거나 동극을 감상함으로써 예술적 감각뿐만 아니라 자신의 생각과 감정을 표현하는 능력을 기를 수 있다.

동극에 참여하게 되면 등장인물에 대한 이해를 바탕으로 다른 사람의 삶을 경험하게 되기 때문에 자신이 비슷한 상황을 겪을 때 문제 해결에 크게 도움이 된다. 다른 사람이 공연하는 동극을 관람할 때에도 현재 자기가 가지고 있는 문제를 다른 사람도 가지고 있을 수 있다는 점을 배우게 된다. 이로써 경험의 폭을 넓힐 수 있으며, 등장인물과 동일시 감정을 느끼며 다른 문화와 삶의 지식을 넓힘으로써 가치관 형성에 도움을 준다.

동극은 하나의 놀이이다. 이 놀이의 개념은 인간이 가상적 상황 속에서 스스로 몰입하여 의미를 찾아가는 행위를 말한다. 올바른 교육 방법은 어린이가 직접 조작하고 체

---

67) 동극의 선정 기준과 교육적인 효과는 신헌재 외(2007), 『아동 문학의 이해』, 381~392쪽을 참고하여 정리하였다.

험으로써 그 지식을 내면화할 수 있어야 한다. 어린이들은 동극을 체험함으로써 자신의 생활과 관련된 의미를 찾아 탐색해 나가는 노력의 기회를 가질 수 있다. 또한 동극의 구조는 절정을 향하여 긴장을 고조시키고, 절정을 거쳐 하강하면서 정서적인 정화 작용, 즉 카타르시스를 경험하게 된다. 이를 통해 불편하게 남아 있는 감정을 해소하고, 새로운 길을 모색할 수 있는 동력을 얻을 수 있다.

동극은 몸을 움직여서 배우는 일이며 연기하는 사람의 자주적 행동에 호소하는 것이기 때문에, 교사의 설명이나 충고보다는 문제 해결을 하는 데 훨씬 큰 효과를 가져올 수 있다. 권선징악적인 내용으로 엮어진 각본으로 어린이 스스로가 연기자가 되어 일상생활을 재현해 보도록 하는 방법은 교육적으로도 꽤나 효과적이다.

동극의 기본 과정은 협동이다. 동극에 참여하는 과정 속에서 경쟁보다 협동을 배운다. 또한 준비 과정에서 다른 어린이와의 협의와 토의를 하면서 협동하는 자세를 배울 수 있다. 더불어 소극적인 아이가 적극적으로 바뀌고 친구들과 잘 어울리게 되며 공동체 의식과 협력의 필요성도 인식하게 된다. 동극을 실제로 공연하면서 어린이들은 관객과 배우의 상호 관계에 대한 중요성을 깨닫게 된다. 또한 실제로 연극을 꾸며 봄으로써 바람직한 언어 구사력과 적절한 언어 표현, 상대를 고려한 언어 태도를 개발할 수 있다.

4. 옛이야기

1) 개념 및 특징

옛이야기는 전승 문학의 한 유형으로 모든 전승 문학과 마찬가지로 처음부터 문장으로 기록된 것이 아니라 사람들의 입에서 입으로 전해 내려오다 근대에 와서 수집되고 문헌으로 기록된 것을 말한다. 옛이야기는 어떤 특정한 세대만의 소유물이 아니라 남녀노소를 불문한 모든 사람의 소유물이었다. 언제, 어디서, 누구에 의해 이야기되기 시작하였는지는 알 수 없지만, 서민들에 의하여 소유되고 사용된 이야기이다.

옛이야기는 전래 동화라고도 불리어 왔는데, 전래 동화란 옛이야기 가운데 어린이들에게 읽힐 만한 이야기를 골라서 현대 동화의 어법과 문체로 다시 쓴 것을 말한다. 아동 문학의 범주에서 본다면 '전래 동화'라는 용어가 더 적합하겠지만, 최근에는 '전래 동화'

라는 용어보다는 '옛이야기'라는 용어를 폭넓게 쓰고 있다. 옛이야기를 전래 동화로 한정해서 부르게 되면, 어린이가 향유할 수 있는 이야기의 폭이 좁아진다. 전래 동화는 책으로 출판된 것만을 포함하고 있기 때문에 입에서 입으로 전해 오던 옛이야기를 다룰수 없다는 한계가 있고, 전래 동화는 어른이 아이에게 가르치고자 지나치게 교훈성을 강조한 부분이 적지 않기 때문이다.

옛이야기의 특성상 개인에 의해 재화되고 각색된 내용이 많으며, 인간의 모든 삶의 문제를 다루고 있기 때문에 일률적으로 몇 개의 내용과 주제로 범주화하는 것이 불가능하다. 옛이야기의 형식상 특징이 각색이라면, 내용상의 특징은 대체로 민중성을 벗어나지않는다는 것이다. 옛이야기를 향유하던 계층이 대부분 서민 계층이었고, 이들은 잠시나마 이야기를 통해 세상 시름을 잊고 상상력에 기대어 즐거움을 얻고자 했다. 그러면서도 이야기 속 민중의 삶은 운명론으로 귀결되는 경우가 대부분이다. 사람의 운명은 신이 정해 놓은 것이지만, 민중은 신이 만들어 놓은 운명을 극복해 나가며 행운을 성취한다는 이야기도 있다. 대표적인 예로는 『바우와 잉어 이야기』와 『우렁이 색시』, 『복 타러간 총각』 등이 있다.

옛이야기의 주제는 권선징악, 사회적 대립에서 약자가 이긴다는 것이다. 이는 아무리힘겹게 살아가는 사람이라 할지라도 착한 마음을 잃지 않으면 종래에는 복을 받게 된다는 것이다. 때문에 옛이야기는 백성들이 현실의 어려움을 이겨 내는 데 큰 힘을 주었다.

옛이야기의 주인공은 슬기와 재치로 삶을 헤쳐 나가는 경우가 많다. 옛이야기에서 힘이 약한 주인공은 꾀가 많고 지혜로우며, 상대는 어리석고 둔하게 그려진다. 강자는 힘의 권력을 이용하여 약자를 누르려고 하지만 끝내 약자의 지혜로움에 무너지게 된다. 또한 약자에게는 조력자가 등장하게 되는데, 여기에는 약자의 선함이 우선된다. 『부자가 된 나무꾼』, 『쫓겨난 임금』, 『원님과 내기하여 이긴 소년』 등은 도깨비의 도움으로 재치를 발휘해 강자와의 대결에서 승리하게 된다.

옛이야기의 특징 중 빼놓을 수 없는 것 중에 하나는 풍자와 해학이다. 옛이야기 속에는 권력자의 부당한 횡포나 힘센 장사의 과도한 힘자랑 등이 대개 놀림과 비웃음의 대상으로 그려지는데, 이는 정당하지 못한 권력을 행사하고 있기 때문이다. 부당한 권력은 백성들에 의해 전복되는데, 이를 위해 해학이 동원된다. 우스운 이야기는 백성들에게 좋은 위안거리였다.

옛이야기에서는 주로 쓰이는 관용적인 표현들이 있다. 이야기를 시작할 때 자주 사용되는 표현으로는 '옛날 옛날에', '어느 산골 마을에' 등이 있으며, 이는 시간과 공간을 특정할 수 없는 아주 오래된 시간임을 의미한다. 그리고 이야기를 전개할 때에는 '그러던 어느 날'이라는 관용적 표현으로 사건의 실마리와 함께 중요한 사건이 일어남을 예고해 준다. 그리고 결말 부분에서는 '그래서'를 사용하여 이야기가 끝났음을 말해 주고, '행복하게 살았습니다' 등으로 행복한 결말을 이끌어 준다. 이 외에도 이야기의 출처를 밝히거나, 이야기의 신빙성에 대해 부정하기도 하고 '지금도' '아직도' 등의 관용적 표현으로 과거에서 현재로 되돌아오게 해 주기도 한다. 이는 이야기가 허구임을 드러내며 웃음을 터뜨리게 한다.

2) 옛이야기의 종류

옛이야기는 신화, 우화, 전설, 민담 등을 아우르는 개념이다. 신화[68]는 국가나 민족 단위의 옛이야기이며, 그리스어에서 유래된 것으로 '이야기'를 의미한다. 신화는 가장 원초적인 문학 형태로서 대부분이 저자가 없이 입에서 입으로 전해 내려왔다. 신화의 주인공은 신이고 그 증거물은 포괄적이며 자연의 소산물이다. 이 신화는 각 민족 사이에서 전승되어 그 생명력이 길다. 신화는 아무런 의심 없이 그 자체를 신성시하며 그대로 진실하다고 믿는다.

전설[69]은 구체적인 사물과 관련이 있는 이야기이다. 이야기의 증거가 될 만한 사물이나 사건이 있다. 예를 들면 바위, 고목, 강, 절, 연못, 섬 등이 있다. 또 사람들이 이야기 내용을 사실이라고 믿는 경향이 있으며 종교와도 관계가 있다. 연대와 주인공이 있으며 이야기의 전개법이 일정하지 않고 다양하다. 동화화되었을 때, 인물이나 내용이 반 정도는 사실에 근거하고 반 정도는 허구로 바뀐다. 이야기로 전할 때 말하는 사람에 따라 신축성 있게 할 수 있다.

민담은 근거가 없고 가공적이며 허무맹랑한 이야기이다. 이야기의 시간과 장소가 애매하고 사실성이 없다. 민담의 주인공들은 대개 평범한 인간들이다. 또 우리 조상들의 꿈과 낭만, 웃음과 지혜, 교훈, 역경을 이겨 내는 지혜 등이 문학적으로 잘 형상화되어 있다. 그리고 사람들이 이야기의 내용을 사실로 믿지 않는 경향이 있으며, 반드시 해피엔딩으로 끝난다.

---

68) 신화는 신에 관한 이야기로 초자연성, 인격화성, 공생성, 종교성, 불합리성이 특성이다.(이노국(2005), 『어린이 글쓰기와 독서지도법』, 골드닷컴, 2~37쪽.)

69) 전설은 진실성, 역사성, 체험성, 설명성, 비약성이 특성이다.(이노국(2005), 『어린이 글쓰기와 독서지도법』, 골드닷컴, 2~37쪽.)

구분	신화	전설	민담
전승자의 태도	• 진실하고 신성하다고 인식	• 진실되리라고 믿고, 실제로 있었다고 주장	• 흥미 본위로, 진실성·신성성은 문제 되지 않음.
시간과 장소	• 일상적인 경험으로 측정할 수 있는 범위를 넘어선 태초의 일	• 구체적으로 제한된 시간과 장소	• 구체적인 시간과 장소가 없음.
증거물	• 매우 포괄적	• 특정의 개별적 증거물을 가짐	• 증거물이 제시되지 않음.
주인공 및 그 행위	• 주인공은 신 • 신이 지닌 능력을 발휘	• 여러 종류의 인간 • 인간과 인간, 인간과 사물 사이에서 일어나는 예기치 않은 관계	• 일상적인 인간 • 운명을 개척해 나감.
전승 범위	• 민족의 범위	• 지역적 범위	• 지역이나 민족으로 제한되지 않음.
기능면	• 전 집단의 신앙을 요청하며, 집단 단결의 핵심적 역할	• 일정 지역을 발판으로 애향심 고취	• 흥미 본위의 사고적 교환물로 예능적, 문학성이 뛰어남.

우화는 동물이나 무생물에게 인간의 성격을 부여하고 교훈과 도덕성을 주는 이야기를 말한다. 우화(fables)는 민담처럼 아이들에게 인기 있는 이야기는 아니지만, 문화적인 유산 및 전승에 중요한 기여를 하였다. 왜냐하면 우화는 도덕적이고 윤리적인 문제에 대한 우리의 태도에 깊은 영향을 미쳐 왔기 때문이다. 우화는 도덕이나 교훈을 명료하게 제시해 주는 동물이 주인공으로 등장한다. 이야기의 줄거리가 간략하고, 인간의 특징을 상징화하는 동물과 인물들이 등장하여 도덕성을 이야기한다. 우화는 주로 동물을 의인화시켜 인간성을 풍자하거나 교화하려는 이야기로서 우스운 이야기에 가깝다. 그러나 우화는 비유, 풍자, 상징 등의 기법을 사용하고 있어 유아의 발달 단계에 적합하지 못하다는 관점이 지배적이다. 전통적으로 이솝 우화는 성인의 도덕 교육을 위하여 오랫동안 사용되어 온 이야기이기 때문에 어린이들이 보기에는 잔인한 내용이 많아서 루소 같은 교육자는 우화를 읽는 것이 어린이에게 해롭다고 하였다.

3) 옛이야기의 교육적 효과

옛이야기는 원래 교육을 위해 창작된 것이 아니지만 학교 교육이 시작되면서부터 교

---

70) 김현희·박상희(2007), 『유아문학교육』, 학지사.

과서의 일부 제재로 선정되었다. 구비 전승되어 오던 옛이야기가 문자화되어 국어과 교육에 활용된 까닭은 무엇일까? 최초로 만나는 문학인 옛이야기는 어린이들에게 큰 영향을 미치기 때문이다. 창작 문학과 달리 옛이야기는 인간 일반의 보편적 진실을 중시하는 시적인 산문 문학인 동시에 조상의 문화를 체득할 수 있고, 도덕적 교훈성을 갖는 이야기로 가치관 교육인 인간 형성에 도움을 주는 교육적 측면이 강하다. 그 교육적 가치를 살펴보면 먼저, 옛이야기는 상상력의 소산이므로, 옛이야기를 듣는 사람이나 읽는 어린이들은 이를 통하여 상상력을 기를 수 있다. 상상력은 현실에서 경험할 수 없는 것들을 경험하게 함으로써 해방을 맛보게 해 주고, 보상적 만족을 주며, 새로운 창조를 가능하게 하는 중요한 사고 능력이다.

둘째, 옛이야기는 청자나 독자들에게 흥미를 불러일으켜 즐거움과 교훈을 준다. 그러므로 옛이야기의 청자나 독자는 즐거움과 함께 충·효·우애·신의 등의 윤리적인 교훈을 얻을 수 있고, 인생이 무엇이며, 다양한 주인공들의 삶을 간접 체험하면서 어떠한 삶을 살아야 하는지를 배우게 된다. 특히 옛이야기의 주인공들은 대부분 평범한 인물들로 여러 가지 어려움을 극복하고 행복을 획득해 간다. 옛이야기의 이런 구성은 아동들에게 고난 극복의 의지를 가지고 삶을 적극적으로 살아가도록 가르쳐 준다.

셋째, 옛이야기는 우리 조상들이 겪어 온 삶의 다양한 체험, 사상, 감정, 지혜, 용기, 가치관 등이 녹아 있는 조상들의 문화유산이다. 그러므로 옛이야기의 청자나 독자는 이를 통하여 문화적 체험을 풍부히 하고 한국인다운 삶의 여러 방식을 배우며, 옛이야기 속에 녹아들어 있는 조상들의 정서와 가치관을 함양하고 심화시켜 나갈 수 있게 된다.

넷째, 옛이야기는 구연을 통하여 전달되는 경우가 많으므로 청자와 독자는 이를 통하여 언어 능력을 기를 수 있다. 특히 말하기와 듣기 능력 신장에 중요한 몫을 한다.

다섯째, 옛이야기 속에 녹아 있는 조상들의 풍속이나 생활·사상·신앙 그리고 꿋꿋한 힘과 슬기, 빛나는 지혜, 소박한 꿈 등을 어린이들은 전래 동화를 읽고 들음으로써 전통 문화를 계승·발전시켜 나갈 수 있을 것이다.

여섯째, 옛이야기는 화자와 청자의 대면이 필수적인 구연을 통하여 전달되는 경우가 많다. 옛이야기의 이러한 전달 과정에서 화자와 청자의 인간관계가 깊어진다. 어린이들은 할아버지, 할머니, 아버지, 어머니를 비롯한 가족, 선생님, 친척, 친구, 친지 등과 옛이야기를 주고받으며 이들과의 따뜻한 사랑과 훈훈한 정을 느낄 수 있게 된다. 따라서 옛이야기를 잘 가르치기 위해서 교사는 먼저 좋은 이야기를 많이 읽고 이야기를 고를 수 있어야 한다.

좋은 옛이야기를 고르기 위해서는 첫째, 전해 오는 이야기의 본모습이 온전하게 살아 있는 것인지를 살펴보아야 한다. 둘째, 이야기 속에 들어 있는 생각이 민중들의 것인지 살펴보아야 한다. 셋째, 아이들의 마음을 다치게 하지 않는 이야기를 골라야 한다. 넷째, 재미와 교훈이라는 두 개의 축이 튼튼한 이야기를 골라야 한다. 옛이야기는 동심을 바탕으로 지은 이야기로서 조상들의 지혜와 꿈, 슬기와 교훈을 이어받아 삶을 살아가는 중요한 가치관도 심어 줄 수 있는 만큼 교사는 좋은 옛이야기를 선정하여 잘 지도해야 한다.

5. 동화

1) 개념 및 특징

우리나라 최초의 본격적인 아동 문학론이라 할 수 있는 「새로 개척되는 동화에 관하야」에서 방정환은 동화를 "아동의 설화" 혹은 "아동을 위하야의 설화"라고 정의하였다. 방정환은 오토가와 미메이 등의 낭만적 예술문학으로서의 동화론을 수용함으로써 민족주의적이고 현실적인 관심과 낭만적인 예술 사이에서 진동하고 있었다.[71] 방정환에 따르면 동화란 아동을 위한 이야기이지만 이것은 옛이야기만으로 한정되는 것은 아니었다. 즉, 옛이야기가 아동 문학이 되려면 '동화화' 작업을 거쳐야 한다는 인식하에 '신동화', '새동화' 등의 용어를 사용하였다.[72]

일제 강점기에 '동화' 및 '소설'은 옛이야기를 비롯하여 미담, 애화, 실화, 시화 등 각종 이야기와 교섭하고 경쟁하는 과정에서 문학 장르로서의 위상을 확보해 나갔다.[73] 해방 직후에는 '동화'와 함께 다양한 '모험 소설', '역사 소설' 등과 같은 한정사를 붙인 '소설' 장르를 썼고, '동화'라고 지칭한 작품 중에는 어린이의 생활을 사실적으로 그린 작품들이 대부분이었다. 1950~1960년대는 동화와 소설이 공존하던 시기였다. 1965년 이원수는 『아동 문학 입문』에서 '동시, 동화, 소년 소설, 동극'으로 장르를 구분해서 설명하기도 하였다. 이와 비슷한 시기에 이재철은 『아동 문학개론』(1967)에서 '동요, 동시, 동화, 아

---

71) 이정현(2008), 「방정환의 동화론 「새로 개척되는 동화에 관하야」에 대한 고찰」, 『아동청소년 문학연구』 3호, 2008. 12.

72) 원종찬(2006), 「한국 동화 장르에 관한 연구」, 『민족문학사연구』, 제30호.

73) 조은숙(2013), 「일제 강점기 아동 문학 서사 장르의 용어와 개념 고찰」, 『한국 아동청소년 문학 장르론』, 청동거울, 37쪽.

동 소설, 아동극'으로 장르를 구분하였다. 이들의 장르 구분을 종합적으로 살펴보면 '동화'와 '소설'에 대한 장르 인식이 분명하였음을 알 수 있다.

한국 아동 문학의 서사 장르는 1920년대부터 1960년대까지는 동화와 소설이 나란히 공존했으나, 1970년대부터 동화가 서사 장르를 대표하는 통칭으로 쓰이기 시작한다. 그리고 1990년대에 이르면 동화와 소설의 경계가 와해되기 시작한다. 이로 인해 아동 서사 문학은 상징적이고 환상적인 기법을 활용하는 갈래와 사실주의 기법을 따른 갈래로 나뉘어 창작되기 시작하였음을 알 수 있다. 이와 함께 동화와 소설의 경계가 모호해지는 작품의 출간이 이어지면서 현실에서 경험할 수 없는 인물·사건·배경을 지닌 비현실적인 이야기와 현실에서 경험할 수 있는 인물·사건·배경을 지닌 이야기가 발전되어 가는 양상을 확인할 수 있다.

일반적으로 동화에서 가장 많이 다루고 있는 사실 동화, 판타지 동화, 역사 동화를 중심으로 그 주요한 특징과 교육적 효과를 알아보자.

2) 사실 동화

(1) 사실 동화의 특징

사실 동화(realistic fiction)는 창작 동화의 하위 갈래를 구분할 때 가장 많이 적용되는 기준으로 판타지인가 사실적인 이야기인가 하는 것이다. 사실적인 이야기는 주로 어린이들의 생활 이야기를 다룬 것으로 그 명칭에 있어서 사실 동화, 생활 동화가 혼용되어 사용되다가 최근에는 생활 동화라는 명칭보다 사실 동화라는 용어가 일반적으로 사용되고 있다. 동화와 소설의 경계가 모호해지면서 소설처럼 현실 시공간을 배경으로 사실적으로 이야기를 전개하면서도 자아와 세계의 대립과 갈등이 현실적이지 않거나, 주관적이고 낭만적으로 세계를 통합하는 동화적 결말을 보여 주는 작품이 늘어나면서 '사실 동화'나 '생활 동화'의 장르 명칭이 빈번하게 사용되기 시작하였다.

사실 동화는 아동의 삶을 구체적인 현실 속에서 다룬 동화이다. 현실 세계에서 일어날 수 있는 이야기가 전제되므로 초현실적인 요소가 개입되지 않는다는 특징이 있다. 사실 동화는 그저 현실 세계에서 벌어질 수 있는 이야기를 다룬 동화를 의미하는 개념으로 과거나 현재 생활을 주제로 삶을 반영하는 작품으로 정의될 수 있다. 그러나 사실 동화는 실제 벌어진 이야기만을 대상으로 하는 것이 아니라 실생활에서 일어날 수 있는 사실적인 이야기를 포함한다는 의미로 확장해서 해석해야 할 것이다. 때문에 사실 동화는 어린이들의 현실에서 소재를 찾고, 현실의 논리에 맞게 이야기가 진행된다.

사실 동화는 실제 생활에서 일어날 수 있는 일들을 묘사하기 때문에 판타지 동화와는 다른 일상적인 문제, 현실에서의 아이들의 놀이를 통한 즐거움, 개인적 인간관계를 다루는 것이 대부분이고, 인물과 배경도 현대 사회의 사실적인 것들이다. 여기에서 사실 동화와 역사 동화의 차별점을 찾을 수 있다. 사실 동화와 역사 동화는 사실을 기반으로 한다는 점에서 동일성을 취하지만, 배경이 현실 사회에 있느냐 과거의 역사 속에 있느냐에 따라 구별된다.

사실 동화는 현실을 배경으로 한다는 점에서 현실을 살아가고 있는 어린이가 어떤 존재인가, 어떠한 삶의 문제를 가지고 있는가에 집중한다. 때문에 현실 사회에서 일어날 수 있는 어린이의 문제에 깊이 파고들어 문제를 해결할 수 있는 용기를 제공해 준다는 점에서 어린이의 성장을 동반하기도 한다.

사실 동화의 특징을 정리해 보자면 첫째, 사실 동화는 현실에서 작품의 소재를 찾아 현실을 탐구한다. 여기에서 현실이란 실제적인 사람과 삶이 이루어지는 세계로 현실에서 실현 불가능한 세계는 배제된다. 때문에 사실 동화는 어린이가 인식하고 있거나 인식할 수 있는 세계여야 한다. 현실을 기반으로 한다는 점에서 성장기 아동 발달이나 자아 개념, 정체성 문제, 부모 형제 등을 둘러싼 가족 이야기, 친구 관계나 학교생활, 사회, 문화, 환경 등 어린이를 둘러싼 다양한 현실적 문제들이 주요 작품의 소재로 다루어진다.

[그림 19] 『그림 도둑 준모』

『그림 도둑 준모』(오승희 글, 최정인 그림, 낮은산, 2003)에서 준모는 학교와 학원을 오가는 생활이 지겹지만 엄마의 야단이 무서워서 꼬박꼬박 학원에 간다. 그런 준모에게 소원이 하나 있는데, 그것은 무엇이든 잘하는 것으로 상을 타서 엄마를 기쁘게 해 주고 싶은 것이다. 평범한 아이 준모가 난생 처음으로 받은 상을 둘러싸고 복잡한 사건들이 펼쳐지게 되는데, 이 과정에서 준모는 자신이 통제할 수 없는 상황과 죄의식을 경험하게 된다. 그러나 결국 이 굴레에서 빠져나오기 위해서는 준모의 용기가 필요하다.

둘째, 사실 동화 작품은 현실의 논리에 맞게 이야기가 전개된다. 현실 세계와 비현실적인 세계를 구분하여 어떤 이야기가 현실에서 일어날 수 있는 것인지 아닌지를 구분하게 된다. 동물이나 사물이 사람처럼 말을 하고 학교에 다닌다거나, 사람이 마술이나 마법을 사용하거나, 무엇이 갑자기 나타났다가 사라지거나 하는 등의 이야기가 사실이 아니라는 것, 현실의 법칙으로는 일어날 수 없다는 점도 인식하게 된다.

『우리들이 개를 지키려는 이유』(문경민, 밝은미래, 2020)는 전형적인 계급 투쟁을 사뿐히 비켜 나가면서도 재개발 분양 아파트, 임대 아파트, 철거촌의 아이들의 모습을 그대로 그려 내며 담론을 꺼내 놓는다. 화재로 철거촌 할머니가 돌아가시고, 그 할머니가 키우던 개를 둘러싸고 아이들 사이에 펼쳐지는 이야기는 일반적인 반려동물에 대한 이야기를 살짝 비켜 나간다. 개를 지키려는 아이들 앞에 마음씨 착한 어른이 나타나 도와주는 마술이나 마법은 존재하지 않는다. 때문에 아이들이 개를 지키려고 하는 이유는 단순하면서도 담백하게 그려진다.

셋째, 사실 동화에서 탐구하는 현실은 어린이의 눈에 비친 현실이어야 한다. 어린이가 보고 느끼고 생각할 수 있는 어린이의 현실 문제를 다룬 이야기이기 때문이다. 어린이의 삶은 성인의 삶과 밀접하게 관련되어 있고, 민족 문제나 통일 문제처럼 어린이가 생각할 수 있는 것이 제한적인 경우가 있으면 어린이가 생각하고 이해할 수 있는 범위에서 기술해야 한다.

(2) 사실 동화의 교육적 효과

사실 동화는 주로 현재의 삶의 문제에 초점을 둔다. 근래에 가장 두드러지게 언급되는 주제는 가족 관계, 친구 관계, 선생님과의 관계, 가난, 장애, 죽음, 성(性), 사회 문제, 민족, 통일, 환경, 인권, 신체적 성숙, 정서적 변화, 자아 성찰 등이다. 때문에 사실 동화에서의 내용은 현실의 어린이가 실제 경험했거나 경험할 수 있는 일들이다. 어린이들은 사실 동화를 읽으며 간접 경험을 하거나 동일시 감정을 느낄 수 있다. 이와 비슷한 경험을 가진 아이들에게는 동일시 감정을 느끼게 함으로써 위로를 받을 수 있으며, 어려움을 극복할 수 있는 희망과 용기를 얻을 수 있다. 또한 비슷한 경험이 없더라도 간접 경험을 해 봄으로써 미래에 비슷한 일을 경험할 때 좀 더 유연한 태도를 가질 수 있다.

사실 동화는 개인적인 문제와 사회적인 관계에 대한 통찰을 주는 내용이 많다. 때문에 사실 동화의 주제들은 어린이가 자신의 삶에서 직면한 여러 가지 문제를 해결하고, 두려움과 편견을 극복하여 용기 있게 자신과 타인을 수용하도록 도와줄 것이다. 또한 작품에서 묘사하고 있는 인물의 성격이나 태도를 통해 자기 자신을 돌아보고, 자신의 태도를 점검해 볼 수 있다는 점에서도 통찰력을 제공해 준다.

사실 동화는 내용이 보편적인 의미를 담고 있기 때문에 작품의 시대를 초월해 바른 세계관과 가치관을 심어 줄 수 있다. 그리고 세상과 인간에 대한 이해의 틀을 넓혀 주고 긍정적인 성장과 변화를 이끌어 줄 것이다. 사실 동화는 현실적으로 가능한 것이어서 동일시가 쉽고, 따라서 소재가 다양하다. 이야기 속에 유머가 있어서 사실 동화를 읽을 때 즐거움을 얻으며 삶에 대한 이해를 깊게 한다. 이야기 속 주인공이 문제를 해결해 나가는 과정을 간접 경험함으로써 건전한 자아 개념과 문제 해결 능력을 신장시켜 준다.

3) 판타지 동화

(1) 판타지 동화의 특징

판타지(fantasy)란 그리스어로 '눈에 보이도록 하는 것'을 말한다. 즉 눈에 보이지 않는 것, 비현실적인 사건이나 현실 밖의 일을 '눈에 보이도록 하는 것'을 의미한다. 옥스퍼드 사전에서는 판타지를 '지각의 대상을 심적으로 이해하는 일' 또는 '상상력으로서 현실로 나타나지 않는 것의 모양을 바꿔 놓은 활동이나 힘, 또는 그 결과'라고 정의한다.

우리 아동 문학에서 판타지를 하나의 장르로 바라보는 시각이 처음 등장한 것은 이오 덕의 「판타지와 리얼리티」에서이다.[74] 이오덕은 판타지의 발생 근원을 메르헨에 두고 있다. 전승 설화인 메르헨에서 근대의 창작 메르헨이 분화되어 나오고, 다시 판타지가 분화되어 나온 것으로 보는 것이다. 여기에서 메르헨과 창작 메르헨은 소멸되지 않고 판타지와 함께 공존하게 된다. 실제 우리 아동 문학 현실에서도 메르헨에 해당하는 초현실적 세계를 다룬 옛이야기와 여기에서 분화되어 나온 동화가 판타지 장르와 함께 독립적으로 존재하고 있다.[75]

마리아 니콜라예바는 판타지의 장르적 특성을 이루는 요소를 판타지소(fantasemes)로 규정한 바 있다. 판타지의 구조적 요소들은 "이야기에 놀랄 만한 것을 도입하기 위한 문학적 장치"이며, 이러한 이야기 단위의 특성을 규정하는 것이 판타지소인 것이다. 즉, 판타지소는 "오로지 판타지에서만 나타나는 현상"으로 비현실적이고 초현실적인 마법의 세계를 구현해 내는 여러 요소들을 의미한다.[76] 판타지의 고유한 이야기 요소는 다른 종류의 이야기와 판타지를 구별하는 중요한 자질이며, 넓은 의미에서 환상 서사류에 포함시킬 수 있는 동화나 옛이야기의 환상적 요소와도 다른 특성을 지니게 된다.

---

74) 이오덕(1984), 『어린이를 지키는 문학』, 백산서당.
75) 조태봉(2013), 「판타지를 바라보는 장르론적 입장」, 『한국 아동청소년 문학 장르론』, 청동거울, 234~235쪽.
76) Maria Nikolajeva(1988), 『THE MAGIC: The use of magical patterns in for children』, ALMQVIST&WIKSELL INTERNATIONAL, p.23.

판타지소 중에서 '시간'과 '공간'은 판타지의 장르적 특징을 드러내는 본질적인 요소이다. 마리아 니콜라예바는 어린이를 위한 현대의 판타지를 장르 카테고리로서의 시공간이라는 개념으로 조명하였는데, 시공간의 개념은 전래 동화와 판타지 사이의 구별을 뚜렷하게 만들어 준다. 전래 동화는 구전이든 창작이든 마술적인 세계에서 발생한다. 그러나 판타지는 현실, 우리 시대의 시간과 공간과 연계되어 있고, 등장인물은 대부분 평범한 아이들이다. 다른 세계로 들어가는 마술 통로, 그 세계에서 벌어지는 마술적인 모험은 현실과의 대비를 만들어 낸다. 그리고 다른 세계는 '사실적' 혹은 일차적 시간과 상관없는 그 세계 고유의 시간을 가지고 있다.[77]

둘째, 판타지는 '이차적 세계 판타지' 즉, 이차적 세계와 시간 여행 사이를 엄격하게 분리하고 있다. '이차적 세계(secondary word)' 그리고 '이차적 시간(secondary time)', '이차적 시공간(secondary cbronotope)'라는 개념은 우리의 일반적 세계나 시간과 대조되는 특별한 시간을 가지고 있는 마술적 세계라는 뜻이다. 이 시간과 공간의 관계는 사실 이차적 세계 판타지와 시간 판타지 양쪽에 일치하고 있다. 그리고 이차적 세계 판타지에서도 시간 판타지의 특성인, 시간의 뒤틀림 현상을 볼 수 있다. 이차 세계는 독자에게 '압도적 기이함'의 느낌이 일어나도록 만들어야 하고, 그렇게 해서 독자가 일상의 세계에서 '탈출'할 수 있는 신선한 경험을 할 수 있도록 해야 한다는 것이다.[78]

C.S.루이스의 『사자와 마녀와 옷장』(폴린 베인즈 그림, 시공주니어, 2018)은 이차적인 시공간의 전형적인 예이다. 이 책에서는 이차적 세계 판타지에서도 시간 판타지의 특성인 시간의 뒤틀림 현상을 볼 수 있다. 시간 판타지 동화에서 사용되는 '규칙'은 등장인물들이 다른 시공간에 머물러 있는 동안 일차적 시간은 그 자리에 머물러 있다는 것이다. 『사자와 마녀와 옷장』에서 '나니아 나라'는 이 세계에는 존재하지 않는 다른 세계 중의 한 나라이다. 여기에서 일차적 세계와 이차적 세계 사이의 통로는 시간 판타지에서도 두드러지게 나타난다. 이 통로는 문이나 마술 물건이나 마술적인 협력자 같은 패턴과 연결되어 있다. 두 세계 사이의 실질적 혹은 상징적 문이 두 세계 사이를 연결시키는 가장 보편적인 길이다.

---

77) 마리아 니콜라예바(1998), 『용의 아이들: 아동 문학 이론의 새로운 지평』, 김서정 옮김, 문학과지성사, 183~187쪽.

78) 이차적 세계라는 말은 톨킨(Tolkien)에게서 나왔는데, 톨킨은 '일차 세계는 경험 세계' 즉 현실 세계를 말하며, 이차 세계는 비현실적 세계를 뜻한다고 설명한다. 톨킨에 따르면 판타지는 일차 세계와 이차 세계가 존재하는 이야기이고, 성공적인 환상이 이루어지려면 이차 세계가 내적 리얼리티를 가지고 있어야 한다고 본다. 톨킨은 '이차 세계 안에서 이차 창조자가 말하는 것은 진실하며 그 세계의 법칙과 일치한다고 보았다. 그러나 창조자에 대한 의심이 일어나는 순간 주문은 깨어지고, 마법 아니 예술은 실패하게 된다.'고 말한 바 있는데, 톨킨의 이 말은 작가에 의해 새로 창조된 이차 세계의 법칙은 그 세계 안에서 치밀하게 짜져서 독자로 하여금 '불신의 자발적 중단'을 가져올 수 있도록 구성되어야 한다는 뜻이다.(황병하(1997), 「환상 문학과 한국문학」, 『세계의 문학』, 1997년 여름호.)

판타지 시공간의 가장 중요한 특성은 다양성이다. 다양한 시간과 공간들이 등장하는 것이다. 대부분의 경우에는 두 가지 시공간(일차적 시공간과 이차적 시공간)만이 관계되지만 더 많은 수의 시공간이 등장할 가능성도 있다. 예를 들어 아스트리드 린드그렌의 『사자왕 형제의 모험』에서처럼 삼차적 시공간을 만들어 내면서 차례로 나타날 수 있다.

판타지 동화에서 서술되는 초자연적 사건이 자연적 방식으로 해결되면 기이 문학(미스터리), 초자연적 사건이 초자연적인 방식으로 결말이 나면 경이 문학으로 나눈다. 이때 기준이 되는 것은 '기이(the uncanny)'와 '경이(the marvelous)'다. 이 세계에서 일어날 수 없는 사건인데 알고 보니 잠시 환각을 본 것으로 판별된다든지, 상상력의 산물로 인정된다면 자연적 질서의 법칙을 고수한 것으로 그것은 기이 문학이다. 초자연적인 사건이 일어난 것을 인지한 뒤 그것을 초자연적인 것으로 인정하면서 세계는 우리가 인지하지 못하는 법칙 의해서도 지배될 수 있다고 생각하는 경우는 경이 문학이다.

환상은 그 경계에 위치하며, 사건을 어떻게 이해할 것인가를 망설이는 동안에 일어나는 것이라고 설명한다.[79] 그러나 이러한 판타지 동화에 대한 설명은 작품을 끝까지 읽기 전에는 그것이 어떤 하위 장르에 속한 것인지를 결정할 수 없고, 사건의 성격을 독자가 어떻게 이해하고 설명하는가에 따라 하위 갈래가 결정된다는 점은 독자의 자의적 판단에 따른 장르 규정이라는 점에서 논란의 여지가 있다.

본격 판타지는 비현실적인 사건들이 들어 있으면서, 환상성을 갖춘 동화를 말한다. 환상성을 갖춘 동화는 비현실적인 시공간, 비현실적인 사건 그리고 비현실적인 등장인물 등이 등장한다. 이 가운데 한 가지 이상의 조건을 갖추고 이야기를 펼쳐 나가는 동화를 본격 판타지로 본다. 유사 판타지는 본격 판타지에 비해 어떤 조건이 결여되어 있어서 환상성을 거의 불러일으키지 못하거나 최소한의 환상성만을 갖춘 동화를 말한다. 유사 판타지에는 옛이야기, 우화, 의인 동화, 꿈 이야기, 공상 과학 동화들이 있다.

『깊은 밤 필통 안에서』(길상효 글, 심보영 그림, 비룡소, 2021)는 현실 세계와 필통 속의 세계로 이원화되어 있다. 필통 밖 현실 세계는 주인공 아이 담이의 세계이지만, 담이라는 아이는 등장하지 않는다. 단지 필통 속 문구들의 이야기로 말해 줄 뿐이다. 두 세계는 함께 이어져 있지만 이원화된 상태로 이야기가 진행된다는 점에서 일반적인 판타지 동화와는 결을 달리한다. 주인공들의 이야기는 필통 밖에서 일어난 행위의 재현이라는 점에서 특별한 행위를 창조해 내지는 않는다. 하지만 개성 넘치는 필통 속 문구류의 대

---

79) 로즈메리 잭슨(2001), 『환상성-전복의 문학』, 서강여성문학연구회 옮김, 문학동네, 44쪽.

화에는 담이와의 친밀감이 내재되어 있다. 말하지 않아도 서로 느낄 수 있는 감정의 친밀함. 때문에 필통 밖에서 벌어지는 행위의 주체는 인간 아이 담이지만, 주인공들이 담이를 객체의 자리에 놓고 대화를 하며 이야기에 생명력을 불어 넣는다.[80]

(2) 판타지 동화의 교육적 효과

판타지 동화는 상상으로 이룩한 문학 가운데 상상력의 작용이 가장 두드러지게 나타난 문학이다. 다양한 문학 갈래 가운데에서도 상상 작용의 중요성이 가장 강조되는 문학 양식이 판타지다. 인간은 자기가 꿈꾸거나 소망하는 바를 그림이나 이야기로 표현하려는 욕구가 있는데 이것이 상상 작용이다. 권태로부터 탈출하고자 할 때, 결핍된 것을 갈망할 때, 인간은 그 욕구를 상상 작용으로 해소한다. 판타지는 비현실적인 새로운 세계를 창조하면서 독자가 인정할 수 있는 내적 리얼리티까지 창조해 내야 하기 때문에 상상력과 창조력 발달의 원동력이 된다.

판타지 동화는 부조리한 현실 공간을 배경으로 하면서도 결말은 세계와 화해하는 경우가 많다. 판타지 동화의 구조적 특성 때문인데, 현실 공간과 비현실 공간으로 이루어진 판타지 공간은 부조리한 현실 공간의 문제를 해소하는 기능을 한다. 판타지 동화를 읽는 어린이들은 주인공이 고난을 극복하고 갈등을 해소하는 과정에 함께 참여하며 갈등을 극복할 수 있는 지혜와 용기를 얻을 것이다.

판타지 동화는 출발할 때부터 어린이를 어른과 제도의 억압에서 해방시키고자 하는 의도에서 시작한다. 심리적, 물질적 압박감에 시달리는 아이들에게 판타지 동화는 잠시나마 일상에서 탈출하여 정신적 해방과 여유를 회복하게 해 줄 수 있다.

4) 역사 동화

(1) 역사 동화의 개념 및 특징

역사 동화의 개념은 역사 소설의 개념에서 유추하는 것이 가장 보편적이다. 역사 소설은 문학계에서 소설의 한 형태로 인정되고 있다. 이재선은 역사 소설을 '역사와 특별히 연계된 소설, 곧 사실성과 상상성이란 이중성을 함께 갖고 있는 특이한 서사 문학 형태'로 정의한 바 있다.[81] 그러나 이것만으로는 역사 동화의 개념을 파악하기가 쉽

---

80) 조성순(2021), 「'기댐의 미학'을 보여주는 연필들의 이야기」, 『창비어린이』 73호, 226~229쪽.
81) 이재선(1999), 「역사소설의 성취와 반성」, 『현대한국문학 100년』, 민음사, 119~120쪽.

지 않다. 일반적으로 성인을 대상으로 하는 역사 소설에서는 현재를 기준으로 두 세대, 즉 40~60년 정도 이전의 과거사를 소재로 한 소설을 역사 소설로 규정한다. 그 이유는 40~60년 정도의 시간 거리가 과거의 역사를 가능한 한 객관적으로 재현 가능하며 소설로서의 미학적 완결성도 갖출 수 있는 이중적 요구를 만족시키기에 적합한 시간대이기 때문이다.[82]

　일반적으로 역사 소설이란 역사적인 사건이나 인물을 소재로 하여 쓰인 소설이라는 통념으로 인식되어 왔다. 이와 같은 통념은 역사와 소설 즉 사실과 허구의 복합에서 유추된 것으로 역사적 사실의 바탕 위에서 소설이란 양면성을 포용하는 의미로 받아들여진다. 그러나 그 양면성은 결국 역사라는 객관성과 허구라는 예술성을 동시에 수용한다. 즉, 역사적 사실에 충실하면서 동시에 문학적인 여러 조건인 보편성, 자기 완결성, 형상성, 구체성 등을 충분히 갖춘 허구성을 지닌다는 의미이다.

　이러한 역사 소설의 개념을 근간으로 역사 동화의 개념을 다시 정리해 보면 역사 동화 역시 그 시간대의 범주에서 크게 벗어나지는 않는다. 역사 동화는 어린이를 대상으로 과거의 사실을 소재로 하여 현재를 재조명하고 역사에 명확한 예술적 현실성을 주며 나아가 현대적인 의미를 가지게 해야 한다. 역사 동화는 뚜렷한 역사의식이 나타나는 과거 사실을 역사적으로 재조명하여 형상화한 문학 양식이다. 때문에 작가가 명확한 역사의식을 가지고 인물의 의식과 행동에 현재성을 부여함으로써 이를 효과적으로 구현하기 위해 과거의 부분적인 패턴을 재구성해 나가야 한다. 그리고 재구성된 그 패턴 속에서 현재를 다시 발견할 수 있도록 해야 한다.

　역사 동화에 재현된 사실은 정확하고 생생해야 한다. 역사 동화는 작가의 능력이 결합된 산물이기 때문에 사실과 허구의 균형이 적절하게 요구된다. 역사 동화는 어린이의 눈높이에 맞춰 현재적 삶과 관계되는 작가의 역사의식이 투영된 것이다. 때문에 단순한 역사나 과거의 재현에 그치지 않고 당대의 삶을 통해 현재의 의미를 되새길 수 있도록 도와주어야 한다.

　『기찻길 옆 동네』(김남중, 창비, 2004)는 1970년대 후반 이리역 폭발 사건과 1980년 5월 광주 항쟁을 정면으로 다루고 있는 작품이다. 이 작품은 서로 다른 배경과 성격을 지닌 인물들이 이러저러한 일상의 경험을 통해서 저마다의 캐릭터를 형성하며 역사적 사건의 현장으로 생생하게 녹아들어 가 있다.[83] 그리고 『그해 유월은』(신현수 글, 최정인

---

82) 신헌재 외(2007), 『아동 문학의 이해』, 박이정, 366쪽.
83) 원종찬(2005), 「우리 아동 문학은 과거를 어떻게 그리고 있는가」, 『창비어린이』 9호.

[그림 20] 『기찻길 옆 동네』   [그림 21] 『그해 유월은』

그림, 스푼북, 2019)은 아이들의 눈으로 바라본 한국 전쟁을 배경으로 하고 있다. 이 이야기는 종희의 손톱에 곱디고운 봉숭아 꽃물을 들여 주는 것으로 시작된다. 정답고 평화로운 시간도 잠시. 아버지와 오빠가 전쟁터로 끌려가고, 피란길에 폭격을 맞아 할머니와 동생을 떠나보낸다. 폭격으로 잃어버린 엄마를 만나기 위해서는 혼자서라도 외가를 향해 묵묵히 걸어가야 한다. 종희의 시선으로 바라본 전쟁은 좌익과 우익이 아닌 전쟁이 남긴 상처를 서로 보듬어 주고 함께 하고 싶은 마음들이다. 어린아이 시선으로 바라본 전쟁은 현재적 삶과 연계되어 당대의 삶을 통해 전쟁의 비극과 가족의 소중함을 되새길 수 있도록 도와준다.

역사 동화의 특성은 다음과 같다.

첫째, 역사 동화는 과거와 특별한 연계를 갖는다. 역사 동화는 현재로부터 떨어진 과거를 조명하기 위해 과거로 돌아가서 그 과거를 아이들의 수준에 맞추어 허구화하는 인식을 보존한다.

둘째, 역사 동화는 역사적인 사건 및 실존 인물은 물론 허구적인 인물의 등장이 가능하며 동시에 역사적인 상상력을 통해서 공적 역사는 물론 역사의 공적 무대에는 결코 나타날 수 없는 사적 또는 숨은 과거가 재창조되어 새롭게 조명될 수 있다.

셋째, 역사 동화는 과거와 현재의 교감적 상상력에 근거한 구성에 의존하며 과거 사실을 재현하고 거기에서 의미를 찾는다. 그리고 역사가 보편성과 포괄성에 의해 역사적으로 가치가 있는 특별한 사실만을 다루는 것에 비해 역사 동화는 개연성에 따라 성격이나 사건 유형과 같은 다양한 문학적 장치를 통해 알기 쉬운 사실에서 역사성을 획득한다.

넷째, 역사 동화는 역사적 상상력을 통해 과거와 현재 속에서 통합적인 구조를 갖는다. 역사 동화에서 과거 환기는 현재의 이해 및 해석과 상관성을 갖는다.

다섯째, 역사 동화의 주제는 역사 속에서의 인간 또는 역사적 삶으로 이해되는 인간의 삶 그것이다. 따라서 역사 동화는 개인의 삶이 특별한 역사적인 시기에 어떻게 형성되는가를 말하는 데 아주 적합한 형태이다. 역사 동화란 역사라는 거울에 반사된 역사적인 앎의 양식과 동화적인 형상화의 양식이다.

여섯째, 창작 동화와 비교하여 볼 때 창작 동화는 대체로 허구적인 개연성이 강한 데 비해서 역사 동화는 역사적인 것에 그 개연성을 강조할 뿐만 아니라 역사를 '전경화'하는 점을 들 수 있다.

(2) 역사 동화의 교육적 효과

어린이들은 역사 동화를 읽으면서 과거를 경험하고, 자신보다 앞 시대에 살았던 사람들의 고통과 기쁨, 투쟁과 절망 속으로 들어가 체험하게 된다. 과거의 사회를 생생하게 재현한 역사 동화를 읽으며 과거의 삶에 참여하여 대리 경험을 하는 기회를 획득할 수 있으며, 그 당시 사람들의 생각과 느낌을 공유해 볼 수 있는 기회를 갖게 된다. 또한 역사 동화를 읽으며 과거의 사회 제도나 정치 제도 등을 비판적으로 바라보고, 현시대를 재평가해 볼 수 있는 여유를 누릴 수 있다.

역사 동화의 교육적 효과를 정리해 보면 다음과 같다.

첫째, 역사 동화는 아동에게 설명적 텍스트보다는 상대적으로 친숙한 표현 양식이다. 따라서 아동이 더 쉽게 역사를 이해하도록 돕는다.

둘째, 역사 동화는 역사 학습에서 중요하게 다루는 다른 시대, 다른 장소, 다른 사람, 다른 사건들에 대한 이해를 가능하게 한다.

셋째, 역사 동화는 인간의 경험 행위나 의도 등을 이해하고 해석하도록 한다. 사건을 시간 순서대로만 배열하는 것이 아니라 그것의 원인과 결과에 의해 배열하는 경우가 많은데 이럴 때 그 사건의 의미를 더 잘 파악할 수 있다.

넷째, 역사 동화는 묘사를 통해 구체적으로 공감하게 하고 비유나 상징을 사용하여 역사적 상상력을 자극한다.

마지막으로 역사 동화는 독자가 과거 인물의 내적인 상태나 행동을 이해하게 할 뿐만 아니라 시대의 역사의식을 느끼도록 한다. 그러나 역사 동화를 활용한 역사 교육에는 주의할 점이 있다. 문학 작품에는 흥미와 극적인 상황을 유발하는 과장된 요소와 허구가 많이 숨어 있다. 때로는 상당 부분 지어낸 부분도 있으므로 이를 구별하도록 해야 한다. 역사 동화의 내용에 대해서 역사적으로 사실인지 아닌지 판단하고 평가하는 기회를 갖는 것도 필요하다.

6. 청소년 소설

1) 개념 및 특징

청소년 문학은 아동 문학과 마찬가지로 수취인을 근거로 일반 성인 문학과 구분되는 개념이지만, 실제 그것은 텍스트 자체에서 결정된다기보다는 오히려 청소년이 읽기에 적합한가 아닌가 하는 판단에서 결정되는 양상을 보인다. 일반적으로 청소년 문학은 청소년의 경험을, 청소년의 관점에서 청소년이 이해할 수 있는 형식으로 청소년을 독자로 상정하고 창작된 작품으로 정의된다. 청소년 소설은 청소년들이 겪는 당대 현실적인 문제들을 다루며 차아 정체성을 형성해 가는 성장을 다루는 장르이다.

아동 문학이 근대적 의미의 아동을 발견한 것과 더불어 시작되었음은 일반적인 사실이다. 이는 '독자로서의 아동'을 발견한 것을 뜻한다. 이를 청소년 문학에 적용해 보면 청소년기가 물리적 연령의 구분만이 아닌 아동기와 성인기의 중간적 존재로서의 고유한 특성을 지닌 독립된 시기임이 발견되어야 하고, 아동의 발견과 같이 독자로서의 청소년을 발견하는 것이 전제되어야 한다.

청소년기를 규정하는 생물학적, 심리학적, 사회학적, 법률적 연령이 제각각 다른데, 이것은 분야별로 청소년기에 대한 정의가 제각각이기 때문이다. 그러므로 청소년기는 일반적으로 합의된 연령을 기준으로 하되 청소년이라는 집단에 대해 부여되는 각종 정의의 형성 과정에 보다 주목할 필요가 있다. 역사적으로 청소년기 전반은 아동기와 동일하게 받아들여졌음을 알 수 있다. 한국 근대 사회에 '청소년'이라는 단어가 생기기 이전에는 '청년', '소년', '아동'과 같은 단어였다. 방정환의 『어린이』지의 독자 연령이 16~17세 소년까지 포함하였고, 소년 소설이라는 장르가 아동 문학에서 이야기되는 것도 같은 맥락이다.

소년 소설은 아동 문학의 주요 장르로 비교적 높은 연령의 아동을 위해 쓰이는 서사를 일컫는다. 청소년 소설이라는 명칭이 쓰이기 전 청소년 독자에 해당하는 연령층을 위한 문학 역시 소년 소설이었다. 소년 소설은 아동 문학이 형성되던 시기부터 활발하게 창작되었는데, 사실상 청소년의 연령에 해당하는 독자를 위한 장르였다. 당시에는 청소년의 존재 여부와는 상관없이 청소년 독자에 해당하는 연령을 위한 작품은 소년 소설이라는 명칭으로 사용되었고, 한국 아동 문학사에서 소년 소설은 청소년 소설을 포함한 상태에서 오랫동안 통용되었다.

1950년대는 우리 청소년 문학사에서 주목할 만한 시기다. 1954년 조흔파의 『얄개전』

이 청소년 잡지『학원』에 연재되면서 이른바 '명랑 소설'이라는 이름으로 6, 70년대를 휩쓰는 청소년 소설의 막이 오르게 된 것이다. 하지만 명랑 소설은 사회의 급격한 변화와 자본주의적 변동으로 교육 제도의 변화에서 '학생'으로서 겪어야 했던 혼란과 불안을 웃음으로 매개한 성과에도 불구하고 후대로 갈수록 질 떨어지는 유머로 일관되고, 상업성에 매몰됨으로써 청소년 문학의 한 계보로 인정받지 못하고 잊히게 된다.[84]

1990년대로 접어들면서 청소년을 통제하던 국가 권력의 방식이 '세계적인 청소년 정책'에 맞추어 변화를 보였다. 이 시기부터 '청소년'이라는 주체에 대한 인식이 우리 사회에서 변화를 보였다. 이후 청소년은 그들만의 고유한 특성과 문화를 가진 주체로 인식되었다. 한국 문단에서 문학이 상품, 독자가 소비자라는 문학 장(場)의 담론이 형성, 소비 주체로서의 독자의 위상이 중요하게 부각되었다. 이와 함께 청소년이라는 독자의 위상이 중요하게 부각되면서, 출판계에서는 이전 시대에는 없던 '청소년 소설'을 기획하게 되었다. 이는 청소년 문학에 대한 주목, 아동 문학의 새로운 국면, 청소년 문학 장르의 필요성 등이 청소년 소설 장르의 성립과 발전에 커다란 영향을 미치게 되었다.

이 시기에 본격적인 청소년 소설이라고 표방하고 나온 박상률의『봄바람』(사계절, 1997),『나는 아름답다』(사계절, 2000)는 대표적인 성장 소설이다. 사계절출판사에서 청소년을 대상으로 한 '사계절 1318문고'를 기획하고, 사계절청소년 문학상도 공모하여 본격적으로 청소년 소설 작가를 발굴하게 된다.『푸른사다리』(사계절, 2004)의 이옥수,『몽구스 크루』(사계절, 2006)의 신여랑,『열일곱 살의 털』(사계절, 2009)의 김해원 등이 사계절청소년 문학상을 통해 발굴된 작가들이다. 특히 김려령의『완득이』(창비, 2008)는 청소년 소설로는 70만 부 이상의 판매고를 올리며 꾸준히 사랑을 받고 있는 작품이다.

2000년대 전후로 접어들면서 청소년 소설은 교육이나 진로, 이성 문제, 학교 폭력 문제 등 청소년의 자아 정체성 형성에 영향을 미치는 분야로 관심사가 확장되었다. 청소년 소설에서는 학교 문제, 진로, 성과 사랑, 또래 관계 등 청소년의 다양한 고민이 중첩되어 있다. 2000년대 이후 출간된 청소년 소설은 경제력을 상실한 무능력한 아버지, 가장의 권위를 불신당하며 한편으로 도덕적으로 타락한 아버지를 전면에 배치함으로써 가족 문제의 해결을 청소년 자녀의 몫으로 남기고 있는 경우가 많다. 그뿐만 아니라 청소년 성장의 지표가 되어야 할 아버지의 부재는 청소년 주체가 폭력의 위험성에 노출되거나 폭력 문제아로 성장하는 환경적인 요인을 제공하고 있다. 때문에 청소년이 자아 정

---

84) 김경연(2008),『우리들의 타화상』, 창비, 33쪽.

체성 성취라는 발달 과업을 이루기 위해서는 성장 조력자가 필요해진다. 이로써 청소년은 타자와 연대하여 가족의 위기를 극복하고 자아 정체성 성취라는 발달 과업을 완수하거나 또는 타자의 의도에 의한 전도된 성장을 경험하며 자아 정체성을 조기 완료하게 된다.[85]

『완득이』에서 주인공은 가난한 집 아들에 공부도 못하지만, 싸움만큼은 누구에게도 지지 않는 열일곱 살 소년이다. 이 소설의 특별한 문법의 핵심은 개인에게 가해지는 폭력이 일상화되어 있다는 점이다. 때문에 주인공의 상처의 깊이는 선천적인 것에서부터 사회의 구조적이며 억압적인 질서에 이르기까지 겹겹이 뭉쳐 있다. 주인공 완득이의 아버지는 난쟁이이며 어머니는 베트남인이다. 아버지와 어머니는 일찍 헤어지고, 아버지 혼자 완득이를 키우지만, 장애인이라는 사회적 편견 때문에 세상에서 소외되는 삶의 반복을 극복하기 위해 아들을 일찍 독립시킨다. 하지만 이 때문에 아들은 세상에서 고립되며 폭력 문제아로 전락한다. 이러한 고립과 상처의 깊은 곳에서 완득이가 걸어 나올 수 있도록 가교를 놓은 사람이 똥주 선생이다. 이 책은 다층적인 문제를 얽힌 실타래처럼 보여 주지만, 그 길의 끝에 다다를 수 있다는 점에서 희망적이다.

『완득이』에 이어 청소년 소설의 큰 반향을 일으킨 『아몬드』(손원평, 창비, 2017)는 감정을 느끼지 못하는 소년의 특별한 성장 이야기이다. 열여섯 살 소년 선윤재는 '감정 표현 불능증'을 앓고 있다. '아몬드'라고 불리는 편도체가 일반인보다 작아 분노도 공포도 잘 느끼지 못한다. 이 감정들은 오로지 학습을 통해 익힐 뿐이다. 헌책방을 운영하는 엄마, 기골이 장대한 할머니 덕에 윤재는 별다른 어려움 없이 지낸다. 하지만 크리스마스이브이던 열여섯 번째 생일날 비극적인 사고로 가족을 잃고, 윤재의 삶은 달라진다. 그런 윤재 앞에 나타난 '곤이'는 분

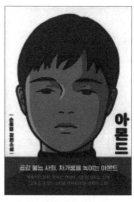

[그림 22] 『아몬드』

노로 가득 찬 소년이다. 묵묵한 얼굴로 굳게 입을 다문 채 하루하루를 살아가는 윤재와 분노로 이글대는 눈빛을 가진 곤이의 모습은 작품 속에서 선명하게 연출되어 있다. 두 인물의 명확한 캐릭터는 군더더기 없는 문제를 통해 형상화되고, 소년들의 고통을 넘어 자그마한 공감의 가능성을 향해 걸어 나간다. 윤재와 곤이가 서로 다른 이유로 '괴물'이라 불리며 남들이 이해할 수 없는 특별한 우정을 쌓아 가고, 타인과 관계를 맺고 슬픔에

---

85) 박경희(2016), 『한국 청소년 소설 연구―가족 분화와 인물의 자아 정체성 형성을 중심으로』, 전남대학교 국어국문학과 석사학위 논문, 165~173쪽.

공감하며 성장해 나가는 과정을 탁월하게 묘사하고 있다.

최근 청소년 소설의 경향은 가족과 학교 문화, 학교 외적인 사회의 문제들로 영역을 확장해 가며, 성 정체성의 고민, 학교 폭력, 개인적인 죽음과 사회적인 죽음 등을 모티프로 삼아 성장, 반성장, 성장을 거부하는 양상을 다루면서 외연이 점차 넓어지고 있다. 이전의 작품들이 청소년의 과제인 자아 정체성을 확립하기 위해 어른의 조력자가 필요했다면, 최근 청소년 소설에서는 또래 친구들과의 관계에서 좀 더 심층적인 고민을 하며 자아 정체성을 확립해 간다.

최근의 성공적인 청소년 소설의 특징은 작품 안에서 기성세대의 셈법을 뛰어넘어 사회를 재편할 힘을 가지고 있는 청소년들의 순수성을 복합적으로 보여 준다. 이와 함께 스스로의 자아 정체성을 확립해 가는 과정에서 마주한 다층적인 문제들과 맞서 싸워 쟁취해 내고, 이들이 성장할 수 있게 도와주는 조력자는 기성세대가 아닌 바로 청소년들 자신이다.

2) 성장 소설과 청소년 소설

우리나라에서 성장 소설에 관한 관심은 김윤식에 의해 처음 소개되었다. 김윤식은 1970년 『사상계』에 강용흘의 『초당』과 이미륵의 『압록강은 흐른다』를 소개하면서 '교양 소설'이라는 용어를 처음 소개하였다.[86] 그는 "교양 소설이란 어떤 인간이 일정한 삶의 형성에 이르기까지 그 영혼의 발전 과정을 표현한 것이며 이것을 달리 발전 소설 (Entwicklungroman)이라 부르기도 한다."라고 하였다.[87] 이는 교양 소설을 미성숙한 젊은이가 성숙한 어른으로 발전하는 과정을 다룬 소설로서 자전적인 양상을 띠는 것으로 보았다. 그가 말하는 교양 소설은 궁극적으로 '성숙'이라는 내면적인 관점을 중심으로 해석되고 있다.

성장 소설은 '성장기에 속해 있는 주인공들이 심리적 갈등이 수반되는 일련의 사건을 통해서 시련과 갈등을 겪으면서 점차 어른으로 성장해 가는 이야기' 정도가 될 수 있을 것이다.[88] 성장에 대한 개념 또한 매우 추상적으로 정의되고 있는데, 이는 성장 소설과 유사한 개념으로 사용되고 있는 각종 용어들을 통해 확인할 수 있다. 성장 소설은 여러

86) 김윤식(1970), 「유년시절을 그린 두 개의 소설」, 『사상계』 3월호.
87) 김윤식(1981), 『한국 현대 소설 비판』, 일지사, 296쪽.
88) 강혜란(2005), 『윤흥길 성장 소설 연구: 전쟁 체험의 작품을 중심으로』, 경남대학교 교육대학원 석사학위 논문.

용어로 혼용되어 사용되는데, 성장 소설과 비슷한 용어로는 교양 소설, 발전 소설, 형성 소설, 교육 소설 등이 있다.

성장 소설의 주인공들은 대부분 미성숙한 미성년으로 그려지는데, 이 때문에 청소년들은 다른 소설에 비해 친근감 있는 텍스트로 받아들일 수 있으며 주인공과 독자가 동일시할 가능성이 높다. 청소년들에게 '성장 소설'을 권하는 이유 역시 일반 문학에 비해 미성숙한 자아가 다양한 경험을 통해 정신적 위기나 절망을 극복하고 성숙해 가는 과정을 그리고 있기 때문이다.

'청소년'은 근대 사회에 들어 신체적인 성장은 성인과 비슷해졌지만 본격적인 사회 구성원으로 진입하는 시기는 오히려 늦춰지면서 발생한 세대라고 할 수 있다. '청소년' 역시 '아동'과 마찬가지로 근대 사회의 결과로 탄생된 역사적 구성체로 파악할 수 있으며, 구체적으로는 '성장'과 '발달'에 대한 개념을 중심으로 만들어졌다.[89] 청소년 소설은 '성장 소설'이라는 명칭으로 유통되고 있기도 하다. 따라서 청소년 소설을 정의하기 위해서는 성장 소설이라는 용어를 우선적으로 정리할 필요가 있다.

우리나라에서는 특별히 청소년기의 내면적 성장을 다룬 소설을 성장 소설이라는 말로 부른다. 성장 소설은 청소년기의 성장을 다루기는 하지만 원래 청소년을 대상으로 쓰어진 것은 아니며, 독자 역시 청소년으로 국한시켜 보지도 않았다. 그럼에도 우리나라에서는 청소년 문학이 형성되던 시기인 1990년대 집중적으로 성장 소설이 출간되었다. 이로 본다면 청소년 소설과 성장 소설을 동일시 현상으로 바라보고 있다는 것을 배제할 수 없다.

근대 소설은 본래 성장 소설적 성격을 내재하고 있다. 근대 소설 속 주인공은 당대 사회의 모순을 비판하고 지배 이념을 거부하면서 새로운 이념을 추구하는 문제적 인물이 대부분이었다. 근대 소설에서도 성장 소설은 특히 주인공이 근대적 시민 사회의 구성원으로 진입하기 위한 문화적 교양과 주체 정립의 시련을 겪는 과정을 제시하는 소설 유형이다. 독일의 성장 소설은 서구의 근대화 과정 속에서 자아의 정체성을 정립하려는 '근대적 주체의 욕망'으로부터 비롯하는 소설이다. 성장 소설의 이러한 측면 때문에 현대 사회에서는 주체적 근대적 욕망을 회의하며 성장의 의미를 재고하는 반성장 소설이 출현하게 되었다. 성장 소설은 근대의 소산이지만 현대 청소년 소설은 근대 사회에서 발생한 청소년의 개념에서 보다 넓은 각도에서 조망하고 있다.[90]

89) 김현철(2009), 「청소년은 누구인가?」, 『이팔청춘 꽃띠는 어떻게 청소년이 되었나?』, 인물과사상사, 23~44쪽.
90) 오세란(2013), 「청소년 소설의 장르 용어 고찰」, 『한국 아동청소년 문학 장르론』, 청동거울, 284~309쪽.

성장 소설과 청소년 소설은 십 대 자아가 등장하여 자아의 정체성을 고민하고 더 넓은 세상으로 나아가는 관문을 그린다는 점에서 공통점을 갖지만 그것을 경험하는 주체의 시각과 관점은 다를 수 있다. 가령 성장 소설의 담론의 주체는 이미 성인으로 성장한 후에 어린 시절을 되돌아보는 회상 자아인 경우가 많다. 그러나 이러한 성장 소설의 문법은 십 대 화자가 직접 사건을 겪으며 자신의 심정을 진술하는 청소년 소설이 의도하는 서술 효과와는 달라질 수 있다.

성장 소설은 청소년 소설을 형성하는 데에 중요한 역할을 한 장르이며 청소년 소설의 문법과 내용에서 여전히 유효한 위치에 있다. 하지만 청소년 소설은 성장 소설의 주제나 형식, 철학보다는 훨씬 넓은 스펙트럼을 가지고 있기에 성장 소설과 청소년 소설을 동일한 단어로 사용하는 것은 문제가 있다.

3) 청소년 소설의 교육적 가치

청소년 소설은 기존 성장 소설에서 회고조의 담론이 지배적이었던 것에 비해 '당대성'과 '성장 과정 그 자체'에 중점을 두고 청소년의 자아 정체성 탐색의 위기 과정과 수행의 결과에 해당하는 자아 정체성 성취라는 발달 과업을 중시하는 문학 장르라 할 수 있다. 청소년 소설의 교육적 가치를 정리해 보면 다음과 같다.

첫째, 청소년 소설은 한 인간이 성인의 단계로 입문하게 되는 과정에서 겪게 되는 성숙과 통찰의 과정을 다룸으로써 삶에 대한 통찰력을 기르고 청소년의 성장에 대한 간접적 인식의 기회를 경험할 수 있도록 해 준다. '나는 어떤 사람인가?', '나는 무엇을 해낼 수 있는가?', '나의 역할은 무엇이고, 추구해야 할 가치는 무엇인가?' 등을 자문하고 자아 성찰과 자신을 둘러싼 세계에 대한 깊이 고민할 수 있도록 돕는다. 이를 통해 청소년들의 내면화를 이끌어 자아의 형성과 가치관 형성에 도움을 줄 수 있다.

둘째, 청소년 소설은 청소년과 심미적 거리를 최소화함으로써 독서의 흥미를 이끌어 주고, 다른 문학 작품으로 독서 전이력을 생산해 낸다. 청소년 소설의 주인공들 대부분은 청소년 독자와 비슷한 나이의 또래일 뿐만 아니라 이들이 겪는 문제도 근접한 거리에 있는 경우가 대부분이다. 때문에 깊은 공감력을 형성하며 흥미를 이끌어 내고, 다른 작품을 읽을 수 있는 기회를 제공해 준다.

셋째, 청소년 소설에 등장하는 성숙의 매개자는 작품 내 주인공에게뿐만 아니라 소설의 독자에게도 전이될 수 있다. 청소년 소설에서는 주인공을 성숙시키는 인물이나 사건, 물건 등의 매개체가 등장하여 주인공을 성숙의 단계로 이끌어 준다. 이 매개체를 통해 주인공이 경험하지 못한 외부 세계의 질서를 보여 주고, 그에 대처할 수 있는 중요한 힘을 갖게 한다. 이를 경험한 청소년은 책 속에서뿐만 아니라 외부 세계와의 관계에서 또래 친구들에게 이런 매개자가 될 수 있는 가능성을 부여해 준다.

넷째, 청소년 소설의 성장 과정에 수반되는 정서적 아픔을 공유하고, 현실 세계에 대한 인식을 확대시켜 준다. 청소년 소설에서 그려지는 이야기는 현시대의 문제일 수도 있고, 과거 역사 속에 남겨진 과제일 수도 있다. 청소년들은 문학 작품을 읽으며 당면한 과제를 마주하고, 이에 사회적 참여에 동참할 수 있는 내적 힘을 기를 수 있다.

다섯째, 청소년 소설은 열린 결말 구조를 갖추어 작중 인물의 계속적인 성장 가능성을 내포하고 있는데, 이를 통해 문학적인 상상력을 고양시킬 수 있다. 작품을 읽으며 작품을 이해하고 완성하기 위해서는 청소년 독자의 문학적 상상력이 동원될 수밖에 없다. 더욱이 열린 결말의 구조는 이야기가 책 속에서 끝나는 것이 아니라 청소년 자신의 현실 세계의 문제와 연결시킨다는 점에서 문학적인 상상력을 고양시키는 데 도움이 된다.

세계 아동 문학상

1. 아스트리드 린드그렌 추모 문학상(Astrid Lindgren Memorial Award: ALMA)

전 세계에서 매년 1~2인의 수상자를 선정하는데 작품 한 편이 아니라 작가의 일생의 업적과 예술성을 종합적으로 살펴 작품에 담긴 가치를 함께 평가한다. 작가의 작품 세계가 인도주의적 가치를 담아내는 일관성을 가지고 있어야 한다. 2003년 첫해 수상자는 『괴물들이 사는 나라』의 모리스 샌닥과 『깡통 소년』의 크리스티네 뇌스틀링거이다. 2020년에는 67개국이 추천한 240명의 작가가 후보에 올랐다. 2020년은 백희나 작가가 수상하면서 우리나라 그림책의 위상을 높여 주었다.

2. 한스 크리스티안 안데르센상(The Hans Christian Andersen Awards)

국제 아동도서협의회(IBBY)에서 주관하는 상으로 아동 문학의 노벨상이라고 칭한다. 1956년부터 짝수 해에만 수여하며, 아동 작가와 일러스트레이션(1996년부터)으로 나누어 수여한다. 2022년 이수지 작가가 한국 최초, 아시아에서 일본의 안노 미쓰마사(1984) 이후 38년만에 한스 크리스티안 안데르센 상을 수상하였다.

3. 독일 아동청소년 문학상(Der Deutsche Jugendliteraturpreis)

1956년에 창설된 문학상으로 독일의 수많은 문학 관련 상 중에서 유일하게 국가가 수여하는 상이다. 1981년도부터는 Deutscher Jugendbuchpreis로도 불리고 있다. 청소년 문학협회가 심사 위원을 구성하여 수상작을 선정하는데, 심사 위원단은 매해 바뀌며 심사 위원 중에는 독자들도 포함된다. 그림책, 아동 도서, 청소년 도서, 실용서 등 각 분야에서 가장 뛰어난 작품을 선정하여 매해 독일 연방 가족부가 시상하고 있다. 독일어로 쓰여진 모든 작품이 대상이 된다. 2005년에는 『엄마 마중』(이태준 글, 김동성 그림, 한길사, 2004)이 최종 후보 다섯 작품에 오르기도 했다.

4. 볼로냐 라가치상(Bologna Ragazzi Award)

매년 이탈리아에서 개최되는 세계 최대 박람회인 볼로냐 국제 아동 도서전 출품작 중 우수한 그림책에 주는 상으로 1966년부터 수여하였다. 그리고 '올해의 일러스트레이터'를 선정하여 전 세계 작가들의 작품을 알리고 있다. 1982년 볼로냐 국제 아동 도서전에서 이원복의 일러스트레이션을 시작으로 2000년대 이후 우리나라 작가들의 그림책은 꾸준히 주목받고 있다. 2005년는 우리나라 작가들이 '올해의 일러스트레이터'로 다수가 선정되면서 많은 주목을 받게 되었다. 박철민의 『육촌형』(이현주 글, 보림, 2004), 백희나의 『구름빵』(한솔수북, 2004), 최숙희의 『세상을 담은 그림, 지도』(김향금 글, 보림, 2004), 한성옥의 『나의 사직동』(보림, 2003) 그 외에도 박해경, 이수지, 이혜경 등이 선정되었다. 현재에도 꾸준히 우리나라 작가들은 국제 무대에서 이름을 알리고 있다.

5. 국제 일러스트레이션 비엔날레(Biennial of Illustrations Bratislava:BIB)

BIB는 홀수년마다 슬로바키아의 수도인 브라티슬라바에서 열리는 국제 그림책 일러스트레이션 비엔날레로 세계적으로 가장 권위 있는 그림책 일러스트레이션 분야의 행사이다. 『사막의 공룡』은 1989년에 한국 작가 최초로 브라티슬라바에서 황금패상을 받으며 한국 그림책의 위상을 세계에 널리 알리게 되었다. 이후 2005년 한병호의 『새가 되고 싶어』(캐릭터플랜, 시공주니어, 2009)가 황금사과상을 수상하였다. 2005년 『플라스틱 섬』(이명애, 상출판사, 2004)이 황금패상, 2017년 『하이드와 나』(김지민, 한솔수북, 2017)가 황금사과상을 수상하였고, 2021년에는 이명애의 『내일은 맑겠습니다』(이명애, 문학동네, 2020)가 황금사과상을 수상하는 등 한국 그림책은 꾸준한 성장을 보이고 있다.

6. 존 뉴베리상(John Newbery Medal)

18세기 영국의 서적 상인 존 뉴베리의 이름을 따서 미국도서관협회(ALA)가 1922년에 제정한 상으로 미국 아동 문학에 가장 탁월한 기여를 한 작가에게 매년 수여하는 상이다. 수상 작가는 미국에 거주하는 미국의 시민이어야 한다. 미국 시민에게만 주어진다는 점에서 문학상의 한계를 안고 있다. 한국 옛이야기를 모티프로 한 이야기 『호랑이를 덫에 가두면』(태 켈러 글, 돌베개, 2021)이 2021년 수상작으로 선정되어 한국에서의 관심을 모으기도 하였다.

7. 칼데콧상(Caldecott Award)

미국에서 영국의 일러스트레이터 칼데콧의 이름을 따서 1938년부터 미국도서관협회의 분과에서 전년도에 출판된 그림책 중 가장 뛰어난 그림책에 주는 상이다. 수상자는 미국 내에 거주하는 시민이어야 하며 가장 우수한 그림책에는 메달(Medal)상, 후보작 2~3편에는 명예(Honor)상을 수상한다.

8. 케이트 그리너웨이상(The Greenaway Medal)

영국의 일러스트레이터 케이트 그리너웨이의 이름을 따서 1955년 영국도서관협회가 만든 상으로 전년도에 영국에서 출판된 그림책 중 가장 뛰어난 그림책에 수여하는 상이다.

9. 고단샤 그림책 신인상

일본 고단샤 출판사에서 신인 그림책 작가의 발굴을 위해 만든 그림책상이다.

10. 한국 어린이 도서상

대한출판문화협회가 1979년에 제정하여 글작가, 일러스트레이션 작가, 기획·편집 부분으로 나누어 상시 수여되며 문화 관광부 장관상으로 수여한다.

11. 황금도깨비상

어린이 책 출판사인 비룡소의 모회사인 민음사가 주최하는 상으로 신인 작가 발굴을 위해 1992년 제정하였다. 현재 그림책에 상을 수여하고 있으며 수상 작품은 비룡소에서 출판되고 있다.

12. 보림 창작그림책상

도서출판 보림에서 국내 그림책 작가의 개성 있는 작품을 발굴하여 좋은 그림책을 어린이들에게 주고자 하는 목적에서 1999년 처음 만들어졌다.

13. 소천아동 문학상

아동 문학가 강소천(1915~1963)을 기념하기 위하여 1965년 배영사가 제정한 상으로 해마다 뛰어난 아동 문학 작품에 수여한다.

14. 세종아동 문학상

1968년 소년한국일보에서 제정한 상이다.

15. 새싹문학상

1956년 윤석중을 중심으로 발족한 새싹회에서 제정한 문학상으로 1957년부터 소파상으로 수여하다 1973년부터 새싹문학상으로 수여하고 있다.

16. 한정동아동 문학상

동요 시인 한정동(1894~1976)을 기념하여 1969년부터 매년 발표되는 우수 동시와 동요에 수여한다.

이 밖에도 대교 눈높이아동문학상, 문학동네 유아문학상, 서울 일러스트레이션상, 창비어린이 신인문학상, 푸른문학상 등이 있다.

1장의 내용은 아동 문학의 개념을 정리하였다. 어린이라는 인식이 존재하기 전까지는 어린이는 어른이 교육해야 할 대상에 지나지 않았다. 때문에 '아동의 발견'은 아동 문학의 형성과 발전에 주요한 영향을 미친다. 한국 아동 문학사에서 아동 문학의 형성과 확립을 가르는 중요한 시기는 『소년』과 『어린이』가 창간된 1908년과 1923년이다. 이 시기를 기점으로 아동 문학의 본질과 가치, 장르에 대한 고민이 이루어졌으며, 본격적으로 '어린이'를 문학의 자장 안으로 소환하게 된다. 그러나 일반 문학과 달리 아동 문학은 개인의 차이보다는 아동 집단의 특성을 중심으로 개념이 구성되었다. 우리나라 현대 아동 문학은 서구와는 다른 특수한 역사적 경험을 안고 변화·발전하였기 때문에 전통적인 수용과 외래의 수용이라는 측면으로 바라볼 필요가 있다.

2장은 본격적으로 아동 문학의 특징을 살펴보았다. 아동 문학의 여러 장르에서 점차 예술적으로 세련되고 풍부한 언어를 사용하려는 의식적인 노력이 이루어지면서 문학적 장치와 표현 기법이 확장되고 있다. **아동 문학의 내용적 측면의 특징은 교육성, 흥미성, 환상성, 예술성 등의 특징을 갖는다.** 아동 문학은 일반 문학의 예술 이념을 수용하면서도 나름의 양식적 기준을 마련하고 미적 가치를 구성하며 개척해 나가고 있다. 아동 문학의 유형을 범주화하는 데 있어 아동 문학가들과 아동 문학 교육자들은 서로 다른 방법으로 접근하고 있다. 아동 문학과 교육의 관계는 복잡다단하게 얽혀 있다. **우리나라 아동 문학의 장르는 성인 문학을 토대로 3대 장르로 나누어 정리한 것을 시작으로 최근에는 서구에서처럼 아동과 관련된 다양한 작품과 내용을 아동 문학 범주에 포함시키는 것으로 변화하고 있다. 아동 문학의 구성 요소에는 인물, 플롯, 배경, 주제, 화소, 일러스트레이션 등이 필요하다.**

3장에서는 아동 문학 장르의 특징과 그 장르가 가지고 있는 교육적 특징을 정리하였다. 그림책은 언어적 묘사가 아니라 시각적인 묘사를 통해서 이야기가 전달되는 독특한 형식의 예술 작품이다. 그림이 담고 있는 이야기를 연속적으로 보여 주는 그림의 맥락 속에서 함축된 이야기와 함께 전달하기 때문에 글뿐만 아니라 그림도 읽어 내야 한다. 동시는 어른이 어린이를 위해 쓴 시이다. 그러므로 어린이에게 주는 시라면 어린이가 충분히 느낄 수 있는 세계를 담고 있어야 한다. 동극은 동화와 달리 무대 상연을 위한 것으로 아동들에게 미치는 교육적인 영향을 고려하여 아동의 현실과 상상력에 뿌리를 둔 주제여야 한다. 옛이야기는 어린이들에게 읽힐 만한 이야기를 골라서 현대 동화의 어법과 문체로 다시 쓴 것을 말한다. 한국 아동 문학의 서사 장르는 1920년대부터 1960년대까지는 동화와 소설이 나란히 공존했으나, 1970년대부터 동화가 서사 장르를 대표하는 통칭으로 쓰이기 시작한다. 일반적으로 동화에서 가장 많이 다루고 있는 사실 동화, 판타지 동화, 역사 동화 등이다. 청소년 소설은 청소년들이 겪는 당대 현실적인 문제들을 다루며 자아 정체성을 형성해 가는 성장을 다루는 장르이다. 우리나라에서는 특별히 청소년기의 내면적 성장을 다룬 소설을 '성장 소설'이라는 말로 부른다. **아동 문학은 각 장르의 특징과 그 교육적 효과를 파악하고, 장르의 특징에 알맞은 문학적 접근이 필요할 것이다.**

1. 아동 문학의 성립에 영향을 끼친 대표적인 인물은 누구이며, 그 인물의 업적에 대해 정리해 보자.

2. 1990년대 이후 우리나라 아동 문학의 특징에 대해 설명해 보자.

3. 고학년이 읽을 만한 아동 문학 작품 중 한 작품을 읽고 문학의 구성 요소(인물, 배경, 주제, 플롯)가 어떻게 표현되었는지 살펴보자.

4. 현대 그림책의 특징을 정리하고, 그림책 한 권을 선택하여 글과 그림의 의미를 살펴보자.

5. 현대 우리나라 아동 문학 작가 중 한 사람을 선택하여 작품의 특징과 한계점에 대해 설명해 보자.

- 가라타니 고진(1997), 「아동의 발견」, 『일본근대문학의 기원』, 박유하 옮김, 민음사.
- 강혜란(2005), 「윤흥길 성장 소설 연구: 전쟁 체험의 작품을 중심으로」, 경남대학교 교육대학원 석사학위 논문.
- 김경연(2008), 『우리들의 타화상』, 창비.
- 김상욱(2006), 『어린이 문학의 재발견』, 창비.
- 김상욱(2009), 「아동 문학의 장르와 용어」, 『아동청소년 문학연구』, 4호.
- 김윤식(1970), 「유년시절을 그린 두 개의 소설」, 『사상계』, 3월호.
- 김윤식(1981), 『한국 현대 소설 비판』, 일지사.
- 김윤식(1986), 『이광수와 그의 시대』, 한길사.
- 김이구(2014), 『해묵은 동시를 던져 버리자』, 창비.
- 김제곤(2003), 『아동 문학의 현실과 꿈』, 창비.
- 김제곤(2013), 「비평: 도전과 모색을 통한 제자리 찾기」, 『창비어린이』, 40호, 22~23쪽.
- 김제곤(2013), 「동시: 낡은 외투를 벗어던지다」, 『창비어린이』, 40호, 31~33쪽.
- 김현철(2009), 「청소년은 누구인가?」, 『이팔청춘 꽃띠는 어떻게 청소년이 되었나?』, 인물과사상사, 23~44쪽.
- 김현희·박상희(2003), 『유아문학교육』, 학지사.
- 남지현(2013), 「그림책과 일러스트레이션: 아동 문학의 새로운 영토」, 『창비어린이』, 40호, 37~39쪽.
- 닐 포스트먼(1987), 『사라지는 어린이』, 임채정 옮김, 분도출판사.
- 로버트 C. 홀럽(1999), 『수용미학의 이론』, 최상규 옮김, 예림기획.
- 마리아 니콜라예바(1998), 『용의 아이들: 아동 문학 이론의 새로운 지평』, 김서정 옮김, 문학과지성사.
- 로즈메리 잭슨(2001), 『환상성—전복의 문학』, 서강여성문학연구회 옮김, 문학동네.
- 릴리언 H. 스미스(2000), 『아동 문학론』, 김요섭 옮김, 교학연구사.
- 미 국무성 비밀외교문서(1994), 『해방 3년과 미국1: 미국에 대한 정책 1945~1948』, 김국태 옮김, 돌베개.
- 미요시유키모 외(1994), 『일본 현대문학 대사전』, 명치서원.
- 박경희(2016), 「한국 청소년 소설 연구—가족 분화와 인물의 자아 정체성 형성을 중심으로」, 전남대학교 국어국문학과 석사 학위 논문.
- 박영종·남대우(1948), 「아동문화통신—대구: 박영종, 하동: 남대우」, 『아동문화』, 1948년 11월.
- 박화목(1982), 『신아동 문학론』, 보이스사.
- 신헌재 외(2007), 『아동 문학과 교육』, 박이정.
- 염희경(2014), 『소파 방정환과 근대 아동 문학』, 경진출판.
- 오세란(2013), 「청소년 소설의 장르 용어 고찰」, 『한국 아동청소년 문학 장르론』, 청동거울, 284~309쪽.
- 오세란(2013), 「청소년 문학: 응답하라! 청소년」, 『창비어린이』, 40호, 40~43쪽.
- 우에노 료(2003), 『현대 어린이문학』, 햇살과나무꾼 옮김, 사계절.
- 유리 슐레비츠(2017), 『그림으로 글쓰기: 어떻게 그림책에 글을 쓰고 그림을 그릴까?』, 김난령 옮김, 다산기획.
- 이광주(2007), 『아름다운 책 이야기』, 한길아트.
- 이노국(2005), 『어린이 글쓰기와 독서지도법』, 골드닷컴.
- 이재선(1999), 「역사소설의 성취와 반성」, 『현대한국문학 100년』, 민음사.
- 이재철(1978), 『한국현대 아동 문학사』, 일지사.
- 이재철(1983), 『아동 문학 개론』, 서문당.
- 이재철(1984), 『아동 문학의 이론』, 형설출판사.
- 이재철(1983), 『아동 문학개론』, 서문당.

- 이정현(2008), 「방정환의 동화론 「새로 개척되는 동화에 관하야」에 대한 고찰」, 『아동청소년 문학연구』 3호.
- 이주홍, 「아동 문학운동 1년간─금후 운동의 구체적 방안」, 『조선일보』, 1931년 2월 13일~1931년 2월 21일.
- 이안(2014), 『다같이 돌자 동시 한 바퀴』, 문학동네.
- 이원수(2001), 『아동 문학 입문』, 한길사.
- 이오덕(1984), 『어린이를 지키는 문학』, 백산서당.
- 이오덕(2005), 『시정신과 유희정신』, 굴렁쇠.
- 이오덕(2009), 『우리글 바로 쓰기』, 한길사.
- 원종찬(2001), 『아동 문학과 비평정신』, 창작과비평사.
- 원종찬(2005), 「우리 아동 문학은 과거를 어떻게 그리고 있는가」, 『창비어린이』, 제9호.
- 원종찬(2006), 「한국 동화 장르에 관한 연구」, 『민족문학사연구』, 제30호.
- 원종찬(2015), 『한국아동 문학사의 재발견』, 청동거울.
- 전가경·정재완(2016), 『세계의 북 디자이너 10』, 안그라픽스.
- 조성순(2015), 「가족의 해체 그리고 가족」, 『어린이책이야기』, 청동거울, 31호.
- 조성순(2015), 「19세기 전후 유럽 그림책의 풍경」, 『어린이책이야기』, 청동거울, 32호.
- 조성순(2017), 「공간의 제한성을 넘어서는 소통방식: 이수지의 삼부작 그림책 『거울속으로』, 『파도야 놀자』, 『그림자놀이』를 중심으로」, 『창비어린이』, 158~159쪽.
- 조성순(2018), 「달콤하고 유쾌한 환상성」, 『KBBY 작가연구회 자료집』, 52~68쪽.
- 조성순(2019), 「한국 그림책 발달과정 연구」, 인하대학교 한국어문학과 박사학위 논문.
- 조성순(2020), 「2020년 올해의 청소년책」, 『창비어린이』 71호.
- 조성순(2021), 「'기댐의 미학'을 보여주는 연필들의 이야기」, 『창비어린이』, 73호, 226~229쪽.
- 조성순(2021), 「한국 그림책의 지금을 보다」, 『K─Book Trends』 웹진 6월, 한국출판문화산업진흥원.
- 조셉 제이콥스(2003), 『영국 옛이야기』, 웅진닷컴.
- 조은숙(2009), 『한국 아동 문학의 형성』, 소명출판.
- 조은숙(2013), 「일제 강점기 아동 문학 서사 장르의 용어와 개념 고찰」, 『한국 아동청소년 문학 장르론』, 청동거울.
- 조태봉(2013), 「판타지를 바라보는 장르론적 입장」, 『한국 아동청소년 문학 장르론』, 청동거울, 234~235쪽.
- 존 로 타운젠드(1996), 『어린이책의 역사 1, 2』, 시공사.
- 필립 아리에스(2003), 『아동의 탄생』, 문지영 옮김, 새물결.
- 페리 노들먼(2001), 『어린이 문학의 즐거움1』, 김서정 옮김, 시공주니어.
- 페리 노들먼(2011), 『그림책론: 어린이 그림책의 서사 방법』, 김상욱 옮김, 보림.
- 최영해(1949), 「출판류의 회고와 전망」, 『출판대감』, 조선출판문화협회.
- 현은자·김세희(2005), 『그림책의 이해』, 사계절.
- 황병하(1997), 「환상 문학과 한국문학」, 『세계의 문학』, 여름호.
- 「인사 엿줍는 말슴」, 『붉은 저고리』, 1호, 1913년 1월, 1면.
- 「엿줍는 물슴」, 『아이들보이』, 1년 1호, 1913년 9월, 1면.
- 편즙인(方), 「『어린이』 동모들께」, 『어린이』, 1924년 12월, 39쪽.
- 「출판홍수」, 『동아일보』, 1946년 3월 23일.
- 「용지난과 문화의 위축」, 『동아일보』, 1946년 12월 10일.
- Carol Lynch─Brown & Carl M. Tomlinson(1999), 『Essentials of Children's Literature』, Allyn & Bacon.
- Maria Nikolajeva(1988), 『THE MAGIC: The use of magical patterns in for children』, ALMQVIST&WIKSELL INTERNATIONAL.
- Edward Hodnett(1982), 『Image and Text: Studies in the Illustration of English Literature』, London: Scolar Press.

04

글쓰기 지도의 실제

제1장 글쓰기 지도의 새로운 방향 · 190

1. 글쓰기 지도 방향의 변화

2. 과정 중심 글쓰기

제2장 글쓰기 지도의 실제 · 210

1. 글쓰기의 기초

2. 갈래별 글쓰기 지도

3. 교사의 글쓰기 첨삭 지도

제3장 서평 쓰기 · 285

1. 서평의 개념

2. 서평과 독서 감상문의 차이

3. 독서지도사의 서평

4. 서평 쓰기

5. 서평 쓰기의 실제

6. 독서지도사의 서평 쓰기에서 유의할 점

[더 알아보기 1] 국어 어문 규정 · 315

[더 알아보기 2] 원고지 작성법 · 329

교육이 객관적 지식을 습득하는 것에서 주관적 지식의 생산과 표현 능력을 중시하는 과정으로 변화하면서 쓰기 분야도 어문 규정을 비롯한 글쓰기 지식·객관적 정보 중심에서, 스스로 의미를 구성하여 표현하고 쓰기 단계를 중시하는 과정 중심 접근으로 변화했다. '글쓰기 지도의 실제'에서는 이러한 과정 중심 글쓰기의 전략과 글쓰기의 기초, 갈래별로 다양한 글쓰기 방법 등을 알아볼 것이다.

　제1장은 과정 중심 글쓰기 지도를 비롯한 글쓰기 지도의 새로운 방향에 대하여 설명했다. 제2장은 글쓰기 지도의 실제편으로 글쓰기의 기초, 갈래별 글쓰기 지도, 교사의 글 첨삭과 관련한 내용을 실었다. 제3장은 서평 쓰기로 이 책에서 서평을 별도의 장으로 구성하여 제시하는 데는 다음과 같은 이유가 있다. 하나는 독서 전문가로 성장할 수 있도록 북돋우려는 의도이다. 독서지도사는 독서 전문가로서 어린이들에게 알맞은 책을 골라 읽힐 수 있는 안목을 가지며, 그 책을 통해 어린이 독자가 과연 무엇을 얻을 수 있는지 객관적인 가치 판단을 하는 사람이다. 따라서 어린이 도서 분야에 대한 해박한 지식을 가지고 책의 체제나 내용의 세부적인 부분까지 세심하게 자신의 시각과 해석을 객관화하여 서평을 써 냄으로써 수준 높은 감식안을 갖추게 되는 것이다. 다음은 서평을 쓰면서 독서 지도 전문가로서의 나 자신을 성장시키고, 글쓰기의 실제적인 활동을 체계적으로 습득하는 동안 어느새 글쓰기 지도에까지 능력을 확장시킬 수 있게 된다는 것이다. 이것은 자신이 제대로 쓸 줄 알아야 다른 이에게 글쓰기 지도를 할 수 있다는 명백한 사실을 독서지도사로서 인정하지 않을 수 없는 이유이기도 하다. 그 외에 부록으로 국어 어문 규정과 원고지 작성법을 실어 스스로 공부하도록 했다.

● 좋은 글의 기준이 무엇인지 생각해 본 후 다음 항목들의 순서를 중요도에 따라 정해 보자.

• 정확한 맞춤법과 띄어쓰기 (　　)	• 깊이 있는 사고 (　　)
• 생생한 비유적 표현 (　　)	• 구성 능력 (　　)
• 풍부한 어휘력 (　　)	• 갈래별 특성이 드러남 (　　)
• 참신한 생각 (　　)	

● 독서지도사 과정 중 서평해야 할 텍스트이다. 각각의 텍스트에 알맞은 서평의 내용은 무엇이 되어야 할지 써 보자.

텍스트의 종류	서평의 내용 요소
① 그림책 ② 동화 ③ 동시집 ④ 과학, 생태, 환경 도서 ⑤ 전기, 논픽션 ⑥ 역사, 민족, 전통 관련 도서 ⑦ 문화, 예술 관련 도서 ⑧ 사회, 경제 관련 도서	예 글과 그림의 역할, 글과 그림의 조화 등

제 **1** 장
글쓰기 지도의 새로운 방향

1. 글쓰기 지도 방향의 변화

우리 삶은 언어를 통해 이루어진다. 자신의 마음과 생각을 언어로 표시하기 때문이다. 이때 표현되는 언어는 말과 글이다. 이 중 글쓰기는 단순하게 단어나 문장을 열거하는 행위가 아니다. 하나의 문제를 해결하기 위해 치열하게 고민하는 과정이고, 우리의 복잡한 사고를 창의적으로 드러내는 일이다. 그 때문에 오랜 옛날부터 글쓰기의 중요성이 강조되어 왔고, 지금도 교육을 통해 글쓰기 능력을 향상시키려는 노력이 계속되는 중이다. 학교 교육 과정에서도 '언어 수행 능력'이 중시되면서 독서와 글쓰기의 비중이 점점 높아지고 있다.

어느 시대든 사회 집권층으로 자리 잡으려면 읽고 쓰는 능력이 중요할 수밖에 없었다. 모든 사람에게 지식이 개방된 산업 사회에 접어들면서는 독서와 글쓰기를 통해 평범한 사람들이 지식을 쌓고 표현할 수 있게 되었다. 이렇게 쌓은 지식은 노동력의 질을 향상시켜 국부를 축적했다. 이러한 산업 사회의 글쓰기는 결과 중심, 형식주의 글쓰기로 학습자가 습득한 객관적 지식을 정확하게 나열하는 것을 중시했다. 필자는 객관적 지식의 전달자였으며, 독자는 수동적 수용자에 불과했다. 글쓰기 교육도 규범으로 정해진 문법을 준수하고, 모범적 텍스트를 그대로 모방하거나 어법의 정확성을 지나치게 강조하였다. 또 교사는 글쓰기 과정에서 지식 전달자, 평가자, 점검자로서의 역할을 담당했다.

그 후 산업 사회가 정보화 사회로 이행되면서 노동과 상품의 성격 변화와 함께 사회 전 분야의 패러다임이 바뀌었다. 이러한 변화는 사회 구성원에게 창의적 사고력, 문제 해결 능력을 요구하게 되었고 글쓰기에서 기대하는 바도 새롭게 바뀌었다. 정보화 사회에서는 매일 엄청나게 많은 정보가 생산된다. 이때 요구되는 능력은 자신에게 필요하고 의미 있는 정보가 무엇인지를 구별하는 것과 기존 정보를 재구성하는 것이다. 글쓰기는 이런 능력을 기르는 데 적합한 인지 활동이다. 글쓰기를 하려면 먼저 구체적이고 복합적인 문제를 명료하게 분석하고 재구성한 뒤 이를 통해 문제 해결을 위한 아이디어를 스스로 생성해야 한다. 그리고 이 아이디어를 글을 통해 외부에 명확히 전달함으로써 사회 구성원의 합의를 이끌어 내야 한다. 결국 글쓰기를 통해 문제를 분석하고 재구성하는 능력과 생성된 아이디어를 타자에게 정확히 전달하고 설득할 수 있는 능력이 길러지게 되는 것이다.

정보화 사회와 맞물려 글쓰기 교육에서도 새로운 변화가 일어났다. 산업 사회의 결과 중심 글쓰기 교육에서 과정 중심 글쓰기 교육으로 글쓰기에 관한 접근 방법이 바뀌게 되었다. 과정 중심 글쓰기에서는 필자의 인지 과정을 중요시하며 글쓰기의 과정 그 자체에 집중한다. 또한 글쓰기의 과정을 필자의 의미 구성 활동으로 보는 특징이 있다. 세계적으로는 1970년대부터 이런 과정 중심 글쓰기 방법이 교육에 도입되었으며, 본격적으로 우리나라에 반영되기 시작한 것은 1980년대 후반 5차 교육 과정부터였다.

6차 교육 과정 이후로 글쓰기 교육에서는 지속적으로 글쓰기 능력의 '실제'를 향상시키기 위한 노력이 진행되어 왔다. 글쓰기의 본질과 원리, 태도를 중시하는 방향이었다. 2007교육과정 개정에서는 쓰기 맥락에 대한 구체적인 논의가 포함되었다. 이후 2009교육과정 개정으로 쓰기 교육의 방향이 의미 구성 능력과 표현 능력 신장에 맞추어졌다면, 2015교육과정 개정에서는 글쓰기의 사회 문화적 맥락, 독자, 상황 맥락을 감안하는 방향에 가중치를 두었다. 즉 어떤 목적을 가지고 왜 글을 쓰는지, 어떤 독자층을 대상으로 글을 쓰는지 등의 사전 상황을 확인하고 계획하는 것에 중요성을 두고 있다. 또한 기존의 글쓰기가 개인의 의미 구성과 그 과정이라고 보았다면, 2015교육과정 개정부터는 글쓰기를 하나의 협동 활동과 그 과정으로 보아 '함께 쓰는 글쓰기'라는 기본 전제를 깔게 된 것이 큰 변화라고 하겠다. 특히 글쓰기 과정의 지도를 통해 학습자들이 도달하게 될 '기능'을 강조함으로써 교육을 통한 실제적인 글쓰기 능력의 신장을 목표로 하였다. 이것은 우리나라 글쓰기 교육의 큰 흐름인 과정 중심 글쓰기 지도 방법의 현실성을 재고하기 위한 방향이라고 하겠다.

2. 과정 중심 글쓰기

글쓰기 교육은 결과 중심 글쓰기에서 과정 중심 글쓰기로 변화되어 왔다. 결과 중심 글쓰기는 교사가 학생들에게 글쓰기 과제를 제시하고, 학생들이 글을 쓴 결과물을 확인해 고쳐야 할 부분을 지적하는 형태의 교육이 일반적이었다. 어문 규정, 원고지 사용법 등 글쓰기의 형식과 정확한 지식 나열을 중시하였다. 또한 쓰기 결과를 평가해 우수한 글을 학생들에게 제시한 후 따라 쓰거나 좋은 문장을 외워서 쓰게 했다. 교사 역시 이 기준에서 학생을 평가하는 평가자, 점검자의 역할에 머물게 되었다.

반면 과정 중심 글쓰기는 말 그대로 학습자가 쓴 글이 결과적으로 우수한가 여부보다는 글을 쓰는 과정에 더 초점을 맞춘 방법이다. 학습자가 글을 쓰는 과정에서 생각하거나 익히게 되는 것, 그 자체를 교육이라고 본 것이다. 이런 시각으로 볼 때 글쓰기는 학습자가 접한 문제를 해결해 가는 과정에서 얼마든지 앞으로 과정을 거슬러 갈 수 있고, 친구들이나 선생님들과 협의해 공동으로 글을 완성할 수도 있는 활동이다. 또한 과정 중심 글쓰기에서는 학습자의 의미 구성 능력을 중시하였다. 글쓰기는 소통이며 자기 숙련과 탐구 활동이라고 생각했다. 방법적으로는 아이디어 생성, 조직, 표현이라는 단계를 통해 한 편의 글을 완성하게 된다. 이러한 관점은 정보화 사회가 요구하는 창의적 사고 능력 향상을 목적으로 한다. 이에 따라 교사는 학습자들이 의미 구성을 활발하게 하고, 단계적으로 문제를 해결할 수 있도록 도와주는 도우미, 조언자의 역할을 하게 되었다.

〈표 1〉 결과 중심 접근과 과정 중심 접근 비교[1]

영역/접근 방식	결과 중심 접근	과정 중심 접근
지식관	절대주의적 지식관 (객관주의 지식관)	상대주의적 지식관 (구성주의 지식관)
쓰기 행위의 본질	의미의 나열 (의미 발견 중시)	의미의 구성 (의미 창조 중시)

---

1) 이재승(2002), 『글쓰기 교육의 원리와 방법』, 교육과학사, 23쪽.

쓰기 교육의 목적	작문 능력 신장	작문 능력+사고력(탐구력)
의미의 유동성	고정적임(의미 단일).	유동적임(의미 다양).
쓰기 과정의 회귀성	강조하지 않음.	강조함.
쓰기 교육의 가능성	소극적임	적극적임
교사의 역할	평가자, 점검자	안내자, 조언자

1) 과정 중심 글쓰기의 특성

의미를 단순히 나열하는 것보다는 창조하는 행위를 중시하는 과정 중심 글쓰기는 다음과 같은 특성이 있다.[2]

첫째, 과정 중심의 접근은 글쓰기를 지식 나열 행위가 아니라, 의미 구성 행위로 파악한다. 글을 쓰는 과정에서 기존에 알았던 지식이 변형·확장되거나 새롭게 생성되는 과정을 거치게 되는데, 이것을 의미 구성으로 본다.

둘째, 쓰기 과정을 일종의 탐구 과정으로 파악한다. 특정 주제에 대해서 글을 쓰려면 그것에 대해 조사, 관찰, 탐색하는 탐구 과정을 겪게 되며, 이것을 통해 글쓰기 능력뿐만 아니라 문제 해결 능력이 길러진다고 강조한다.

셋째, 쓰기 행위를 일종의 자기 조정 과정으로 본다. 쓰기 과정에서 필자는 계속해서 자신의 인지 과정을 스스로 점검하고 통제한다고 보며 또 그렇게 할 것을 강조한다.

넷째, 결과 자체보다는 일련의 쓰기 과정을 강조한다. 결과를 무시하는 것은 아니지만 그 결과를 산출하기까지의 과정과 결론에 도달하기까지의 사고 과정을 더 중시한다.

다섯째, 쓰기 과정의 회귀성, 상호 작용성, 병렬성을 강조한다. 과정 중심 이전에는 쓰기를 일방향으로 진행되는 선조적 과정으로 보았지만, 과정 중심 접근에서는 쓰기란 필요에 따라 회귀하고 반복하는 속성을 가지고 있음을 강조한다. 또한 이들 과정이 상호 작용을 하며 동시에 이루어진다는 점을 강조한다.

여섯째, 방법적인 측면에서 특히 교사의 역동적 개입을 강조한다. 교사는 그냥 쓰기 과정을 지시하거나 지켜보는 것이 아니라 적극적으로 개입하여 학습자들이 활발하게 문제 해결 행위를 하도록 유도할 것을 강조한다.

일곱째, 학습자의 '자유'를 존중하지만 동시에 책임을 강조하고 역동적인 문제 해결 행위를 강조한다. 글쓰기 과정에서 적극적인 문제 해결 활동을 해야 하고, 이 과정에서 학습자는 상당 부분 책임을 져야 한다.

---

2) 이재승(2002), 앞의 책, 20~21쪽.

여덟째, 과정 중심의 접근은 쓰기 교육의 '방법'과 관련된 하나의 접근 방식이자 관점을 뜻한다.

아홉째, 과정 중심 접근은 쓰기 교육을 위한 교수 방식을 뜻한다. 학습자 입장에서 보면, 과정 중심의 글쓰기라는 말은 쓰기 '학습' 방법의 하나라고 할 수 있지만, 과정 중심의 접근은 기본적으로 교사 입장에서 설정된 개념으로 교수 방법의 한 형태로 보는 것이 타당하다.

이상에서 살펴본 바와 같이 과정 중심 글쓰기 이론은 학습자의 의미 구성 과정을 과학적, 체계적으로 설명하고 이를 통해 학습자의 쓰기 능력을 향상시키는 데 큰 공로를 세웠다. 하지만 한계도 존재하는데, 과거의 결과 중심 글쓰기를 비판하면서 텍스트 측면을 너무 무시했다는 점이다. 글쓰기 능력 향상에는 텍스트 요인도 의미 구성 능력 못지않게 중요한 역할을 하기 때문이다. 그렇다고 해서 텍스트 요인을 강조하는 것이 과거의 결과 중심 글쓰기로 돌아가자는 의미는 아니다. 종합하면 글쓰기 교육의 목표는 학습자인 필자가 다양한 상황 맥락 내에서 전개되는 텍스트의 언어적 형식과 특징을 능숙하게 다룰 수 있게 하는 것이다. 즉 설득, 정보 전달, 정서 표현 등의 맥락 내에서 내용 생성, 내용 조직, 내용 표현을 적절하게 구사하는 능력을 통합적으로 구사하는 것이다. 이와 같은 과정 중심 글쓰기의 의의와 한계를 잘 이해하여, 적절한 전략을 구사한다면 학습자의 글쓰기 능력을 향상시킬 수 있을 것이다.

2) 과정 중심 글쓰기의 지도 전략

과정 중심 쓰기가 교육 과정에 뿌리내린 지 오랜 시간이 지났지만 아직도 교육 현장에서는 결과 중심이며 형식주의에 치우친 지식 전달 방식의 교육이 행해지고 있다. 하루 빨리 학습자를 의미 구성의 주체, 능동적 필자로 세우기 위해서 교사는 쓰기의 각 과정에서 일어나는 작용들을 잘 이해하여 지도하는 것이 필요하다. 이를 위해 과정 중심 쓰기 연구자들이 밝혀낸 쓰기의 인지적 과정을 알아보자.

과정 중심 쓰기 연구자들은 필자의 언어적 사고 과정을 분석하는 것에 초점을 두고 여러 가지 모형을 고안해 내었는데, 가장 널리 인용되는 모형이 아래의 '인지적 과정 모형(Flower & Hayes, 1980)'이다. 이 모형은 글쓰기를 연속적으로 이어지는 하나의 과정이 아니라 필자가 글을 쓰면서 조정하고 통제해야 하는 활동의 집합체로 보았다.

이러한 연구를 바탕으로 쓰기의 본질과 관련하여 계획하기, 내용 생성하기, 내용 조직하기, 표현하기, 고쳐쓰기 등 각 과정에서 필요한 전략을 글쓰기 지도에 활용할 수 있다.

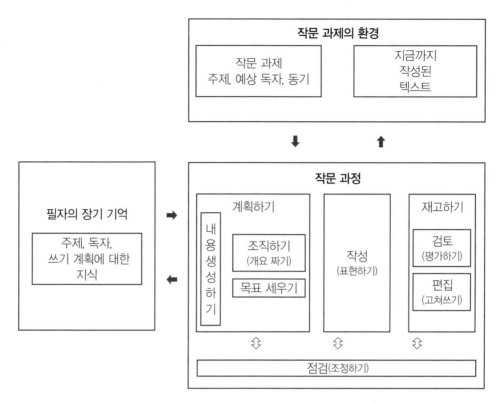

[그림 1] 쓰기의 인지적 과정 모형(Flower & Hayes, 1980)[3]

(1) 계획하기

'계획하기'는 글을 쓰기 위한 첫 번째 단계이며, 글을 쓸 준비를 하는 과정이다. 계획하기 단계에서는 글을 쓰는 목적을 구체적으로 정하고, 무엇에 대해 쓸 것인지 주제를 명확하게 잡아야 한다. 또 자신의 글을 읽게 될 예상 독자가 누구인지 고려해야 한다. 예상 독자들의 흥미나 수준, 연령이나 주제에 대한 배경지식 등을 미리 가늠해 글의 전체적인 계획을 세워야 한다. 만약 글쓰기 과제의 조건이 있다면 그 조건을 분석하는 것도 계획하기 단계에서 해야 할 일이다.

2015교육과정 개정에서는 특히 '계획하기' 단계를 강조하고 있다. 글쓰기 교육을 통해 학습자가 자신의 글을 읽게 될 독자를 분석하고, 사회 문화적인 맥락이나 상황적 맥락을 이해하여 그것에 맞는 글을 계획하는 기능의 향상이 목표다.

이 중에서 주제 정하기는 학습자들이 어려워하는 부분 중 하나이다. 능숙한 필자는 스스로 주제를 정해 글을 쓸 수 있겠지만, 미숙한 필자의 경우 스스로 주제를 떠올리는 단

---

3) 초등국어교육학회(1997), 『국어 수업 방법』, 박이정, 187쪽 재구성.

계부터가 쉽지 않다. 스스로 주제를 정하는 힘을 기르기 위해서는 일상생활 속에서 생각하며 주변을 관찰하는 태도가 필요하다. 또 '쓰기 일지'나 글감(소재) 메모 노트 등을 만들어 평소에 생각한 것, 읽은 것, 본 것, 관찰한 것, 좋은 표현, 독서 목록 등을 모아 놓으면 도움이 될 것이다.

계획하기가 잘 이루어지기 위해서는 주제, 목적, 독자, 상황이 뚜렷하게 드러나는 쓰기 과제를 제시하는 것이 좋다. 예를 들면 초등 3학년 아이들을 대상으로 '책 속 ○○이에게 편지글을 써 보자.'보다는 '절망에 빠진 책 속 ○○이에게 힘을 주는 글을 써 보자.' 처럼 가급적 구체적이고 명확한 독자, 주제 등을 제시해 보자. 요즘 글쓰기 현장에서는 초점이나 주제를 학습자에게 정확히 주고, 그것에 맞게 글을 계획하도록 유도하는 분위기다. 글쓰기가 쉽지 않은 아이들에게 아무것도 제시하지 않고, 완전히 처음부터 스스로 계획하고 쓰라는 것이 현실적으로 점점 어려워지기 때문이다.

<표 2> 계획하기 학습지 예시[4]

내 용	표 시
• 이 글을 쓰는 목적이 무엇인지 생각해 보았나요?	
• 이 글의 주제는 무엇인지 생각해 보았나요?	
• 이 글은 어떤 상황에서 써야 하는지 생각해 보았나요?	
• 내가 쓴 글을 읽을 독자를 떠올려 보았나요?	
• 어떤 형태의 글을 쓰는 것이 좋을지 생각해 보았나요?	

했으면 ○, 하지 않았으면 ×, 잘 모르겠으면 △

(2) 내용 생성(선정)하기

'내용 생성(선정)하기' 단계에서는 글을 쓰기 위해 아이디어를 생성하고 수집하는 '내용 생성'과 생성된 아이디어나 자료 중 글에 들어갈 구체적인 내용을 '선정'하는 작업이 진행된다. 계획한 글을 쓰기 위한 아이디어를 떠올리고, 관련 자료를 찾고, 자료 중에서 자신의 글 안에 포함시킬 내용을 선정하는 모든 과정이 '내용 생성(선정)하기' 단계라고 생각하면 되겠다. 내용 생성(선정)하기 전략으로는 브레인스토밍, 생각 그물 만들기, 관련 자료 찾아서 읽기, 이야기 나누기, 면담하기 등이 있다.

---

4) 신헌재 외(2009), 『예비교사와 현장교사를 위한 초등 국어과 교수·학습 방법』, 박이정, 350쪽.

'브레인스토밍'은 주제와 관련이 있는 배경지식을 활성화할 수 있는 전략으로 자유 연상이라고도 한다. 강의식 학습과는 달리 학생들 간의 협동, 상호 간의 활발한 의견 교환이 일어난다. 다수의 학생이 자유롭게 생각을 표현하다 보면 다양한 생각들이 표출되어 창의적 사고력을 키울 수 있다.

'생각 그물'은 주제에 대해 자신이 알고 있는 내용을 그물망 형태로 꺼내 놓는 것으로 시각적 이미지로 표현하기 때문에 전체 체계를 한눈에 볼 수 있다. 또한 많은 설명을 할 필요가 없이 간략한 단어나 어구 등으로 표현할 수 있는 장점이 있다.

'관련 자료 찾아서 읽기'는 정보적 글이나 설득적 글에 유용한 전략이다. 다양한 글쓰기에 배경지식이 없는 경우 활용하면 좋은 방법이다. 이러한 글들은 객관적 지식 없이 필자의 의지만으로는 좋은 글을 쓰기 어렵다. 그러므로 주제와 관련된 책, 신문, 동영상, 이미지 등 다양한 자료를 찾아 읽으면서 생각하는 활동이 필요하다.

'이야기 나누기'는 주제에 대해 글을 쓰기 전에 먼저 자신이 속한 집단의 사람들과 이야기를 나누며 아이디어를 수집하는 전략이다. 한 개인이 가진 배경지식은 유한하기 때문에 가급적 여러 사람들과 주제에 대해 서로 이야기를 나누면서 다양한 지식이나 아이디어, 경험을 얻는 방법이다. 이 전략은 자신이 전혀 모르던 새로운 것을 알게 되기도 하고, 알고 있었지만 잊어버렸던 지식이나 경험을 활성화시키기도 한다. 이 전략은 사회 문화적 맥락 요인을 함께 고려해 볼 수 있는 방법이라 더욱 유용하다고 하겠다.

'면담하기'는 질문 목록을 만들어 주제나 대상에 대해 더 알고 싶거나 궁금한 점을 알아보는 전략이다. 주로 교사와 면담을 하게 된다.

다양한 전략으로 생성된 아이디어를 선정할 때는 글의 주제에 맞는 내용인지, 자신과 독자의 관심, 흥미, 수준 등과 맞는 내용인지를 고려해 선택해야 한다. 또한 글에 쓸 내용이라면 관련 자료의 출처를 알아 두어야 한다.

■ 과정 중심 글쓰기의 전략 적용 사례_브레인스토밍

• **주제**: 다문화 학생들을 차별하지 말자
• **대상**: 초등학교 5학년

교사: 오늘은 전 시간에 광고했던 것처럼 '다문화 학생들을 차별하지 말자'는 주제로 주장하는 글을 써 볼 거예요.

학생 1: 선생님, 저희 학교에도 다문화 친구가 있는데요, 저는 그 애랑 친해요.

학생 2: 어, 나는 아닌데, 나는 말을 잘 못하겠던데…….

교사: 어떤 친구들은 다문화 친구들과 잘 어울리기도 하지만, 그렇지 않은 친구들도 많을 거예요. 이 글감에 대해 글을 쓰려면 먼저 어떤 내용으로 써야 할지 모으는 작업이 필요하겠죠? 그래서 '브레인스토밍'이라는 방법을 사용해서 글 속에 들어갈 내용을 다 함께 모아볼 거예요. '다문화 학생' 하면 무엇이 떠오르는지 자유롭게 이야기해 볼까요? 중간에 혹시 궁금한 내용이 생기면 좀 참았다가 선생님이 질문 시간을 주면 그때 물어보세요.

학생들: (학교, 외국인, 다른 나라, 인권, 유엔 인권 선언, 스트레스, 왕따, 기분, 우리나라에 대한 이미지, 우울증, 친구, 이사, 권리, 존중 등 발표함.)

교사: 혹시 그 단어가 왜 떠올랐을까? 궁금한 사람이 있나요? 있으면 질문해 주세요.

학생 1: ○○아, 다문화 학생 차별하고 유엔 인권 선언하고 무슨 관계가 있어?

학생 2: 내가 선생님이 주제를 알려 주신 다음에 인터넷에서 좀 찾아봤는데, 유엔 인권 선언 1조가 잠깐만 적어 왔는데, (잠시 노트를 찾음.) '모든 인간은 태어날 때부터 자유로우며 동등한 존엄성과 권리가 있다.' 이거더라고. 이 내용을 내 글에 넣어서 쓰면 좋을 것 같아서 써 왔지.

학생 3: 와~ 대단하다. 자료조사도 해 오고.

교사: ○○이 훌륭한데? 또 다른 질문할 사람 없어요?

(중략)

교사: 여러분이 브레인스토밍 전략으로 내 준 아이디어들을 글쓰기에 사용해 볼 거예요. 앞으로도 글을 쓰기 전에 어떤 내용으로 쓸지 브레인스토밍 같은 전략들을 사용해서 먼저 아이디어를 모아 봅시다.

■ 내용 생성(선정)하기 실습

●『별주부전』을 읽고 독서 감상문을 쓰려고 한다. 과정 중심 글쓰기의 전략을 활용하여 한 편의 글을 완성해 보자.
1) 내용 생성(선정)하기 전략 중 하나를 사용하여 아이디어 생성하기

(3) 내용 조직하기

'내용 조직하기'는 내용 생성(선정)하기를 통해서 모으고 선정된 아이디어를 내용의 선후나 주제에 따른 기준, 분량 등을 감안해 순서를 결정하는 단계이다. 학습자들은 내용, 목적, 독자, 초점 등을 고려하면서 생성, 선정된 아이디어들을 적절한 기준으로 묶어 구조화시키고, 하나의 조직으로 만들어 내야 한다. 대표적으로 도식화하기(graphic organizer), 다발 짓기, 개요 짜기 전략이 있다.

① 도식화하기(graphic organizer)

도식화하기는 읽기 전략 중의 하나로 글의 내용 정리를 위해 고안된 것이지만 글을 조직하는 방법으로 유용하게 활용할 수 있는 전략이다. 글의 내용에 따라서 시간의 흐름으로 조직하기, 공간에 따라 조직하기, 분류하여 조직하기, 비교하여 조직하기, 분석하

여 조직하기로 나눌 수 있다.

■ 도식화하기 사례

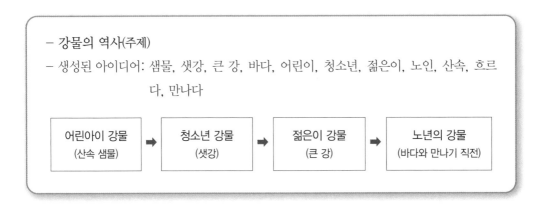

② 다발 짓기

　내용 조직하기의 또 다른 전략으로 '다발 짓기'가 있다. 다발 짓기 전략은 다양한 정보를 추가, 삭제하여 체계화하는 방법으로 공간 활용이 자유로운 장점이 있다. 다발 짓기를 할 때는 먼저 주어진 글감에 따른 주제를 정하고, 내용 생성(선정)하기에서 나온 내용 중 글의 주제를 살릴 수 있는 요소들을 중심으로 조직한다. 일반적인 다발 짓기 유형에서는 먼저 글의 시작 부분에 써야 할 내용을 생성된 아이디어에서 골라 '처음' 부분에 쓴다. '처음'의 가운데 위치에 핵심어를 쓰고, 양쪽으로 핵심어와 관련된 내용을 간단한 단어와 문장으로 기술한다. 그리고 중간 부분에 들어갈 중심 내용을 정리하는데, 이때 중심 내용은 서너 개 정도로 정리하여 내용을 풍부하게 한다. 마지막으로 글 끝부분에 들어갈 내용을 고르는데, 글을 마무리할 수 있는 내용을 선정해야 한다.

　다발 짓기 유형은 글의 구조나 성격에 따라 여러 가지 형태로 변형이 가능하다. 설명문을 위한 비교, 대조하는 형태의 다발 짓기나 원인과 결과에 사용하는 다발 짓기 등 글의 내용과 종류에 따라 형태가 달라질 수 있다.

■ 다발 짓기 사례[5]

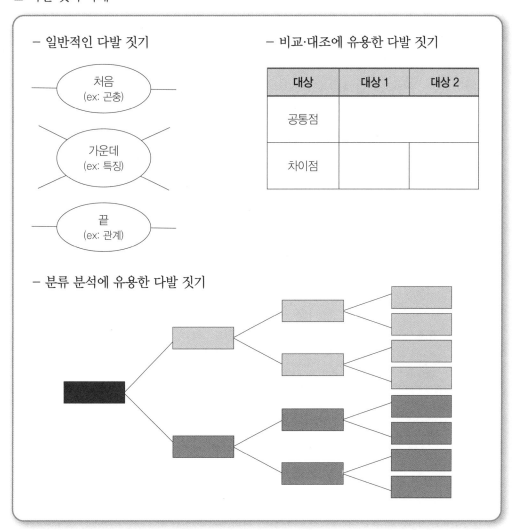

- 일반적인 다발 짓기

처음
(ex: 곤충)

가운데
(ex: 특징)

끝
(ex: 관계)

- 비교·대조에 유용한 다발 짓기

대상	대상 1	대상 2
공통점		
차이점		

- 분류 분석에 유용한 다발 짓기

③ 개요 짜기

개요 짜기는 글의 전체적인 얼개를 짜는 과정이다. 하나의 통일성 있는 글을 쓰기 위해서는 쓰기 전에 전체적인 글의 구조와 내용을 개요표로 만들어 두는 것이 효과적이다. 이런 개요 짜기의 장점은 하나의 주제로 전체 글을 일관성 있게 쓸 수 있으며, 비슷한 내용을 여러 문단에서 반복하거나 꼭 들어가야 할 내용이 빠지는 오류를 피할 수 있다는 점이다.

---

5) 박영민 외(2016), 『작문 교육론』, 역락, 286~287쪽.

■ 개요 짜기 사례

교사: 이제 '다문화 학생들을 차별하지 말자'는 주제에 대해 여러분이 내 준 여러 아이디어
들을 가지고 글을 쓰기 위해 먼저 전체 글의 구조를 짜 볼 거예요.

학생 1: 에이, 선생님. 귀찮게 구조 같은 거 짜지 말고 그냥 쓰면 안 돼요?

교사: 아까 여러분이 글에 들어갈 내용을 결정했잖아요. 그 내용을 어떻게 배치해서 글을
쓸지 정하지 않으면 글이 들쑥날쑥할 수 있어요. 또 기껏 아이디어를 내놓고, 엉뚱
한 이야기를 쓸 수도 있고요. 그러니 글을 쓰기 전에는 반드시 글의 전체 구조를 짜
야 해요. 이번에는 자기 글의 개요표를 짜 볼 거예요. 일종에 글을 쓰기 위한 계획표
를 미리 만들어 놓는다고 생각하면 돼요.

– 다문화 학생들을 차별하면 안 된다는 내용의 주장글을 쓰기 위해 개요를 짰다.

서론	다문화 이웃들이 늘어나고 있는데, 다문화 학생들을 차별하면 안 된다.
본론	• 우리나라에 대한 이미지가 나빠질 수 있다. • 그들에게도 우리와 똑같은 인권이 있다. • 다문화 학생들이 스트레스를 받을 수 있다.
결론	편견을 버리고 다문화 이웃들에게 손을 내밀자.

■ 내용 조직하기 실습

● 『별주부전』을 읽고 독서 감상문을 쓰려고 한다. 과정 중심 글쓰기의 전략을 활용하여
한 편의 글을 완성해 보자.

2) 내용 조직하기 전략 중 하나를 사용해 독서 감상문의 처음, 가운데, 끝부분을 구성하기

(4) 표현하기(초고 쓰기)[6]

'표현하기(초고 쓰기)'는 내용 조직하기에서 만들어진 글의 개요에 따라 내용을 적절하게 서술하는 것으로 초고를 쓰는 단계이다. 이때는 처음 계획했던 대로 글의 목적이나 주제, 예상 독자 등을 고려하여 글을 쓰되 한 번에 완벽한 글을 쓰려는 부담을 가질 필요가 없다. 즉, 초고 쓰기 단계에서는 글의 완성을 목표로 하지 않으며, 교사와 동료들과의 협의에 의해 수정될 수 있다. 초고 쓰기에 적합한 대표적 전략으로는 '빨리 쓰기'와 '구두 작문' 등이 있다.

① 빨리 쓰기

'빨리 쓰기'는 말 그대로 재빨리, 형식에 구애받지 않고 쓰는 것이다. '빨리 쓰기' 전략은 초고를 한 번에 완성하려다 생기는 실수들을 막아 주고, 자신이 쓰고 싶은 내용을 학습자들이 충분히 먼저 표현하도록 하기 위한 활동이다. 자신이 조직한 내용을 자연스럽게 문장으로 만들어 가되 너무 신중을 기해 힘들여 쓰지 않도록 하며 빨리 쓰도록 유도하여야 한다. 학생이 '빨리 쓰기' 자체를 글을 완성하는 단계로 잘못 인식하지 않도록 교사는 '빨리 쓰기'가 조직한 내용을 문장으로 연결하는 연습일 뿐이라고 주지시켜야 한다.

② 구두 작문

'구두 작문'은 초고를 글로 쓰지 않고, 먼저 말로 표현하는 방법이다. 학생들은 자신이 개요로 조직한 내용을 원고지에 쓴다면 어떻게 글로 전개할 것인지 상상하여 동료들이나 교사에게 말로 설명한다. 이런 구두 작문은 말하는 학생이 맞춤법이나 글씨에 신경을 쓸 필요가 없기 때문에 마음의 부담감이 훨씬 덜하다. 또한 실제 글을 쓰는 것 같이 완성된 문장으로 말하면서 마음에 들지 않는 부분이 있으면 즉시 수정이 가능하여 편리하기도 하다.

---

6) 과정 중심 글쓰기 이론에서는 '표현하기' 단계라고 쓰지만, 국어 교과서에서는 '초고 쓰기'로 표시하는 바, 두가지 표현을 병기해서 사용함.(『국어 중 1-1』, 천재교육, 2-② 통일성 있게 글 쓰기 참조)

■ 표현하기(초고 쓰기) 사례

교사: 이번에는 '개요표' 내용을 바탕으로 간단히 말하거나 쓰는 '초고 쓰기'를 할 거예요. 초고 쓰기는 간략하게 쓰는 빨리 쓰기와 말로 발표하는 '구두 작문'이 있어요. 이번에는 구두 작문을 해 볼 거예요. 그냥 자기가 글에 쓰려고 하는 내용을 그대로 말해 주면 돼요. ○○이가 먼저 해 볼까요?

학생 2: 네, 제가 쓸 글의 제목은 다문화 학생 차별입니다. 요새 우리나라에 온 다문화 이웃들이 정말 많아졌습니다. 우리 학교에도 한 명 있고요. 이런 학생들을 차별하면 안 된다고 생각합니다. 왜냐하면 외국인이라고 차별하면 우리나라의 이미지가 나빠질 수 있기 때문입니다. 차별을 받은 다문화 학생이나 그 가족들은 기분이 나쁠 것이고, 우리나라에 대한 이미지도 나빠질 겁니다. 또 외국인들이니까 자기들 나라에 있는 친척이나 친구들에게 우리나라에 대한 욕을 할 수도 있습니다. 그렇게 되면 외국에서 우리나라를 볼 때 대한민국은 차별하는 나라라고 생각할 수 있습니다. (중략)

■ 표현하기(초고 쓰기) 실습

● 『별주부전』을 읽고 독서 감상문을 쓰려고 한다. 과정 중심 글쓰기의 전략을 활용하여 한 편의 글을 완성해 보자.

3) 자신이 조직한 글의 개요를 참고해 독서 감상문의 초고를 표현해 보기

(5) 고쳐쓰기

'고쳐쓰기'는 초고를 비판적으로 살펴보는 단계이다. 최근에는 글쓰기 교육에서 '고쳐쓰기'의 중요성이 커지고 있는데, 이는 초, 중, 고 교과서 글쓰기 과정에서 평가 활동의 비중이 늘어나는 모습을 보면 알 수 있다.

일반적으로 고쳐쓰기는 다섯 가지 형태로 일어나는데, 글이 첨가되거나 삭제, 대체, 이동, 재배열된다. 첨가는 부족한 내용을 덧붙이는 것이고, 삭제는 불필요하고 중요도가 떨어지는 주변 내용이나 사례를 빼는 활동이다. 대체는 부적절하거나 정확하지 않은 내용을 다른 내용으로 바꾸는 것이고, 이동은 내용의 순서를 앞 또는 뒷부분으로 옮기는 것이다. 재배열은 문단의 순서를 바꾸거나 흩어져 있는 부분을 하나로 줄이는 등 재구성하는 활동이다.

이런 '고쳐쓰기'는 자신의 글을 직접 다듬는 훑어 읽기와 자기 평가, 친구들이 서로의 글을 돌려 읽으며 평가하는 협의하기(돌려 읽기)가 있다. 교사는 평가 항목을 선정하고 용지를 마련하여 학생들이 다듬기 활동을 하도록 지도한다. 또 글쓰기 과정에서 사용할 수 있는 전략을 전체적으로 보여 주고, 학습자가 글쓰기 활동 과정에서 사용한 전략의 습득 정도를 점검하도록 한다.

① 훑어 읽기

자신이 쓴 초고를 처음부터 끝까지 소리 내어 읽어 보고, 첨가해야 할 내용이나 삭제할 내용이 있는지 점검해 보는 방법이다. 글을 두세 번 훑어보면서 전체적인 글을 조망해 보는 활동이다. 단순하면서도 쉽게 할 수 있다.

② 자기 평가

자기 평가는 자신의 글을 읽고 스스로 점검하며 평가하는 활동이다. 자신이 쓴 글의 내용을 스스로 평가해 보는 것은 물론이고, 글을 쓰는 행위나 태도, 내가 사용한 전략에 대해서도 점검한다. 이것은 나의 인지 활동을 스스로 평가해야 하기 때문에 상위 인지 향상에 도움이 된다. 교사는 학생들이 글을 쓴 후에 〈표 3〉과 같이 글의 내용, 형식, 글쓰기 태도 측면에서 자신의 글쓰기 활동을 스스로 평가해 보도록 돕는다.

〈표 3〉 고쳐쓰기 모형 – 자기 평가표[7]

	자기 평가 요소
내용 측면	주제가 잘 드러나게 썼는가? 제목에 어울리는 내용을 썼는가? 내용에 더 보충해야 할 부분은 없는가? 재미있거나 감동을 주는 글인가?
형식 측면	문장은 간결하게 썼는가? 적절한 의미의 낱말을 선택했는가? 문장의 호응 관계는 올바른가? 맞춤법이나 띄어쓰기 원칙에 맞게 썼는가? 표현과 어휘가 적절한가?
태도 측면	독자를 의식하며 글을 썼는가? 글을 쓸 때 솔직하게 썼는가? 글을 적극적으로 썼는가? 정확하게 쓰려고 했는가? 쓴 글을 다시 잘 읽고 다듬었는가?

③ 협의하기(돌려 읽기)

협의하기, 일명 돌려 읽기는 소집단의 학생들이 서로 혹은 교사와 함께 글을 돌려서 읽어 보고, 의견을 주며 협의하는 활동이다. 평가 항목에 따라 주제 관련성 및 내용의 적절성, 표현력, 맞춤법, 구성 등 글 전반에 걸친 동료 평가가 이루어짐으로써 각자의 글을 반성하는 기회가 된다. 같은 주제를 가지고 함께 생각을 꺼내고, 내용을 조직한 글이므로 동료의 글을 빨리 이해할 수 있다. 또한 자신의 글과 비교해 볼 수 있으며 문제점을 발견하기도 쉽다. 여기서 주의할 점은 평가를 할 때, 학생들이 다른 학생의 글을 신중하게 읽지 않고 형식적으로 대하거나 혹은 너무 부정적으로 글을 보지 않도록 유도해야 한다는 것이다.

---

7) 정순이(2003), 「쓰기 과정에서 글 다듬기 지도 방법 연구」, 어문학교육 제26집.

■ 고쳐쓰기_협의하기 전략 사례

교사: 여러분, 완성된 글을 쓰기 전에 좀 더 고쳐야 할 부분을 살펴보기로 해요. 이것은 '고쳐쓰기' 단계인데요, 오늘은 '고쳐쓰기' 전략 중에서 '협의하기'를 해 볼 거예요. 서로 오른쪽에 있는 친구의 글을 읽어 보고, 협의하기 활동지를 작성해 보세요.

('협의하기' 평가지 배부)

■ 협의하기 활동지 사례[8]

– 다음을 협의해 보세요.
• 마음에 드는 부분에 밑줄을 그어 보세요.
• 이해하기 어렵거나 질문이 필요한 부분에 ☆ 표시를 해 보세요.
• 고쳤으면 하는 곳에 △ 표시를 해 보세요.

그 부분이 마음에 드는 이유는?	
글에 대해서 질문하거나 더 이야기하고 싶은 부분은?	
고치거나 다듬어야 하는 부분은?	
더 자세히 썼으면 하는 부분은?	

■ 고쳐쓰기 실습

● 『별주부전』 독서 감상문의 초고를 읽고, '고쳐쓰기' 전략 중 하나를 사용해 자신의 글을 점검해 보자.

---

8) 박태호(1996), 「사회구성주의 패러다임에 따른 작문 교육 이론 연구」, 한국교원대학교 석사학위 논문, 87쪽.

(6) 글 완성하기

글 완성하기는 고쳐쓰기를 통해 얻은 평가 내용 및 조언을 참조하여 자신의 글을 완성하는 단계다. 이 과정은 개인적으로 수행된다. 글 완성하기는 표현하기 단계의 내용을 골격으로 하여 살을 붙여 글을 완성하게 되는데, 보다 풍부한 내용과 짜임새 있는 조직, 그리고 적절한 표현으로 글을 완성하는 단계이다. 학습자는 동료들의 평가를 참고하여 자신이 미처 생각하지 못했던 부분을 보완하여 보다 완성도 있게 글을 쓸 수 있다.

글 완성하기에 사용되는 전략은 생생하게 쓰기, 자세하게 쓰기, 인용하여 쓰기, 첫머리 쓰기 등이 있다.

■ 글 완성하기 사례

> **교사:** 자신이 쓴 '초고'를 친구들과 돌려가며 평가해 보았죠. 이때 평가지를 받거나 들은 친구들의 의견을 참고해서 글을 자세히 고쳐 써 보세요.
>
> **예 주장글**
>
> ### 다문화 학생 차별
>
> 초등학교 5학년 ○○○
>
> 요새 우리나라에 오는 다문화 이웃이 늘어나고 있다. 덩달아 학교에서도 다문화 학생들이 많아지고 있다. 하지만 우리나라는 다문화 학생을 받아들이는 것을 어려워한다. 그래서는 안 된다. 다문화 학생들을 차별하지 말아야 한다.
>
> 그 이유는 첫째, 우리나라에 대한 이미지가 안 좋아질 수 있다. 다문화 학생들이 늘고 있는 상황에서 그들을 차별하면 그들이 한국에 대해 가지는 생각이 좋지 않게 된다. 다문화 학생이나 가족뿐만 아니라 그들의 나라에서 살고 있는 다른 외국인들도 한국에 대해 서운함을 가질 것이다. 또한 우리의 차별하는 태도가 외국에 알려진다면 외국 사람들도 한국에 대해 나쁜 이미지를 가지게 될 수 있다.
>
> 둘째, 다문화 학생도 우리와 똑같은 사람으로 인권이 있다. 유엔 세계 인권 선언문 제1조에는 '모든 인간들은 태어날 때부터 자유로우며, 누구에게나 동등한 존엄성과 권리가 있다.'고 나와 있다. 이와 같이, 다문화 학생도 인간으로서 존엄성과 권리가 있다. 또, 우리나라 국민과 같이 동등한 평등권을 가지고 있으며, 차별받지 않을 권리가 있다.
>
> 셋째, 주위에서 다문화 학생들을 자꾸 차별하면 그들이 스트레스를 받게 된다. 우리나

라의 학생들도 따돌림과 차별을 받으면 괴로워하는데, 다른 나라의 학생이 따돌림과 차별을 받으면 얼마나 힘들겠는가. 입장을 바꾸어 생각해 보아야 한다. 자칫하면 이런 차별로 인한 스트레스 때문에 다문화 학생들이 학교에 잘 적응하지 못하거나 괴로움에 자살을 할 수도 있다. 또 서로 이렇게 스트레스를 받으면 수업 분위기도 흐려지게 된다.

우리나라는 다문화 이웃을 불편해한다. 비록 늦었더라도 어서 우리나라가 편견을 버리고 다문화 이웃에게 손을 내미는 나라가 되었으면 좋겠다.

■ 글 완성하기 실습

● 『별주부전』에 대한 독서 감상문을 완성해 보자.

제 2장
글쓰기 지도의 실제

1. 글쓰기의 기초

1) 문장 쓰기

문장이란 말하고 싶은 자신의 생각이나 감정을 담은 단위이다. 일반적으로 한 문장 안에는 말하고 싶은 하나의 의미를 담아 쓴다. 좋은 문장은 의미를 정확하게 드러내고, 다양한 어휘를 사용하여 구체적으로 표현한 것이다. 좋은 문장을 쓰기 위해서는 나타내고자 하는 의미를 잘 표현하는 어휘 선택 능력과 문장 성분을 순서에 맞게 배열하는 능력이 필요하다.

자신이 느낀 것을 '무서웠다', '재미있었다' 등 단순하고 직접적으로 표현하는 것보다 읽는 사람이 그렇게 느끼도록 행동이나 분위기를 생생하게 표현하는 것이 더 좋다. '무서웠다' 대신 '갑자기 온몸이 뻣뻣해지고 머리카락이 서는 것 같았다', '그 놀이 기구는 참 재미있었다'는 '야, 우리 계속 타자'라는 식으로 표현한다면 읽는 사람이 자연스럽게 인물의 감정을 공감할 수 있을 것이다.

문장 쓰기는 글쓰기의 가장 기본이 되는 만큼 아래와 같은 몇 가지 문장 쓰기 관련 내용을 기억한다면 더 좋은 글을 쓸 수 있다.

(1) 문장의 기초

글을 읽는 사람에게 말하고자 하는 바를 정확히 전달하려면 문장 단위 의미가 먼저 명확해야 한다.

① 문장의 종류

문장은 다음과 같은 5가지 종류가 있다. 평서문, 의문문, 감탄문, 명령문, 청유문이다. 이것 중 글쓰기에 가장 많이 사용되는 문장은 평서문이다. 간혹 어린 학생들의 경우 명령문과 청유문을 구분하지 못하거나 혼동해서 사용하는 경우도 있으니 문장 쓰기 활동 시 참고하자.

가. 평서문: 예 강아지가 나를 따라온다.

나. 의문문: 예 이 강아지 주인이 너니?

다. 감탄문: 예 진짜 예쁜 강아지네!

라. 명령문: 예 강아지를 나 대신 산책시켜 줘.

마. 청유문: 예 우리 집에 강아지 보러 가자.

② 문장의 기본 순서

문장에는 몇 가지 기본 순서가 있다. 이 순서에 맞추어 문장을 써야 한다. 하지만 우리 말의 특성상 이런 순서가 지켜지지 않아도 어떤 의미인지 알 수는 있다. 순서가 바뀌어도 의미는 통하겠지만, 정리된 글로는 느껴지지 않는다. 다만, 시적인 표현을 쓰거나 어떤 내용을 강조할 목적으로 일부러 어순을 바꾸어 쓸 수는 있다. 따라서 글을 보고 평가를 해야 하는 경우 필자의 나이나 글의 문맥 등을 살펴 단순히 어순을 바르게 쓰지 못한 경우인지, 아니면 표현의 변화나 생각의 강조를 위해 의도적으로 어순을 바꾼 경우인지 판단할 필요가 있다.

가. 주어 + 목적어 + 서술어

→ 예 참새가 벌레를 먹습니다.

나. 관형어 + 주어 + 목적어 + 서술어

→ 예 작은 참새가 벌레를 먹습니다.

다. 관형어 + 주어 + 목적어 + 부사어 + 서술어

→ **예** 작은 참새가 벌레를 맛있게 먹습니다.

③ **문장 서술 방식**

가. 묘사식 서술

그림을 그리듯이 본 것을 자세히 쓰는 방법으로 '문자로 그리는 그림'이라고 이해하면 된다. 사물을 자세히 보게 하고 본 것을 문자로 정확하게 나타내는 힘을 길러 준다. 또 독자에게 논리적 이해보다 생생한 느낌을 전달하는 장점이 있다.

예 하늘은 문구점에서 금방 산 색 도화지처럼 주름 하나 없이 깨끗했다. 건너편 102동 옥상 바람개비는 바람과 장난을 치는지 빙글빙글 돌았다. 날씨가 추운지 아파트 정문 옆의 귤 파는 아저씨는 좌판에 비켜서서 햇볕 드는 곳에 계속 서 계셨다. 나는 그때 베란다에 서서 친구들이 오는지 내려다보고 있었다.

나. 설명식 서술

설명식 서술은 정보를 쉽게 전달할 때 유용하다. 개념 정의, 상술, 비교, 대조, 분류, 분석, 예시, 인용 등의 다양한 방법이 있다. 주로 설명문에서 사용하지만, 주장하는 글에서도 일부 설명식 서술이 나타난다.

예 자전거는 안장에 앉아 발로 바퀴를 구르면 앞으로 가는 장치다. (정의)

다. 서사식 서술

이것은 사건이 진행되는 과정이나 인물이 한 행동을 순서대로 쓰는 방법이다. 아동용 책에서는 시간의 순서대로 사건이 진행되는 경우가 일반적이다.

예 아침에 늦게 일어나서 밥도 못 먹고 학교로 뛰어갔다. 그런데 교실에서 아이들이 파스텔을 꺼내는 것을 보고, 내 방 책상 위에 두고 온 것이 생각났다. 복도에 나가 어머니께 전화를 했다.

라. 논증식 서술

어떤 문제 상황이나 주제에 대해 자신의 의견을 내세울 때 사용한다. 논리적 근거를 들어 자신의 생각을 상대방에게 나타낼 때 효과적이다.

예 쉬는 시간에 복도에서 뛰어다니면 안 된다. 복도에서 친구들끼리 부딪치면 다치거나 넘어질 수가 있기 때문이다.

마. 대화체 서술

글쓰기에서 말하거나 생각한 것을 큰따옴표("~"), 작은따옴표('~')로 표현하는 방식이다. 대화체를 사용하면 사건의 진행과 인물의 성격, 생각을 쉽게 전달할 수 있고 재미있는 글이 된다. 마치 눈앞에서 일어나고 있는 것처럼 생생하게 느껴지기 때문에 일기나 생활문의 경우 대화체를 적극적으로 사용하도록 유도하면 글을 더 쉽게 쓸 수 있다. 대화체 글쓰기 팁은 다음과 같다.

- 대화하는 상대가 누구인지 드러나도록 쓴다.
→ '~가 말했다' 등을 덧붙여 설명하는 줄글은 가능하면 쓰지 말고, 말글만으로 자연스럽게 이어지도록 쓴다.
- 대화글로 사건의 내용, 말하는 사람의 생각, 성격이 자연스럽게 드러나도록 쓴다.
- 군더더기 표현을 생략한다.
→ 사람들의 대화 속에 들어 있는 '음~ ', '아~' 등 쓸데없는 군더더기 말을 생략한다. 단 이런 표현들이 내용에 영향을 미치는 경우는 그대로 사용한다.
- 표준어로 다듬지 않고, 상황이나 인물에 따라 필요한 사투리나 욕 등은 그대로 쓴다.
예 친구들이 축구한다고 엄마가 지나가는 데도 모른척하냐고 놀렸다. 엄마보다 축구가 더 좋으냐고 했다. 난 찌증이 나서 화를 냈다.
→ "지민아, 너네 엄마 저기 지나가신다."
　 "야, 너네 엄마라고."
　 "지민이 어머니~, 지민이가 엄마보다 축구가 더 좋다는데요?"
　 "야~, 너 왜 우리 엄마한테 그런 말을 해. 아, 짜증 나! 나 그냥 집에 갈래."

④ 문장을 쓸 때 유의할 점

학생들이 문장을 쓸 때 흔히 보이는 몇 가지 아쉬운 점이 있다. 좋은 문장 쓰기를 지도하기 위해 알아 두면 도움이 될 것이다.

가. 간결한 문장 쓰기

한 문장에는 보통 하나의 생각만 담는다. 가끔 하고 싶은 말이 넘치는 학생들이 있다. 이들은 하나의 문장에 2~3가지 의미를 담으려고 시도한다. 그러다 보면 문장도 꼬이고, 여러 개의 문장 성분이 담긴 비문이 되어 버린다. 이런 문장은 읽은 후에 어떤 말을 하고 싶은 건지 의미 전달이 잘 되지 않아 혼란스럽다. 이때는 문장을 잘라서 간결하게 다듬도록 유도해 보자. 문장의 길이가 짧아지면 자연히 여러 의미를 넣을 수 없게 되고, 문장에 리듬이 생기면서 정확한 뜻 전달이 가능해진다.

> **예** 환경을 위해 우리가 해야 하는 행동은 홍보해야 하는 이유는 우리만 하면 영향이 미치지 않기 때문에 홍보를 해서 다른 사람들도 참여시켜서 더 많은 인력을 참여시키면 영향력이 커질 것이다.

(수정하기) →

나. 문장의 호응

문장에는 '마치 ~ 한다면', '전혀 ~ 하지 않는다.'처럼 반드시 뒤에 따라오는 말이 정해져 있는 경우가 있다. 만약 문장을 쓸 때 이렇게 연결되는 말을 쓰지 않는다면 어딘가 자연스럽지 않고, 이상하게 느껴지는 문장이 되어 버린다. 주어와 서술어가 정확히 일치하지 않을 때도 비슷한 문제가 생긴다.

문장의 앞뒤가 자연스럽게 연결되도록 쓰는 것을 문장의 호응이라고 하는데, 이처럼 호응이 맞지 않는 글은 하고 싶은 말의 의미가 모호하고, 잘 읽히지 않아 불편한 문장이 된다. 따라서 학생들이 글을 쓴 이후에 소리 내어 읽어 보아 어색한 문장은 없는지, 주어가 서술어에 맞는지 등을 확인하도록 하면 수정에 도움이 된다.

> **예** 이 책은 '욕심을 부리다가는 큰코다친다.'라는 교훈을 주는 책이다.

(수정하기) →

2) 단락 쓰기

(1) 단락의 개념과 유형

단락은 몇 개의 문장이 모여서 하나의 중심 생각을 나타낸다. 단락은 그 자체로서도 완결된 구조를 이루고 있지만, 그보다 큰 단위인 장이나 글의 일부분이 된다. 한 편의 글은 여러 개의 단락으로 이루어지는데, 글을 쓸 때 단락을 나누어 쓰는 까닭은, 한 단위의 생각을 마무리 지음으로써 다른 단락의 생각과 구별하기 위해서이다. 그렇게 함으로써 전체적인 글의 짜임 관계가 뚜렷이 드러나고 의미도 분명하게 표현된다. 각각의 단락은 그 자체로서 어느 정도의 독자성과 완결성을 갖게 되는 것이다.

단락의 문장들은 서로 연관성이 큰 관계이며, 하나의 중심 문장과 여러 개의 뒷받침 문장으로 구분할 수 있다. 중심 문장은 단락의 중심적인 내용인 '중심 생각'을 담고 있다. 중심 생각은 글 전체의 주제와 비교하여 소주제, 화제, 또는 단락 주제라고 한다. 중심 생각은 글의 일부를 이루는 한 단락의 중심 내용이므로 당연히 글 전체 주제와 밀접한 관련을 가져야 한다. 중심 생각이 주어와 서술어를 갖춘 문장으로 나타날 때, 이를 중심 문장, 소주제문, 화제문 또는 단락 주제문이라고 한다.

뒷받침 문장은 소주제를 효과적으로 드러내는 역할을 하며 소주제와 밀접한 연관을 가진 내용으로 구성되어야 한다. 뒷받침 문장은 상술, 정의, 예시, 인용, 비교, 대조, 비유, 유추 등의 방식으로 서술할 수 있다.

단락의 길이가 너무 짧거나 길면 좋지 않다. 너무 짧을 경우 중심 화제가 잘 드러나지 않고, 내용도 충분히 설명되지 않는다. 반대로 길이가 길어지면 단락 나누기를 해야 할 만큼 여러 내용이 섞여 들어가 산만하게 된다. 단락의 길이는 정해진 전체 분량이나 글의 목적에 따라 다양하게 구성하되 대략 3문장에서 6문장 정도를 초등학생의 단락 쓰기 연습에 활용한다.

단락의 종류는 중심 문장의 위치에 따라 나눌 수 있다. 두괄식 구성은 중심 문장을 단락 첫 문장에 진술하는 방식이며, 미괄식 구성은 어떤 문제에 대해 단계적으로 질문함으로써 단락 끝에 중심 문장을 배치하는 것이다. 이 외에도 양괄식, 중괄식, 무괄식 유형이 있다. 어떤 유형이든 한 단락에는 중심 생각이 하나여야 한다는 것은 동일하다.

설명문, 논술문 등 실용적 글쓰기에서는 두괄식 단락이 중심 생각을 잘 드러내어 쓰기도 용이하며, 독자의 입장에서 읽기도 쉽다.

(2) 단락의 요건
① 통일성: 단락의 내용과 형식이 한 가지로 일관되어야 한다.
단락의 통일성이란 한 단락 안의 모든 내용과 표현이 한 가지로 일관되어야 한다는 뜻이다. 내용 측면에서 뒷받침 문장의 내용은 하나의 소주제로 집약되어야 한다. 통일성을 확보하기 위해서는 소주제가 담고 있는 의미가 명확하고 한정되어야 하며, 소주제와 연관성이 약한 문장은 생략해야 한다. 표현 측면에서 문체, 서술 방식의 일관성도 통일성에 속한다.

② 완결성: 단락의 소주제가 구체적으로 입증되어야 한다.
단락의 완결성이란 뒷받침 문장을 통해 소주제가 충분하고도 구체적으로 해명되는 것

이다. 소주제는 명확히 드러나 있는데 뒷받침 문장의 내용이 충분하지 않다든지, 뒷받침 문장은 풍부한데 소주제문으로 집약시킬 내용이 없다면 완결성이 결여되었다고 본다.

③ 연결성: 단락의 각 문장들은 유기적 연관성을 가져야 한다.

단락의 연결성이란 단락 안에서 문장들이 질서를 가지고 유기적으로 연관되어 있는 것이다. 여러 문장이 시간이나 인과 관계 등 일정한 순서로 배열되어야 한다. 또 문장 간의 관계에 따라 '그리고', '그러나' 등 접속어를 적절하게 사용해야 한다.

■ 예문

● 다음 단락을 읽고 중심 문장과 뒷받침 문장을 구분해 봅시다. 또한 단락의 요건에 어긋나는 문장을 찾아봅시다.

바다는 인간에게 많은 도움을 준다. 식량과 자원을 제공해 주며, 기후 조절의 역할을 한다. 교통 운송로의 역할을 할 뿐 아니라 멋진 풍경으로 정서를 순화시켜 주기도 한다. 그런데 요즘 소중한 바다가 오염되어서 정말 걱정이다.

■ 단락 쓰기 실습

● '가족 간에는 대화가 많아야 한다.'가 중심 문장인 단락을 써 봅시다.

3) 글의 구성

글의 주제를 효과적으로 드러내기 위해서는 글이 전체적으로 잘 조직되어 있어야 한다. 이러한 글의 조직은 '도입부-본문-마무리' 구성이 일반적이다. 이러한 구성은 논증형의 글에서는 서론, 본론, 결론으로, 그 외의 글에서는 처음, 가운데, 끝이라는 용어를 써서 동일하게 구분 짓는다. 주제에 따라 약간의 변화는 있겠지만, 어느 경우나 도입부나 마무리보다는 가운데 부분이 깊이 있고 구체적인 내용으로 구성되어야 하며, 분량도 다른 단계보다 많아야 한다.

글을 구성할 때 전체 주제를 뒷받침하는 소주제의 개수가 가운데 부분의 단락 수를 결정하게 된다. 이때 중요한 것은 글의 단계성이다. 전체 글에서 어떤 단계로 심화 혹은 확장하여 주제를 일관성 있게 표현할 것인지에 따라 소주제가 담긴 단락의 배치가 달라지기 때문이다.

(1) 도입부-처음(서론)

도입부는 글의 첫인상을 결정짓는 중요한 부분이다. 따라서 도입부는 읽는 이의 관심과 호기심을 유발하여 읽고 싶은 기분이 들도록 시작한다. 글의 주제나 제재에 대해 독자의 주의를 환기하는 정도의 깊이로 쓴다. 그밖에 주제와 관련된 배경을 진술하거나 논의의 범위를 설정하고, 사용하는 중심 단어의 의미를 뚜렷이 헤 둘 필요가 있을 때도 도입부에서 언급해야 한다.

또한 도입부는 글의 길잡이 역할을 하기 때문에 본문에 나타날 '문제의 도입'과 '문제 제기', '주제 암시'가 나타나야 하며, 본문의 방향이 드러나야 한다. 다음은 대표적으로 쓰이는 도입부 내용이다.

① 속담이나 격언, 인용으로 시작한다.
② 역사적 사건, 최근에 일어난 사건, 자신의 체험 등 일화나 사례로 시작한다.
③ 주제와 연관된 자신의 생각이나 상황을 진술하면서 시작한다.
④ 새로운 관점이나 생각을 제시하며 시작한다.
⑤ 질문으로 시작한다.
⑥ 주제와 관련된 배경지식을 제시하며 시작한다.
⑦ 위의 방법들을 결합한 내용으로 시작한다.

(2) 본문－가운데(본론)

본문은 도입부에서 제시한 방향을 구체적으로 해명하는 단계이므로 사건의 변화, 자신의 생각이나 느낌, 주장이나 의견의 타당함을 구체적으로 서술하는 단계이다. 가운데(본론) 쓰기의 기본 요건은 명확성이라 할 논리성과 체계성이다. 그러기 위해서는 전개 방식에 따른 단락 구성에 대한 계획이 치밀해야 한다. 진술 방식으로는 비교, 대조, 분류, 분석, 인용, 예시, 종합 등 다양하다.

본문 쓰기에서 가장 중요한 것은 단락의 구성과 그것들의 연결이며, 단락의 수는 주요 내용의 수에 따라 결정한다.

① 사건이 일어난 시간순, 공간순으로 구성한다.
② 비교, 대조, 분류, 분석, 종합으로 구성한다.
③ 주장과 근거에 따라 구성한다.
④ 문제점 제시, 원인 규명, 해결 방법 등으로 구성한다.
⑤ 열거식으로 구성한다.

(3) 마무리－ 끝(결론)

글을 맺으며, 완성하는 단계로 지금까지 논의한 내용을 맺는 단계다. 따라서 마무리를 쓰기 전에 도입부와 본문을 읽어 보고, 마무리에 쓸 내용이 글의 흐름에 맞는지 확인해야 한다. 상투적이며 추상적인 내용을 피하고, 새로운 논의를 첨가하지 않도록 주의한다. 마무리는 도입부, 본문에 비해 간결하게 쓴다. 일반적으로 많이 쓰이는 마무리 방식을 아래에 제시했다.

① 본문에서 다룬 내용을 간단히 요약한다.
② 주제에 대한 의견이나 생각, 또는 강조나 당부 내용 등을 덧붙인다.
③ 본론에서 결론까지 주된 내용의 흐름을 이해할 수 있도록 주제에 대해 한두 문장 정도로 일반적인 내용을 언급한다.
④ 주제나 의견에 대한 핵심적인 내용을 담은 문장으로 끝낸다.
⑤ 인용의 방법으로 끝낸다.

2. 갈래별 글쓰기 지도

1) 일기

(1) 일기의 개요

일기는 자기 삶의 기록이다. 매일이 쌓여 전체 나의 인생이 되는데, 일기는 매일 내 삶을 기록해 나라는 사람이 어떻게 살아왔는지를 보여 준다. 일기는 또한 글쓰기의 출발점이자 기본이 되기도 한다. 모든 갈래의 글쓰기 중에서 아마도 남녀노소 상관없이 누구나 가장 쉽게 쓸 수 있는 글이 일기 쓰기일 것이다.

이러한 일기 쓰기는 인성과 사고력을 키울 뿐만 아니라, 자신의 마음을 살피고 가장 중요한 '앎'인 나 자신을 더 잘 알 수 있게 하는 도구가 된다. 일기를 쓰면서 내 삶과 나의 상태, 마음을 거울처럼 비추어 알게 되기 때문이다.

2006년 국가인권위원회에서는 '초등학생의 일기를 강제로 검사하는 것은 인권 침해'라는 결정이 났다. 하지만 이것은 '강제로 검사하는 것'의 문제이지 일기 쓰기의 의미 자체를 부정한 것은 아니다. 요즘에도 학교 현장에서는 여전히 일기 쓰기가 중요시되고 있다. 그러므로 일기 지도는 일정 기간 필요하다. 일기는 내밀한 마음을 담아내는 과정이라 어느 정도 교사와 학생 간의 신뢰가 바탕이 되어야 한다. 따라서 글쓰기를 지도할 때 학습자에 대한 수용적인 자세와 마음을 읽어 주려는 노력이 있어야 하겠다.

① 일기의 개념과 형식

일기는 '그날 자신이 한 일, 본 일, 들은 일, 생각하거나 느낀 일 중에서 인상에 남거나 깨달음을 준 것'을 솔직하게 쓴 글이다. 일기는 의사소통을 목적으로 하는 글이 아니므로 일정한 형식 없이 자유롭게 쓸 수 있다. 생활 일기, 편지 일기, 독서 일기, 관찰 일기, 기행 일기 등 다양한 형식으로 자신의 하루를 표현할 수 있다는 말이다.

하지만, 날짜와 날씨는 기본적으로 표기해야 한다. 날씨의 표기는 '맑음', '흐림' 등 간단하게 적지 말고 더 구체적으로 적어 보자. '오전에는 흐렸다가 오후에 맑게 갬.'이나 '바람이 많이 불어 아주 추웠다.', '내 기분처럼 바람이 많이 불고 흐린 날' 등으로 다양하게 쓸 수 있다.

② 일기의 효과

일기를 쓰면 좋다는 것은 많은 사람들이 알고 있다. 일기는 글 쓰는 활동 그 자체로도 다양한 이점이 있지만, 일정 기간 축적되었을 때도 여러 방면에서 활용이 가능하다.

가. 그날 자신이 한 일을 돌아보고 반성하여 인격을 발전시킬 수 있다.

나. 자신에 대해서 더 잘 알게 되고, 살피게 되어 자존감을 높일 수 있다.

다. 감정적으로 마음에 담았던 일을 털어놓아 정서가 안정되고, 자신의 마음을 차분하게 조절할 수 있다.

라. 하루 일을 돌이켜 생각하고 판단하는 과정에서 사고력이 발달한다.

마. 계획성 있는 생활을 할 수 있게 된다.

바. 사건이나 상황에 대한 통찰력이 생기고, 옳고 그름을 구분하는 분별력이 길러진다.

사. 글로 표현하는 능력을 기를 수 있다.

아. 일기는 개인의 역사로 나중에 자신의 과거를 돌아볼 수 있다. 또한 상급 학교 진학 시 자기소개의 자료로도 활용할 수 있다.

자. 일기를 쓰며 자신의 진로와 꿈을 발견하고, 키울 수 있다.

③ 글감 잡기

요즘 아이들의 생활은 학교와 학원을 중심으로 아주 단순화되어 있다. 이렇게 반복된 일상이 지속되기 때문에 아이들은 쓸 거리가 없어서 일기를 쓸 수 없다고 말한다. 그러나 어제와 완전히 같은 오늘이란 있을 수 없다. 비슷해 보여도 관심을 가지고 자세히 살펴보면 생각해 볼거리들이 항상 있기 마련이다.

아이들이 일기 글감을 정하지 못하는 이유는 특별한 일만 글감이 된다고 오해하고, 자신의 관심을 글감으로 연결하지 못하기 때문이다. 이러한 어려움은 몇 가지 전략을 이용하여 쉽게 해결할 수 있다.

가. 글감 표 만들기

그날 있었던 일을 회상하여 시간대별, 장소별로 일어난 사건과 생각, 느낌을 표로 정리한 후 한 가지를 선택하여 자세히 쓴다.

시간	사건	생각과 느낌
오전	학교 가는 길에 새끼 고양이를 보았다.	귀여워서 쳐다보았다.
오후	급식을 먹은 후 수진이와 줄넘기 연습을 했다. 이중 뛰기가 잘 안 되었다.	이중 뛰기, 엇걸어 뛰기를 잘하는 수진이가 부러웠다.
저녁	공원에서 줄넘기를 하다가 어떤 아저씨한테 흙이 튀었다.	아저씨한테 죄송했다. 그런데 화를 안 내셔서 다행이었다.

나. 대화 기록하기

오늘 가장 길게 이야기를 나눈 사람이나 혹은 사람들과 나눈 대화 중 기억에 남았던 내용을 몇 개 정리하고, 그중 하나를 골라 일기를 쓴다.

장소	사람	대화 내용
급식실에서	선생님	"오늘 너희들이 먹는 상추는 우리가 텃밭에서 기른 거다. 신기하지?"
집에서	엄마	"너 오늘은 학교에 혼자 가지 말고 형이랑 같이 가."
교실에서	지연이	"선생님, 명호가 자꾸 발로 제 의자를 차요."

다. 브레인스토밍 방법으로 핵심 단어들을 떠올려 묶기

오늘 하루를 어떻게 지냈는지 생각해 보며 머릿속에 떠오르는 단어들을 가급적 많이 써 본다. 이때 적어둔 단어를 사건이나 인물 혹은 장소 등 나만의 기준으로 묶는다. 묶은 내용들 중 마음에 드는 것을 골라 그 단어를 넣어서 일기를 쓴다.

예 초등학교 3학년 OOO이가 떠올린 단어들

추위, 영어 학원, 버스, 형, 잔소리, 학습지, 예주, 지각, 짜증, 교통 카드, 1,000원, 아빠, 눈, 숙제, 피곤함

• 관련 있는 사건끼리 묶기

추위, 영어 학원, 버스, 형, 잔소리	잔소리, 학습지, 예주, 지각, 짜증	교통 카드, 1,000원, 아빠, 눈, 숙제, 피곤함

라. 또래 일기 활용

또래가 쓴 일기를 읽어 보고 자신의 비슷한 경험이나 떠오르는 생각을 글감으로 쓴다.

마. 별점 주기

하루 동안 있었던 일들을 몇 개 떠올려 보고, 그 일들에 별점을 주어 가장 높은 점수를
준 사건 1~2개로 일기를 쓴다.

예 초등학교 4학년 ○○○에게 있었던 일

항목	내용	별점
들었던 것	앞자리에 미나가 내 지우개보다 자기 것이 더 예쁘다고 자랑하는 말을 했다.	★☆☆☆☆
있었던 일	1인 1역으로 화단에 물을 주고 있었는데, 4반 선생님이 지나가시면서 칭찬을 해 주셨다.	★★★☆☆
보았던 것	길거리에 개똥을 치우지 않아서 파리가 잔뜩 앉아 있는 것을 보았다.	★★★★☆

• 위 표에서 나만의 중요도를 별점으로 색칠해 보았는데 가장 점수가 높은 '보았던 것(개똥)'을
골라 일기를 썼다.

(2) 일기의 구성

일기는 특별한 형식이 없기 때문에 자유로운 구성이 가능하다. 다만 이야기글 형식으
로 쓰는 경우가 가장 많기에 글을 쓸 때 참고할 수 있는 몇 가지 글쓰기 팁을 소개한다.

① 제목 쓰기

제목은 일기의 필수적 요소는 아니지만 초등학생의 경우 제목을 정하면서 글감과 주
제를 정할 수 있다. 제목은 구체적으로 표현하는 것이 좋은데, 예를 들어 '동생'이라는
제목보다는 '얄미운 내 동생'이라는 제목이 더 바람직하다.

② 본문 쓰기

가. 처음을 시작할 때 '오늘', '나는'이라는 말을 빼고, 다양한 방법으로 쓴다. 일기라는
말에는 '오늘 내가 겪은 일을 쓴 글'이라는 의미가 내포되어 있으므로 '오늘 나는' 이라는
말을 쓸 필요가 없다. 하지만 보통 아이들은 이 말을 습관적으로 일기에 쓴다. '오늘 나
는'이라는 말 대신 때와 장소, 사건의 결과, 대화글 등 다양한 방법으로 첫 문장을 쓸 수
있도록 지도한다.

• 때와 장소로 시작하기

㉑ 수업이 끝난 후 후문에서 있었던 일이다.

• 사건의 결과로 시작하기

㉑ 벌써 세 번째로 미술 준비물을 잊어버렸다.

• 대화글로 시작하기

㉑ "야, 우리는 학교 엘리베이터 타면 선생님께 혼나."

나. 본문 내용은 가급적 구체적으로 풀어서 자세히 쓴다.

다. 그 일을 겪으면서 생각하고 느낀 것을 구체적으로 쓴다. '기분이 좋았다'는 '신이 났다', '뿌듯하다', '마음이 가벼워졌다' 등 상황에 맞춰 다양하게 표현한다. 또 '내일부터 책을 열심히 읽겠다'보다는 '내일부터 아침에 30분씩 어떤 책을 읽겠다'고 구체적인 내용으로 쓴다.

라. 교훈을 억지로 쓰거나 거짓말로 포장하지 않고, 가급적 솔직하게 쓴다.

③ 다양한 방법으로 일기 쓰기
일기는 정해진 형식이 없다. 그러므로 생활 일기, 감상 일기(독서, 영화, 그림, 음악), 시 일기, 비평 일기(신문, 텔레비전), 주장 일기, 기행 일기, 만화 일기, 그림일기, 관찰 일기, 편지 일기 등의 다양한 방법으로 일기를 쓸 수 있다.

(3) 일기 쓰기 사례
일기 쓰기를 지도한 사례는 다음과 같다.

① 글감 정하기: 오늘 듣고, 보고, 겪었던 일 중 인상 깊었던 것을 선택함.
→ 모형 숭례문 만들기
② 구상하기: 글감으로 제목을 달고, 이야기글 형식으로 쓰기
③ 표현하기: 처음에는 있었던 내용을 간단히 써서 다시 구체적으로 풀어 쓰도록 지도함.
④ 완성글: 오늘 자신이 겪은 일을 가급적 자세히 고쳐쓰기

■ 예문 1_생활 일기(내용을 구체적으로 고쳐쓰기 한 사례)

20××년 3월 15일, 날씨 하루 종일 흐렸다가 갬

모형 숭례문

어제 경복궁에서 사 온 모형 숭례문을 오늘 학교 끝나고 집에 가서 조립했다. 별 3개짜리였는데, 별로 어려운 난이도의 작품은 아니었다. 그래도 막상 만들려고 하니 걱정이 되었다.

한참 동안 끙끙대면서 만들었다. 마음이 뿌듯했다. 그런데 동생이 만져 보고 싶다고 했다. 만져 보라고 허락해 주었다. 다음에는 더 어려운 모형을 만들어 볼 것이다.

↓

20××년 3월 15일, 날씨 하루 종일 흐렸다가 갬

모형 숭례문

어제 경복궁에서 정확하게는 국립민속 박물관에서 기념품으로 사 온 모형 숭례문이 있었다. 사실 부품만 다 준비되어 있는 뜯어서 만드는 모형 숭례문이었다. 학교 끝나고 바로 방에 들어가서 모형 숭례문 세트를 꺼냈다. 조립 설명서를 보니 엄청나게 어려운 듯했다. 그러나 이 숭례문 포장지에 써 있는 제작 난이도는 별 3개였다. 별 5개가 가장 어려운 난이도이니 그리 어렵지 않은 작품이었다.

그런데 막상 만들려고 하니 '내가 이것을 잘 만들 수 있을까?' 하는 생각이 들었다. 가장 어려운 부분은 숭례문의 지붕 부분! 끼우기도 힘들고 끼워도 잘 떨어져서 한참을 끙끙대며 꽤나 애를 먹었다. 그래도 완성작을 보니 마음이 많이 뿌듯했다. 동생이

"형, 그거 멋지다. 나도 만져 봐도 돼?"

하고 말하길래 만지라고 할까 말까 생각하다가 그냥 된다고 했다. 또 만지지 말라고 하면 엄마한테 일러서 잔소리를 들을 수도 있어서 한 번 양보해 줬다.

"대신에 너 망가뜨리면 나한테 죽는다."

"응. 조심할게."

이렇게까지 협박을 했는데, 괜찮겠지 싶었다. 이번에 만들어 보니 다른 것도 만들 수 있을 것 같다. 다음에는 더 조립하기 어려운 것을 만들어 볼 것이다.

■ 예문 2_생활 일기(그림 일기)

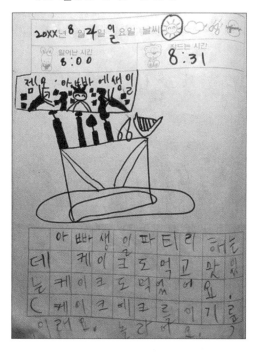

20××년 8월 21일

아빠에 생일

아빠생일파티리해는데케이크도 먹고맛있는케이크도먹었어요. (케이크에크를이기름이래요. 놀라어요.)

↓

20××년 8월 21일

아빠의 생일

아빠 생일 파티를 했는데 케이크도 먹고 맛있는 케이크도 먹었어요. 케이크에 크림이 기름이래요. 놀랐어요.

■ 예문 3_대화글 일기

20××년 ○월 ○일 월요일 구름이 많음

허브 컵 치킨

초등학교 2학년 ○○○

어제 이모가 용돈을 주셔서 오늘 학교 근처에서 파는 '허브 컵 치킨'을 사 먹으려고 했다. 그런데 엄마가 나한테 말했다.

"너 오늘은 학교에 혼자 가지 말고 형이랑 같이 가."

"왜? 나 혼자서 갈래."

"그러지 말고 오늘은 형이랑 가. 둘이 같이 가면 엄마도 마음이 놓이고, 너도 심심하지 않으니까 좋잖아."

"싫어. 형이랑 가면 30분 빨리 나가야 한단 말이야. 그냥 내가 원래 가던 시간에 나 혼자 갈래."

"언제는 형이랑 같이 간다고 난리더니, 오늘은 왜 그래? 형이랑 같이 나가 빨리~."

"너 오늘 형이랑 같이 안 가면 이따가 게임 시간 30분 줄일 거야."

"우이씨, 알았어. 같이 가면 되잖아."

엄마 때문에 오늘 계획 다 망쳤다. 오후에는 허브 컵 치킨집이 문을 닫을 때가 많다. 화가 났다.

■ 예문 4_독서 일기

20××년 8월 14일 해가 쨍쨍

초등학교 3학년 ○○○

독서 수업에서 『밤하늘 별자리 이야기』를 읽었다. 창용이와 나는 책에 나오는 것처럼 지구와 달이 공전, 자전하는 것을 직접 해 보았다. 교실 가운데에 병을 놓고 태양이라고 하고 나는 지구, 창용이는 달이 되었다. 그런데 무척 어려웠다. 지구는 자전을 하면서 공전을 해야 하고, 달은 그 움직이는 지구를 따라가며 돌아야 하기 때문이다. 창용이와 부딪쳐서 내가 그만 병을 발로 차 버리고 말았다. "어, 상윤이가 태양을 발로 차 버렸네." 선생님 말씀에 우리는 웃음 범벅 세상을 만들었다.

블랙홀에 관한 이야기도 읽었다. 블랙홀은 주위의 모든 것을, 아무리 큰 것이라도 다 빨아들인다고 했다. 선생님이 "너희들이 어른이 되면 가족들과 우주여행을 다닐 수 있을 거야."라고 하셨는데, 나는 "싫어요. 블랙홀이 있어서 저는 절대로 우주에 가지 않을 거예요."라고 대답했다. 캄캄한 하늘에 있는 검은 블랙홀을 상상하면 으스스 떨린다.

■ 예문 5_감상 일기

20××년 1월 26일 흐리고 찬바람 쌩쌩

초등학교 5학년 ○○○

'로댕 전시회'를 보고

독서 선생님과 로댕 전시회를 보러 갔다. 우리가 알고 있는 진짜 생각하는 사람을 보았다. 선생님이 그 사람처럼 포즈를 한번 취해 보라고 하셨다. 정말 그렇게 해 보려고 했더니 힘들었다. 왜냐하면 그 사람은 왼쪽 팔꿈치를 오른쪽 다리 위에 올려놓고 있었기 때문이다. 오른쪽 팔을 왼쪽 다리 위에 놓았던가? 하여튼 힘들게 앉아 있었다. 왜 그렇게 힘들게 앉아 있는지 모르겠다. 같은 쪽 다리 위에 놓으면 편할 텐데…….

'청동시대'는 야해서 다 웃었다.

"야, ××가 다 보인다."

현민이가 큰 소리로 말해서 어른들도 웃었다.

제일 특이한 것은 발자크였다. 어떤 여자 어른이 설명을 해 주었는데, 발자크는 다리가 이상했는데 로댕이 그대로 만들고 아랫부분에 받침대를 만들었다고 한다. 받침대가 없으면 발자크가 쓰러진다. 배도 무척 많이 나왔다. 발자크는 위대한 작가인데, 로댕이 배도 나오고 다리도 이상한 모양으로 만들어 돈을 받지 못했다고 한다. 로댕은 참 이상한 사람이다. 사람들을 멋지게 생각하는 모습으로 만들면 돈을 많이 받았을 텐데 왜 저렇게 만들었을까? 선생님은 로댕의 그런 행동이 현대 조각을 발전시켰다고 하셨다.

우리는 '피아노 치는 손'을 그렸다. 내가 그 손 모양을 따라 해 보았더니 이것도 어려웠다. 로댕은 어려운 것을 조각하기를 좋아하나 보다. 유명한 전시회도 보고 견학 숙제도 하나 마쳐서 기분이 좋았다.

2) 생활문

(1) 생활문의 개요

생활문이란 자신이 생활하면서 겪고 보고 듣고 느끼고 생각한 일을 글감으로 하여, 이야기 형식으로 쓴 글이다. 생활문 속에는 주제가 담겨 있어야 한다. 자신에게 있었던 일을 단순히 나열하거나 자기의 생각을 주장하기만 한다면 자칫 무엇을 설명하는 글이나 주장하는 글처럼 느껴질 수도 있다. 특히 미숙한 필자의 경우 자신에게 있었던 인상적인 일상을 그냥 열거하게 되기 쉽다. 따라서 생활문을 쓸 때는 먼저 어떤 주제로 쓸 것인지 결정해 글감을 잡고, 그것을 단순히 설명하는 것이 아니라 글감을 단초 삼아 주제를 이야기 형태로 풀어 나가도록 유도해야 한다.

생활문이 생활 속의 일을 쓴다고 해서 아무 일이나 써도 된다는 것은 아니다. 생활 체험 중에서 인상적인 일, 깨달음을 준 일 등을 서술하여 다른 사람들에게 감동을 주어야 한다. 즉 쓸만한 가치가 있는 것을 골라 써야 한다.

① 글감 잡기

생활문 쓰기에서 가장 고민스러운 부분은 '어떤 글감으로 글을 써야 하는가'의 문제다. 인간의 기억이 유한해서 지나간 과거에 대해서는 잘 기억나지 않는다. 또 설사 기억이 난다고 하더라도 희미해지기 일쑤다. 따라서 아이들의 회상을 도와주기 위해 예전 일기장이나 휴대폰 사진, SNS 등을 이용한다. 또한 아이들의 일상이 담긴 책을 함께 수업하고, 등장인물이 겪은 것과 비슷한 사건을 연결해 떠올리도록 하는 방법도 있다.

일상의 어떤 사건이나 감정도 글감이 될 수 있기 때문에 기뻤던 일이나 화났던 일, 억울한 일이나 자랑스러웠던 일 등 다양한 순간을 떠올리도록 한다. 만약 스스로 떠올리기 어려울 경우 교사가 아예 장소와 글감을 정해 줄 수도 있다. 이때는 친구나 학원, 숙제, 동생과 다툼처럼 생활에 밀접한 글감을 제시해 준다.

② 주의할 점

가. 생활문에는 주제가 필요함을 사전에 학습자에게 인지시킨다. 글쓰기 전에 주제문을 만들어 놓고 확인하며 쓰는 방법도 있다.

나. 주제는 직접 서술하는 것이 아니라 자연스럽게 이야기 속에서 드러나도록 풀어 낸다.

다. 어떤 큰 사건이나 강렬한 경험만이 아닌 소소한 일상의 느낌이나 생각도 글감과 주제가 될 수 있음을 알려 준다.

라. 생활문은 시간의 흐름이나 공간의 이동에 따라 이야기를 풀어 내는 게 일반적이다.

마. 오늘 있었던 일을 쓰는 경우 일기같이 느껴지기 때문에 주제와 감동의 유무 등 일기와의 차이점을 학습자에게 미리 설명해 줄 필요가 있다.

(2) 생활문의 구성

저학년이나 글쓰기의 기초 교육 단계에 있는 학습자는 이야기가 시작되는 '처음', 본격적으로 사건이 펼쳐져 중심이 되는 '가운데', 사건이 해결되는 '끝맺음'의 3단계로 구성하는 것이 좋다. 그러나 고학년이나 글쓰기가 능숙한 학습자라면 발단, 전개, 절정, 결말의 4단계나 발단, 전개, 위기, 절정, 결말의 5단계 형식에 도전해 보는 것도 필요하다.

① 처음 쓰기

가. 대화글로 시작하기

◉ "너는 그것도 못하냐?"

나. 흉내 내는 말로 시작하기

◉ 우르릉 쾅쾅.

다. 중심 생각으로 시작하기

◉ 엄마는 내가 언니라고 동생이 잘못한 일도 나를 먼저 혼내신다.

라. 때로 시작하기

◉ 수요일 저녁 늦게 보건소에서 전화가 왔다.

마. 장소로 시작하기

◉ 아파트 301동 앞에 서 있었는데…….

바. 결과로 시작하기

◉ 내 동생이 또 오줌을 쌌다. 내 동생은 올해 4학년인데…….

사. 묘사로 시작하기

◉ 커다랗고 까만 드라마 촬영차가 좁은 골목길에 버티고 있었다. 그 앞으로 사람들이 카메라를 분주하게 나르고 있었다. 다리가 긴 카메라는 마치 거미 다리가 엉켜 있는 것처럼 보였다. 지나가던 사람들이 잠깐 멈춰 서서 그 모습을 바라보고 있었다.

② 가운데 쓰기

가. 주제를 드러내는 한 가지 사건을 시간과 장소의 변화에 따라 펼쳐 준다.

나. 각 문단 간 연결이 자연스럽게 쓴다. 같은 내용을 반복해서 쓰면 지루한 느낌을 주고 지나치게 생략하여 비약하면 내용을 제대로 이해할 수 없다.

다. 사건의 도입 부분이 너무 길면 지루하거나 정작 써야 할 중심 부분이 줄어들 수 있으니, 중심 사건이 바로 나오도록 쓴다. 글 속에서 사건의 변화를 느낄 수 있도록 써야 한다.

라. 너무 많은 이야기를 담지 말고 주제를 살리는 한두 가지 이야기를 써야 한다.

마. 사건이나 주제와 관련한 자신의 생각과 느낌이 구체적으로 충분히 드러나도록 쓴다.

바. 직접적인 설명보다 행동이나 대화글 등으로 간접 표현의 방법을 쓸 수 있다. 다만 저학년의 경우 겪은 일을 회상하여 쓰는 서사문 정도가 가능하다.

③ 끝 쓰기

가. 사건을 정리하고, 그 일을 통해 자신이 얻은 생각이나 느낌을 구체적으로 쓴다.

나. 최종적으로 주제가 드러나게 쓴다.

다. 뻔한 교훈으로 마무리하지 않는다. '욕심을 부리지 말아야겠다', '앞으로는 엄마 말을 잘 들어야겠다' 같이 식상하고 정답같이 느껴지는 마무리는 피한다.

(3) 생활문 쓰기 사례

생활문 글쓰기를 지도한 사례는 다음과 같다.

① 글감 정하기: 최근에 가장 인상적이었던 일→ 모형 비행기 대회에 나가서 상을 받은 일

② 구상하기: 모형 비행기 대회에 참가한 날에 겪은 일을 시간순으로 정리하기

	한 일	느끼고 생각한 것
출발	선생님과 대회가 열리는 학교로 갔다.	기다렸던 날이라 가슴이 두근거렸다.
대회 시작	고무 동력기를 만드는 4반 교실로 들어갔다.	왠지 자신감이 떨어졌다.
대회 중간	본체를 조립하고 고무줄을 감았다. 아줌마들이 들어와서 자기 아이들 것을 대신 만들어 주어서 반칙이라고 생각했다.	신경 쓰지 않고 열심히 했다.
비행기 날리기	내 비행기를 날릴 때 바람이 불지 않았다. 기록은 6초 21이었다.	잘 날지 않으면 어쩌나 걱정을 했다. 생각보다 오래 날았다. 바람이 불었다면 더 오래 날았을 것이라고 생각했다.
시상식	장려상을 받았다.	얼굴이 환해지고 기뻤다.

③ 제목 정하기: '모형 비행기 대회'라는 가제를 정한 후 제목을 다시 고침. 그날 있었던 일 중에서 가장 인상 깊었던 것은 비행기를 만들 때 혼자 힘으로 열심히 한 것이라고 함. 그래서 '1등을 위한 노력'이라고 제목을 바꿈.

④ 완성글: 본 것, 들은 것, 말한 것을 자세히 쓰도록 지도함. 대화글이 들어가도록 유도함.

■ 예문_생활문 쓰기

1등을 위한 노력

초등학교 4학년 ○○○

기다렸던 모형 비행기 대회가 열렸다. 나는 내 친구 경민이와 학교 대표로 나갔다. 우리는 1시간 동안 차를 타고 ** 초등학교로 갔다.

학교는 무척 커 보였고 운동장에는 아이들이 별로 없었다. 경민이와 나는 헤어졌다. 나는 고무 동력기인데 경민이는 글라이더였기 때문이었다.

"현수야, 잘해. 이따 보자."

우리는 각자의 반으로 들어갔다. 나는 비행기 4반으로 들어가서 비행기를 조립하고 있었다. 그런데 자꾸 아줌마들이 들락날락하는 것이 꺼림직했다. 심판이 없는 사이 아줌마들이 드나들며 아이들 고무줄을 감아 주는데 이것은 반칙이다. 다른 아이들은 어른들의 도움을 받아 가며 만들고 있었다. 아마 집에서 미리 예습을 안 했나 보다.

하지만 나는 신경 쓰지 않고 서둘러 모형 비행기를 만들었다. 먼저 본체를 조립한 후 날개에 삐죽 나오지 않게 붙인다. 그리고 고무줄을 끼웠다. 사포로 꼬리 부분을 밀 때 제일 힘이 들었다. 열심히 만들었으니까 잘될 거라는 예감이 들었다.

이제 날려 볼 차례가 되었다. 나는 더 멀리 날리기 위해 고무줄을 감고 또 감았다. 그런데 조금 전까지 불던 바람이 그만 뚝 그쳐 버렸다. 드디어 내 차례가 되자 나는 있는 힘껏 비행기를 던졌다. 나는 잘 날지 않으면 어쩌나 하는 생각을 하며 비행기를 보았다. 내 비행기는 앞으로 직진하다가 고꾸라졌다.

"6초 21."

다행히도 성적은 좋게 나왔다. 하지만 바람이 불지 않아 조금 억울했다. 어떤 형은 멀리 아파트 뒤에 보이지 않는 곳까지 날아갔는데…….

"장려상, 김현수."

심사 기준은 비행기가 나는 시간과 만든 모양이었다. 나는 만든 모양에서 좋은 점수를 받은 것 같았다. 내 얼굴에 환한 웃음이 떠올랐다. 마침 글라이더를 끝내고 온 경민이가 보였다. 경민이가 축하를 해 주었다. 우리는 선생님께 가서 버스를 타고 집으로 돌아왔다.

며칠 뒤 학교에서 고무 동력기상을 받고 집으로 오면서 생각했다.

'나도 이제 잘할 수 있다.'

누구의 도움도 받지 않고 처음부터 끝까지 나 혼자 힘으로 해낸 것이라 너무 기뻤다. 상으로 자신감을 얻은 것 같다.

3) 편지글

(1) 편지글의 개요

요즘은 통신 문화의 발달로 종이 편지를 잘 쓰지 않으며 우표로 붙이는 고전적 의미의 편지를 쓰는 일은 거의 없다. 하고 싶은 말이 있으면 전화나 인터넷 메일, 휴대폰 문자 메시지를 사용하여 즉시적 소통이 대세를 이루고 있다. 종이 편지이든 전자 통신이든 소통을 위한 글쓰기는 맥락을 고려하여 적절한 형식을 갖추어 쓰는 것이 중요하다. 같은 어휘라도 맥락과 상대에 따라 전혀 다른 의미로 전달될 수 있기 때문이다. 이러한 편지글에는 몇 가지 특징이 있다.

① 편지글의 특징

가. 편지글은 글을 쓰는 대상과 목적이 명확히 정해져 있다. 마치 주장하는 글처럼 누구에게 왜 쓰는지 정해 두고 글을 써야 한다. 따라서 자신의 의도나 생각을 상대방에게 정확하게 전달하는 능력이 길러지게 된다.

나. 대상에게 적합한 어투로 써야 한다. 대상이 나보다 연배가 높을 경우 존댓말을 사용해야 하고, 상대가 누구든 실제 말하듯이 예의를 갖춰 표현해야 한다. 그렇기 때문에 편지글을 쓰면 말하는 화법에 대한 훈련이 가능하다. 상대가 나와 어떤 관계인지에 따라 말하는 어투나 내용이 달라지게 된다. 이것은 여러 상황을 고려한 말하기와 글쓰기 능력의 향상으로 이어질 수 있다.

다. 정해진 형식이 있다.

(2) 편지글의 구성

종이 편지든 전자 통신이든 소통을 위한 글쓰기는 맥락을 고려하여 적절한 형식을 갖추어 쓰는 것이 중요하다. 같은 어휘라도 맥락과 상대에 따라 전혀 다른 의미로 전달될 수 있기 때문이다. 종이 편지의 기본 형식은 알아 둘 필요가 있다.

① 편지글의 형식
가. 부르는 말(격에 맞는 존칭어 사용)
나. 계절 인사: 계절에 맞는 인사나 일반 인사말을 쓴다.
다. 상대방과 나의 안부: 편지를 받는 사람의 안부를 묻고, 나의 안부를 쓴다.
라. 하고 싶은 말: 구체적으로 자신이 하고 싶은 말을 쓴다.
마. 끝인사
바. 편지를 쓴 날짜
사. 쓴 사람

② 편지글을 쓸 때 알아 둘 점
가. 상대방에게 예의 있게 쓴다. 편지를 받는 사람에게 맞는 존칭어와 내용, 용어를 쓴다.

나. 편지를 보내는 목적에 맞게 쓰고, 구체적으로 표현한다. 개정 교과서가 실생활에서 잘 쓰지 않는 편지글을 싣는 이유는 편지글이야말로 '맥락'을 고려한 글쓰기의 특징이 잘 나타나기 때문이다. 편지를 쓰는 이유가 사연에 구체적으로 반영되는 것이 중요하다.

다. 편지를 쓰는 사람이 아닌, 받는 사람 중심으로 쓴다. 자신의 상황과 형편에만 집중하지 않고, 상대방이 관심 있는 이야기를 쓴다.

라. 글씨를 정성스럽게 쓴다. 요즘 아이들은 환경의 변화로 예전에 비해 손으로 쓰는 글씨체가 많이 나빠졌다. 깨끗하고 쉽게 읽을 수 있도록 정성을 들여 쓴다면 보는 사람도 기분이 좋아질 것이다.

마. 진솔한 마음을 담아서 쓴다. 뻔하거나 상투적인 이야기가 아니라 자신의 진정성이 느껴지도록 쓴다.

바. 편지글은 형식을 잘 갖추어 쓴다. 부르는 말, 인사 등 대부분의 내용은 왼쪽 상단에서 시작하지만 보낸 날짜, 보낸 사람은 오른쪽 하단에 쓴다. 또 우편으로 보낼 경우 편지 봉투 왼쪽 위에 보내는 사람의 이름과 주소를 표시하고 받는 사람의 이름과 주소는 오른쪽 아래에 쓴다.

(3) 편지글 쓰기 사례

편지글 쓰기를 지도한 사례는 다음과 같다.

① 대상 정하기: 독서 수업을 하며 평소 가족을 위해 애쓰신 엄마를 떠올림.

② 구상하기: 사과 편지를 쓰기로 함.

③ 완성글: 엄마에게 미안함을 표현함. 앞으로는 엄마를 도와주겠다는 결심을 형식에 맞게 쓰도록 지도함.

■ 예문_사과 편지 쓰기

엄마께.

엄마, 저 ○○이에요. 요즘 계속 날씨도 추웠고, 어제는 눈도 왔잖아요. 그래서인지 기침을 하시는 엄마를 보면 걱정이 돼요. 몸도 안 좋으신데 항상 저희를 돌봐 주셔서 감사해요. 엄마 덕분에 저는 감기도 안 걸리고 건강하게 겨울을 보내고 있어요.

오늘 독서 수업을 하면서 토의를 했는데, 느낀 점이 있었어요. 바로 엄마가 집안일을 혼자 너무 많이 하신다는 거예요. 저희는 3명이고, 엄마는 혼자잖아요. 게다가 막내는 유치원생이라 매일 엄마한테 떼만 부리고요. 사실은 저도 영어 학원 수업 갈 때 시간이 없어서 엄마가 가방도 대신 챙겨 주고, 간식 사 먹으라고 돈도 챙겨 주시고 해야 하잖아요. 그래서 엄마가 너무 힘드실 것 같아요. 죄송해요.

앞으로는 집안일을 더 많이, 열심히 할게요. 또 언니하고 동생에게도 말할 거예요. 엄마 혼자 힘드니까 우리가 더 돕자고요. 이제 언니랑 제 방 청소는 우리가 할게요. 그러니까 엄마는 힘들면 우리에게 말해 주세요. 제가 열심히 도울게요.

이제부터는 가족이 다 같이 하면 좋겠어요. 이불 개기, 빨래 널기, 수저 놓기 등 쉬운 집안일은 앞으로 제가 할게요. 이제는 엄마도 좀 쉬세요.

사랑해요, 엄마. 항상 건강하셔야 해요.

20××. 1. 12.

엄마 딸 ○○ 올림

4) 동시

(1) 동시의 개요

시는 마음속에서 느낀 감흥(감정의 움직임)을 짧은 문장으로, 노래하듯이 쓴 글이다. 즉 어떤 순간 마음이 크게 움직여 그려 낸 마음속 풍경을 압축적으로 리듬감 있게 쓴 글이라고 할 수 있다. 일반적으로 동시는 어른이 어린이 독자들을 위해 쓴 시로 어린이다운 심리와 정서를 표현한다. 따라서 정확히 말하자면 어린이가 쓴 '아동시'와 '동시'는 구분되어야 하지만, 이 교재에서는 글쓰기 교육 현장의 현실을 반영해 개념을 포괄해서 사용하겠다.

어른이 쓴 동시는 어린이가 중심에 있다. 어린이가 이해할 수 있는 언어로 써야 한다.

어린이의 시 쓰기는 어른의 시 쓰기와 달리 '감동 체험과 인식'이 핵심이다. 어린이답게 쓰는 것이 중요하다. 또 어른의 시는 시간을 두고 다듬어야 좋은 시가 나올 수 있지만, 어린이는 시간을 끌수록 감동의 기억이 사라져 좋은 시가 나오기 어렵다. 이 점에 주의하며 지도하는 것이 필요하다.

① 글감 잡기

생활에서 체험한 직접·간접 경험과 모든 사물이 글감이 된다. 아름다운 자연뿐 아니라 생활 체험, 사물 등 시의 글감은 제한이 없다. 시의 글감은 강한 감흥(감정의 움직임)이 일어난 한순간의 느낌을 잡아 정하게 된다. 많은 것을 담으려 하지 말고 한 가지를 현미경으로 보듯 세밀하게 표현하는 것이 좋다. 또한 어린이가 쓰는 시는 거의 생활에서 글감을 고르게 된다.

■ 예문 1_자연과 생활을 연결해 쓴 동시

<blockquote>

하늘

초등학교 5학년 OOO

하늘은 시원
하늘은 수영장처럼 시원
하늘은 바다같이 시원
하늘은 아이스크림처럼 시원

하늘에는 구름
하늘의 구름은 폭신폭신
하늘의 구름은 하얀색

하늘은 파랑
하늘은 내 베개처럼 파랑
하늘은 내 노트처럼 파랑

</blockquote>

■ 예문 2_사물을 보고 쓴 동시

꽃사과

초등학교 3학년 ○○○

동글동글
매끈매끈
올망졸망
이름도 예쁜 게
꽃사과란다

한 입 살짝
깨물어 보니
아이셔보다 더 신
강력 시다 파워!

■ 예문 3_겪은 일을 생각과 연결해 쓴 동시

마지막 추억

초등학교 6학년 ○○○

6학년이 끝나갈 즈음
시작되는 커다란 행사
전교생 대 운동회

운동회에서 아장아장 걷는 1학년
길쭉 큼직 6학년 모두
즐겁게 즐기는 마지막 운동회

운동회의 꽃 이어달리기
노랑 초록 파랑 빨강 열심히 외쳐
"이겨라! 달려라!"

노랗게 변한 하늘 아래
백팀이 이겼지
모두 함께 즐겼던 마지막 운동회

내 맘속에 오래오래 남겨 둘 거야

② 시의 표현법

시에 쓰인 단어들이나 말을 시어라고 한다. 짧고 간결하게 써야 하는 시의 특성상 하나의 단어나 짧은 문장에도 함축성, 음악성, 이미지 등의 독특함이 포함되어 있다. 시인의 심상을 표현할 때도 그 감정이나 기분을 독자들에게 그대로 전달하기 위해 다양한 방법의 표현법을 사용한다. 이런 표현법들을 익히고, 사용하면 시를 더욱 맛깔나게 감상하고 쓸 수 있다.

가. 직유법

표현하고자 하는 대상을 유사성이 있는 다른 대상에 직접적으로 빗대어 표현하는 수사법으로 '처럼', '같이', '듯이'와 같은 연결어로 결합하여 비유한다. 그러나 비유의 대상과 비유하려는 사물이 유사한 종류라면 문장의 묘미가 사라진다는 점에 유의해야 한다. 예를 들면 '소나무 잎은 전나무 잎처럼 뾰족하다'는 문장의 경우 직유법 표현으로 적당하지 않다. 또 '바늘처럼 뾰족한 소나무 잎'과 같은 상투적인 표현은 피한다. '생선 가시처럼 뾰족한 소나무잎' 등 독창적인 느낌을 찾아 쓴다.

◉ – 에어컨같이 시원한 숲
  – 산은 태평양 바다처럼 푸르다.
  – 빨랫줄에 걸린 듯이 하늘에 걸린 무지개

나. 은유법

직유법과 같은 비유법으로 'A는 B다'라는 형태로 쓴 문장이다. 단, A와 B는 속성상 공통점이 있어서 사람들이 이해할 수 있어야 의미가 있다.

◉ – 좋은 친구는 따뜻한 담요다.

다. 의인법

사람이 아닌 것을 사람의 행동이나 말, 감정으로 표현하는 것이다.

예 – 세탁한 빨랫감이 옷걸이를 꼬옥 붙잡고 있다.

   – 아이스크림이 입안을 차갑게 얼려 놓고 도망갔다.

라. 도치법

주어, 목적어, 서술어로 쓰는 문장 순서를 일부러 바꾸어 써서 강한 느낌을 준다.

예 마침내 우리의 꿈을 이루었네. → 마침내 이루었네, 우리의 꿈을.

마. 소리흉내말, 꼴흉내말 쓰기

삐뽀삐뽀, 맴맴 등 소리흉내말과 흔들흔들, 폴짝폴짝 등 꼴흉내말을 쓴다. 관용적 표현 외에도 '매미가 찌이이용 찌이이용 찌찌찌찌 하고 운다'와 같이 자신만의 표현을 찾아 자유롭게 쓸 수 있다.

(2) 동시의 구성

일정한 길이나 리듬 등의 형식이 정해져 있는 정형시가 있고, 반대로 전형적인 형식에서 벗어나 자유롭게 표현하는 자유시가 있다. 자유시 안에는 일정한 운율을 전혀 갖지 않고, 마치 서술문처럼 쓰는 산문시도 있다.

어떤 형태의 시를 쓰든 시인의 의도와 감성에 맞게 자유로운 형태의 시 쓰기가 가능하다. 다음은 시의 구성과 표현에서 주의할 점을 소개한 것이다.

① 행과 연을 나누어 쓴다.

② 운율을 살려 쓴다. 글자 수나 단어를 맞추어 써서 노래하는 것 같은 느낌을 준다. 일종의 각운을 맞추어 써도 좋다.

예 동글동글 / 매끈매끈 / 올망졸망

③ 과장하거나 미화하지 않고 솔직하게 써야 한다. 또, 고학년의 경우 대상을 과장되게 의인화하는 것은 피하는 것이 좋다.

예 이 세상에서 가장 사랑하는 우리 형

    형의 휘파람 소리는 마치 천상의 음악 소리

    → 사랑하는 형의 휘파람 소리

멋진 음악 소리

④ 대화글을 사용할 수 있고, 자신의 생각과 느낌도 시에 쓸 수 있다.

예 – "야, 이 바보야."

놀리던 모습이 머릿속에 생생한데

⑤ 조사가 섞인 설명하는 투의 말은 압축하여 운문으로 고쳐 쓴다.

예 꽃사과를 살짝 깨물어 보았더니 정말 시었다. 지난번에 먹어 본

아이셔보다 더 시었다.

→ 한 입 살짝 / 깨물어 보니 / 아이셔보다 더 신 / 강력 시다 파워!

⑥ 소리·꼴 흉내말, 직유법, 은유법, 의인법 등 다양한 표현법으로 생각과 느낌을 생생하게 표현한다.

(3) 동시 쓰기 사례

동시 쓰기를 지도한 사례는 다음과 같다.

① 대상 정하기: 여름에 피는 꽃 중 '봉숭아'를 선택하여 시를 씀.

② 구상하기: 1연짜리 시를 구상함.

③ 표현하기: 글자 수를 비슷하게 맞추었기 때문에 리듬감은 있으나 설명하는 듯한 느낌이 강함. 봉숭아 씨앗들이 꼬투리 속에 있을 때 어떤 감정이었는지, 꼬투리가 흔들릴 때, 톡 터지면서 세상에 나올 때의 느낌을 상상해서 쓰도록 함.

④ 완성글: 대화글을 넣고, 문장을 압축해 고쳐 쓰도록 지도함.

■ **예문 4_「봉숭아」1차 원고**

> ## 봉숭아
>
> 초등학교 4학년 ○○○
>
> 꼬투리가 터지면서 작은 씨앗이 나오네
> 바람이나 동물들이 살짝 건드리기만 해도
> '톡' 터지면서 씨앗들이 함께 날아가네
> 이 귀여운 씨앗, 날아가는 씨앗은 누굴까?
> 바로 봉숭아지!

봉숭아

초등학교 4학년 OOO

작은 꼬투리 안에
씨앗들이 와글와글
"아, 지루해."
"정말 따분해."
"무슨 신나는 일 없나?"
그때 바람이 씽 지나가며
툭 터졌네.
"아아아악."
"전쟁이다아아아"
깜짝 놀라 튀어나왔네.
"와!
세상은 참 밝고 참 넓구나."
마지막 씨앗이 점프하며 결심했지.
"꼭 멋진 봉숭아가 될 거야."

5) 희곡

(1) 희곡의 개요

연극은 일종의 종합 예술이다. 한 편의 연극을 상연하려면 무대 건축, 배경 음악, 의상, 조명, 춤 등 여러 장르의 예술이 다 들어가기 때문이다. 이런 연극 상연을 목적으로 쓴 글을 희곡(극본)이라고 한다. 문학의 일종인 극본은 연극 상연을 위한 모든 지시 사항들이 다 포함되어 있다.

소설과 비슷하지만 소설보다 갈등이 더 뚜렷하게 행동으로 드러나게 써야 하며, 희곡의 3요소인 해설, 대사와 지문으로 서술한다. 자신이 겪었던 일을 희곡으로 쓸 수도 있고 읽었던 동화나 소설을 희곡으로 각색할 수도 있다. 특히 2015교육과정 개정 이후에는 학교 교과서에 극 활동 부분이 강화되었으니 참고하자.

① 희곡을 쓰는 이유

희곡은 형식이 다를 뿐 이야기가 있다는 점에서는 서사글과 같다. 따라서 희곡을 쓰면 이야기 글을 쓸 때 얻을 수 있는 이점 외에 아래와 같은 좋은 점이 있다.

가. 이야기의 핵심을 짜임새 있게 쓰는 능력이 길러진다.

희곡은 연극 상연을 목적으로 하기 때문에 시간이나 공간의 제약이 있어 가장 극적인 장면을 잘 가려내 구성해야 한다. 따라서 이야기의 핵심을 짜임새 있게 구성하여 글을 쓰는 능력이 길러지게 된다.

나. 대화체를 알맞게 살려 쓸 수 있는 능력이 길러진다.

희곡은 거의 모두가 대화글이다. 불필요한 대화가 많아지면 관객은 지루함을 느낄 것이고, 반면에 대화를 너무 줄이면 전체 이야기의 흐름을 이해할 수 없게 된다. 따라서 꼭 필요한 대화를 상황과 시간에 알맞게 뽑아 쓰도록 노력해야 한다. 그 과정에서 일반 이야기 글을 쓸 때도 꼭 들어가야 할 대화글을 가릴 수 있는 능력이 길러진다.[9]

(2) 희곡의 구성

희곡을 구성할 때는 아래와 같은 몇 가지 요소를 고려하여 써야 한다.

① 인물 설정하기

희곡에 등장할 인물의 나이, 이름, 성격, 인생관, 습관, 환경, 외모와 주변 인물과의 관계 등을 설정한다. 만약 문학을 희곡으로 각색한다면 책의 등장인물 중 어떤 인물까지 희곡에 등장시킬 것인지를 결정해야 한다. 너무 많은 등장인물은 극 활동을 목표로 하는 희곡의 특성상 모두 수용하기 어렵다. 핵심이 되는 인물 위주로 등장시켜야 한다.

② 갈등의 원인, 해결책, 대상 정하기

만약 겪었던 일이나 사회적으로 있었던 일, 또는 가상의 이야기로 희곡을 쓰는 경우라

---

9) 이호철(2015), 『이호철의 갈래별 글쓰기 교육』, 보리, 737~738쪽 재구성.

면 글을 쓰기 전에 몇 가지 사전에 결정할 내용이 있다. 어떤 갈등을 모티프로 할 것인지, 그 갈등의 원인은 무엇인지, 해결 방법과 과정은 무엇으로 할지, 어떤 대상의 갈등으로 희곡을 구성할지 등을 먼저 결정해야 한다. 그런 기본 계획을 짠 이후에 세부적인 희곡 작성에 들어가면 된다.

③ 사건의 원인, 발단, 진행 방향 설정하기

문학 작품을 각색하는 경우 소설의 어떤 장면을 희곡으로 바꿀지 결정해야 한다. 이때 대체로 사건의 발단─전개─절정─결말과 같은 이야기의 흐름이 크게 바뀌는 부분을 희곡으로 쓰면 수월하다. 사건에서 갈등이 두드러지는 위기나 절정 부분을 희곡으로 만들면 전체 이야기에서 핵심적인 부분을 중심으로 내용을 구성할 수 있다. 장면을 잘못 선정할 경우 갈등이나 인물 간 대립이 희미해져 긴장감이나 극적 재미가 떨어지는 문제가 생길 수 있다.

④ 희곡의 3요소로 쓰기

희곡은 해설, 지문(지시문), 대사로 구성된다. 해설은 막이 오르기 전후에 시·공간적 배경, 등장인물, 무대 장치 등을 설명하는 글이며, 지문(지시문)은 인물의 행동, 심리, 표정, 어조, 분위기, 성격 묘사와 설명, 상황을 주로 나타내며 괄호( )로 표시한다. 희곡에서는 대사가 가장 중요한데 대사를 통해 인물의 특징, 성격, 직업, 갈등이 드러나도록 해야 한다. 이야기가 사실상 대사로 펼쳐진다. 또 말하는 상대, 당시의 기분, 분위기에 따라 같은 내용이라도 다르게 표현해야 한다. 간결하면서도 내용이 분명하게 드러나도록 써야 한다. 대사의 종류에는 서로 주고받는 대화, 혼자 생각하듯 말하는 독백, 관객만 들을 수 있는 방백이 있다.

(3) 희곡 쓰기 사례

희곡 쓰기를 지도한 사례는 다음과 같다.

① 대상 정하기: 셰익스피어의 『베니스의 상인』 이야기책 중 한 장면을 각색함.

② 구상하기: 절정인 재판 장면을 선정함.

③ 표현하기: 대화글과 줄글을 등장인물의 대사로 각색함. 인물의 동작, 표정은 괄호 속의 지문으로 나타내며, 고쳐쓰는 과정에서 원본의 사건을 왜곡시키지 않도록 주의시킴.

④ 완성글: 샤일록과 안토니오, 포샤를 중심으로 희곡을 쓰도록 지도함.

■ 예문_『베니스의 상인』 재판 장면

> 해설: 법정에서 포샤는 법복을 입고, 법관 자리에 앉아 있다. 그 오른쪽으로는 샤일록이
> 교활한 웃음을 지으며 앉아 있고, 왼쪽에는 안토니오가 고개를 약간 숙이고 있다.
> 방청석에 앉아 있는 방청객들 중 맨 앞자리에 포샤의 남편 바사니오가 앉아 고민과
> 두려움이 가득 찬 얼굴로 재판 과정을 지켜보고 있다.
>
> 포샤: (근엄한 목소리로) 샤일록, 베니스의 법률에는 그대의 계약서대로 안토니오의 살 한
> 근을 베어 낼 수 있는 권리가 있소. 하지만 이번 한 번만 자비를 베푸는 게 어떻소?
> 샤일록: (입꼬리를 올리며 교활한 목소리로) 자비요? 왜 제가 안토니오에게 자비를 베풀어야
> 합니까? 저는 돈을 빌려주는 장사꾼입니다. 계약대로 행동하는 것뿐입니다.
> 바사니오: (조용히 혼잣말로) 오! 맙소사.
> 포샤: (날카로운 음성으로) 샤일록 그대는 진정 불쌍한 안토니오의 살을 베어 내야겠소? 마
> 음을 바꿀 생각이 없소?
> 샤일록: (큰 소리로) 네, 없습니다. 처음부터 저는 계약대로, 법대로만 행동할 뿐입니다.
> 포샤: (안쓰러운 표정으로) 안토니오, 그대는 샤일록에게 빚을 갚을 능력이 없는 게 맞소?
> 안토니오: (처진 목소리로) 네, 제 무역선이 폭풍우에 모두 행방불명되어 파산할 지경입니
> 다. 저는 샤일록의 빚을 갚을 수 없습니다. (중략)
>
> 초등학교 6학년 ○○○

6) 기행문

(1) 기행문의 개요

기행문은 여행하면서 보고 듣고 겪고 생각한 일을 쓰는 갈래로 정보 전달과 정서 표현
의 두 가지 특성을 가진다. 정보 전달 측면은 기행한 곳의 역사, 기후, 풍습, 자연환경,
시설, 사람들에 대한 정보인데 객관적이고 정확하게 써야 한다. 정서 표현 측면은 객관
적 사실에 대한 자신의 주관적 생각과 느낌을 쓴다.

기행문을 쓰는 이유는 여행하면서 새롭게 접한 것들, 보고, 듣고, 느낀 것들을 글로

쓰며 내 것으로 만들 수 있기 때문이다. 또한 자신이 여행을 갔던 곳의 추억을 남길 수 있고, 다른 사람에게 그 지방에 대한 귀중한 정보를 줄 수 있다. 여행지에 대한 감상을 정리하는 능력과 글쓰기 능력이 향상되는 것은 물론이다.

① 좋은 기행문의 요건

가. 여행의 목적과 여정이 잘 드러나야 한다. 기행문은 여행을 다녀온 후 일정 기간이 지나서 쓰게 된다. 이때 자칫하면 중요한 곳을 누락시키거나 여행 당시에는 의미 있다고 생각했던 감상을 잊어버릴 수 있다. 따라서 틈틈이 여정과 감상을 적어 두었다가 빠짐없이 글로 쓰도록 하자. 또한 자신만의 여행 목적이 있다면 개성적인 기행문을 쓸 수 있을 것이다.

나. 여행지에서 보고, 들은 것을 명확하게 쓴다. 여행하면서 자신이 겪은 지역의 경치나 풍물을 생생하고 명확하게 표현하여 읽는 사람이 간접적으로 느낄 수 있도록 쓴다. 자신의 감상에 대해서도 구체적으로 표현하여 당시의 마음을 제대로 전달하도록 한다.

다. 사실을 정확하게 쓰고, 역사적 사실은 확인하여 쓴다. 어린이들의 경우 기행문을 쓸 때 다녀온 곳의 정보를 잘못 전달하거나 다른 장소와 혼동해서 쓰는 등 사실을 정확하게 전달하지 못할 때가 있다. 따라서 기행문을 쓰기 전에 다녀온 곳의 정보를 인터넷 등에서 다시 확인해 보고, 정확한 정보만 쓰도록 한다.

라. 나만의 관점이 드러나도록 쓴다. 같은 곳을 여행하더라도 사람마다 감상이 다를 수밖에 없다. 인터넷에서 다른 사람의 기행문을 과도하게 참조하여 쓰지 않아야 한다. 잘 쓴 기행문보다 나만의 관점이나 독특함이 묻어나는 기행문이 더 가치 있는 글이다.

② 기행문의 표현

기행문은 정보와 정서가 함께 엮인 글이다. 그러므로 사실과 의견을 명확하게 구분하여 써야 한다.

예 이 절은 불국사인 것 같았다. → 이 절은 불국사다.

(2) 기행문의 구성

기행문은 여행하기 전부터 진행되는 여행 준비 과정과 전체적인 여행 경로, 여행이 끝난 후까지를 모두 포함하여 구성한다. 가장 보편적인 구성은 생활문 형태의 기행문이고, 그 외에도 일기 기행문, 편지 기행문, 시 기행문 등으로 쓸 수 있다.

① 처음: 출발하기 전과 출발할 때를 서술한다. 기행의 목적, 동기, 기행에 대한 기대, 준비 과정을 쓴다.

② 가운데: 도착해서 여행한 곳을 날짜별로 크게 나누고 다시 그날 여행한 지역별로 단락을 나누어 소개한다. 일자별로 혹은 지역별로 보고 들은 것, 새롭게 알게 된 것, 상상했던 것과 비교, 가장 인상적인 것, 풍경과 풍습, 역사적 유래와 자신의 생각, 느낌을 쓴다.

③ 끝: 돌아오면서 여행 전체에 대한 의미와 느낌을 정리해 본다.

(3) 기행문 쓰기 사례

기행문 쓰기를 지도한 사례는 다음과 같다.

① 대상 정하기: 여름 방학 때 다녀온 경주 여행

② 구상하기: 여행 기간 4일 중 하루씩 날짜별로 구분해 여정과 감상을 쓰기

③ 완성글: 날짜별로 갔던 장소와 그곳에서 보았던 유적, 유물에 대해 먼저 인터넷으로 조회를 해서 정확한 자료를 가지고 쓰도록 유도함.

■ 예문_기행문

경주를 다녀와서

초등학교 5학년 ○○○

여름 방학을 맞이하여 가족들과 신라의 숨결이 느껴지는 경주에 다녀왔다. 경주에 가기 전날 밤에는 경주에 대한 기대감에 부풀어 한잠도 못 잤다. 새벽 6시 30분에 자동차를 타고 신나는 여행길에 올랐다. 4일 동안 머물러야 되기 때문에 먼저 콘도로 갔다. 콘도에서 나는 어떤 일들이 벌어질지 상상해 보았다.

8월 9일, 먼저 분황사라는 유적지에 갔다. 분황사 석탑은 원래 7~9층이었는데 지금은 3층만 있다고 했다. 그곳은 스님들의 사리가 담겨 있는 석탑이었다. 문 옆에는 무서운

사천왕이 있었는데 오늘날의 경찰 같았다. 그리고 분황사 석탑을 보면 무섭기도 하고 현대식 건물 같아서 참 신기했다. 또 3층밖에 없는 것이 아쉬웠다.

8월 10일, 오늘은 바다의 무덤을 찾아갔다. 바로 문무대왕릉이다. 문무대왕의 무덤이 왜 바다에 있냐면 문무대왕이 죽어서도 백성들을 위해 용이 되어 지키겠다고 유언을 했기 때문이라고 했다. 동해 바다를 용감하게 지키고 계신다고 생각하니 안전한 느낌도 들고 편안했다.

8월 11일에는 골굴사라는 곳에 갔다. 골굴사에서는 마애석불좌상을 볼 수 있었다. 계단을 224개나 올라가야 했다. 때로는 다리가 아플 때도 있었지만 마애석불좌상을 본다는 생각을 하니 힘이 철철 넘쳤다. 정상에서는 돌에 새겨 놓은 부처님이 계셨다. 그때 나는 신라인들이 참 대단하다고 생각했다. 기계도 없는데 그 높은 산에다 조각을 했기 때문이다. 이런 멋진 조각상을 보고 나서 불국사에 갔다.

불국사의 절은 와당 무늬가 참 멋있었다. 불국사에서 빼놓을 수 없는 두 가지는 석가탑과 다보탑이다. 탑을 보면 신기하고 정교하다. 석가탑은 화려하지는 않지만 간단해서 좋고, 다보탑은 화려하다. 다음날에는 무엇을 할지 궁금했다.

8월 12일은 집으로 가는 날이다. 집으로 가는 길에 풍산을 들러서 한지로 그림도 그려 보고 한지도 만들어 보았다. 한지로 그림을 그려 보니 물감으로 하던 것보다는 색다른 느낌이었다. 가족들과 협동 작품을 하고 나니 협동심이 중요하다는 것을 깨달았다. 그리고 한지를 만들 때는 97번의 과정을 거쳐야 된다고 해서 뒤로 넘어갈 뻔했다. 풍산에서 안동탈 박물관에 갔다. 박물관에는 탈이 참 많았다. 그리고 이름도 다양했다. 그 이름을 외우려면 시간이 많이 걸릴 것 같았다.

이번 휴가는 참 알차게 보낸 것 같다. 그리고 이렇게 재미있는 휴가를 보낼 수 있게 해주신 부모님께 감사했다. 또 다음에도 경주에 와서 재미있게 놀아야겠다. 또 이번에 못 본 문화재도 보아야겠다. 그리고 우리나라 사람들이 외국에 가서 그 나라의 문화재를 보는데, 그럴 게 아니라 우리나라의 훌륭한 문화재들을 보고 외국에 갔으면 좋겠다.

7) 기사문

(1) 기사문의 개요

기사문은 어떤 사건을 있는 그대로 전달하는 글이다. 즉 우리가 관심 가질 만한 사실을 육하원칙에 맞추어 적는다. 기사를 쓸 때는 원칙적으로 주관적 관점이 아닌 객관적 관점과 태도를 가지고 써야 한다.

기사문에서 강조되는 것은 시의성, 흥미성, 영향성, 정확성, 신속성, 객관성 등이다. 특히 정확성이 중요시되는 글이기 때문에 사실을 빠뜨리거나 과장하는 내용, 불확실한 내용은 담지 말아야 한다. 또한 일반인 독자들을 대상으로 제한된 지면을 사용하고 있으므로 가급적 쉬운 말로 간결하게 써야 하는 특징이 있다.

기사문은 있는 사실 그대로를 전달하는 스트레이트 기사가 있고, 어떤 사건에 대한 기자의 해석을 담고 있는 기획 기사, 그밖에 르포, 인터뷰 기사, 사설, 칼럼 등이 있다. 이 중 책과 연결한 활동으로 초등학생들이 가장 많이 쓰는 기사문은 스트레이트 기사나 인터뷰 기사다.

① 기사문 쓰기의 장점

가. 자신이 전달하고자 하는 내용을 정확하게 표현할 수 있는 능력을 키워 준다.

나. 정보를 요약하거나 중요도를 가리는 훈련이 된다.

다. 간결하고 명확한 문장 쓰기 능력을 키울 수 있다.

라. 논리적인 글쓰기 훈련이 가능하다.

마. 하나의 사건에 대한 객관적 시선을 가질 수 있다.

(2) 기사문의 구성

육하원칙에 맞추어 전달하려는 사건을 기사문 형식으로 쓴다. 표제, 부제, 전문, 본문, 해설로 구분하여 구성하거나, 제목과 본문만 갖춘 약식 기사문 형태로 구성하여 쓸 수 있다. 묻고 답하는 인터뷰 기사로 구성하기도 한다. 가장 일반적이고 대표적인 기사문의 구성 형태는 아래와 같다.

① 표제(큰 제목): 기사 내용을 압축한 큰 제목이다. 독자의 흥미를 끌기 위해 자극적이거나 인상적인 문구를 쓴다.

② 부제(작은 제목): 표제를 보충하는 작은 제목으로 전체 기사의 내용을 알 수 있는 문구로 쓴다.

③ 전문(리드문): 사건이나 상황을 육하원칙에 따라 요약해 본문 앞에서 간단히 쓴다.

④ 본문: 기사의 구체적인 내용, 즉 요약된 전문 기사의 내용을 상세하게 쓴다.

⑤ 해설: 기사의 필수적인 부분은 아니다. 선택적으로 사건의 의의, 전망, 분석, 평가

등을 제시하는 부분이다. 필요하다고 판단하는 경우에만 쓴다.

(3) 기사문 쓰기 사례

기사문 쓰기를 지도한 사례는 다음과 같다.

① 대상 정하기: 체험 학습 장소를 소개하는 기사 쓰기

② 구상하기: 스트레이트 기사와 해설 기사를 합친 구성

③ 완성글: 전문(리드문)의 내용을 본문에서 자세히 풀어 쓰도록 지도함.

■ 예문_기사문 쓰기

> ## 현재와 과거의 만남
> ### 성곡 미술관에서 열린 전시회
>
> 초등학교 6학년 OOO
>
> 성곡 문화재단은 성곡 미술관에서 'Open mind'와 '서울, 그 풍경II'라는 전시회를 열었다. 두 전시회는 현대 미술과 과거의 사진을 함께 볼 수 있는 기회로 12월 31일까지 진행된다.
>
> 'Open mind' 전시는 미술 애호가들이 많이 찾았다. 팝아트 조형물과 레디메이드 조형물이 많이 전시된 것이 특징이다. '서울, 그 풍경II'는 1980~90년대의 재개발 지역을 사진 찍어 전시한 것이었다. 재개발 지역의 아픔과 변화 과정을 잘 표현하여 그곳의 당시 주민들의 심경이 그대로 전해졌다.
>
> 성곡 미술관은 어느 전시든지 청소년, 어린이는 모두 4,000원, 어른은 모두 8,000원으로 비싸지 않은 가격으로 전시회를 감상할 수 있다. 단체는 3,000원으로 할인된 금액에 관람할 수 있으니 8명 이상인 모임이라면 이용해 볼 만하겠다.
>
> 위치적으로도 광화문역 부근이라 찾기 쉽고, 근처 '서울 시립 미술관'에도 갈 수 있다. '영풍문고'와 '교보문고'도 가까워 코스별로 돌며 감상하면 좋다.

8) 설명문

(1) 설명문의 개요

설명문은 어떤 사물이나 사실, 경험, 사람, 실제 나타나는 현상, 이론 등에 대해 밝히고 풀어서 이해하기 쉽도록 쓴 글이다. 말 그대로 풀이하는 글이기 때문에 객관적이고 정확한 정보를 담아야 한다. 자신의 주관적 의견이나 확인되지 않은 추측을 쓰면 안 된다.

① 좋은 설명문을 쓰는 방법

가. 글감이 되는 사물과 사실, 정보에 대해 정확히 관찰하고 파악한다. 설명문을 쓰려면 우선 자신이 쓰려고 하는 대상에 대해 잘 알아야 한다. 알지 못하면 절대 풀어서 설명할 수 없다. 따라서 인터넷이나 동영상 등 미디어 자료나 책, SNS 등을 통해 대상에 대한 다양한 자료를 조사해 둔다. 수집한 자료를 체계적으로 분류하거나 정보를 요약, 분석, 종합해 놓는다면 도움이 될 것이다.

나. 이해하기 쉽게 쓴다. 설명하려는 대상을 쉬운 문장으로 풀어서 어떤 독자라도 이해하기 쉽게 써야 한다. 자신이 잘 아는 대상일 경우 간혹 독자들도 당연히 일정 배경지식이 있을 것이라고 예측하기 쉽다. 이렇게 되면 자칫 독자들에게 불친절한 글을 쓸 수 있다. 당연하다고 생각하는 정보는 빼고 쓰게 되기 때문이다. 설명문을 읽는 독자는 대상에 대해 아무 지식이 없다는 전제하에 글을 써야 한다.

다. 인터넷이나 인쇄된 자료를 그대로 베끼지 말고, 자기 것으로 소화해서 쓴다. 자료 조사한 내용을 짜깁기해서 설명문을 쓰는 경우 자칫 죽은 글이 되거나 뻔한 글이 될 수 있다. 자료는 참고해 자기 것으로 소화하고, 자신의 경험을 덧붙여 실감 나게 글을 쓴다.

② 글감 잡기

자신이 좋아하는 대상이나 사람들에게 알려 줄 필요가 있는 대상, 정리해 두어야 하는 정보 등 중요하거나 가치가 있는 것을 글감으로 잡는다. 특히 미숙한 필자인 경우 자신이 잘 알거나 좋아하는 대상에 대해서는 설명문을 쓸 수 있지만, 그렇지 않은 대상에 대해서는 글을 쓰지 못하기도 한다. 따라서 어떤 글감을 가지고 글을 쓸 것인가의 문제가 설명문에서는 중요하다.

잘 알고 있는 주제라면 자신의 경험이나 배경지식으로 글을 쓰면 된다. 만약 그렇지 않다면 자료를 조사해서 쓰거나 특정 주제를 다룬 책을 읽고 쓸 수 있다. 또한 라면 봉지나 과자 봉지 등 실물을 보고, 뒷면의 내용를 바탕으로 쓰는 방법도 있다. 그 외에 장난감 등 주변 사물, 우리 집, 가족이나 친구 등 사람에 대한 소개글도 설명문에 포함된다.

글쓰기 현장에서 초등 저·중학년의 경우 설명하는 글로 소개글을 쓰는 경우가 많다. 이때는 글감을 아이들의 생활과 밀접한 것으로 정하면 글쓰기가 수월하다.

③ 서술 방식

가. 정의: 설명하려는 대상을 정확하게 풀어쓰는 방법이다.

예 컴퓨터란 입력된 자료를 프로그램에 의해 처리·저장하고 필요에 따라 검색·출력할 수 있는 전자 장치를 말한다.

나. 예시: 구체적인 예를 들어 서술하는 방법이다.

예 초등학생은 줄넘기를 잘하면 좋은 점이 많다. 예를 들어 학교 수행 평가에 줄넘기 급수 시험이 포함된다.

다. 열거: 서로 비슷하거나 같은 맥락의 내용을 늘어놓아 서술하는 방법이다.

예 사람들이 사는 주택에는 첫째, 5층 이상의 아파트와 둘째, 4층 이하의 빌라 셋째, 1~2층으로 된 단독 주택이 있다.

라. 비교·대조: 비교는 공통점을, 대조는 차이점을 들어 쓰는 것이다.

예 인라인스케이트와 아이스 스케이트는 둘 다 전용 신발을 신고 빠르게 미끄러지듯 움직일 수 있다. (비교)
인라인스케이트는 땅 위에서 바퀴 달린 신발을 신고 타지만, 아이스 스케이트는 얼음 위에서 금속 날이 달린 신발을 신고 탄다. (대조)

마. 분류·분석: 설명하고자 하는 대상을 종류에 따라 나누는 것은 분류이고, 상황이나 사물을 세부적으로 나누어 자세히 설명하는 방법은 분석이다.

예 식물은 외떡잎식물과 쌍떡잎식물로 나뉜다. (분류)
사과는 껍질과 연한 속살, 씨방과 씨로 이루어져 있다. (분석)

(2) 설명문의 구성

① 처음: 주제 제시, 그것을 소개하는 이유, 목적 등으로 글을 열어 준다.

② 가운데: 설명하려는 대상과 독자에 맞게 내용을 구조화시킨다. 글을 조직할 때는 설명 내용이 섞이지 않도록 순차적으로 짠다. 예를 들면 대상의 전체적인 모습부터 쓰고 세부 내용으로 들어간다거나 혹은 준비 단계부터 먼저 쓰고 구체적인 방법은 뒤에 쓴다거나 하는 식이다.

③ 끝: 주제가 가지는 의미를 정리하며 마무리한다.

(3) 설명문 쓰기 사례

설명문 쓰기를 지도한 사례는 다음과 같다.

① 대상 정하기: 여러 간식 중 초콜릿에 대한 설명문을 쓰기로 함.

② 구상하기: 초콜릿을 먹어 보고, 실제 포장지를 관찰해 글 속에 넣을 정보를 모음. 경험한 것과 모은 정보를 넣어 개요를 짬.

• 설명문의 개요 짜기

처음	초콜릿을 설명하려는 이유
가운데	초콜릿 포장지에 나와 있는 정보를 설명
	초콜릿의 맛과 장단점
끝	초콜릿의 계속되는 인기

③ 완성글: 개인적인 경험과 조사한 정보를 참고하되, 주관적인 표현을 배제하고 객관적으로 서술하도록 지도함.

■ 예문_초콜릿에 대한 설명문

엑소 초콜릿

초등학교 4학년 ○○○

글쓰기 수업 시간에 엑소 초콜릿을 먹었다. 왜냐하면 이번 달 우리 반에서 선정한 책이 『초콜릿 공장의 비밀』이어서 초콜릿에 대해 알아보려고 먹은 것이다.

엑소는 동전 모양으로 금박 종이에 싸여 있다. 맛은 조금 달착지근하고 부드럽다. 포장지를 보았더니 재료는 백설탕, 전지분유, 코코아 버터, 코코아 매스, 유당이다. 엑소는

롯데제과 주식회사에서 만들었고 12조각이며 가격은 1,000원이다. 정량은 62그램이고 직사광선 및 습기를 피해 진열해야 한다. 유통 기한은 올해 9월 30일까지이다.

초콜릿은 맛이 달아서 사람들이 좋아하며 열량이 많아서 비상식량으로도 쓴다. 하지만 설탕이 많이 들어 있어서 많이 먹으면 충치가 생기게 된다. 또 달다고 많이 먹으면 나중에는 체중이 늘어나 여러 질병에 걸릴 수도 있다.

이렇게 여러 장단점이 있는 초콜릿은 단맛으로 사람들의 인기를 끌고 있다. 앞으로도 초콜릿의 인기는 계속될 것으로 보인다.

9) 자기소개서

(1) 자기소개서의 개요

자기소개서는 말 그대로 자신을 소개하는 글이다. 2015 국어과 교육과정에서는 화법과 작문 교육 과정의 일부분으로 포함시켜 성취 기준을 언급하고 있기도 하다. 국어과 교육과정에서는 '자기소개서'라는 글을 주제, 목적, 독자, 매체, 필자의 입장, 글의 유형이라는 작문의 맥락을 학습할 수 있는 요소로 바라보고 있다.[10]

자기소개서를 보는 관점은 크게 두 가지로 나뉜다. 하나는 실용적 글쓰기로 바라보는 입장인데, 고입이나 대입을 위한 자기소개서나 취업을 위한 자기소개서 쓰기가 여기에 해당된다. 다른 하나는 자기 성찰적 글쓰기로 보는 입장이다. 초등학교나 중학교의 학습 과정에서 쓰는 자기소개서나 진로 학습과 관련한 자기소개서 쓰기의 일부가 이러한 경우다.

(2) 자기소개서의 구성
① 성찰적인 목적의 자기소개서

자기소개서를 쓸 때는 자신의 성장 과정이나 성격의 장단점, 재능, 희망하는 진로 등을 쓰되 진솔하고, 인상적이며, 자신을 잘 드러내는 내용으로 구성한다. 글에서 자기 주도성이 드러나야 한다. 단 틀에 박힌 내용이나 상투적인 표현은 피하고, 가급적 창의적인 내용으로 구성하는 것이 바람직하다.

---

10) 김민주(2018), 「자기소개서에 대한 고등학생의 쓰기 어려움 연구」, 고려대학교 교육대학원 석사학위 논문, 7~8쪽.

이러한 내용을 전체적으로 정리하여 제출하거나, '3분 발표' 등 자기소개 스피치로 준비할 경우 두세 가지 특성만 간단하게 먼저 서술한다. 그 후 '어려운 일을 겪었던 경험을 서술하시오'와 같은 조건이 붙은 경우는 그에 맞게 쓰면 된다. '성실하고 성격은 긍정적이며'와 같은 구태의연한 표현과 너무 많은 내용을 장황하게 나열하는 것은 피해야 한다. 무엇을 중심으로 쓸지 개요를 잡고 스피치 원고나 글을 쓰도록 한다.

② 실용적인 목적의 자기소개서

특목고 등 고등학교나 대학교 입시, 취업을 위해 주로 작성하게 되는 자기소개서이다. 입학과 채용이라는 목적에 맞게 요구하는 항목이나 조건이 정해져 있는 경우가 대부분이다. 예를 들면 2021년 대입 수시 모집 자기소개서의 경우 학교마다 차이가 있기는 하지만 대략 3~4가지 항목에 각 1,000자씩 총 4,000자 정도의 글을 학생들에게 요구했다. 2022년 대입 자기소개서부터는 간소화되는 경향이 있지만 여전히 2~3가지 항목에서 2,300~3,000자 정도의 글쓰기를 학생들에게 요구한다. 따라서 우선은 학교나 회사에서 요구하는 분량에 맞추어 써야 한다.

또한 항목에 대한 조건도 정해져 있는 경우가 대부분인데, 대입 수시 자기소개서의 경우 고등학교 재학 기간 중 진로와 관련한 노력이나 자기주도 학습 경험, 교내 활동 경험, 타인과 공동체를 위한 노력 등을 써야 한다. 한마디로 고등학교 재학 기간 중에 자기 주도적 학습을 어떻게 구체적으로 진행했는지, 갈등 해결 과정과 그 속에서 배운 점, 인성의 변화가 어땠는지를 기술해야 한다. 특목고 자기소개서도 비슷하다. 중학교 기간에 자신의 꿈과 끼를 살리기 위한 진로 계획이나 자기주도 학습 경험, 배려와 나눔, 협력의 경험 등을 써야 한다. 중학교 생활에서 경험으로 배운 가치와 그에 따른 자신의 인성 변화에 중점을 두어서 쓴다.

이런 실용적인 목적의 자기소개서는 요구하는 조건에 철저히 맞추어 구성해야 한다. 단 자기소개서 내용의 진실성을 확인할 수 있게 학교 생활 기록부에 관련 단서를 찾을 수 있도록 엮어 쓰면 좋다. 참고로 2024학년도 대입부터 수시 자기소개서가 폐지될 예정이다. 하지만 대학 입시 정책은 계속 바뀌기 마련이니 자기소개서와 관련한 기본적인 내용은 알고 있어야 한다.

(3) 자기소개서 쓰기 사례
자기소개서 쓰기를 지도한 사례는 다음과 같다.

① 대상 정하기: 진로 학습을 위해 자기소개 발표를 하기로 함.

② 구상하기: 자신의 성격과 태도, 장단점과 꿈을 중심으로 구성함.

③ 완성글: 자신에 대한 내용을 구체적으로 쓰되, 구태의연한 표현이나 좋은 말만 쓰지 않고, 솔직하게 쓰도록 유도함.

■ 예문_3분 자기소개 발표용 원고

중학교 1학년 ○○○

이번에 자기소개서를 준비하면서 '나'를 생각해 보았습니다. 그런데 뜻밖에도 연예인에 대해서는 잘 알면서 '나'에 대해서는 잘 알지 못해서 놀랐습니다. 하지만 한 가지씩 정리하면서 내가 어떤 사람인지 조금씩 알게 되어 좋았습니다.

먼저, 저의 성격과 태도에 대해 정리했습니다. 첫째, 저는 사람을 무척 좋아합니다. 어릴 때부터 사람을 좋아했다고 어머니께서 이야기해 주셨습니다. 얼굴을 가리지 않아 아무나 쫓아가서 어머니가 놀란 일도 많았으며, 손님이 집에 왔다가 돌아가려고 하면 옷을 잡고 울었다고 합니다. 그래서 학교에 가서도 친구들과 거의 싸우지 않고 지냅니다. 초등학교 6년 동안 친구랑 싸운 적이 2번밖에 없을 정도입니다. 그래서 제 생일에는 친구들이 많이 옵니다. 어머니께서 '제발 이번에는 너희 반 애들만 불러라.'라고 하실 정도입니다. 중학교에 와서 또 새로운 친구들을 사귈 생각을 하니 기분이 좋습니다.

둘째, 노트 정리를 잘합니다. 글씨도 잘 쓰고 꾸미는 것을 좋아하기 때문에 노트 정리를 잘합니다. 그런데 정리하는 데 시간이 많이 걸려서 공부할 시간이 부족하기도 합니다. 어머니께서는 제가 정리하는 데 힘이 빠져서 다시 노트를 읽지 않는다고 걱정을 많이 하십니다. 하지만 선생님께서는 제 노트를 반 아이들에게 보여 주시며 칭찬해 주십니다. 친구들은 제 노트가 너무 휘황찬란하다고 합니다. 노트 정리를 위해서 산 색깔 펜이 100자루 이상, 각종 포스트잇이 많습니다. 그래서 용돈이 많이 필요합니다. 요즘은 공부를 잘하려고 정리하면서 동시에 외우려고 노력을 많이 합니다.

셋째, 건망증이 심해서 해야 할 일은 금방 잊어 먹고 물건을 잘 잃어버립니다. 그래서 별명이 '아차'입니다. 다행히 친구들이 많아서 제가 해야 될 일을 친구들이 잘 일러 줍니다. 가장 친한 미영이가 가끔 문자를 보내 주기도 합니다. 유치원을 다니면서부터는 모든 물건에 유성 매직으로 이름을 일일이 썼습니다. 가방은 물론 외투, 마이, 조끼, 모자, 장갑, 목도리에도 전부 썼습니다. 앞으로 수첩이나 휴대폰에 할 일을 메모하는 습관을 기르려고 합니다.

다음은 저의 꿈입니다. 부모님께서는 판사가 되었으면 좋겠다고 하시지만, 저는 '동물

농장 주인'이 되고 싶습니다. 왜냐하면 저는 사람도 좋지만, 동물도 무척 좋아하기 때문입니다. 먼저 수의학과에 가서 공부를 한 다음 농장을 만들겠습니다. 그리고 집 없는 강아지와 고양이도 키우며 치료해 주고, 멸종되어 가는 동물들도 보호하겠습니다. 또 동물을 좋아하는 사람들이 같이 지낼 수 있도록 동물 농장 펜션과 카페도 만들 것입니다. 이 꿈을 이루기 위해 저는 우리 집에서 키우는 강아지와 고양이 관찰 일지를 꾸준히 쓰고 있습니다. 농장을 만들면 꼭 놀러 오세요.

10) 독서 감상문

(1) 독서 감상문의 개요

독서 감상문은 말 그대로 독서를 한 후 그 책에 대한 자신의 느낌(감)과 생각(상)을 정리하여 쓴 글(문)을 말하며 읽기와 쓰기의 통합 활동이다. 예전 방식인 결과 중심 글쓰기 교육에서 감상문은 줄거리만 정확하게 요약해도 큰 문제가 되지 않았다. 하지만 과정 중심 글쓰기 교육에서는 필자의 의미 구성 능력을 중요시하기 때문에 줄거리 요약 이상이 필요하다. 단순한 줄거리 요약에서 나아가 독자이며 필자인 학습자가 책을 읽은 후 자신만의 생각과 느낌을 구성할 수 있어야 하며, 그것을 글로 표현해 의미 구성 능력의 정도를 보여 주어야 한다.

① 독서 감상문의 효과

독서 감상문을 쓰는 이유는 책 내용을 내 것으로 만들기 위해서이다. 단지 그 책에 담긴 지식만 얻기를 원한다면 힘들게 형식을 갖춘 감상문을 쓸 필요는 없다. 물론 독서 과정에서도 의미 구성이 일어나지만 쓰기를 통해 정교화, 체계화, 내면화가 더 적극적으로 일어난다. 다양한 논문은 독서로만 마친 경우보다 독서 후 쓰기로 통합했을 때 의미 구성이 더 활발하게 이루어진다는 것을 보여 준다. 독서 감상문 쓰기를 통해 얻을 수 있는 효과는 다음과 같다.

첫째, 책을 읽으면서 얻은 지식을 더욱 선명하게 기억할 수 있게 된다. 독서를 하며 얻은 지식은 방치하면 일정 시간이 지나 날아가 버린다. 에빙하우스가 연구한 망각 곡선에 의하면 인간은 학습 후 20분 내에 학습한 지식의 40퍼센트 이상을 잊어버리게 되고, 한 달이 지나면 전체 지식의 약 20퍼센트 정도만 기억할 수 있게 된다고 한다. 그 말은 우리가 책에서 얻은 지식도 마찬가지로 오랜 시간이 지나지 않아 머릿속에서 사라진다는 의미다. 이때 지식을 정리해 적어 두면 망각하지 않고, 붙잡아 둘 수 있다. 일종의 복습처럼 우리의 기억에 자리 잡게 되기 때문이다.

둘째, 정서적 측면에서 보면 책을 읽은 감동을 오래 간직하고, 감정을 풍부하게 하여 정서를 순화시킬 수 있다. 좋은 책을 읽으면 깊은 감동을 받게 된다. 이런 좋은 감동을 오랫동안 간직할 수 있는 방법이 글쓰기다. 감동은 독서 중에도 일어나지만 그 내용을 구체화시켜 글로 쓰면 가슴에 더 오래 남는다. 이러한 감동은 우리의 인성을 가꾸어 주어 삶을 아름답게 만든다. 나아가 인간에 대한 사랑을 배우고 남과 더불어 사는 기쁨을 느끼게 하며, 올바른 가치관 형성에도 영향을 준다.

셋째, 인지적 측면에서 사고력을 정교화, 체계화시킬 수 있다. 우리는 책을 읽으면서 작가가 쓴 내용을 자신의 스키마로 재구성한다. 그런데 재구성한 내용을 글로 표현할 경우 자신이 특히 쓰고 싶고 쓸 만한 가치가 있는 내용을 선택하여 정리·조직하거나 다른 자료를 찾아 보완하여 글로 구성한다. 이렇게 한 편의 독서 감상문을 쓰기까지 구성과 재구성의 과정을 거치면서 독해력, 탐구 능력, 통합적 사고력, 비판적 사고력, 창의적 사고력이 자라게 된다.

넷째, 윤리적 측면에서 보다 바람직한 가치관을 내면화할 수 있다. 인지 심리학자들은 글쓰기가 머릿속의 생각을 구체화시키고 내면화시키는 데 효과적이라고 말한다. 책을 읽기만 하는 것이 아니라 자기 삶에 적용하고 그것을 글로 쓰면 책의 좋은 가치관이 내면화되는 데 도움이 된다. 이것은 결국 자신의 삶을 잘 가꾸고 키워 나가는 단초가 될 수 있다.

다섯째, 학습 기능 측면에서 글쓰기에 필요한 다양한 전략과 기능을 익히게 되며, 탐구하는 태도를 기를 수 있다. 정보화 사회에서는 그 어느 때보다 글쓰기 능력이 중요하다. 특히 실용적이고 논리적인 글쓰기 능력이 필요한데, 독서 감상문은 그러한 실용문, 논술문 쓰기로 나아가는 교두보 역할을 한다.

② 좋은 독서 감상문의 요건

어린 학습자들이 많이 쓰게 되는 글 중 하나가 독서 감상문이다. 특히 학교 현장에서는 교육적인 목적이나 좋은 상급 학교로 진학하는 데 독서 감상문이 필수적이다. 이런 학습자들을 위해 교사는 어떤 독서 감상문이 좋은 글인지 살펴보아 글쓰기 지도 현장에 적용할 필요가 있다.

첫째, 자신만의 고유한 생각이나 느낌이 담겨야 한다. 같은 책을 읽어도 사람마다 생각과 느낌이 같을 수는 없다. 각자 자신이 겪은 일상의 경험이 다르고 가치관이 다르기 때문이다. 그런데도 가끔 보면 인터넷이나 친구들의 감상을 보고, 다른 사람들이 생각하는 것을 그대로 받아들여 글을 쓰는 경우가 있다. 다른 사람이 어떻게 느끼든 상관없이 책을 읽은 나만의 감상을 솔직하게 쓸 필요가 있다.

둘째, 저자가 독자들에게 말하고자 하는 중심 생각과 그것에 대한 자신의 의견이나 감상이 잘 드러나도록 써야 한다. 책을 잘 읽었다면 저자가 어떤 이야기를 하고 싶었는지 알 수 있다. 이것에 대한 자신의 감상이 또렷하게 드러난다면 하고 싶은 말이 좀 더 명확한 글이 될 수 있다.

셋째, 독자가 읽었을 때 재미가 있고, 얻는 것이 있는 독서 감상문이 되어야 한다. 독서 감상문이 지극히 주관적인 글이기는 하지만 다른 사람에게는 공감도 되지 않고, 핵심도 없는 자기 마음대로의 글이어서는 안 된다. 책의 정보를 자세히 쓰면서도 자신의 경험에 비추어 생생하게 쓴 글이라면 다른 사람에게도 재미있게 읽히고, 얻을 거리도 있는 글이 될 것이다.

넷째, 책에 담긴 저자의 생각을 객관적으로 판단해 타당하게 비판한 글이 좋은 독서 감상문이다. 어린 학생들은 책이 무조건 좋고, 옳다고 생각하기 쉽다. 하지만 의외로 잘못된 정보나 생각을 담고 있거나 공감할 수 없는 저자의 독특한 생각이 실린 책도 많다. 따라서 책을 읽고 자기 생각에 비추어 비판하거나 좋지 않은 점, 혹은 잘못된 점을 타당한 이유를 들어 밝힌다면 다른 사람들에게도 도움이 된다.[11]

(2) 독서 감상문의 구성
전체 독서 감상문의 제목을 붙이고, 책의 줄거리와 자신의 감상을 처음-가운데-끝부분으로 구성한다.

① 제목 붙이기
가. 두 줄 제목 붙이기(이행 제목)

---

11) 이호철(2015), 『이호철의 갈래별 글쓰기 교육』, 보리, 484~485쪽 재구성.

독서 감상문은 자신이 읽은 책과는 독립된 본인의 창작물이다. 그러므로 자신의 창작품에 어울리는 주제목(내 제목)을 쓰고 한 줄 아래에 읽은 책을 나타내는 부제목을 쓴다. 주제목에는 부호를 쓰지 않는다.

> 예 가족에게는 힘들지만 소중한 할아버지 ――――――――――― 주제목(내 제목)
>
> 『열두 살에게는 너무 무거운 비밀』을 읽고 ―――― 부제목

나. 구체적인 제목 만들기

상투적이고 추상적인 제목을 피하고 자신의 감상을 구체적으로 드러낸 제목이 좋다.

> 예 효녀 심청 ――――――――――― 주제목(내 제목)
>
> 『심청전』을 읽고 ――――――――― 부제목

'효녀 심청'이라는 제목은 상투적이고, 추상적이다. 심청이가 효녀인 것은 대부분이 떠올릴 수 있는 생각이다. 또한 심청이의 어떤 부분이 효녀라는 것인지에 대해서도 알 수 없다. 그보다는 "아버지를 위해 자신을 희생한 심청"이나 "진심으로 가족을 사랑한 심청"처럼 심청이의 행동이나 마음을 좀 더 구체적으로 표현한 제목이 더 적합하다.

다. 본문 내용과 어울리게 쓰기

글을 쓸 때는 제목을 먼저 정하는 것이 일반적이다. 제목을 먼저 정하고 쓰면 글을 쓰는 내내 중심 내용을 명확히 할 수 있는 장점이 있다. 이때는 본문을 구성하면서도 제목과 일치하는지 계속 점검하며 서술해야 한다. 하지만 글쓰기 지도 현장에서는 가끔 제목을 먼저 결정하지 못하는 경우도 있다. 그럴 때는 우선 본문을 쓰고 그 내용에 어울리는 제목을 나중에 결정하도록 한다.

라. 여러 가지 제목의 예

가장 자연스러운 방식은 책을 읽고 강하게 느낀 감상을 간략하게 서술하는 것이다. 잘 떠오르지 않을 경우, 아래의 다양한 제목 쓰기 방법을 이용하는 것도 좋겠다. ( )는 책의 제목을 표시한 것이다.

- 책을 읽은 생각이나 느낌을 쓴 제목 예 무서운 지구 온난화 (『뜨거운 지구』)
- 자신의 결심을 담은 제목 예 장애인을 친구처럼 대해 줄 거야 (『바람을 가르다』)
- 자신의 경험, 습관, 성격을 나타낸 제목 예 말하는 습관 바꾸기 (『4학년 5반 불평쟁이들』)
- 고사성어, 속담, 격언, 명언을 인용한 제목 예 사랑하는 자식은 여행을 보내라 (『펜도롱 씨

의 똑똑한 세계 여행』)
- 책에 나오는 좋은 구절을 인용한 제목 **예** 당신은 아직도 행복하군요 (『마지막 임금님』)
- 주인공의 특성, 업적을 나타낸 제목 **예** 꽃이 될 수 있어요 (『강아지똥』)
- 글의 주제를 드러낸 제목 **예** 가족의 사랑이 필요해 (『옥상의 민들레꽃』)

② 처음 쓰기

가. 대화글로 시작하기

예 "뭐? 화성인이 지구를 침공했다고?" 이런 뉴스를 본다면 마음이 조마조마하면서도 신기할 것 같다. 책을 보며 정말 화성인이 지구를 침략한다면 어떤 일이 생길까 궁금해졌다. (『우주 전쟁』)

나. 책을 읽은 동기로 시작하기

예 엄마가 시킨 방 청소를 하기 싫다고 투덜거렸더니 동생이 청소 로봇이 나올 때까지 참으라고 했다. 로봇이 사람의 일을 모두 대신해 주면 좋겠다고 생각했다. 마침 도서관에 갔더니 로봇에 대한 책이 있어 빌려 왔다. 인간처럼 대신 일해 주는 로봇에 대해 궁금해서 읽기 시작했다. 바로 『미래가 온다 로봇』 책이다. (『미래가 온다 로봇』)

다. 책의 표지나 제목을 보고 느낀 생각으로 시작하기

예 책 제목에 '똥'자가 들어가다니, 제목만 봐도 재미있을 것 같았다. 그런데 책 제목이 『앨버트로스의 똥으로 만든 나라』란다. 정말 똥으로 만든 나라가 있을까? 약간 호기심이 생겼다. (『앨버트로스의 똥으로 만든 나라』)

라. 책을 다 읽고 덮었을 때의 느낌으로 시작하기

예 '올리버가 진짜 가족을 찾아서 정말 잘됐다.' 마지막 부분을 읽을 때 마음이 놓였다. 『올리버 트위스트』를 읽는 내내 주인공 올리버가 너무 불쌍했다.(『올리버 트위스트』)

마. 책 속에 나왔던 가장 인상 깊은 문장으로 시작하기

예 "내 맘대로 사는 것과 자유롭게 사는 것은 다릅니다." 나는 이 구절을 읽으면서 마음속에 질문이 생겼다. 내 마음대로 사는 게 자유가 아니라면 어떤 것을 자유라고 할까? 궁금했다. (『생각한다는 것』)

바. 고사성어, 속담, 격언, 명언으로 시작하기

ⓔ '친구 따라 강남 간다'는 속담이 있다. 우리에게 친구는 너무 중요하다. 그래서 『친구 주문 완료』라는 책에 해솔이처럼 나도 마음에 드는 친구를 주문하면 좋겠다는 생각이 들었다. (『친구 주문 완료』)

사. 작가에 대한 소개로 시작하기

ⓔ 『해저 2만 리』를 쓴 쥘 베른은 과학적인 상상력이 뛰어난 작가이다. 어릴 때부터 모험 소설과 과학을 좋아했던 그는 잠수함이나 투명인간, 우주여행 같은 당시에는 전혀 없던 새로운 과학적 상상을 최초로 책 속에 표현한 사람이다. (『해저 2만 리』)

아. 중심 내용(주제)으로 시작하기

ⓔ 죽음은 슬픈 일이다. 만약 사랑했던 가족이 죽는다고 생각해 보자. 생각만 해도 하늘이 무너질 것 같다. 『마지막 이벤트』 속 영욱이는 사랑했던 할아버지를 잃는다. (『마지막 이벤트』)

자. 개념 풀이로 시작하기

ⓔ '천이'. 이 말은 어떤 지역에서 나무나 동물이 다른 종류로 변해 가는 것을 말한다. 그런데 정선이가 엉뚱하게 "뭐 천이? 1001이 아니고 1002야?"라고 해서 모두 웃었다. 이 책은 숲의 천이를 잘 설명했다. (『숲은 어떻게 만들어지는가?』)

차. 자신의 장래 희망이나 취미, 특기로 시작하기

ⓔ 내 꿈은 프로게이머다. 그런데 이 책 『열두 살 백용기의 게임 회사 정복기』를 읽고 나서 게임 개발자도 되어 보고 싶어졌다. (『열두 살 백용기의 게임 회사 정복기』)

카. 자신의 경험, 사회적 사건으로 시작하기

ⓔ 예전에 제주도 여행을 간 적이 있었다. 여행을 가서 어떤 작은 집에 들어갔는데, 그곳이 이중섭이라는 화가가 제주도에서 살던 집이라고 했다. 굉장히 허름하고 좁았다. 근처 미술관에 가서 이중섭이 그린 그림도 구경했다. 이 책 『이중섭-그림으로 삶을 완성한 작가』를 읽으니 그때 본 그림과 집이 다시 떠올랐다. (『이중섭-그림으로 삶을 완성한 작가』)

타. 시대적 배경에 대해 설명하며 시작하기

예 『빈처』는 일제 강점기에 살았던 한 소설가의 이야기다. 일제 강점기에는 가난한 사람들이 많았다고 한다. 공부를 많이 하고 외국 유학까지 갔다 온 사람들도 일본 사람들이 운영하는 회사에 들어가거나 힘 있는 일본 사람들의 비유를 맞추지 못하면 가난할 수밖에 없었다. (『빈처』)

③ 가운데 쓰기

독서 감상문의 '가운데'는 독자의 의미 구성 능력을 적극적으로 드러내야 하는 부분이다. 먼저 '가운데'는 줄거리보다 자신의 감상을 구체화시키는 것이 바람직하다. 줄거리를 간단히 요약하고 가장 인상 깊은 장면이나 내용에 자신의 감상을 덧붙이는 방법으로 구성할 수 있다. 그 외에도 자신의 경험과 연결하거나 주제에 대한 생각을 엮는 등 다양한 구성이 가능하다. 이때 미숙한 필자는 감상을 끝부분에 몰아서 쓰려고 하는데, 그보다는 줄거리와 감상을 번갈아 쓰는 방법을 교사가 제안해 보자. 음식으로 비유하면 샌드위치나 무지개떡과 같은 방식이다. 감상을 쓸 때는 단순한 생각보다 깊이 있는 사고를 드러내는 것이 좋은데 다음과 같은 방식으로 풍부한 의미를 표현할 수 있다.

가. 책 내용과 자신의 감상을 번갈아 쓰기
예 김만덕은 양반으로 신분을 회복한 뒤 제주도의 포구에 객주를 차렸다. 나는 김만덕이 정말 대단하다고 생각했다. 어렸을 때 어머니, 아버지가 다 돌아가셨는데도 슬퍼하지 않고 살아서 상인이 되겠다는 꿈을 이뤘기 때문이다. 그 뒤, 제주도가 몇 년째 흉년이 들었을 때 자신이 일하면서 얻은 전 재산으로 쌀 500석을 사 온다. (『거상 김만덕』)

나. 자신의 경험과 엮어 쓰기
예 바다 쓰레기의 심각성을 보고 내 마음이 너무 아프고, 이 쓰레기 때문에 고통받을 해양 생물들이 불쌍하다는 생각이 들었다. 책을 읽고 며칠 후에 엔씨 백화점에서 아이다스 롱패딩을 샀는데, 비닐봉지가 필요 없다고 말하고 손으로 그냥 들고 갔다. (『바다를 살리는 비치코밍 이야기』)

다. 책의 주제와 관련이 있는 다른 지식을 엮어 쓰기
예 『15소년 표류기』를 다 읽은 다음 『로빈슨 크루소 따라잡기』라는 책을 또 읽었다. 이 책에는 마실 물 만들기, 불 피우기 등 무인도에서 생활하는 방법이 자세히 나와 있었다. 이 두 권을 참고해서 우리는 '무인도에서 석 달 동안 살아남기' 작전을 짜 보았다. (『15소년 표류기』)

라. 다른 책이나 다른 인물과 비교·대조하며 쓰기

⑩ 홍길동은 활빈당이라는 도적 무리의 우두머리가 되어 도둑질한 재물을 백성들에게 나누어 주었다. 이것을 보고 나는 전우치가 생각났다. 전우치도 임금을 골탕 먹여 금을 빼앗아서 가난한 백성들에게 나눠 주었다. 그러고 보면 홍길동도 그렇고 전우치도 의로운 도적이라는 공통점이 있는 것 같다. (『홍길동전』)

마. 인물의 성격과 행동에 대해 잘한 점, 잘못한 점을 판단하며 쓰기

⑩ 코딜리어는 내 생각으로 『리어왕』에서 가장 착한 등장인물이다. 왜냐하면 두 언니들이 아버지인 리어왕에게 아부를 하여 아버지의 재산을 얻을 때, 코딜리어는 아버지에게 자신의 참된 사랑을 말했기 때문이다. 그렇지만 노망이 들어 올바른 말을 구별하지 못하는 리어왕은 코딜리어에게 재산을 주지 않았다. 나는 이때 코딜리어의 행동이 어리석다는 생각이 들었다. 만약 코딜리어가 단 한 번, 그때 아부를 해서 재산을 얻었다면 언니들을 몰아내어 가족이 다 죽는 비극이 아닌, 착한 코딜리어와 그녀의 아버지인 리어왕은 사는 희극이 될 수 있었을 테니 말이다. (『리어왕』)

바. 작가에 대해 비판하기

⑩ 『로빈슨 크루소』에서는 사람을 차별하는 내용이 나온다. 물론 로빈슨 크루소가 죽을 뻔한 프라이데이를 구해 준 건 맞지만, 프라이데이를 자기 하인으로 삼은 건 잘못이다. 작가는 유럽 사람의 눈으로 원주민들을 보고 그들을 야만인이라고 생각했나 보다. 유럽 사람들처럼 옷을 입지 않거나 영어를 쓰지 못했기 때문이다. 원주민도 그들만의 문화가 있을 텐데, 프라이데이의 부족 문화를 배우려고 하지 않았다. 오히려 유럽 문화가 맞다고 생각하고, 프라이데이를 유럽 사람처럼 바꾸려고 했다. 그건 문화 차별이고, 인종 차별이다. (『로빈슨 크루소』)

사. 고정 관념을 반박하는 내용으로 쓰기

⑩ 다른 친구들은 포샤가 샤일록에게 벌을 주고, 안토니오를 살려 줬기 때문에 좋은 인물이라고 말했지만 내 생각은 다르다. 나는 포샤가 가장 문제가 많은 인물이라고 생각한다. 벌을

받아야 할 사람은 포샤다. 포샤는 정식 법관이 아닌데도 법관처럼 옷을 입고 재판을 했다. 진짜 재판을 할 수 있는 사람이 아닌데, 법관이라고 거짓말을 한 것이니 법을 위반한 셈이다. 이런 사람은 범죄자가 아닌가. (『베니스의 상인』)

④ 끝 쓰기

가. 책 전체에 대한 소감으로 마무리하기

예) 나는 이 책을 읽고 동물을 사랑하는 마음이 더 커진 것 같다. 길거리에 버려진 강아지나 고양이처럼 불쌍한 동물들에게도 도움이 필요하다. (『샐리 존스의 전설』)

나. 자신의 결심으로 마무리하기

예) 나는 참새처럼 남의 마음을 아프게 하는 말을 하지 않을 것이다. 흙덩이처럼 좋은 말을 해 주고, 강아지똥처럼 남에게 도움이 되는 사람이 되고 싶다. (『강아지똥』)

다. 주제에 대한 정리로 마무리하기

예) 올빼미와 두꺼비처럼 천적이어도 친구가 될 수 있다는 것을 알았다. 이름도 없던 올빼미 조지가 두꺼비 워턴 때문에 변하는 것을 보니 친구는 서로에게 좋은 영향을 주어야 한다는 생각이 들었다. 우정은 사람들에게 꼭 필요한 것 같다. (『화요일의 두꺼비』)

라. 속담이나 격언으로 정리하기

예) '지성이면 감천'이라는 말이 있다. 열심히 노력하면 하늘도 감동한다는 의미이다. 책 속 로빈슨 크루소처럼 어려운 일이 생기더라도 포기하지 않고 계속 노력하는 것이 중요하다. (『로빈슨 크루소』)

마. 다 함께 노력해야 할 점을 제시하기

예) 우리 주위에는 이 책의 토미처럼 사람들의 시선이 두렵고, 자신감을 잃어버린 친구들이 있을 수 있다. 어떤 친구는 장애인이라서, 어떤 친구는 부모님이 외국인인 다문화 가족이라서 사람들과 어울리기 어려워하기도 한다. 그럴 때 우리가 먼저 그 친구들에게 다가가야 한다. 수상한 행동을 하는 아이를 왕따시키지 않고, 다 같이 도와주려고 노력했던 책 속 아이들처럼 우리가 먼저 다가가자. (『수상한 아이가 전학 왔다!』)

바. 주인공이나 작가에게 하고 싶은 말 쓰기

⑩ 정약용이 쓴 『목민심서』라는 책을 읽고 나니 이렇게 좋은 책을 써 주신 작가님께 감사하다는 말을 전하고 싶어졌다.

　작가님, 이 책을 읽으면서 지금도 좋은 목민관이 필요하다는 생각이 들었습니다.

　현지 엄마처럼 저도 우리 반 친구들을 위해 애쓰는 반장이 되겠어요. 감사합니다.

(『열 살, 목민심서를 만나다』)

(3) 도서 종류별 독서 감상문 쓰기

　좋은 독서 감상문이란 줄거리보다는 독자의 생각과 느낌을 풍부하고 깊이 표현한 글이다. 하지만 쓰기에 미숙한 학생들에게 이러한 추상적인 이야기는 큰 도움이 되지 않을 수 있다. 감상을 어떻게 표현해야 할지 막막할 때 읽은 책의 특성이 무엇인지 파악하고, 그에 따라 들어가야 할 내용이나 독자의 감상이 어떻게 달라지는지를 이해한다면 글을 쓰기가 조금 더 수월해질 것이다.

　① 이야기글 감상문
　소설의 3요소인 주제, 구성, 문체와 구성의 3요소인 인물, 사건, 배경을 중심으로 쓸 수 있다.

　가. 주제를 분석한 내용과 그것에 대한 자신의 감상을 쓴다. 주제는 인물들의 말과 생각, 행동, 사건의 결말에 주로 드러나는데 이것을 정리한 후 자신의 생각이나 느낌을 덧붙인다.
　나. 주요 등장인물을 중심으로 여러 구조를 짜서 쓴다. 인물들의 가치관, 성격을 비교하거나 한 일, 환경, 사건의 진행에 따른 변화를 분석하여 쓴다. 여기에 자신의 생각과 느낌을 엮어 쓰면 된다.
　다. 사건 중심으로 구조를 짠 후 감상을 붙여 쓴다. 대략적인 사건의 흐름, 가장 인상 깊었던 장면을 소개한 후 자신의 생각과 느낌을 밝힌다.
　라. 시간적·공간적 배경을 분석하여 배경이 가지는 의미를 쓴다.

공짜는 그만
-『길모퉁이 행운 돼지』를 읽고-

초등학교 5학년 ○○○

세상에 공짜는 없다는 이야기가 있다. 아마 행운도 공짜는 아닐 것이다. 행운이 만약 공짜라면 지금쯤 온 세상의 사람들은 부자가 되어, 행운을 즐기고 있을 것 같다. 이 책에서도 행운을 공짜로 얻었는데 내가 생각하기에 그 후의 변화를 보면 행운을 얻은 것이 큰 불행이라고 생각된다.

이 책『길모퉁이 행운 돼지』에서는 어느 날 진달래 마을 한 골목에 행운 돼지라는 가게가 생긴다. 오픈 전날, 문 앞에 붙인 행운을 준다는 말에 사람들은 개업 전 줄을 서 있었다. 행운 돼지는 하루에 딱 10명에게만 행운을 나누어 준다고 말했다. 마을 사람들은 '행운 돼지' 가게에서 아무런 대가도 치르지 않고, 신기한 물건을 얻었다. 한 번 주름을 펴면 영원히 주름이 가지 않는 다리미, 클레오파트라가 쓰던 가위 등 행운을 공짜로 얻었다. 하지만 그 물건들을 사용한 다음에는 점점 돼지로 변하고 만다.

내가 진달래 마을 사람이었고, 그 물건을 썼을 때 돼지처럼 변해 간다는 걸 몰랐으면 아마 나도 행운 돼지에 줄을 서서 신기한 물건을 얻었을 것 같다. 왜냐하면 그런 신기한 물건을 가지면 얼마든지 초능력 취급과 신비로운 능력을 가질 수 있기 때문이다. 이 책에서 신기한 것은 사람들이 돼지로 변해 갈 때 그 돼지로 변해 가는 당사자들은 자신이 변해 가고 있는지 몰랐다는 점이다.

이 책에서 궁금한 점과 웃겼던 점은 돼지로 변한 사람들을 모두 진달래 마을 체육관에 가뒀는데, 마지막에 행운 돼지가 사라지고 나서 다시 원상 복귀가 됐는지가 궁금했다. 원상 복귀되지 않았다면 평생 돼지로 살아야 하는데 너무 끔찍할 것 같다. 또 웃긴 점은 마지막에 행운 돼지가 다른 마을로 떠났을 때 그 마을 사람들은 신비한 물건을 사용했을 때는 돼지가 아닌 코끼리로 변해서 그 마을에서는 코끼리 대소동이 일어났다는 점이 웃기면서도 약간 슬펐다. 돼지로 변하는 것보다 사람이 코끼리가 되는 게 더 재미있기는 하다.

이 책에서 얻은 교훈이자 다짐은 '세상에 공짜는 없으니 열심히 살아서 행운이나 재산을 얻자'인 것 같다. 왜냐하면 이 책에서도 봤듯이 사람들이 대가도 없이 공짜로 행운을 얻었다가 돼지로 변하는 봉변이자 불운을 당했기 때문이다. 그렇기 때문에 행운을 얻기 위해서는 열심히 일해야 하늘에서 행운을 주지 않을까 생각해 봤다.

② 시 감상문

가. 시집에는 한 사람의 작품만 모은 것이 있고 여러 사람의 작품을 함께 모은 것도 있다. 이러한 책의 특성을 고려하여 쓴다.

나. 여러 편의 시를 장별로 묶어 소개하거나, 소주제별로 다시 분류하여 소개한다. 이때 자신만의 분류 기준이나 이유, 감상을 덧붙이면 된다.

다. 인상적인 시를 소개한 후 자기 감상을 쓰는 방식이 가장 간단하다. 만약 고학년 이라면 인상적인 시에 대한 자기의 해석을 덧붙여도 좋겠다.

라. 좋은 구절을 소개한 후 자신의 감상을 쓴다. 나라면 이렇게 바꾸어 썼을 것이라 고 새로운 표현을 제시하는 것도 좋다.

마. 주제와 글감에 대해 시인의 감상과 내 감상을 비교·대조하며 쓴다.

■ 예문_시 감상문

벙글 웃는 바다
– 『별을 사랑하는 아이들아』를 읽고–

지연이에게.

안녕? 나 기억하지? 나 ○○이야. 내가 학교 도서관에서 『별을 사랑하는 아이들아』라는 시집을 읽게 되었어. 시집을 읽다 보니 나처럼 시를 좋아했던 네 생각이 났어. 이 책(시집)을 쓴 사람은 바로 윤동주 시인이야! 100명의 위인에도 나온 사람이지. 윤동주 시인은 1917년에 태어나 1945년 일제 강점기에 감옥에서 생체 실험을 당하다가 돌아가셨어. 참 슬픈 일이야. 내가 가장 좋아하는 시는 '둘 다'야. 나는 이 시를 외웠어.

둘 다
                    윤동주
바다도 푸르고
하늘도 푸르고

바다도 끝없고
하늘도 끝없고

바다에 돌 던지고
하늘에 침 뱉고
바다는 벙글
하늘은 잠잠

우리가 좋아하던 푸른 바다와 하늘이 생각나는 시야. 나는 '바다는 벙글'이라는 말이 실감났어. 바닷물이 정말로 벙글벙글 웃는 것 같았거든. 어때? 이 시를 보니 우리가 '하늘에 있는 구름과 바다에 있는 파도를 같다고 생각하며 하늘에서 수영하면 어떨까?' 하던 것 같은 느낌이지?
네가 전학을 가서 벌써 우리가 못 본 지 5년이 지났어. 네가 없어 너무 아쉽다. 다음번에 꼭 만나자! 그때까지 건강해!

초등학교 5학년 ○○○

③ 인물 이야기(위인전) 감상문

인물 이야기(위인전)는 뛰어난 업적을 남긴 실제 인물의 이야기를 다룬 책으로, 훌륭한 점을 본받고자 읽게 된다. 이때 인물의 업적이나 한 일 중심으로 글을 쓰게 되면 마치 설명문 같은 느낌을 줄 수 있으니, 본받을 점이나 인물에 대한 자신의 생각을 중심으로 쓴다.

가. 인물 이야기는 인물의 일대기를 다루어 이야기적 요소가 강하다. 그러므로 소설의 주제, 사건, 인물에 해당되는 인물의 업적, 일생, 특성이나 성격의 장단점 등을 쓴다.

나. 인물 이야기가 소설과 다른 점 중 하나는 큰 업적을 남긴 인물의 이야기라는 것이다. 그러므로 업적 달성을 가능케 한 뛰어난 점을 찾아 본받을 점으로 정리하여 쓴다.

다. 업적이 사회나 역사에 끼친 영향과 의미를 분석하여 쓴다. 때로는 업적에 대해 재평가하여 비판적으로 쓴다.

라. 인물이 살았던 시대적 배경을 고려하여 인물의 업적이나 행동의 의미를 정리하고, 이것이 현대 시대와는 어떻게 연결되는지 배경을 고려하여 쓴다.

몽골의 영웅
-『칭기즈칸, 실크로드를 정복하다』를 읽고-

초등학교 5학년 ○○○

아마 각 나라에는 한 명씩 대단한 장군이나 위인이 있을 것이다. 우리나라에서는 이순신이나 세종대왕이 그런 사람이다. 내가 생각하기에 몽골의 위인은 칭기즈 칸이다. 칭기즈 칸은 몽골에서 태어난 장수이다.

칭기즈 칸의 어렸을 때 이름은 '테무친'이었다. 하지만 어렸을 때 아버지가 돌아가시고 난 후 형 백테르가 먹을 것을 다 차지하여 형을 죽인 뒤 다른 부족에서 아내를 맞았다. 메르키트족과의 싸움에서 이긴 테무친의 밑으로 많은 부족들이 스스로 들어오기를 원했다. 이후 20년이 넘는 기간 동안 점점 더 많은 부족들이 그의 부족으로 와서 합쳤다. 그 결과 1206년에 그는 모든 부족의 칸으로 선출되어 '위대한 군주'라는 뜻의 '칭기즈 칸'이라는 이름을 갖게 되었다.

칭기즈 칸은 정말 대단한 사람인 것 같다. 왜냐하면 아버지가 일찍 돌아가시고 직접 부족을 이끌어 자신이 다스리는 사람이 200만 명이 넘어가서 칸이 되었기 때문이다. 혼자 힘으로 어린 나이부터 부족을 이끌었다는 게 놀라웠다. 또한 칭기즈 칸은 그 후 여러 싸움에서 이겨 실크로드를 정복하고 위대한 사람이 되었다. 아마 칭기즈 칸은 우리나라의 이순신 장군님 뺨치는 몽골 사람들의 위대한 장군이자 위인일 것이다.

내가 이 책에서 새로 알게 된 점은 칭기즈 칸의 원래 이름이 테무친이고, 테무친이 어렸을 때 아버지를 잃고 형을 죽였다는 사실이다. 그동안 칭기즈 칸이라는 이름은 몇 번 들어 봤지만, 이렇게 큰 영토를 정복한 사람인 줄은 몰랐다. 유럽까지도 정복할 수 있었다는 게 신기하게 느껴졌다.

칭기즈 칸과 비슷한 사람으로 이방원이 있는 것 같다. 왜냐하면 이방원은 이성계에게서 정도전을 죽였다는 이유로 미움을 받아 조선을 만든 공신의 이름에도 들어가지 못하고, 왕위도 받지 못했지만 자기가 직접 왕이 되었다. 사람들의 미움과 무시를 당했는데도 스스로 최강의 왕이 된 게 칭기즈 칸과 같았다.

이 책은 칭기즈 칸이 얼마나 열심히 살았는지, 칭기즈 칸의 다양한 과거를 보여 주는 책 같다. 원래 칭기즈 칸에 대해서 별로 아는 것이 없었는데 이 책을 통해 칭기즈 칸에 대한 정보를 많이 얻은 것 같다. 다른 나라의 장군이나 위인의 책도 더 많이 읽어 보고 싶다.

④ 과학 도서 감상문

과학 도서를 읽히는 목적은 과학적 사고방식과 관찰력, 탐구 능력을 기르고 과학 지식을 습득하게 하는 데 있다. 과학 독서 감상문은 이러한 독서 목적을 고려하여 구성하면 된다. 새로 알게 된 사실을 나열하는 데서 나아가 자신의 의미 구성 능력, 탐구 능력을 보여 주어 더 좋은 글을 쓸 수 있도록 지도해야 한다.

가. 처음 쓰기
- 편집 형식, 내용, 난이도, 특징 등 책에 대한 전반적인 소개를 할 수 있다.
- 예 『비북-생태계를 살리는 꿀벌 이야기』는 꿀벌이 사는 벌집 안에 들어와 벌들을 아주 가까이에서 보는 느낌이 들었다. 까만 벌의 눈이나 빨간 꽃, 하얗고 노란 벌통 등 벌들의 세상 속 색깔처럼 그림이 예쁘고 화려했다. 꿀벌이 어떤 일을 하는지에 대해서 알려 줄 뿐 아니라 수분이 무엇인지에 대한 식물 이야기도 들어 있다.(『비북-생태계를 살리는 꿀벌 이야기』)
- 책이 다루고 있는 내용에 대한 평상시 자신의 생각과 관심을 쓸 수 있다.
- 예 갯벌에 갔을 때 조그만 게랑 물고기들이 신기했다. 어떻게 작은 구멍에서 게들이 쏙쏙 드나드는지 궁금하다고 생각했다. 그런데 이 책을 보니 갯벌에 사는 작은 동물들이 많이 소개되어 있었다.(『갯벌아, 미안해』)
- 과학책 중에서도 그 분야의 책을 선택하게 된 이유를 쓴다.
- 예 전염병 때문에 많은 사람들이 죽고 있어 안타까웠다. 우리는 이렇게 몸집도 큰데, 작은 병균이나 바이러스 때문에 왜 죽는 사람이 생기는지도 궁금했다. 마침 이 책이 바이러스에 대해 설명하고 있어 관심 있게 보게 되었다.(『미래가 온다 바이러스』)
- 책 표지나 제목을 보고 상상하거나 생각한 것을 쓴다.
- 예 표지를 보고 느낀 생각은 내가 TV 다큐멘터리에서 본 소라게랑 비슷해 친근감이 느껴졌다. 그리고 그림에 말미잘이 나와 있었는데 말미잘의 모습을 알 수 있어서 좋았다.(『예쁜 소라 껍데기를 찾아다니는 소라게』)
- 과학 실험을 해 보았던 경험이나 동식물을 길러 보았던 경험을 쓴다.
- 예 학교에서 1인 1화분으로 제비꽃을 키워 보았다. 그런데 내가 아무리 물을 열심히 줘도 제비꽃이 점점 시들기만 했다. 결국은 죽어 버려 속상했던 경험이 있었는데, 책에 있는 여러 식물 중 제비꽃에 대한 내용이 있어서 반가웠다.(『신통방통 플러스 식물이야기』)
- 자신이 평소에 알고 있던 배경지식을 쓴다.

예 내가 소라게에 대해서 알고 있던 것은 소라게가 빈 껍데기를 찾아 집으로 쓴다는 것이 었다. 소라게는 몸 전체를 소라 껍데기에 집어넣은 채 가장 큰 집게발 하나만 내밀고 산 다.(『예쁜 소라껍데기를 찾아다니는 소라게』)

나. 가운데 쓰기
- 책의 중요한 내용을 소개하며 자기 생각을 쓴다.
- 새로 알게 된 과학적 사실과 그것에 대한 자신의 생각이나 느낌을 소개한다.
- 책을 읽은 후 자신의 생각과 행동의 변화를 쓴다.
- 새로운 발명품을 만들어 낸 과학 정신, 과학자의 태도에 대해 쓴다.
- 옛사람들과 요즘 사람들의 과학적 인식 차이에 대해 쓴다.
- 실험 관찰, 과학 경진 대회 참가, 생활에서 발견한 것 등 자기 경험을 소개하며 쓴다.
- 앞으로 과학의 발전 방향에 대해 쓴다.
- 과학의 발전이 인간 생활에 미치는 영향을 쓴다.
- 과학자의 윤리 의식에 대해서 쓴다.
- 기대하는 미래나 이 책의 주제로 인해 달라질 미래 사회에 대해 쓴다.

다. 끝 쓰기
- 교훈이나 느낌, 앞으로의 태도 변화, 자신의 꿈과 연결하여 쓸 수 있다.
- 현대 사회의 문제점, 미래 사회의 모습과 연관시켜 쓴다.
- 앞으로 이 책과 관련해 하고 싶은 일을 쓴다.
- 더 알고 싶거나 더 공부하고 싶은 과학 분야가 있다면 그것을 쓴다.

라. 주의할 점
- 생각이나 느낌은 구체적으로 써야 한다. 과학 독서 감상문에서 가장 많이 나오는 표현은 '참 신기했다', '대단했다', '놀라웠다' 등이다. 가능하면 이러한 표현을 더 구체화시켜 쓴다.
- 과학 동화의 경우 동화적인 측면보다 과학적인 의미에 중심을 두고 써야 한다.
- 자신이 관심 있는 일부분의 정보(**예**바이러스)에만 초점을 맞추어 쓰지 말고, 먼저 책 전체의 과학적 내용(**예**질병)과 감상을 언급하고 그 후에 인상 깊은 세부 정보와 감상을 쓴다.

보이지 않는 세계
−『미래가 온다 바이러스』를 읽고−

초등학교 5학년 ○○○

바이러스는 우리가 지금 겪고 있는 정말 위험한 존재이다. 언제 어떻게 튈지 모르는 천방지축 아이 같은 느낌이다. 그리고 바이러스는 우리에게 필요한 존재일 때도 있고, 정말 싫을 때도 있는 것 같다. 우리가 하는 행동에 따라 없어질지도 다시 돌아올지도 모른다. 우리에 의해 정해지는 것 같기도 하다.

이 책『미래가 온다 바이러스』에서는 바이러스의 정체, 인공 바이러스 만들기, 돌연변이 바이러스 등 바이러스에 대한 여러 가지 정보가 재미있게 담겨 있다. 특히 내가 이 12가지의 바이러스 설명(목차) 중에서 제일 공감하고 심각하게 읽은 곳은 '팬데믹이 온다!'라는 부분이었다. 왜냐하면 우리 모두 지금 이 상황에 처해 있기 때문이다. 게다가 이 부분에 코로나 바이러스가 나와서 제일 공감하며 심각하게 읽었던 것 같다.

책을 읽으면서 제일 놀라웠고 새로 알게 된 점은 인플루엔자 바이러스로만 알고 있던 조류 독감 바이러스와 돼지 독감 바이러스가 조류 독감은 인플루엔자 바이러스 H5N1, 돼지 독감 바이러스는 인플루엔자 바이러스 H1N1이라는 사실이었다. 나는 인플루엔자 바이러스면 모두 같다고 생각했는데 그렇지 않다. 수많은 바이러스 종류가 있다는 것을 알고 약간 두려웠다.

또한 노르웨이의 베르겐 대학교 연구팀이 연구한 바닷물을 조금 떠서 전자 현미경으로 들여다보았더니 1밀리리터 물방울에 바이러스 2억 5천 만개가 있었단다. 아니 어떻게 그 얼마 안 되는 물속에 많은 바이러스들이 살 수 있는 걸까? 신기했다. 어쩌면 우리 집 수돗물이나 화장실에도 바이러스가 바글바글할지 모른다고 생각하니 소름이다.

그 밖에도 우리가 엄마 뱃속의 조그만 아이였을 때 바이러스의 유전자가 우리를 지켜주었다는 것이 조금 상큼한 충격이었다. 바이러스는 몸에 나쁘기만 한 존재인 줄 알았는데, 아닌 것도 있었다. 그럼 모든 바이러스가 없어지면 안 되는데, 참 어려웠다. 우리에게 필요한 바이러스가 뜻밖에 많을지도 모르겠다.

이 책을 본 이유는 우리가 바이러스에 지금 맞서 싸우고 있기 때문이었는데 이 책을 본 뒤 더 많은 바이러스에 대한 정보를 알게 되어서 좋았다. 또, 이 책을 보고 바이러스, 세균이 우리 몸에 얼마나 많을까 다시 생각했다. 지금 내 손과 발에 있는 세균과 엄청난 바이러스를 떠올리며 나의 위생을 다시 한번 되돌아보게 되었던 그런 책이었다. 얼른 빨리 코로나를 이겨 내어 코로나가 떠났을 때 다시 한번 평안하게 이 책을 보고 싶다.

⑤ 역사 도서 감상문

역사 도서를 읽히는 목적은 역사 지식을 쌓는 것뿐만 아니라 과거 역사에서 교훈을 얻어 현재와 미래의 역사를 바람직한 방향으로 이끌어 가고자 한다는 데 있다. 또 역사 도서를 읽음으로써 아이들은 민족적 정체성을 확립해 가기도 한다. 따라서 단순히 역사적인 지식을 얼마나 알게 되었는지를 중심으로 글을 쓰기보다는 어떤 교훈이나 의미를 책에서 발견하게 되었는지에 대해 글을 쓴다면 더 좋은 독서 감상문을 쓸 수 있을 것이다.

가. 책에 담긴 내용을 전체적으로 소개하고 가장 인상적인 사건이나 인물을 이야기하며 자신의 생각을 쓴다.

나. 책에서 얻은 교훈이나 다르게 생각할 거리를 정리하고 자신의 생각과 느낌을 덧붙여 쓴다.

다. 사건이나 인물이 역사에 미친 영향을 정리해 본다. 또 현대인들이 그 사건이나 인물에서 배울 점이 무엇인지 쓴다.

라. 새롭게 알게 된 역사적 사실과 그에 대한 자신의 감상을 쓴다.

■ 예문_역사 도서 감상문

존경하는 세종대왕님
–『초등학생을 위한 조선왕조실록』을 읽고–

세종대왕님께.

존경하는 세종대왕님, 안녕하세요?

『조선왕조실록』 안에는 태조, 정종, 태종, 세종, 문종, 단종, 세조, 예종, 성종, 연산군 외에도 17여 분의 이야기가 담겨 있었습니다. 그분들 중에서 제가 제일 존경하는 분이 세종대왕님이시기에 이렇게 편지를 씁니다.

다른 왕들은 왕위를 계승하려고 서로 자신의 형제를 죽이고 다툼을 하는데 세종대왕님께서는 두 분의 형들이 모두 왕의 자리를 양보해 주셨잖아요. 그래서 저는 세종대왕님의 형님들도 존경합니다. 만일 그분들이 왕의 자리를 양보해 주시지 않았다면 물론 그때 어떻게 되었을지 모르지만, 이렇게 우리들이 쓰기 좋은 한글이 없을지도 모르잖아요. 그리고 세계 최초의 강우량 측정기인 '측우기'와 천체 관측 기계인 '혼천의', 해시계 '앙부일구'

와 물시계인 '자격루' 등 백성들의 생활에 도움을 주는 과학 기구를 발명하셨다는 내용을 읽고 나서 세종대왕님께서 얼마나 백성을 사랑하고 머리가 총명하셨는지 알게 되었습니다. 저도 그런 세종대왕님을 닮고 싶은데 세종대왕님을 닮으려면 죽어라 공부만 해야겠죠? 휴~ 참 힘들겠어요. (이하 생략)

초등학교 5학년 ○○○

⑥ 사회 도서 감상문

사회 분야의 책은 그 종류가 다양하다. 인문이나 지리, 경제, 정치나 법 같은 교과목과 관련된 책부터 현실적인 직업에 대한 내용을 담은 책까지 범위가 넓다. 따라서 각 책의 내용과 구성의 특징에 따라 글을 쓴다. 비문학 도서의 특성상 해당 분야의 많은 정보를 담고 있기 때문에 새롭게 알게 된 정보와 그것이 우리의 일상이나 사회에 어떻게 연관되는지를 중심으로 쓰면 된다.

가. 책에 담긴 큰 분야와 인상적이었던 세부 내용에 대한 정리와 감상을 쓴다.
나. 새롭게 알게 된 정보를 정리하고 자신의 생각이나 느낌을 쓴다.
다. 책에서 깨닫게 된 개념이나 사회의 원리, 생각거리를 우리 삶과 연결시켜 쓴다.
라. 자신의 경험이나 사회적 이슈 등 실제 사례와 연계해서 쓴다.
마. 자신이나 사회에 적용할 점이나 실천해야 할 점을 쓴다.
바. 책의 내용을 통해 미래 사회를 예측하거나 변화될 점에 대해 쓴다.

■ 예문_사회 도서 감상문

미래 직업을 찾아서
-『일하지 않는 일 어디 없나요?』를 읽고-

초등학교 3학년 ○○○

이 책의 제목은 '일하지 않는 일 어디 없나요?'이다. 내가 이 책을 읽은 이유는 직업에 대해 더 알고 싶었기 때문이다.

이 책은 주인공 주원이가 일하지 않는 일을 찾아서 일개미와 함께 직업을 찾는 내용이다. 나는 이 책을 통해서 더 많은 직업을 알게 되었다. 내가 생각하는 미래에 생길 직업 중에서 제일 좋아하는 것은 바로 우주여행 가이드이다. 가이드는 설명을 해 주는 건데 '여긴 달, 화성' 이렇게 달랑 이름만 알고 가면 재미가 없을 게 분명하다. 하지만 가이드가 설명을 해주면 더 기억이 남기 때문에 꼭 필요한 직업이다.

나는 이 책에 별 5개 만점에 4개를 주고 싶다. 왜냐하면 직업에 대해 더 많이 알려 주었기 때문이다. 이 책이 조금 아쉬운 것은 우리나라가 행복 지수는 낮고 일하는 시간은 3등으로 많다는 기분 나쁜 내용이 들어 있기 때문이다. 생각보다 우리나라 사람들이 별로 행복하지 않은 것 같아서 섭섭했다. 나는 꼭 내가 좋아하는 직업을 가져서 미래에 행복하게 지낼 거다.

미래에는 여러 가지 새로운 직업이 많이 생길 것 같다. 색다른 직업이 있으면 나도 그 직업을 해 보고 싶다. 그러면 매일매일 재미있게 살 수 있을 것 같다.

(4) 독서 감상문 쓰기 사례(다양한 방법으로 쓰기)

처음 글쓰기를 하는 학생들이나 저학년 학생들은 형식을 갖춘 독서 감상문을 쓰기 어렵다. 또 책의 특성과 감흥에 따라 다양한 갈래글을 이용하는 것이 더 좋을 때도 있다. 다양한 방법의 독서 감상문 쓰기는 학생들의 흥미를 높이고 글쓰기 부담을 덜어 주며, 감상 형성에 긍정적 영향을 끼친다.

① 시로 쓰기

줄거리, 가장 인상적인 장면이나 인물, 자신의 생각과 느낌을 시로 표현하는 방법이다. 제목이나 주인공 이름을 이용한 3행시, 4행시나 시조, 자유시를 쓸 수 있다.

나의 마음
-『술술 립스틱』을 읽고-

초등학교 3학년 ○○○

나를 보면 아이들은 언제나 '쑥덕쑥덕'
내 마음 상하는 말 하지요.

술술 립스틱을 바르면
나는 '재잘재잘'
아이들은 '하하 호호'
재밌어하면 내 기분도 좋아지지요.

화장실에서 내 험담을 하는
아이들 소리
내 마음도 안 좋아지고
내 마음이 '지익지익' 찢어지지요.

나는 역시 나 대로가
제일 좋은 것 같아

② 편지로 쓰기

독자의 입장에서 주인공이나 작가, 친구에게 편지를 쓰거나 책 속의 어떤 등장인물의
입장이 되어 다른 인물에게 보내는 형식으로 쓸 수 있다.

『나의 라임 오렌지 나무』를 읽고

초등학교 6학년 OOO

제제에게

안녕? 제제야. 난 OOO이야.

난 널 『나의 라임 오렌지 나무』라는 책에서 처음 봤는데 다소 충격적이었어. 왜냐하면 다섯 살이라는 어린 나이에 누구에게 배우지도 않고 혼자 글을 깨우쳤잖아. 또 열 살도 안 되는 어린 나이에 진정한 아픔을 느꼈잖아. 난 열 살도 안 되는 아이가 다른 사람들에게 진정한 아픔을 생각하게 할 수 있다는 것을 보고 놀라웠어.

처음에 난 네가 아빠와 형제와 자매들에게 맞는 장면이 나올 때 정말 아프겠다고 생각했어. 하지만 너에게 가장 의지가 되고 이해를 해 줬던 보르뚜가 아저씨께서 불의의 사건으로 떠나셨을 때 너의 행동들은 보는 사람에게도 글로 읽는 사람들에게도 가슴이 시린 듯한 슬픔을 주었어. 난 그걸 보면서 '맞는 거만 아픈 게 아니구나. 가슴으로도 아플 수 있겠다.'라는 것을 다시 한번 생각하게 되었어. 그래서 너에게 고마워.

조심스럽게 너희 부모님 이야기를 해 볼게. 너희 부모님께서도 너를 때릴 때 기쁜 마음으로 때리신 건 아닌 것 같아. 나도 사촌 동생이 너무 얄미울 때가 있어서 많이 돌보아 주지 못했어. 너를 보며 나를 항상 기다리던 사촌 동생에게 정말 미안해지는 것 같아.

나에게 깨달음을 주어서 고맙고, 앞으로 너답게 당당하게 살아!

20××. 11. 13. OO이가

③ 일기로 쓰기

책을 다 읽고 그날의 일기로 독서 감상문을 쓴다. 또 주인공이나 등장인물이 되어 작품 속의 특정한 날의 일기를 대신 써 보는 방법도 있다.

문친 이웃
-『우리 빌라에는 이상한 사람들이 산다』를 읽고-

초등학교 4학년 OOO

오후에 B101호에 물이 찼다. 그래서 온 이웃이 B101호에 모였다. 그 광경은 내가 봐도 끔찍했다. 이대로 두면 안 되겠다 생각해서 양동이에 물을 채워 놓았다. 잠시 후에 B101호 엄마같이 보이던 사람도 이 소식을 들었나 보다. 그 여자는 되게 빨리 온 것같이 흠뻑 젖어 있었다. 계속 다 같이 물을 퍼 올리고, 물을 밖으로 던져 내고, 바닥을 닦는 작업이 반복되었다.

그 사건이 끝난 뒤에 2층 할머니가 같이 삼계탕을 먹자고 해서 모두 2층 할머니 집으로 모였다. 그때 3층 아이의 엄마와 아빠같이 보이는 사람들이 들어왔다. 삼계탕 냄새가 풀풀 났다.

사람들이 나에게 말했다. "맨날 긴 바지 입고 다녀서 전자 발찌라도 찬 줄 알았어요." 내가 장난스럽게 말했다. "에이. 다리에 털이 나서 그런 거예요." 그날 사람들이 내가 공기찬이라는 것을 알았다. 그때 2층 할머니가 아프면 어떻게 하냐며 전화해도 되냐고 사람들에게 물었다. 다들 자기 전화번호를 할머니에게 알려 주었다.

우리는 온라인으로도 이웃이 되었다. 더 친해진 것 같아서 좋았다. 우리 이웃 이름은 '문친 이웃'이다.

④ 패러디하여 쓰기

책 내용의 일부를 바꾸어 쓰거나, 뒷이야기를 상상하여 쓴다.

딸들의 이야기
-『샬롯의 거미줄』을 읽고-

초등학교 5학년 OOO

샬롯이 죽은 후 새로 태어난 샬롯의 딸 세 마리가 샬롯만큼 자라서 거미줄을 마음대로 짤 수 있는 능력을 가지게 되었다. 그 세 마리가 거미줄에서 놀고 있을 때 윌버는 거미들에게 샬롯에 대한 이야기를 해 주었다. 오늘은 '대단한 돼지'를 쓴 이야기를 해 주었다.

그러던 어느 날 펀의 삼촌이 이 거미 세 마리를 치우기 위해 왔지만, 가위를 깜박 잊고 가져오지 않아 다시 집으로 돌아갔다. 그 틈에 윌버와 딸 세 마리는 회의를 했다. 윌버가 "인간은 우리 말을 못 알아들을 것이니까, 거미줄에 쓰자!"라고 의견을 냈다. 다음날 삼촌이 가위를 들고 다시 돌아왔을 때 거미줄에 '우리는 샬롯의 딸!'이라고 쓰여 있었다. 거미들은 그 덕분에 살 수 있었다. 시간이 흘러 샬롯의 딸 세 마리도 알 주머니를 만들고 윌버에게 고마웠다고 인사했다. 그리고는 샬롯의 곁으로 갔다.

⑤ 기사문으로 쓰기

육하원칙에 맞추어 책 내용 중 일부 사건을 기사문 형식으로 쓴다. 이때 책의 내용에만 중점을 맞추어 쓰게 되면 줄거리 요약 수준에서 머물게 될 수 있으므로, 그 사건을 바라보는 자신의 시각(해석)을 기자의 입장에서 함께 넣어 쓴다.

■ 예문_기사문으로 쓰기

은식기 절도인가, 선물인가
용의자는 선물로 받았다며 석방돼
-『장 발장』을 읽고-

1815년 10월 31일 디뉴의 헌병들은 수상한 차림의 45세 남자를 조사하던 중 그의 가방에서 비싼 은식기들을 발견했다. 19년 동안 감옥에 갇혔던 전과자이며 옷차림이 아주 허름한 사람이 비싼 은식기를 가진 것을 수상히 여겨 체포하려 했으나 그는 주교가 선물로 준 것이라고 했다. 헌병들은 사실을 조사하기 위해 남자를 데리고 주교관으로 갔다. 그런데 남자의 말처럼 주교는 은식기는 선물로 준 것이며 은촛대까지 남자에게 건네주었다. 경찰은 그를 절도범으로 의심했지만 증거가 없었기 때문에 결국 풀어 주고 말았다.

(1815년 11월 1일, 디뉴 신문, OOO기자)

⑥ 노래 가사 만들기

책의 줄거리나 감상을 노래에 맞추어 가사를 바꾸어 쓴다.

■ 예문_노래 가사 만들기

> ### 『내 마음대로 규칙』을 읽고
>
> 초등학교 2학년 ○○○
>
> 교통 규칙 지키자 / 손들고 건너자
> 전후좌우 살피며 / 천천히 가자
>
> 공공장소에서는 / 질서를 지키자
> 밀지 말고 줄 서자 / 꼭꼭 지키자

　⑦ 기타: 희곡으로 바꾸어 쓰기, 독서 엽서 만들기, 좋은 구절 책갈피 만들기, 마인드
맵으로 정리하기, 독서 안내장 만들기, 책 광고 만들기 등

3. 교사의 글쓰기 첨삭 지도

1) 글쓰기 첨삭 지도

　글쓰기 교육 현장에서 교사는 학생들의 글을 많이 접하게 된다. 이때 학생 스스로 혹은 친구들과 함께 글에 대한 평가 활동을 진행한다. 하지만 이것은 어디까지나 교사의 개입이 최소화된 학생 스스로의 평가이다. 교사가 학생의 글을 평가해 주고, 어떤 방향으로 글을 쓰면 좋을지 코칭해 줄 필요가 있다.

(1) 첨삭 지도의 기본 자세

　글의 주인은 학습자이다. 교사는 단지 글쓰기에 도움을 주는 도우미일 뿐이다. 따라서 글을 첨삭할 때는 기본적으로 아이가 어떤 말을 하고 싶었는지 그 의도나 의미가 글에 드러날 수 있도록 도와야 한다. 아래는 글 첨삭 지도와 관련해 교사가 참고해야 할 내용이다.

① 글에서 아이가 어떤 이야기를 하고 싶었는지 물어봐야 한다.

이해하기 어려운 문장이나 문단이 있다면 그것을 고쳐 주려고 하기 전에 먼저 의도를 묻자. 그리고 아이의 의도나 의견이 최대한 드러날 수 있도록 도와주면 된다.

② 시범을 보여 준다.

아이가 원하는 방향으로 글을 쓰려면 어떻게 수정해야 하는지 시범을 보여 준다. 단순하게 어떤 내용을 넣고, 빼자는 식의 조언도 할 수 있지만, 구체적으로 의도가 분명히 드러나도록 문장을 직접 써서 보여 준다.

주의할 점은 글의 주인이 교사가 아니므로 원고에 직접 손을 대기보다는 원고 옆 여백이나 별도 종이에 써서 보여 주는 것이 낫다. 이때도 반드시 그 문장으로 바꾸라고 하기보다는 하나의 예시로 참고하도록 하면 된다. 판단과 결정의 주체는 아이들이다.

③ 모든 것을 한 번에 고쳐 주려는 마음을 버린다.

아이의 글에서 문제가 되는 점을 한꺼번에 모두 고칠 수는 없다. 그중에서 가장 중요하거나 시급한 것, 간단한 것 위주로 2~3가지 습관들을 고쳐 나간다고 생각하자. 순차적으로 아이가 가진 글쓰기의 나쁜 습관이나 태도, 글쓰기 방법 등을 고쳐 가다 보면 어느 순간 글쓰기 능력이 신장되어 있는 것을 발견하게 될 것이다.

④ 학습자가 이해할 수 있도록 첨삭 내용을 써 준다.

교사가 첨삭한 내용을 독자인 아이나 엄마가 받아 보고 이해할 수 있어야 한다. 어떻게 고치라고 하는 것인지 알 수 없는 내용의 첨삭은 의미가 없다.

(2) 글 첨삭 지도 시 평가 항목

과정 중심 글쓰기 지도 방법 '고쳐쓰기' 부분에서 평가해야 하는 큰 항목들을 아이들 글 평가에 적용해 본다.

- 글의 내용과 어울리는 제목인가?
- 글의 주제가 잘 표현되었는가?
- 주제와 관련한 내용인가?
- 글의 구조가 분명하게 잘 드러났는가?
- 글의 내용 전개가 적절하며 글이 잘 마무리되었는가?
- 첫 문단이 읽는 사람의 흥미를 끌만한가?
- 낱말 사용이 적절하며 읽는 사람이 이해할 수 있는가?
- 표현 방법이 적절한가?

항목 내용을 살펴보면 글의 주제, 글의 전체 구조와 내용 전개의 적절성, 제목과 내용의 어울림, 적절한 낱말의 사용, 독자에 대한 고려 등이다. 이것은 교사의 첨삭 지도 시 하나의 평가 사례일 뿐이다. 이 항목들 이외에도 글의 내용과 형식 면에서 다양한 평가 항목들이 있다. 아이들이 쓴 글의 종류가 무엇인지, 어떤 조건이 달린 글쓰기를 해야 하는지, 학습자의 연령이나 평소 글쓰기 수준은 어떤지 등 다양한 상황과 조건에 따라 첨삭 항목은 달라질 수 있다.

예를 들면 초등 3학년에게 적용해야 할 교사의 첨삭 지도 평가 항목과 중학교 1학년의 평가 항목이 같을 수 없다. 또한 아이가 쓴 글이 생활문인지 주장글인지, 미숙한 필자인지 능숙한 필자인지에 따라 평가 항목이 달라질 것이다. 결국은 교사의 첨삭 지도는 철저히 학습자가 누구인지, 어떤 글인지에 따라 맞춤식으로 진행될 수밖에 없다. 절대적인 기준이나 정답을 찾기는 어렵다는 의미다.

① 글의 내용 첨삭 항목 사례

전체 글의 내용을 첨삭할 때 살펴보아야 하는 항목은 너무나 다양하지만, 그중에서 몇 가지를 소개한다.
- 전체 주제가 글에 일관적으로 드러나는지 여부
- 조건이나 제한이 붙은 글을 써야 하는 경우(예조건식 논술문) 해당 조건이나 제한을 충족하는지 여부
- 전체 글이 논리적으로 전개되는지 여부
- 문단 간 흐름이 자연스럽게 이어지는지 여부
- 각 문단의 내용이 서로 유사하거나 겹치지 않는지 여부

- 중심 문장이 명확히 드러나고, 뒷받침 문장이 중심 문장을 충분히 설명하는지 여부
- 정확한 어휘를 사용해 구체적으로 설명하고 있는 글인지 여부
- 읽는 사람을 고려해 쓴 글인지 여부(독자의 흥미, 수준, 맥락을 감안했는지)

② 글의 형식 첨삭 항목 사례

글의 구조와 형식 면에서 첨삭 지도 시 살펴볼 항목의 몇 가지 사례는 다음과 같다.
- 전체 글의 구조가 처음(서론)-가운데(본론)-끝(결론)으로 나뉘어 있는지 여부
- 전체 글이 문단별로 조직되어 있는지 여부
- 문장의 호응이 맞는지 여부
- 서술어의 혼용된 사용은 없는지 여부 (예 ~이다. ~입니다. 혼용)
- 맞춤법이나 띄어쓰기는 맞는지 여부
- 어색한 문장은 없는지 여부(예 문장 성분 누락이나 오류 등)

(3) 첨삭 실습 자료

위 첨삭 사례 항목들을 참고해서 아래 초등학교 5학년이 쓴 『트리갭의 샘물』의 독서
감상문을 첨삭해 보자. 글쓰기 과제에서 제시된 별도의 초점은 없다.

영원한 삶
-『트리갭의 샘물』을 읽고-

초등학교 5학년 ○○○

『트리갭의 샘물』이란 책 제목과 표지를 보았을 땐 매우 지루해 보였다. 그리고 트리갭
이라는 사람이 가지고 있는 샘물인 줄 알았다. 그런데 알고 보니 트리갭이란 마을에 있
는 숲 안에 있는 샘물이었다. 그리고 무척 지루하고 재미없어 보였는데, 재미있고 흥미
진진했다.

트리갭에 있는 숲에 주인은 포스터다. 하루는 포스터에 딸 위니 포스터가 숲으로 놀러
나왔다. 그러다 위니는 잘생긴 청년을 발견했다. 그 청년에게 빠진 위니는 청년을 유심
히 바라보았다. 그 청년은 돌더미 속에 있는 샘의 물을 마셨다. 그걸 본 위니는 마침 자
기도 목이 말라 그 샘물을 마시려고 하였다. 제시 터크(그 청년)는 위니를 말렸다. 위니는
그를 따라 그의 집에 가 하룻밤을 지냈다. 그에게 샘물에 대한 비밀을 들었다. 그 샘물은

젊은 모습으로 영원히 살게 해 주는 것이다. 그 이야기를 엿듣고 있던 남자가 포스터네 집을 찾아가서 그 샘물이 있는 숲이랑 위니의 위치 정보를 거래했다. 제시가 위니에게 열 일곱 살이 되면 샘물을 마시고 자기와 결혼하자고 했다. 하지만 위니는 그 샘물을 마시지 않았다.

위니는 참 얼렁뚱땅한 아이다. 왜냐하면 터크씨 가족이 참 다정하네…… 생각했다, 그들은 나를 납치했어라는 생각을 왔다 갔다 한다. 위니는 자신이 형이나 언니 동생이 없는 걸 원망스러워한다. 왜냐하면 할머니와 엄마의 잔소리는 위니만 공격하기 때문이다. 나도 위니였다면 매우 힘들었을 것이다. 하지만 또 막상 동생이 생기면 위니의 마음은 달라질 것 같다.

나는 위니가 샘물을 왜 안 마셨는지 이해가 안 간다. 나 같으면 마셨을 텐데……. 근데 생각을 바꿔 보면 이해가 가기도 한다. 나만 영원히 살면 내가 사랑하는 사람들이 하나둘 떠나는 모습을 봐야 한다. 그렇기 때문에 위니가 샘물을 마시지 않은 것 같다.

나는 『책과 노니는 집』, 『트리갭의 샘물』 같이 제목과 표지가 지루해 보여도 무척 재미있는 책은 처음 봤다. '책과 노니는 집'은 몰라도 다른 사람들이 『트리갭의 샘물』은 꼭 읽어 봤으면 한다.

제3장
서평 쓰기

1. 서평의 개념

　서평(書評)은 '책이나 글을 평가한 글'이다. 책이나 글을 읽고 평가(評價)하려면 자신의 느낌과 생각을 바탕으로 감상하는 데 그치지 않고, 도서의 가치나 수준을 판단하는 지식과 공정한 잣대가 필요하다. 일반적으로 서평을 읽는 사람은 아직 그 책을 읽지 못했을 경우가 많다. 새로운 책을 소개받고 과연 읽을 만한지 선택하는 계기를 만드는 글이 서평이다. 이에 서평을 쓰는 사람은 예상 독자들의 기대감·궁금증·호기심에 부응하여 책의 저자, 출판사, 체제 등의 정보와 내용(줄거리, 주제, 주요 소재나 차례 등)을 소개하게 된다.

　서평자는 책 내용을 가능한 한 정확하고 적절하게 정리, 전달해야 할 뿐더러 '독자가 이 책에서 과연 무엇을 얻을 수 있는가?' 하는 질문에 답을 할 수 있어야 한다. 서평을 하는 사람들이 주로 활용하는 요소는 내용에 대한 기술, 독자 한정·범위, 어조, 문체, 시점에 대한 정보, 작가의 다른 저작과의 비교, 내용과 그림(또는 삽화)의 적절성, 비평자의 개인 의견, 장점과 약점, 저작의 용도 등이다. 바꾸어 말하면 책의 가치를 판단하기 위해서는 내용의 질, 물리적 특징 등 모든 요소를 다루어야 한다는 뜻이다.

　창조적인 서평자는 좋은 책에 정당한 가치를 매긴 서평을 통해 또 다른 독자와 느낌을 나누게 되고, 아직 그 작품을 읽지 못한 사람들에게도 흥미를 주어 읽기를 유도한다. 나아가 저자나 출판인에게 아낌없는 응원은 물론, 앞으로 더 나은 책을 만들기 위한 훌륭한 조언자로서의 역할도 하게 되는 것이다. 좋은 책과 그렇지 않은 책을 구분하여 결과적으로 좋은 책이 각광받는 환경을 조성하는 데 도움을 주는 일이 서평이 갖는 감시자이자 안내자의 역할이다.

2. 서평과 독서 감상문의 차이

독서 감상문은 순수하게 책을 읽고 쓰는 글이지만, 서평은 대개 그 평을 쓰기 위하여 책을 읽는다는 점에서 독서의 목적부터 달라진다. 이전에 썼던 독서 감상문이 사적이고 비전문적인 성격의 글이었다면 독서지도사로서 쓰는 서평은 공적이며 전문적인 성격의 글이다. 저자의 주장을 자기의 언어로 재해석하는 일은 책 읽기를 단순히 개인의 차원으로 한정시키지 않고 다른 이들에게 설명할 수 있는 능력을 구비하기를 요구한다. 서평 쓰기는 독자 나름대로의 가치 판단과 책에 대한 해석을 가하여 다른 사람에게 영향을 미치고 확산시키는 과정이기 때문이다.

독서 감상문은 남들이 읽어도 좋겠지만 반드시 다른 사람에게 읽히려는 의도를 가지는 글은 아니므로 책을 읽은 소감이면 무엇이든 자유롭게 쓸 수 있다. 글의 주어도 감상자의 입장을 드러내며 '나는' 또는 '우리는'으로 주관적으로 써도 무방하다. 그러나 서평은 독자 지향적인 글로 객관적 성격을 가진다는 차이가 있다. 내 글을 읽을 사람에게 새로운 정보를 주고 그 책을 읽도록 권하거나, 어린이 책 서평이라면 일차 독자인 어린이에게 읽히도록 설득하는 성격의 글이기 때문이다. 서평을 쓸 때는 독자와 의사소통이 원활히 이루어지도록 글에 논리성을 갖추어야 하며 서평의 토대가 되는 책 속에서 알맞은 근거나 예시를 찾아야 한다. 주어 역시 '이 책은', '작가는', '이 책을 읽을 어린이 독자는' 등으로 객관화시켜 써야 한다.

서평은 독서한 본인에게는 독서 기록부나 독서 일기처럼 독서의 기본 사항을 정리하는 시간을 갖게 한다는 점에서 일반적인 독서 감상문과 다르지 않다. 또 독서 결과 획득한 지적이고 정서적인 감흥과 소득을 간직할 수 있다는 점에서도 일맥상통한다. 이러한 독서 감상문이 '감상' 위주의 글이라면 서평은 '평가'하는 측면이 두드러진 글이다. 서평은 독서 감상문과 달리 작품의 어느 한 면모에만 자신의 생각을 몰아가서는 안 된다. 주인공의 말 한마디에 깊은 인상을 받아 그것과 관련한 자신의 이야기를 하염없이 늘어놓거나, 사건의 진행 과정 중 어느 부분과 관련한 사회 현상을 비판하며 토로하는 글이 되지 않도록 작품 전반에 대해 평가하는 글이어야 한다.

3. 독서지도사의 서평

1) 독서 지도 전문가로 성장

다투어 출간되는 어린이 책 중에서 옥석을 가려내어 알맞은 시기에 읽도록 안내하는 일은 독서지도사의 주요 소임이다. 독서지도사는 특정한 텍스트를 대하고 흥미를 느끼거나 자극을 받았을 때 그 작품이 이야기할 가치가 있다고 판단하여 서평을 쓰게 된다. 따라서 작가가 무엇을 나타내려고 했는지, 그것을 어떤 방법으로 보여 주고 있는지, 성공했는지, 만약 성공이 부분적인 것이라면 어디에서 실패했는지를 비평하기 위해서는 어린이 책에 대한 지식과 정보, 독서 경험이 있어야 한다. 이렇듯 독서지도사가 되기 위해 공부하는 과정에서 서평을 쓴다는 것은 어린이와 어린이 책에 대해 배우는 방법 중의 하나인 것이다.

서평을 하기 위해서는 어린이 책과 관련된 전문 지식이 있어야 하며 글쓴이나 그린 이에 대한 이해도 뒤따라야 한다. 또 어린이의 독서에서 차지하는 텍스트의 위치를 조망하며 비판적인 시각에서 검토해 볼 수 있어야 공정한 서평을 할 수 있다. 어린이 책은 화면으로 읽거나 소리만으로 듣는 매체가 아니므로 물질적 측면을 도외시할 수 없다. 따라서 내용 이해뿐 아니라 책의 형식을 두루 살펴 잘 만들어진 책인지를 따져 보는 일도 서평에 꼭 필요한 일이다. 이는 책의 내용적 측면과 형식적 측면을 두루 살펴볼 때 공정한 가치 평가를 할 수 있다는 뜻이기도 하다.

서평을 읽는 사람의 입장에서는 자신이 책에서 미처 보지 못한 그 무엇을 이 서평의 글쓴이가 보았을 것이라는 기대를 가지고 읽게 된다. 그러므로 어린이 책을 보고 평가하는 독서지도사는 글을 쓰고 그림을 그리는 작가보다, 또 책을 만드는 편집자보다 더 꼼꼼하고 공명정대한 태도를 가져야 한다. 다양한 관점에서 이루어진 서평은 풍부한 해석을 낳고, 어린이 독자와 책을 연결시켜 주는 역할을 하기 때문이다. 책의 잘된 부분은 아낌없이 칭찬하고 잘못된 부분에 대해서는 따끔하게 지적할 줄 알아야 한다. 또한 작은 단점에 지나치게 시각을 고정하여 큰 장점을 보지 못하는 실수는 없어야 한다. 비평이라는 말의 보편적인 의미 때문에 책을 읽고 서평을 한다는 것이 결점을 찾아 트집을 잡는 것으로 생각하기 쉽다. 그러나 비평에는 바르게 좋아하고 바르게 싫어한다는 의미가 포함된다는 것을 잊지 말자.

서평을 쓰는 사람은 자신의 주관적 견해를 밝히지만 거기에는 독자가 충분히 동의할 수 있는 객관적 근거가 들어가야 설득력을 가지게 된다. 어디까지 잘되어 있고 어디가 잘못된 것인지, 의의는 무엇이고 한계는 무엇인지를 분명하게 규정하는 데에 비평의 진가는 발휘된다. 그러므로 유익한 서평은 잘못된 점을 지적하기보다는 작품에 나타난 흥미로운 요소들에 대해 해석을 가해 다른 이의 주의를 끌 수 있는 글이다. 책이 가진 여러 면모를 두루 살피는 공정한 평가와 작가의 노력과 열정에 기본적인 애정을 가진 서평은 좋은 어린이 책이 더 많은 어린이 독자와 만날 수 있게 해 준다. 본 과정 중 서평을 써 내면서 독서지도사는 무슨 책을 어떤 시각으로 보고 있는지 스스로의 관점을 정리하는 소중한 경험을 하게 된다. 좋은 책을 소개한다는 자부심을 갖게 하는 서평 쓰기를 통해 독서 지도 전문가로 성장하는 시간을 갖게 되는 것이다.

2) 독서지도사의 서평에 써야 할 요소

독서지도사가 과제로 쓰는 서평은 초점에 따라 작성해야 하므로 어려움을 겪을 수 있다. 초점은 논술문을 전개하기 위해 염두에 두는 논제처럼 출제자가 요구하는 바인데 많은 독서지도사가 초점과 상관없이 자신의 생각대로 서술하곤 한다. 어떤 경우 처음에는 초점에 맞게 글을 펼쳐 보이다가 글의 중간에서부터 자신이 하고 싶은 말을 적으면서 결국 초점에서 벗어나는 결과를 가져오기도 한다. 독서지도사 과정 중 그림책 서평 과제에서 '~에 대하여 글과 그림을 살펴 서평을 쓰시오.'라는 초점이 빈번하게 보인다. 이때 글은 물론 글보다 더 많은 이야기를 하고 있는 그림의 내용과 형식까지 모두 살펴 분석하고 이에 대해 공감하거나 비판하는 서평을 작성해야 한다. 초점에 맞는 과제를 수행하며 따로 언급하지 않더라도 어린이 도서의 서평자는 아래 세 가지 요소를 놓치지 않으며 서평을 쓸 수 있어야겠다.

(1) 해당 도서의 유익성 여부를 판단한다.

책에 대한 평가는 읽는 사람에 따라 차이가 있겠으나 좋은 서평은 이 책이 읽을 만한 가치가 있는가에 대한 정보를 주어야 한다. 독서지도사의 서평은 이 책을 어린이에게 읽히는 의미와 가치를 찾아 주는 글이다. 독서지도사 과정에서 어린이 책과 관련하여 쌓은 깊고 넓은 배경지식을 발판으로 해당 도서가 어린이의 독서 경험에 어떤 영향을 줄 수 있을지, 이 책이 차지할 역할이나 비중은 무엇일지 가늠해 그 가치를 매겨 본다. 단언컨대 책에 흥미를 느끼며 빠져드는 몰입의 순간 어느 한 장면을 보며 '아! 그렇구나.' 하며 마음속의 떨림을 경험한 어린이라면 일생 책 읽는 기쁨을 놓치지 않을 것이다. 독서지도사는 자신의 눈으로도 책을 읽지만, 다른 한쪽으로는 아이의 눈으로 책을 읽는 이중 독자이다. 해당 도서를 읽으며 어린이들이 배울 점이나 알게 될 내용, 새로운 깨달음이나 정서적 감동은 무엇인지 객관적으로 평가할 수 있어야 한다.

(2) 해당 도서를 읽힐 수 있는 적절한 연령층을 판단한다.

어린이 도서의 특성상 특정 연령의 독자를 겨냥하여 출판된다는 점을 고려한다면 그 또래의 발달 특징을 이해하는 태도가 중요해진다. 일반 도서에 비해 어린이 도서의 서술 방향은 특정 연령대 독자의 발달 수준을 고려하여 확연하게 달라지기 마련이다. 어린이의 읽기 능력, 지식, 삶의 경험, 감수성을 인정하는 책을 만났을 때 해당 연령층의 독자는 자신이 독자로 대접받고 있다는 느낌을 받게 된다. 독서지도사 과정 중 인지 발달, 도덕성 발달, 성격 발달, 언어 발달과 연관된 독서 능력 발달에 대하여 공부하였다. 연령별, 학년별에 따라 보편적으로 나타나는 독자의 발달을 토대로 대상 학년과 주제의 적합성, 교과의 연계성도 파악해 본다. 단, 과제 제시 조건으로 밝히라는 요구가 없다면 서평에 몇 학년에게 적절한 책이라는 명시를 할 이유는 없다.

(3) 해당 도서의 내용, 체제와 편집 상태, 문장, 그림, 제본 상태, 지질과 분량, 가격 등을 소개할 수 있다.

① 내용적 요소

※갈래별 독서 자료 선정에서 이미 다룬 내용이므로 참조

– 재미와 흥미를 주는 이야기인가?

– 이야기 구성이 어린이 독자에게 호소력이 있는가?

– 캐릭터는 어린이가 쉽게 공감하며 친근감을 느낄 만한가?

– 등장인물의 성격 묘사는 잘 되어 있는가?

– 글 내용과 연동되는 그림(또는 삽화)인가?

- 문장은 단순하며 한국말다운가?
- 정신적 성장에 긍정적인 영향을 미칠 만한가?
- 세상에 대한 분별력, 세계관에 긍정적인 영향을 주는가?
- 새로운 깨달음을 주는가?

② 물리적 요소
- 책의 크기와 판형이 내용과 잘 어울리는가?
- 표지는 작품의 주제나 분위기를 잘 나타내는가?
- 앞면지와 뒷면지가 작품의 주제와 어떤 연관성이 있는가?
- 글씨체는 글의 주제나 목적을 나타내는 데 알맞은가?
- 그림의 색이나 활자 크기가 대상 연령에 잘 맞는가?
- 대상 연령에게 적절한 분량인가?
- 종이의 질은 책과 어울리는가?
- 외국 도서라면 원작에 충실하게 번역되었는가?
- 유사한 주제를 다룬 다른 도서와 비교하여 체제나 편집에서 우수한가?
- 견고하게 제본되었는가?
- 가격은 알맞은가?

3) 도서 종류에 따른 서평

(1) 문학 도서
① 그림책

문학과 미술이 결합하여 만들어진 고유한 예술 양식인 만큼 그림의 역할과 더불어 글과 그림의 결합이 어떻게 제3의 의미를 창출하는지에 관심을 기울인다. 책에 그려진 그림이 이야기의 세계를 펼쳐 보이는 데에 역할을 다하고 있는지를 살펴본다. 일러스트레이터의 표현 의도나, 표현 방법과 같은 독특한 작품 세계를 이해하며 감상한다. 글과 그림 사이의 차이점을 알려면 표지, 면지, 색조, 흑과 백, 명암, 채도, 모양과 선, 매체, 상징을 읽을 줄 알아야 한다. 또 그림 안에서 여러 가지 대상물들이 연관된 형식인 그림의 모양, 그림의 크기, 위치와 배치, 배경이나 구도, 시점 등을 두루 살펴 이야기의 즐거움을 어떤 방식으로 제공하고 있는지를 해설한다.

② 장·단편 동화

문학 작품은 맛보며 즐기는 감상이 중요하다. 같은 문학 작품이라도 작품을 집필한 작가의 의도나 글의 길이에 따라 읽는 관점과 초점에 차이가 있다. 장편 동화는 줄거리, 주제, 인물, 시점, 갈등, 사건과 시간적·공간적 배경이 나타내는 특정 장면들을 위주로 하고, 문체, 구조, 문장, 갈등 관계, 제시되는 가치관 등에 대한 소감을 쓴다.

여러 작품을 한 권에 묶은 단편 동화는 책 전체의 포괄적인 소감, 왜 이 작품들이 한 권에 묶이게 되었는지 등의 책의 내용 구조, 출판 의도를 파악해서 전체를 읽은 소감을 중심으로 책의 가치를 판단한다. 또 여러 작품 중에서 줄거리 또는 주제가 특이한 작품, 인상적인 인물이 등장하는 작품, 화제가 될 만한 인물이나 갈등이 나타나는 작품 등 다양한 요소별로 주목할 만한 작품들에 대한 소감을 두루 거론한다. 작품의 소재나 주제 또한 경향에 따라 분류·분석해 본다.

③ 동시집

시 문학은 시적 상황이나 정서에 대한 이해나 공감이 어린이 독자에게 절대적으로 필요한 장르이다. 시집을 서평할 경우 먼저 시인이 시에서 이야기하고자 하는 바를 '어떻게' 효과적으로 표현했는지 분석해 본다. 인상 깊은 작품 전체, 또는 특정한 연, 행, 구와 시어 들을 소개하고 이에 대한 소감, 이미지, 상징, 화자의 메시지 등에 대한 해설을 한다. 과연 어린이의 심성이나 감정, 상상력을 담아 동심으로 쓰였는지, 시어의 운율을 살려 낭송하기 좋은 작품인지 평가한다.

(2) 비문학 도서

비문학 도서는 점점 장르가 다양해지고 세분화되고 있으므로 그 도서의 특징을 파악하는 작업이 중요하다. 아래 몇 가지는 분야가 다른 책이라도 공통적으로 살펴본다.
- 제목과 소제목: 무엇에 대해 어떻게 말하려는 책인지 파악
- 목차와 서문: 말하려는 내용이 어떻게 짜여 있는지 흐름 파악
- 본문: 이미 같은 분야의 도서들이 많지만 그 책들과 어떻게 다른지 찾아낼 수 있도록 정확한 내용 파악
- 이미 낡은 지식이 아닌지 검토하고 확인
- 띠지, 추천사, 역자 후기: 책에 대해 알기 쉽게 설명해 줄 때가 있으므로 참고

① 과학, 생태, 환경 도서

문학 도서에 비하여 흥미가 떨어지고 비교적 어렵기 때문에 가급적 쉽고 흥미롭게 진술된 것을 고르는 것이 좋다. 그렇다고 동화처럼 꾸미고 엮은 책만 우선적으로 고르는 태도는 바람직하지 않다. 지나치게 딱딱하고 난삽하게 구성되지 않은 정공법으로 구성한 도서도 읽힐 수 있어야 한다. 독자의 수준을 고려하고, 다루고 있는 내용이 정확하고 보편적인 사실을 전달하고 있는지를 우선적으로 고려하되, 교과서나 기타 텍스트와의 관련성을 분석하여 평가한다.

② 전기, 논픽션

인물의 사상, 사건의 성격, 알고 있던 기존의 지식이나 인식과의 차이, 새로운 깨달음 등을 쓴다. 인물을 둘러싼 역사적 사실을 제대로 검증하고, 지나치게 문학적 가공을 하지 않은 책인지 확인한다. 또 자신의 분야에서 끊임없이 고민하고 노력하면서 일정 성과를 이루어 낸 인물들의 삶을 통해 나도 해 볼 수 있다는 의지를 심어 줄 수 있는 책인지 알아본다. 전체 내용을 다 소개하기 어렵더라도 전환점이 될 만한 사건, 일화를 요약에 집어넣어야 인물의 행동 저변에 존재하는 사상, 인물에게 영향을 미친 사건이나 사람 등 인물과 세계와의 관계를 분석할 수 있다.

③ 역사, 민족, 전통 관련 도서

역사, 민족, 전통 관련 도서는 당대의 정신이나 삶의 모습이 담겨 있다는 특성이 있다. 생활 풍습이나 그 시대의 정신사가 왜곡되지 않도록 작가의 관점이 보편타당한지, 해석에 논리적 근거가 있는지 확인한다. 사진 자료나 연표가 적절히 배치되어 있는지 살펴 어린이들이 역사에 관심을 갖고 생각할 거리를 찾게 하는 책인지를 따져 본다. 역사, 민족, 전통 관련 도서를 통하여 어린이 독자가 역사 인식을 올바르게 할 수 있는지 평가한다.

④ 문화, 예술 관련 도서

동서양의 다양한 문화와 음악, 미술, 무용, 건축 등 예술의 여러 분야를 간접 경험해 볼 수 있는 도서이다. 이들 도서는 다양한 작품이나 분야를 두루 포괄하는 형태로 쓰이기도 하고 특정한 시대나 공간, 작가의 작품을 집중적으로 다루는 형태로 쓰이기도 한다. 동서양의 비교, 시대, 작가, 재료, 주제에 따라 일관성 있게 편집이 되었는지를 확인하고 어린이들이 문화를 만끽하고 삶 속에서 예술을 즐길 수 있도록 하는지 살펴본다.

⑤ 사회, 경제 관련 도서

사회, 경제 관련 도서는 사회 현상 또는 경제 문화와 관련된 원리나 개념을 소개하고 이것이 우리 실생활과 어떠한 관련이 있는지를 제시한다. 전문적인 용어나 개념을 중심으로 진술되기 때문에 어린이 독자는 이와 같은 도서의 내용을 이해하기에 어려움을 겪을 수도 있다. 이에 도서에서 소개하고 있는 내용 수준의 적절성이나 진술의 적절성을 판단해 본다. 어린이 독자가 이해하기에 기본 원리나 개념을 쉽게 설명하고 있는지, 생활 속에서 체험할 수 있는 길을 열어 주는 책인지 살펴본다.

4. 서평 쓰기

서평은 책을 읽는 과정을 전제로 하고 있기 때문에 도서의 내용과 형식을 정확하고 풍부하게 이해하는 과정이 선행되어야 한다. 서평을 쓰기 전 자세히 읽기, 분석하기, 해석하기, 평가하기를 수행함으로써 비로소 원고 작성에 들어갈 준비가 되는 것이다.

여러 차례 책을 읽으며 핵심을 파악했다면, 내용과 구조에 대한 분석 과정이 뒤따르게 된다. 예를 들어 인물이 등장하는 이야기일 경우 자세히 읽기의 과정에서 각 인물의 특성을 살피고, 분석의 과정에서는 인물들 간의 관계와 그것들이 사건 전개에 어떤 연관성을 갖는지 등을 두루 따져 본다. 서평자의 감수성을 바탕으로 선택된 장면을 지적으로 분석한 서평일 때 독자는 그 글에 매료된다. 분석은 어느 구절을 인용할지, 어느 장면의 그림에 주목할지 선택하는 데부터 서평자의 관점이나 어린이 책에 관한 지식을 보여 준다 할 수 있겠다. 그다음으로 서평이라는 이름을 공고히 할 수 있는 사고 과정이 이어진다. 해석하기의 과정은 도서의 내용과 형식이 의미하는 바가 무엇인지 탐색하는 사고 과정이다. 마지막 단계로 책을 평가할 때는 저자와 그림 작가가 했던 일의 의미를 무엇이라고 쓸지, 한 줄 평을 단다고 생각해 본다. 앞에서 분석하고 해석한 책의 내용과 형식이 저자의 의도와 목적에 부합하는지, 독자에게 어떠한 의미를 제공할 수 있는지를 평가하는 것이다. 서평에는 도서가 갖는 의미와 가치에 대한 평가가 반드시 수반되어야 한다.

서평은 특정한 도서에 대하여 독자와 서평자가 나누는 대화와 같다. 다시 말해 대화의 중심에 어린이 책이 존재한다는 의미이다. 대화가 원활하게 이루어지게 하려면 책 전체의 내용을 이해하고 비평하는 서평자가 그중 어느 지점에 의미를 두고, 어떻게 분석하고 해석하였는지가 드러나야 하며, 책의 가치 평가는 공정해야 한다. 독서지도사 과정에서 배운 지식을 토대로 질 높은 서평을 작성하며 자신의 전문성을 향상시키는 방법을 익히고, 글쓰기 지도의 측면에서 한 편의 글을 완성하는 경험을 함으로써 어린이들이 글을 쓰는 과정에서 겪는 어려움을 인식하고 지도하는 방법을 배울 수 있게 된다. 자세히 읽기, 분석하기, 해석하기, 평가하기를 마쳤다면 실제 서평 쓰기 단계로 들어가 본다.

1) 계획하기

(1) 자료의 수집과 선정
글을 쓰기 위해 수집한 재료를 아무렇게나 늘어놓는다고 해서 글이 되는 것은 아니다. 모은 재료 가운데 어느 것이 더 가치 있는가를 면밀히 검토해서 주제에 알맞은 것들을 선택하고 정리해야 한다. 해당 도서의 특징과 과제 제시 조건에 맞게 글을 구성하기 위해 어떤 부분을 강조해야 할지 정하고 발췌하는 과정이다.

(2) 구성 및 개요 작성
글의 주제와 소재가 정해지면 글의 짜임, 진술 방식 등을 머릿속에 설계하게 되는데 이런 사고 과정을 구상이라 하고, 이러한 구상의 결과로 얻어진 글의 짜임새를 구성이라고 한다. 이 구성을 바탕으로 글의 전체 내용을 한눈에 볼 수 있도록 표현한 것이 개요이다.

① 처음 부분
독자는 처음 부분을 읽고 서평을 계속 읽을지를 결정하는 경우가 많다. 대상이 되는 도서에 독자가 호감을 갖도록 매력적인 소개와 설명으로 시작하면 좋다. 여기에는 기본적인 서지 사항(제목, 저자, 역자, 편자, 출판사, 출판 시기 등)과 함께 도서 전체의 체제 또는 구조에 대한 소개, 도서의 전체적인 내용, 저자에 대한 언급이 포함된다. 독자의 흥미를 끌기 위해 해당 서평과 관련된 일화나 보편적 체험 등을 소개하거나 유사한 도서를 언급하는 것도 좋다.

- 도서의 기본적인 정보(제목, 저자, 역자, 편자, 출판사, 출판 시기 등)
- 서평 작성자의 추천 또는 선정 의도
- 저자의 작품 세계
- 서평 내용에 관련한 이야기나 예화
- 책의 체제 또는 구조
- 인상 깊은 장면이나 말 등을 소개
- 저자가 제기하는 문제에 대한 설명
- 책의 종류나 역사적 의의, 평판 등의 객관적 정보
- 책 표지 그림이나 제목에서 전하는 메시지
- 책의 주제나 내용과 관련 있는 서평자 자신의 지적인 체험

② 중간 부분

서평의 주된 내용은 대상 도서의 됨됨이에 대한 서평자의 견해로 채우게 된다. 이때 주관적인 감상문과 달리 객관적인 시각에서 분석하고 해설하는 태도가 필요하다. 서평을 읽을 사람이 아직 책을 읽지 않았더라도 머릿속에 어떤 책인지 그려 보며 서평자와 공감할 수 있도록 쓰려면 적확한 근거를 제시하는 데에 힘을 기울여야 한다. 책 속의 명문장, 정보, 지식, 인상적인 글귀, 일러스트와 삽화 등을 활용하여 서평자의 생각에 객관성을 부여하는 것이 중요하다.

- 내용과 전체 줄거리를 요령 있게 소개
- 주제 소개
- 등장인물 소개
- 사건 배경이 되는 특정 장면 소개
- 특정 지식에 대한 소개
- 시의 인용(전문이나 특정한 연)
- 인상 깊은 문구, 어휘 소개
- 일러스트나 삽화 해설
- 머리말이나 옮긴이의 말 소개
- 책을 통해 새롭게 발견한 사실이나 숨겨진 의미 찾기
- 어린이 독자가 이 책에서 무엇을 얻을 수 있는지 소개

- 무엇보다 초점과 일치하는 내용으로 쓰기
- 조별 과제라면 독서 지도에 활용할 수 있는 지도 방안 구체화
- 그 외에도 이야깃거리가 될 수 있는 것 소개

③ 끝부분

서평의 끝부분에는 처음과 중간 부분에서 이렇게 저렇게 자세한 이야기를 한 의도를 종합하여 책의 가치를 평가해 주어야 한다. 대상 도서가 지닌 의의와 한계, 어린이의 독서에서 차지할 비중이나 의미를 담아 서평자의 문학관이나 아동관을 드러내면 좋다. 이 시대를 사는 어린이에게 어떻게 의미 있는 책인지 분명하고 명료한 서평자의 생각을 드러낼 수 있을 때 책에 대한 신뢰와 믿음이 생기기 마련이다.

- 느낌이나 감동 객관화
- 주인공의 행동이나 성격으로 인한 결과에 대한 평가
- 독후 어린이에게 기대되는 생각이나 행동의 변화
- 책의 중요성이나 의의를 정리한 결론
- 서평 전체의 요약을 할 때는 반복되지 않도록 변주
- 강조하고 싶은 점 부연 설명
- 앞에서 미처 하지 못한 말 덧붙이기
- 글쓴이의 의도에 대한 질문과 그에 대한 성패 여부를 자신의 생각으로 정리
- 관련 분야의 도서 중 어떤 자리를 차지할 만한지 가치 평가
- 서평자의 문학관이나 아동관에 비추어 책의 가치 평가
- 이 시대를 사는 독자에게 무엇을 줄 수 있는 책인지 평가

2) 표현하기

글을 쓰는 데 필요한 계획을 세운 다음, 그 구상한 내용을 글로 직접 표현하는 단계이다. 적절한 어휘 선택과 어법에 맞고 자연스러운 문장으로 쓰며, 문단을 이루는 문장들이 통일성, 일관성, 완결성을 지녀야 한다. 좋은 글이란 특정 요소에 의해서 이뤄지는 것이 아니라 관점, 분석 태도, 글 전체의 구성이나 논리 설정과 추론, 자기화된 배경지식 등 모든 것이 종합적으로 드러나게 쓴 글을 말한다.

- 과제 제시 조건을 서평에 옮겨 쓰지 않는다.
- '이 책의 줄거리는~', '줄거리를 요약하면~', '이 책을 보고 느낀 점은~'과 같은 표

현은 하지 않는다.

- 계몽적인 태도의 '~자' 형태의 청유형을 자제한다.
- 구어체와 속어의 사용을 피한다.
- 과장되거나 비사실적인 진술을 하지 않는다.
- 문장은 짧게 쓴다. 표준에서 벗어난 어휘와 문자를 사용해서 문장을 지나치게 길게 만들어 독자의 이해를 어렵게 하거나 지연시키는 문체는 바람직하지 않다.
- 주어, 목적어, 서술어를 호응시켜 어법에 맞게 쓴다.
- '그러나, 그러므로, 그런데, 왜냐하면, 또' 등의 접속어를 적절히 써서 자연스럽게 연결한다.
- 읽는 이가 궁금증을 갖거나 질문하지 않도록 필자가 전하고자 하는 바를 구체적으로 쓴다.
- '~해야 한다고 생각한다.', '~일지도 모른다.'와 같이 개연적으로 표현하지 말고 '~해야 한다.', '~이다.'처럼 단언적으로 쓴다.
- 논리적인 글에서는 '~입니다.', '~합니다.'처럼 높임을 나타내는 서술어를 쓰지 않는다.
- 정서법에 맞게 쓴다.
- 문장 부호 사용을 맞게 한다.
- 원고지 사용법에 맞게 쓴다.

3) 퇴고하기

아무리 글을 잘 쓰는 사람도 단번에 흠잡을 데 없는 좋은 글을 쓰기는 어렵다. 글을 다 쓰고 나서 다시 검토해 보면 부족하거나 잘못된 부분이 많이 발견된다. 서평을 완성한 후에는 시간 차를 두고 여러 번 읽으며 도서의 전체 내용을 잘 이해하고 설명하였는지 확인할 필요가 있다. 서평을 하는 과정에서 인용을 하거나 발췌를 하는 경우가 종종 있는데, 이러한 인용이나 발췌가 지나치게 길지는 않은지, 반드시 필요한지 함께 살펴야 한다. 독자가 아직 책을 읽지 않고 서평을 읽을 수 있다는 점을 고려하여 무엇이 책 내용이고 무엇이 분석과 해석, 평가인지 구분될 수 있도록 명확하게 전달하고 있는지 점검한다. 퇴고할 때는 초점에서 요구하는 주제가 제대로 드러나 있는지를 항상 염두에 두고 전체적인 검토에서 부분적인 검토로 좁혀 나가는 것이 바람직하다.

5. 서평 쓰기의 실제

1) 표제와 책 소개

(1) 이행 표제(두 줄 제목)

서평은 서평자가 쓴 독립된 글이다. 제목 또는 표제란 서평에 붙인 이름이며, 글의 얼굴과 같은 구실을 한다. 제목은 그 글에 대한 첫인상이자 그 내용에 대한 암시이다. 제목을 붙일 때는 참신하고 매력 있는 제목, 정확하고 간결하며 글의 내용을 짐작할 수 있는 제목, 글의 내용이 담고 있는 범위와 일치하는 제목을 붙여야 한다. 서평의 제목은 서평자가 말하고자 하는 주제가 선명하게 드러나며 독자의 관심을 끌 수 있으면 좋다. 과제 작성 시 주제목은 서평의 내용에 알맞게 붙이고 부제목에서는 어떤 책을 읽고 썼는지 책 제목을 밝히는 이행 제목으로 쓴다.

① 제목은 독립시켜 쓴다.

> ### 진정한 책의 가치를 알려 주는
> – 『아낌없이 주는 도서관』을 읽고 –

위의 이행 제목에서는 주제목이 마치 부제목을 꾸며 주는 관형구 역할을 하는 것처럼 쓰였다. 서평의 내용을 짐작할 수 있게 하는 독립된 제목으로 써야 한다.

> ### 소포클레스의 특별한 일주일
> – 『아낌없이 주는 도서관』을 읽고 –

② 글의 길이가 짧아질수록 제목은 한정적이고 구체적이어야 한다.

> ### 상상력을 키워 주는 책
> – 『아낌없이 주는 도서관』을 읽고 –

위는 마치 몇백 매 분량으로 쓴 논문 제목 같다. 1천5백 자 내외의 짤막한 글에 걸맞은 제목이라고 보기 어렵다. 서평의 주제나 중요한 제재를 제목으로 쓰는 것이 좋다.

> ## 기사가 건네준 칼 한 자루
> – 『아낌없이 주는 도서관』을 읽고 –

③ 주 제목에는 어떠한 부호도 붙이지 않는 것이 좋다.

> ## 우리 집이 불타고 있다!
> – 『거인에 맞선 소녀, 그레타』를 읽고 –

주제목이 완전한 문장처럼 쓰였다 하더라도 마침표(마침표, 느낌표, 물음표)를 붙이지 않는 것이 좋다.

> ## 우리 집이 불타고 있다
> – 『거인에 맞선 소녀, 그레타』를 읽고 –

(2) 구체적 서지 정보

예 이 책은 임진왜란과 정유재란을 배경으로 한 역사 동화로 소사별 전투에서 바늘로 왜군을 물리쳤다는 김돌쇠 이야기를 바탕으로 쓰였다. 표지에는 화려한 갑옷으로 무장한 왜군과 흰옷 입은 백성들이 대치되듯 그려져 긴장감을 더한다.

부제목에 작품 제목을 썼다고 본문에서 처음부터 '이 책'이란 지시어를 써서는 안 된다. 제목을 보지 않고 글을 읽더라도 무슨 책을 읽고 쓴 서평인지 알 수 있게 반드시 책 제목을 밝혀야 한다. 또 그 책에 대한 정보를 알려 주는 일도 빠뜨릴 수 없다.

→ 『바늘장군 김돌쇠(하신하 글, 장선환 그림, 논장 펴냄)』는 임진왜란과 정유재란을 배경으로 한

역사동화로 소사벌 전투에서 바늘로 왜군을 물리쳤다는 김돌쇠 이야기를 바탕으로 쓰였다. 표지에는 화려한 갑옷으로 무장한 왜군과 흰옷 입은 백성들이 대치되듯 그려져 긴장감을 더한다.

(3) 정확한 책 정보

예 『바늘장군 김돌쇠(하신하 글, 장선환 그림, 논장 펴냄)』는 제목에서 위인전이라는 생각이 들기도 하지만 바늘과 장군이라는 어울리지 않는 조합으로 호기심을 자극한다. 정유재란 때 왜군과 싸웠던 바늘장군 돌쇠는 우리에게 잘 알려진 인물이 아니다. 태어날 때부터 허약 체질이었던 돌쇠는 열병에 걸려 두 다리를 잃게 된다.

알고 있는 지식이 확실하지 않을 때는 반드시 확인한 후에 글로 쓴다. 의견을 뒷받침하는 정보와 지식이 정확해야 글쓴이의 생각에 독자가 공감하며 신뢰하게 된다.

→ 『바늘장군 김돌쇠(하신하 글, 장선환 그림, 논장 펴냄)』는 정유재란 당시 소사벌 대첩에 얽혀 내려오는 구전 설화 '바늘장군' 이야기에 작가의 상상력을 더해서 쓴 동화이다. 돌쇠는 어릴 때 열병에 걸려 앉은뱅이가 되어 두 다리를 쓰지 못하고, 일어서 걸을 수 없었던 것이지 두 다리를 잃었다고 하는 말은 책 내용과 어긋난다.

2) 초점에 맞추어 쓰기

(1) 문학 도서

- 제목: 『할머니의 사랑 약방』
- 저자: 박혜선 글, 이승원 그림
- 출판사: 크레용하우스
- 초점: 제목이 그림책의 제재를 잘 드러내고 있는지 알아보고, 글과 그림을 분석하며 책의 가치를 평가하시오.

① 과제 제시 조건 파악하기

독서지도사 과정에서 쓰는 과제인 만큼 그 제시 조건에 맞도록 서평을 써야 한다. 이 과제를 수행하려면 먼저 제목이 포함하는 의미를 생각하고 도서의 형식과 내용을 꼼꼼히 살펴야 한다. 그림책의 면면을 충실히 파악한 후 책을 읽는 동안 어린이가 무엇을 느끼거나 깨달을 수 있을지 독서 효과를 생각한다. 이 그림책은 봄, 여름, 가을, 겨울로 순환하며 변화하는 사계절을 잔잔하면서도 섬세한 그림으로 보여 준다. 아름다운 자연 풍경은 독자의 마음까지 평화로워지게 하고 할머니와 아이들의 서로에 대한 사랑에 흐뭇한 미소를 짓게 한다. 또한 우리가 잘 알지 못하는 들판의 풀꽃이라도 쓸모가 있다는 생명의 소중함과 가치를 깨닫게 해 주는 책이다. 글 작가의 의도를 그림 작가가 어떻게, 어떤 방법으로 형상화하였는지, 그 방법이 얼마나 성공적이었는지 그림 읽기를 해야 초점을 잘 수용한 서평이 될 수 있다. 이어 여타 그림책과 구분되는 이 책만의 매력이나 재미를 따져 보며 도서의 가치를 평가하는 일은 서평 쓰기의 큰 그림을 그리는 준비 단계이다.

② 초점에 맞는 내용(글감) 수집하기

가. 제목의 은유

나. 양약과 차별되는 할머니의 사랑 약

다. 받은 사랑을 다시 베푸는 아이들

라. 할머니의 사랑으로 성장하는 아이들

마. 우리나라의 사계절, 아이들의 표정, 약초 이름

바. 그림책의 어휘, 할머니의 노래

사. 감사하며 나누는 삶

③ 개요표 작성하기

가. 수집한 글감을 바탕으로 개요표를 작성해 본다. 개요를 작성하는 동안 수집한 글감이 부족하다면 더 생각해 보자. 필요 없는 글감은 삭제한다.

제목	
주제	
글감	

처음	
중간	
끝	

• 작성한 개요표 **예**

제목	자연의 향기 가득한 풀꽃 처방전 -
주제	자연의 품 안에서 배우는 할머니의 사랑
글감	제목의 은유, 사랑 약과 양약, 남매의 정성, 자연 속에 성장하는 아이들, 배경 그림, 표정, 약초, 어휘, 노래, 다시 베푸는 사랑
처음	① 조손간의 사랑을 그림으로 표현
중간	② 할머니의 사랑 약과 양약 ③ 받은 사랑을 다시 베푸는 아이들 ④ 사랑으로 성장하는 아이들 ⑤ 아이들의 표정, 약초 이름 ⑥ 그림책의 어휘, 할머니의 노래
끝	⑦ 감사하며 나누는 삶

④ 서평 쓰기

자연의 향기 가득한 풀꽃 처방전
–『할머니의 사랑 약방』을 읽고–

　어릴 때 할머니의 할머니께 받았던 것처럼 이제 할머니는 그 사랑을 손주들에게 내려 주신다. 『할머니의 사랑 약방(박혜선 글, 이승원 그림, 크레용하우스 펴냄)』은 자연에서 약초를 얻는 할머니와 손주들의 이야기가 봄, 여름, 가을, 겨울을 배경으로 펼쳐지는 서정미 가득한 그림책이다. 가을 언덕을 행복한 표정으로 앞장선 손녀 손자, 뒷짐을 진 채 흐뭇한 미소로 따라 걷는 할머니가 보이는 표지와 황토색 면지는 자연의 빛깔을 닮아 있다. 부드러운 미색 속지와 은은하고 밝은 채색 그림이 주는 정서도 무척 따뜻하다.

　돌담 뒤 분홍 벚꽃, 보라와 노랑 키 작은 들꽃이 만발한 봄이다. 소풍을 다녀온 진우가 기침을 하자 할머니는 호미와 소쿠리를 들고 집을 나선다. 진희도 따라나선다. 할머니는 겨울을 견딘 민들레 뿌리가 약이 된다고 알려 주신다. 정성껏 달인 약을 먹고 어린 진우는 기운을 차린다. 열이 내리고 기침도 멎었다. 자연이 준 약초는 할머니의 사랑이었다.

할머니의 약은 의사가 차가운 청진기로 진단하고 처방해 준 쓰디쓴 감기약과 다르다. 따뜻하고 포근한 치유의 약이다. 자연의 생명력과 할머니의 사랑이 더해진 귀한 약이다.

초록으로 물든 여름, 모기에 물린 진희에게 할머니는 도꼬마리 잎을 찧어 발라 주신다. 그 옆에서 엄마는 봉숭아 꽃잎으로 손톱에 물을 들여 준다. 노란 감국 향기가 코끝을 간질이다 찬 바람이 불던 어느 날 할머니는 앓아눕게 되고 손주들이 약을 구할 차례다. 들판으로 가 풀도 캐고 들꽃을 꺾어 가져다드린다. 그러자 할머니는 자리를 털고 일어나신다. 할머니의 머리맡에 약봉지가 있는 것으로 보아 이미 양약을 드시고 나으셨겠지만 그래도 아이들의 정성스런 마음 때문에 힘을 얻으셨다고 강조하고 싶어진다.

들판에 난 작은 풀꽃들이 할머니의 손을 거쳐 고마운 약이 되었듯이, 이 책을 통해 독자는 이름 모를 작은 생명도 나름대로 쓸모 있는 소중한 존재임을 배우게 된다. 자연을 벗 삼아 투박한 할머니의 손을 잡고 다니며 사랑을 배우고 느끼는 진희와 진우는 행복하다. 남매는 이렇게 할머니의 사랑 약방에서 자연의 일부가 되어 성장한다. 하얀 눈으로 덮인 마지막 장면에는 할머니의 사랑이 주렁주렁 걸린 우리 집 약방이 보인다. 더 이상 할머니 혼자서 꾸리시는 약방이 아니다.

세밀화를 잘 그리는 이승원 그림 작가는 사계절 변하는 자연을 따스하고 정겹게 그려 낸다. 계절과 함께 성장하는 남매의 모습도 친근하게 다가온다. 친구들에게 놀림을 당해 속상해 하는 시무룩한 표정, 사마귀가 사라져 신나는 표정을 생동감 넘치게 그려 진희의 마음을 그대로 느끼게 한다. 또 할머니께 드릴 약을 구하러 나서는 남매의 결의에 찬 표정은 사랑스럽다. 구해 온 약초 그림에 익모초, 바랭이, 박주가리, 엉겅퀴 이름을 써 주어 독자에게 소중한 약초를 배우는 즐거움을 주기도 한다.

책을 읽는 동안 도시 어린이들이 보기 힘든 '소쿠리, 호미, 채반, 장독'의 쓰임새를 알고, '찧다, 꺾다, 긁다, 맺히다, 앉다, 쑤시다, 닮다, 갸웃거리다' 같은 예쁜 우리말 동사와 형용사도 자연스레 익히는 시간이 된다. 씀바귀 꽃대에서 나온 하얀 즙으로 손녀의 사마귀를 문지르며 '귀야귀야 사마귀야, 얼른얼른 도망가라'라고 염원하는 할머니의 말씀은 완만한 물결이 일어나듯 문장을 궁글리며 표현하여 리듬감이 느껴진다. 문장 형태의 변화만으로 독자의 귓가에 노랫소리가 들리는 듯 상상하게 만드는 흥미로운 장치이다.

우리 산과 들에 지천으로 자라는 풀들이 소중한 약초였다는 사실은 평소 무심코 보았던 자연에 대하여 고마운 마음을 가지게 하며, 생명 하나하나를 자세히 살펴보게 한다. 풀을 캐고 다듬는 할머니의 정성은 자연에 대한 외경과 손주들을 위하는 사랑이었다. 책을 읽는 어린이들도 자신이 얼마나 사랑을 받고 있고, 또 얼마나 사랑을 줄 수 있는 사람인지 생각하는 시간이 되었으면 좋겠다. 사계절의 변화와 함께 아이들은 쑥쑥 자란다. 아낌없이 주는 자연과 할머니의 사랑이 든든하게 나를 지켜 준다고 믿게 하는 따뜻한 그림책이다.

(2) 비문학 도서

- 제목: 『그랜드 캐니언』
- 지은이: 제이슨 친 글·그림, 윤정숙 옮김
- 출판사: 봄의정원

- 초점: 아래의 4가지 초점이 포함되도록 서평을 작성하시오.
- 책의 형식과 내용을 살펴 기본적인 서평을 하시오.
- 이 책을 읽히기에 적당한 학년을 정하고 그 이유를 제시하시오.
- 앞에서 설정한 학년을 대상으로 지도할 때 적당하다고 생각하는 학습 목표를 세 가지 정도 제시하고 그 이유를 설명하시오.
- 그 목표에 알맞은 독서 지도 활동들을 제시하시오.

① 과제 제시 조건 파악하기

　미국 애리조나주와 네바다주에 걸쳐 있는 지구에서 가장 크고 깊은 골짜기인 '그랜드 캐니언'의 생태와 기후를 보며 자연의 신비를 느끼게 하는 그림책으로 몇 학년 정도의 눈높이에 맞추어 제작되었는지 가늠해 본다. 또 책의 독특한 구성 방법도 눈여겨본다. 소녀와 아빠가 그랜드 캐니언을 여행하는 과정을 중심으로 이야기를 전개하며 여정마다 알아야 할 정보를 펼침 화면 속에 부분 섹션으로 보여 주는 다큐멘터리 형식으로 꾸며졌으며 담고 있는 정보의 양이 꽤 많다. 화면 가운데 부분을 이야기로 끌고 나가면서 화면 가장자리 부분을 이용해 단면도와 표, 도감 형식의 그림 등을 보여 주어 그림책이지만 상당히 많은 양의 정보를 충실하고 친절하게 담고 있다. 지구의 역사를 읽게 하는 자료로써 연구 중인 자연 유산의 가치를 알고 인류의 자연 유산을 보호하는 방법도 생각해 보면 좋다.

　어린이에게 읽히는 책 중 비문학 도서 지도 방법에 대해 생각해 보라는 초점이다. 그랜드 캐니언이라는 유산을 통해 자연이 지니고 있는 신비로운 가치를 깨닫고 과학적인 탐구심을 기를 수 있도록 수업 방향을 잡아가 본다. 나아가 자연을 대하는 사람들의 태도를 점검하고 올바른 방법은 무엇일지 성찰할 수 있는 학습 목표를 세운다. 현장 체험이 없어 어려움을 느끼겠지만 내용을 이해하고, 책에서 전하고자 하는 중심 의미를 독자들이 소화할 수 있게 하려면 어떤 주제 관련 수업을 해야 할지 적절한 학년에 맞는 수업 계획을 세워야 한다. 수업의 마무리 표현 목표를 독서 감상문 쓰기에 한정하지 않고 만들기나 그리기로 해 보는 것도 좋다.

② 초점에 맞는 내용(글감) 수집하기

가. 부녀가 떠나는 협곡 여행

나. 액자 틀 사용의 효과

다. 현재와 과거의 상상을 넘나들게 하는 화석

라. 적정 지도 대상: 4학년이 이해할 만한 내용과 용어

마. 내용 이해: 그랜드 캐니언에 관한 정보 정리

바. 주제 파악: 자연 유산의 가치, 자연 유산을 대하는 올바른 태도

사. 독후 활동: 그랜드 캐니언 관광 안내도 만들기

아. 자연과 과학 탐구심을 향한 상상력 기르기

③ 개요표 작성하기

가. 수집한 글감을 바탕으로 개요표를 작성해 본다. 개요를 작성하는 동안 수집한 글감이 부족하다면 더 생각해 보자. 필요 없는 글감은 삭제한다.

제목	
주제	
글감	
처음	
중간	
끝	

• 작성한 개요표 **예**

제목	지구 박물관으로 떠나는 시간 여행
주제	그랜드 캐니언을 통해 자연이 지니고 있는 신비로운 가치를 깨닫고 과학적인 탐구심을 기를 수 있다.
글감	지구의 역사책, 시간 여행, 액자 틀 구분, 4학년 수업, 내용 이해, 주제 수업, 표현 활동, 자연과 과학 탐구심을 기르는 상상력
처음	① 부녀가 떠나는 협곡 여행 ② 액자 틀 사용, 현재와 과거의 상상을 넘나들게 하는 화석
중간	③ 4학년에게 읽히기에 적절 ④ 그랜드 캐니언에 관한 정보 정리 ⑤ 자연 유산의 가치, 자연 유산을 대하는 올바른 태도 ⑥ 그랜드 캐니언 관광 안내도
끝	⑦ 자연과 과학 탐구심을 향한 상상력

④ 서평 쓰기

지구 박물관으로 떠나는 시간 여행
–『그랜드 캐니언』을 읽고–

지구의 역사책이라 불리는 그랜드 캐니언에는 18억 년 전부터 2억 년 전쯤까지 시간 순서대로 암석층이 차곡차곡 쌓여 있다. 『그랜드 캐니언(제이슨 친 글·그림, 윤정숙 옮김, 봄의정원 펴냄)』은 아빠가 딸과 함께 그랜드 캐니언의 노스림부터 사우스림까지 걸어가는 형식으로 구성하여 어린이 독자들이 쉽게 세계 자연 유산에 다가갈 수 있도록 한 그림책이다. 소녀와 아빠는 각 지층이 생겨났던 시대의 모습과 그때 살았던 생물들을 상상해 본다. 마치 시간 여행을 하는 것 같기도 하고 지구 박물관을 보고 있는 듯하다.

지면의 구도를 다채롭게 사용한 이 책의 구성은 생소한 과학 정보를 흥미롭게 전달한다. 큰 화면을 액자 틀처럼 사용한 그림은 현재의 모습을, 액자 밖 가장자리에는 단면도와 도표, 도감을 실어 지질학적 지식과 생태 정보를 제공한다. 현재 그곳에 살고 있는 새, 포유류, 식물, 무척추동물 들도 사실적인 그림으로 소개하고 있다. 또 소녀가 발견한 화석마다 구멍을 뚫어 오늘날 발견된 화석이 다음 장면에 이어지는 과거의 풍경과 연결되면서 그 화석이 생성된 시기에 지구가 어떤 모습이었는지를 한눈에 들여다볼 수 있다. 그곳은 바닷속이었거나 갯벌이었거나 사막이었던 것이다. 지금 볼 수 있는 풍경과 과거를 비교해 보면 지구가 얼마나 힘차게 살아 움직이며 오늘까지 왔는지 실감이 난다.

이 책은 초등학교 4학년이 읽기에 적합하다. 그림책이지만 낯선 지질학 용어가 많고 정보량도 상당하다. 또 새로운 정보를 처리하고 등장인물을 따라가며 그랜드 캐니언의 과거 모습과 지구의 역사를 들여다보는 집중력을 발휘할 수 있는 최소한의 연령대이기 때문이다. 4학년 어린이들이 자연이 지니고 있는 신비로운 가치를 깨닫고 과학적인 탐구심을 기를 수 있는 흥미로운 독서 수업이 되도록 학습 목표를 세우고 그에 맞는 독서 활동을 생각해 보았다.

첫째, 주인공이 걸었던 길을 따라가며 그랜드 캐니언의 역사와 생태를 정리할 수 있다. 소녀와 아빠는 팬텀 랜치에서 여행을 시작하여 사우스카이바브 트레일을 통해 사우스림으로 올라간다. 어린이들은 가장 바닥 쪽에 있는 비슈누 기반암에서 출발하여 시간의 흐름에 따라 그 위에 쌓인 노스림 한대숲까지 책에 나온 순서대로 정리하는 활동을 한다. 교사는 지층에 대한 내용과 생태에 대한 내용이 빠지지 않도록 세심하게 이끈다.

둘째, 자연 유산의 가치를 알고, 자연 유산을 대하는 올바른 태도는 무엇인지 생각할 수 있다. 그랜드 캐니언은 BBC에서 선정한 '죽기 전에 꼭 가 봐야 할 50곳' 중 1위에 오를 만큼 광대한 자연의 위대함과 지질학적 가치를 가진 곳이다. 해마다 500만 명 이상의 관광객이 찾는 곳이며 아직까지 그랜드 캐니언의 역사를 다 밝히지 못했다. 인간의 상상력을 자극하는 자연 유산을 보호해야 하는 이유와 세계 자연 유산이 처한 문제 상황에 대해 알아보는 시간이 되겠다.

셋째, 그랜드 캐니언 관광 안내도를 만들 수 있다. 그랜드 캐니언의 위치와 면적, 간단한 소개 후 관광 포인트를 안내한다. 책을 읽고 알게 된 정보를 자신의 말로 재구성하여 안내도로 표현하는 독후 활동이다. 두 번째 학습 목표에서 정리했던 내용을 활용하여 세계 자연 유산을 관광할 때 유의할 점을 적어 넣도록 한다.

본문의 마지막 접지를 여는 순간 숨 막히는 광경이 펼쳐진다. 지구에서 가장 거대한 협곡 그랜드 캐니언이 네 페이지 분량에 웅장한 모습을 드러낸다. 지구의 역사는 46억 년이지만 인류는 겨우 수백만 년 전 처음 지구에 등장했다. 인류가 태어나기 전 지구의 역사를 알 수 있게 된 것도 그랜드 캐니언 같은 곳이 있기 때문이다. 과학과 예술을 가능하게 하는 것은 상상력이라고 작가는 말한다. 그랜드 캐니언이 작가의 상상력을 사로잡았듯 이 책이 우리 아이들의 자연과 과학 탐구심을 향한 상상력을 사로잡기를 기대한다.

3) 퇴고하기 실습

(1) 내용 영역

- 초점을 파악하고 주어진 조건에 맞는 서평을 하고 있는가?
- 글에서 다룬 내용이 책의 글과 그림 소개에 타당한가?
- 서평으로서 가치가 있고 참신한 내용인가?
- 의견 진술이 논리적이고 그 근거가 정확한가?
- 보편적이고 공정한 관점인가?

(2) 구조 영역
- 주제목을 적절하게 붙였는가?
- 하나의 주제를 향해 통일성 있게 조직되고, 일관된 입장을 유지하는가?
- 글의 처음-중간-끝이 짜임새 있게 조직되고, 유기성을 갖고 있는가?
- 각 문단은 서로 긴밀하게 연결되어 글 전체에 대하여 적절한 기능을 수행하고 있는가?
- 각 단락의 내용은 소주제를 향해 유기적으로 연결되고, 통일성 있게 응집되었는가?

(3) 표현 영역
- 간결하고 명쾌하게 진술되었는가?
- 어법에 맞는 문장인가?(성분의 호응, 수식 관계, 구조어 호응 등)
- 단어 사용이 적절하고 구체적이며, 표기가 정확한가?
- 문장 부호 사용이 올바르고, 인용의 규칙을 지켰는가?
- 우리말의 특성과 아름다움을 살리고 있는가?
- 서평의 어조나 태도가 글의 목적에 부합하는가?

(4) 퇴고 실습 자료

아빠와 딸이 떠나는 그랜드 캐니언
- 「그랜드 캐니언」을 읽고 -

199기 한서아

이 책(제이슨 친 글·그림, 윤정숙 옮김, 봄의 정원 펴냄)은 표지부터 거대함이 느껴지고 엄청난 스케일을 갖은 그림, 세심하고 정확한 도표, 명료한 글로 실제 그랜드 캐니언을 여행하는 책 속의 아버지와 딸과 함께 여행하면서 자연의 경이를 느끼게 하고, 그 속에 숨겨진 다양한 생태와 역사를 담은 내용이 한편의 다큐멘터리를 보는 것 같은 호기심을 불러 일으킨다. 2018년 칼데콧 아너상 수상작이라는 것부터 나에게 신뢰감을 주며 읽게 한다.
이 책은 그랜드 캐니언이 수십억 년 동안 어떻게 형성되고 변화해 왔으며 지금은 어떠한 동식물이 서식하고 있는지에 대해 알려 주고 있으며 자연도감의 형식을 띠고 있기도 하다.

책의 가운데 부분에는 이야기가 이어지고, 가장자리에는 암석층 단면도, 새와 곤충, 동물을 그림과 함께 설명해 놓으므로써 자연도감이나 백과사전에 버금갈 정도로 알차게 꾸며져 있다.

　이 책은 중간중간 책장에 구멍을 뚫어 현재 남아 있는 화석의 일부를 보여 준 후 다음 장에 이를 바탕으로 그 시기의 자연 환경 및 살았든 동식물과 이로 인해 어떤 지층이 형성되었는지 알 수 있게 합니다. 이러한 기법은 어려운 책이지만 흥미를 잃지 않고 몇억 년 전 시간에 대한 호기심을 자극하기에 충분하다고 생각합니다. 이 책은 학교 교과 과정에서 풍화와 침식, 지층의 형성과 특성, 화석의 생성에 대하여 배우는 초등학교 4학년이 읽기에 좋다고 판단합니다. 책에 대한 흥미를 높이기 위해 세 가지 학습 목표를 세우고 독서 활동을 해 본다.

　첫 번째, 주인공이 되어 그랜드 캐니언에 가서 느낄 수 있는 것들을 친구들과 함께 이야기 해 본다. 아빠와 주인공은 비슈누 기반암에서부터 출발한다 물결 무늬가 있는 그랜드 캐니언 슈퍼그룹 암석층에는 12억 년 전 지구 최초의 생명체인 미생물이 살았다고 한다

그림을 보며 느꼈던 감동과 웅장한 자연이 만들어 낸 암석층을 보고 느낀 점을 이야기 해 본다. 두번째, 그랜드 캐니언 협곡에 살고 있는 동물과 식물을 알아보고 관찰해 본다. 그 중 멸종 위기에 놓인 동물은 없는 지 이야기 해 본다. 위치에 따른 생태계 차이를 알고, 지형에 따라 사는 동식물은 왜 다른지 알아보는 활동을 한다. 그랜드 캐니언의 지형에 따라 살아가는 동식물

사전을 만들어보는 것도 좋다. 셋째, 그랜드 캐니언처럼 유네스코에서 정한 자연 유산이 우리나라에도 있는지 알아본다. 아름다운 자연환경의 생성과정과 역사를 살펴보고 잘 보존하는 방법을 생각할 수 있기 때문이다.

주인공이 아빠와 출발한 비슈누 기반암을 약 18억 년 전에 생성되었으며, 사람은 1만 2,000년 동안 그랜드 캐니언을 드나들었거나 그곳에서 살았다고

한다. BBC에서 선정한 '죽기 전에 꼭 가봐야 할 50곳' 중 1위에 오를만큼 광대한 자연의 위대함과 지질학적 가치를 가진 곳이다. 매년 500만 명 이상이 찾아가지만 아직까지 그랜드 캐니언의 역사는 다 밝혀지지 못 했다 이 책에서 자연의 경이를 느끼고, 작은 화석이 담고 있는 수 많은 메시지가 아이들의 과학적 호기심을 더욱 높여 줄 것이다.

* 교정 부호

부호	이름	사용하는 경우	표시 방법	읽는 사람이 볼 때
∨	띄움표	띄어 써야 할 곳을 붙였을 때	사랑하는∨조국	사랑하는　조국
⩫	둠 표	띄어 쓰려다가 다시 원상태로 둘 때	뛰어∨오른다	뛰어오른다
∨ ⌣	고침표	틀린 글자나 내용을 바꿀 때	좋아하면(면) / 적었든칸에(거나)	좋아하면 / 적거나
∧	부호 넣음표	밑에 찍는 문장 부호를 넣을 때	믿음∧소망∧사랑	믿음 , 소망 , 사랑
＝	지움표	필요 없는 내용을 지울 때	너무 너무 고와서	너무　고와서
⌣	넣음표	글자나 부호가 빠졌을 때	언제(까지)나	언제까지나
ℐ	뺌 표	필요 없는 글자를 없앨 때	봄이(이)면	봄이면
(생)	살림표	지운 것을 다시 살릴 때	고즈넉한(생) 고요만	고즈넉한　고요만
⌢	붙임표	붙여야 할 곳이 떨어져 있을 때	아름　다운	아름다운
⩚	둠 표	붙여 쓰려다가 다시 원상태로 둘 때	몇　가지	몇　가지
⌇	자리 바꿈표	글자, 단어의 앞뒤 순서를 바꿀 때	생각 좋은	좋은　생각
⌐	오른 자리 옮김표	오른쪽으로 자리를 옮길 때	아직도　남아　있는 / 매일　따스한　밥과	아직도　남아　있는 / 　매일　따스한 / 밥과　반찬
⌐	왼자리 옮김표	왼쪽으로 자리를 옮길 때	나　보기가	나　보기가　역
♂	부분 자리 옮김표	지시하는 부분만 자리를 옮길 때	사　랑	사　랑
⌐	줄 바꿈표	한 줄로 된 것을 두 줄로 바꿀 때	떠났다 . 로쉘이	~떠났다 . / 로쉘이 ~

부호	이름	쓰임	고치기 전	고친 후
(곡선)	줄 이음표	두 줄로 된 것을 한 줄로 이을 때	…를 못한다. / 언어란 본	…를 못한다. 언어란
✕	줄 비움표	줄을 비울 때 1. 필요시 여백에 비울 줄 수를 명시함. 2. 인쇄 교정 부호는 '줄 넓힘표'임	산에는 꽃피네 / 꽃이 피네 / 갈 봄 여름 없 / 꽃이 피네.	산에는 꽃피네 / 꽃이 피네 / / 갈 봄 여름 없 / 꽃이 피네.
( )	줄 붙임표	줄을 비울 필요가 없을 때	골짝을 에는 / 바람결처럼 / 세월은 덧없어 / 가신 지 이미	골짝을 에는 / 바람결처럼 / 세월은 덧없어 / 가신 지 이미

6. 독서지도사의 서평 쓰기에서 유의할 점

1) 초점에 맞추어 서평을 쓴다.

2) '주제목+부제목'의 이행 표제(두 줄 제목)를 쓴다.

3) 1500자(±150자) 분량을 맞추어 쓴다.

4) 원고지에 쓸 경우 검정 펜으로 쓴다. 자신의 글을 퇴고할 때는 글을 쓴 검정 펜으로 교정 부호를 사용하며 수정한다.

5) 독서지도사로서의 전문성을 잃지 않는다.

국어 어문 규정

1. 한글 맞춤법의 필요성

말과 글은 한 민족의 역사와 정신의 문화유산으로, 그들의 정체성을 알 수 있게 한다. 또 민족이라는 한 공동체 안에서 각자의 생각을 좀 더 정확하고 자유롭게 소통하기 위해서는 일정한 언어 규약이 필요하다. 하지만 말과 글을 적는 통일된 규칙이 없다면 제각기 다르게 표기하여 의사소통에 혼란이 일어나므로 효율적인 언어생활을 위해 기본으로 세운 것이 맞춤법이다.

현행 어문 규정은 '한글 맞춤법'과 '표준어 규정', '외래어 규정' 등으로 구성되어 있다. '한글 맞춤법'은 낱말의 기본 형태를 밝히고 일정한 어법에 맞는 글을 쓰도록 기준을 정한 철자법이며, '표준어 규정'은 국민을 언어적으로 통일시키고 공적인 상황에 적합한 언어를 사용하도록 그 시대 말과 글을 실제 언어 현실에 맞춰 정한 것이다. 두 가지 규정은 1988년 고시했으며 그 이후 여러 차례에 걸쳐 개정되었다. '외래어'는 고유어가 아닌 외국에서 들어온 말인데, 우리말처럼 사용하는 말이다. '외래어 규정'은 외래어 표기에 관한 것으로 1986년 개정된 후 여러 번에 걸쳐 부분 개정이 있었다.

우리 모두 국어 어문 규정을 반드시 익혀 우리말과 글을 바르게 쓸 수 있도록 해야 하며, 특히 글쓰기를 지도하는 교사라면 어문 규정을 정확히 알고 있어야 한다.

2. 한글 맞춤법 내용 일람

제1장　총칙(1~3항)

　　　　1항　한글 맞춤법은 표준어를 소리대로 적되, 어법에 맞도록 함을 원칙으로 한다.

　　　　2항　문장의 각 단어는 띄어 씀을 원칙으로 한다.

　　　　3항　외래어는 외래어 표기법에 따라 적는다.

제2장　자모(4항)

제3장　소리에 관한 것(5~13항)

　　　　된소리(5항)

　　　　구개음화(6항)

　　　　'ㄷ' 소리 받침(7항)

　　　　모음(8~9항)

　　　　두음법칙(10~12항)

　　　　겹쳐 나는 소리(13항)

제4장　형태에 관한 것(14~40항)

　　　　체언과 조사(14항)

　　　　어간과 어미(15~18항)

　　　　접미사가 붙어서 된 말(19~26항)

　　　　합성어 및 접두사가 붙어서 된 말(27~31항)

　　　　준말(32~40항)

제5장　띄어쓰기(41~50항)

제6장　그 밖의 것(51~57항)

(부록)　문장 부호

3. 유념해서 보아야 할 맞춤법

1) 된소리

한 단어 안에서 뚜렷한 까닭 없이 나는 된소리는 다음 음절의 첫소리를 된소리로 적는다. 다만, 'ㄱ, ㅂ' 받침 뒤에서 나는 된소리는, 같은 음절이나 비슷한 음절이 겹쳐 나는 경우가 아니면 된소리로 적지 아니한다.

ⓔ 메뚜기   우뚝   털썩   /   깍두기   싹둑   법석

2) 두음 법칙

(1) 어두에 오는 자음을 제약하는 것으로, 한자어에서 첫 음절의 닿소리가 'ㄹ, ㄴ'일 때 겹홀
소리나 'ㅣ'가 붙는 경우 이 소리를 쓰지 않으려고 한다.
- 녀, 뇨, 뉴, 니 → 여, 요, 유, 이
  ⓔ 연세   익명   요소
- 랴, 려, 례, 료, 류, 리 → 야, 여, 예, 요, 유, 이
  ⓔ 유행   이발
- 라, 래, 로, 뢰, 루, 르 → 나, 내, 노, 뇌, 누, 느
  ⓔ 뇌성   능묘

(2) 접두사처럼 쓰이는 한자가 붙어서 된 말이나 합성어, 둘 이상의 단어로 이루어진 고유명
사를 붙여 쓰는 경우 뒷말의 첫소리에 두음 법칙을 적용하여 적는다.
  ⓔ 신여성   남존여비   한국여자대학   /   신년도   고랭지

(3) 모음이나 'ㄴ' 받침 뒤에 이어지는 '렬, 률'은 '열, 율'로 적는다.
  ⓔ 비율   내재율   분열   /   확률   외형률   정렬

3) 접미사가 붙어서 된 말

어간에 '-이'나 '음'이 붙어서 명사로 된 것 중 어간의 원형을 밝히는 것과 어간의 원형
을 밝히어 적지 아니하는 것(그 어간의 뜻과 멀어진 것은 원형을 밝히어 적지 아니한다.)
  ⓔ 얼음   목걸이   얼룩이   /   어름   목거리   얼루기

4) 사이시옷의 쓰임

(1) 순우리말로 된 합성어, 순우리말과 한자어로 된 합성어로서 앞말이 모음으로 끝난 경우
① 뒷말의 첫소리가 된소리로 나는 것
  ⓔ 나룻배   잿더미   귓병   전셋집   햇수   자릿세

조갯살   선짓국   아랫방   사잣밥   모깃불

② 뒷말의 첫소리 'ㄴ, ㅁ' 앞에서 'ㄴ' 소리가 덧나는 것
  예 텃마당   뒷머리   제삿날   곗날   툇마루   아랫니

③ 뒷말의 첫소리 모음 앞에서 'ㄴㄴ' 소리가 덧나는 것
  예 베갯잇   뒷일   예삿일   댓잎

(2) 한자어에는 '사이시옷'을 쓰지 않는다.
  예 화병(火病)   개수(個數)   시구(詩句)   대가(代價)   마구간(馬廏間)

(3) 두 음절로 된 다음의 한자어에는 예외로 '사이시옷'을 적는다.
  예 곳간(庫間)   셋방(貰房)   숫자(數字)   찻간(車間)   툇간(退間)   횟수(回數)

5) 준말

(1) 낱말의 끝 모음이 줄고 자음만 남은 것은 그 앞의 음절에 받침으로 적는다.
  예 〈본말〉 되어   아니   쓰이어   아니하다
     〈준말〉 돼   안   씌어/쓰여   않다

(2) 어미 '지' 뒤에 '않'이 어울려 '잖'이 될 적과 '하지' 뒤에 어울려 '찮'이 될 적에는 준 대로
    적는다.
  예 〈본말〉 변변하지 않다   적지 않은   만만하지 않다   그렇지 않은
     〈준말〉 변변찮다   적잖은   만만찮다   그렇잖은

(3) 어간의 끝음절 '하'가 아주 줄 적에는 준 대로 적는다.
  예 〈본말〉 거북하지   생각하다 못하여   생각하건대
     〈준말〉 거북지   생각다 못해   생각건대
  예 〈본말〉 깨끗하지 않다   못하지 않다   섭섭하지 않게

〈준말〉깨끗지 않다　　　못지않다　　　섭섭지 않게

(4) 어간의 끝음절 '하'의 'ㅏ'가 줄고 'ㅎ'이 다음 음절의 첫소리와 어울려 거센소리로 될 적에
　는 거센소리로 적는다.
　　예 〈본말〉간편하게　　　연구하도록　　　다정하다　　　확실하게
　　　　〈준말〉간편케　　　　연구토록　　　　다정타　　　　확실케

6) 그 밖의 것

(1) 부사의 끝음절 '-이, -히' 표기
① '이'로만 소리 나는 것은 '이'로 적는다.

예 깨끗이	느긋이	버젓이	지긋이	반듯이
가까이	날카로이	고이	너그러이	번거로이
많이	적이	헛되이	굳이	같이
샅샅이	줄줄이	일일이	틈틈이	번번이
곰곰이	히죽이	생긋이	일찍이	더욱이

② '히'로만 소리 나거나 '이'나 '히'로 소리 나는 것은 '히'로 적는다.

예 극히	급히	딱히	속히	족히	특히
정확히	솔직히	각별히	급급히	능히	간소히
소홀히	꼼꼼히	심히	무단히		

(2) 된소리로 소리 나는 어미의 원형

예 할걸	할게	할거나
할까?	할꼬?	할쏘냐?

(3) 구별해야 할 말

예 -던지 / -든지	-데(요) / -대(요)	부치다 / 붙이다
예 / 옛	채 / 체	왠 / 웬

7) 띄어쓰기

(1) 조사는 앞말에 붙여 쓴다.

예 꽃밭에   학생이다   집에서부터   죽이나마

꽃같이   동생은커녕   나가면서까지도   거기에서부터입니다

멀리는   "옵니다."라고

(2) 의존 명사, 단위를 나타내는 명사 및 열거하는 말

① 의존 명사는 띄어 쓴다.

예 아는 이를 만났다.   웃는 바람에 몰랐다.   그가 떠난 지 오래다.

식는 줄 몰랐다.   네가 뜻한 바를 알았다.   최선을 다할 따름이다.

부산, 인천, 울산, 광주, 대구 들을 광역시라고 한다.

※ 의존 명사와 병용되는 단어

뿐   가만히 바라볼 뿐이다.(의존 명사)

사실을 아는 사람은 너뿐이다.(조사)

대로 심은 대로 거둔다.(의존 명사)

약속대로 행동했다.(조사)

만큼 내릴 만큼 내렸다.(의존 명사)

나도 너만큼 했다.(조사)

듯   자는 듯 마는 듯.(의존 명사)

잘난 듯 뽐내다.(부사)

잠이라도 자듯 눈을 감고 있다.(어미)

---

② 단위를 나타내는 명사는 띄어 쓴다. 다만, 순서를 나타내는 경우나 숫자와 어울리어 쓰이는 경우는 붙여 쓸 수 있다.

예 신 두 켤레   제일 편 / 제일편   삼 학년 / 삼학년 / 3학년

7미터   2004년 12월 31일   열시 삼십분 오초

③ 단음절로 된 단어가 연이어 나타날 적에는 붙여 쓸 수 있다.

예 이곳 저곳　　그때 그곳　　좀더 큰것　　한잎 두잎　　내것 네것

(3) 용언

① 보조 용언은 띄어 씀을 원칙으로 하되, 경우에 따라 붙여 씀도 허용한다.

예 〈원칙〉　　　　　　〈허용〉

불이 꺼져 간다.　　　　불이 꺼져간다.

비가 올 듯하다.　　　　비가 올듯하다.

잘 아는 척한다.　　　　잘 아는척한다.

그 일은 할 만하다.　　　그 일은 할만하다.

선생님을 도와 드린다.　　선생님을 도와드린다.

컵을 깨뜨려 버렸다.　　컵을 깨뜨려버렸다.

② 앞말에 조사가 붙거나 앞말이 합성 동사인 경우, 그리고 중간에 조사가 들어갈 적에는 그 뒤에 오는 보조 용언은 띄어 쓴다.

예 값을 물어만 보고　　잡아매 둔다.　　읽을 만은 하다.

③ 보조 용언이 거듭될 때는 앞의 보조 용언은 본 용언과 붙여 쓸 수 있다.

예 〈원칙〉　　　　　　〈허용〉

저장해 둘 만하다.　　　저장해둘 만하다.

도와 줄 법하다.　　　　도와줄 법하다.

되어 가는 듯하다.　　　되어가는 듯하다.

④ 일부 명사에 '지다, 되다, 당하다, 없다, 시키다, 하다' 들이 붙어 용언으로 파생된 경우에는 붙여 쓴다.

예 이야기하다　　구속시키다　　거부당하다　　기름지다

거울삼다　　걱정되다　　농사짓다　　버릇없다

(4) 고유 명사 및 전문 용어

① 성과 이름, 성과 호 등은 붙여 쓰고, 이에 덧붙는 호칭어, 관직명 등은 띄어 쓴다.

예 서경덕　　서화담　　최서희 씨　　장기려 박사　　강감찬 장군

② 성명 이외의 고유 명사, 전문 용어는 단어별로 띄어 씀을 원칙으로 하되, 붙여 쓸 수 있다.

> **예** 한국 중학교 / 한국중학교　　　탄소 동화 작용 / 탄소동화작용

(5) 부사

① 다른 품사와 띄어 씀을 원칙으로 하되, 두 개의 부사가 겹치는 것 가운데 다음의 경우는 붙여 쓴다.

> **예** 또다시　　곧잘　　제아무리　　더한층　　더욱더

② 첩어, 준첩어, 의성어, 의태어 등은 붙여 쓴다.

> **예** 오래오래　　여기저기　　곤드레만드레　　이러쿵저러쿵　　붉으락푸르락

4. 표준어 규정

언어생활에서 방언을 사용할 경우, 다른 지역 사람들과는 원활한 의사소통이 이루어지지 않을 수 있다. 이를 위해 국민이 공통적으로 사용할 수 있도록 나라에서 규정한 말이 표준어이다.

1) 총칙
표준어는 교양 있는 사람들이 두루 쓰는 현대 서울말로 정함을 원칙으로 한다.

2) 발음 변화에 따른 표준어 규정

(1) 자음

> **예** 강낭콩　　사글세　　돌　　셋째

※ 수 / 수ㅎ / 숫의 구분

① 수컷을 이르는 접두사는 '수-'로 통일한다.

예 수소   수나사   수벌   수놈

② 단, 다음의 단어에서는 접두사 다음에 나는 거센소리를 인정한다.

예 수캐   수탉   수탕나귀   수퇘지   수캉아지

수평아리   수키와 수톨쩌귀   수컷

③ 다음 단어의 접두사는 '숫-'으로 한다.

예 숫쥐   숫양   숫염소

(2) 모음

예 깡충깡충   으레   미숫가루   ~쟁이/~장이

※ 윗 / 위 / 웃의 구분

① 윗: 아래가 있는 경우 예사소리에 표기

예 윗길   윗니   윗면   윗배

② 위: 된소리, 거센소리 앞에 표기

예 위쪽   위채   위층   위턱

③ 웃: 위, 아래의 대립이 없는 단어에 표기

예 웃옷   웃돈   웃어른

(3) 준말

예 무우 / 무   노을 / 놀   망태기 / 망태   머무르다 / 머물다

(4) 단수 표준어와 복수 표준어

예 천장   꼭두각시   네 / 예   쇠(고기) / 소(고기)

3) 어휘 선택의 변화에 따른 표준어 규정

(1) 고어

예 구들장   겸상   총각무

(2) 방언

예 멍게 / 우렁쉥이   빈대떡

(3) 단수 표준어와 복수 표준어

예 샛별   손목시계   가뭄 / 가물   볼우물 / 보조개

뜰 / 뜨락   오순도순 / 오순도순   개기다 / 개개다   맨날 / 만날   손주 / 손자

5. 외래어 표기 규정

1) 외래어·외국어 표기의 기본 원칙

(1) 외래어는 국어의 현용 24 자모만으로 적는다.

(2) 외래어의 1음운은 1기호로 적는다.

(3) 외래어의 받침에는 'ㄱ, ㄴ, ㄹ, ㅁ, ㅂ, ㅅ, ㅇ'만을 적는다.

(4) 파열음 표기에는 된소리를 쓰지 않는 것을 원칙으로 한다.

(5) 이미 굳어진 외래어는 관용을 존중하되, 그 범위와 용례는 따로 정한다.

예 피아노   라디오   모델   껌   빵

2) 외래어 표기 세칙(영어 표기 중심으로)

(1) 받침에 'ㅋ, ㅌ, ㅍ'을 쓸 수 없다.

예 커피숍   디스켓   케이크   테이프   슈퍼마켓   로봇

(2) 파열음 표기에 된소리를 쓰지 않는다. 하지만 동남아 3개 국어(말레이시아·인도네시아어, 베트남어, 타이어)는 된소리로 표기할 수 있다.

예 파리   나치   르포   잼   서비스   /   푸껫   까오락

(3) 'ㅈ, ㅊ' 다음에 'ㅑ, ㅕ, ㅛ, ㅠ'를 쓰지 않는다. 다른 자음에는 쓸 수 있다.

텔레비전　　　주스　　　초콜릿　　　차트　　　셔츠　　　슈퍼맨

(4) 영어 어말의 'sh'는 '쉬'가 아니라 '시'로 표기한다.

　　 플래시　　　잉글리시　　　브러시　　　대시

(5) 마찰음 'f'는 'ㅎ'이 아닌 'ㅍ'으로 표기한다.

　　 페미니즘　　　프라이팬　　　페스티벌　　　파일　　　판타지

(6) 모음의 음가를 정확하게 표기하며 이중모음 '오우'나 장모음을 쓰지 않는다.

　　 카드　　　보트　　　볼링　　　뉴턴

6. 문장 부호

1) 마침표(.)

(1) 서술, 명령, 청유 등을 나타내는 문장의 끝에 쓴다. 다만, 표제어나 표어에는 쓰지 않는다.

(2) 아라비아 숫자만으로 연월일을 표시할 때 쓴다.

　　 1919년 3월 1일 →　1919. 3. 1.

(3) 특정한 의미가 있는 말을 표시할 때 쓴다.

(4) '온점'이라는 용어도 쓸 수 있다.

2) 물음표(?)

(1) 의문문이나 의문을 나타내는 어구의 끝에 쓴다.

(2) 반어나 수사 의문을 나타낼 때 쓴다.

　　 제가 감히 거역할 리가 있습니까?

(3) 어떤 내용에 대한 의심, 빈정거림, 비웃음 등을 표시하거나 적절한 말을 쓰기 어려울 때 쓴다.

　　 넌 정말 대단한(?) 아이야.

(4) 의문의 정도가 약할 때는 물음표 대신 온점을 쓸 수도 있다.

예 이 일을 도대체 어쩐단 말이냐.

3) 느낌표(!)

(1) 감탄문이나 감탄사의 끝에 쓴다.

(2) 감정을 넣어 다른 사람을 부르거나 대답할 때 쓴다.

예 춘향아!

(3) 물음의 말로써 놀람이나 항의의 뜻을 나타내는 경우에 사용한다.

예 이게 누구야!

4) 쉼표(,)

(1) 같은 자격의 어구가 열거될 때 쓴다.

예 근면, 검소, 협동은 우리 겨레의 미덕이다.

(2) 짝을 지어 구별할 필요가 있을 때 쓴다.

예 닭과 지네, 개와 고양이는 상극이다.

(3) 바로 다음 말을 꾸미지 않을 때 쓴다.

예 성질 급한, 철수의 누이동생이 화를 내었다.

(4) 대등하거나 종속적인 절이 이어질 때 절 사이에 쓴다.

예 콩 심으면 콩 나고, 팥 심으면 팥 난다.

(5) 문장 중간에 끼어든 구절 앞뒤에 쓴다.

예 나는, 솔직히 말하면, 그 말이 별로 탐탁하지 않소.

(6) 문맥상 끊어 읽어야 할 곳에 쓴다.

예 철수가, 내가 제일 좋아하는 친구이다.

(7) '쉼표'라는 용어도 쓸 수 있게 한다.

5) 가운뎃점(·)

(1) 쉼표로 열거된 어구가 다시 여러 단위로 나누어질 때 쓴다.

예 시장에 가서 사과·배·감, 당근·버섯, 조기·명태를 샀다.

(2) 특정한 의미를 가지는 날을 나타내는 숫자 뒤에 쓴다.

　　예 3·1 운동　　8·15 광복

(3) 같은 계열의 단어 사이에 쓴다.

　　예 동사·형용사를 합하여 용언이라고 한다.

6) 큰따옴표(" ")

(1) 글 가운데서 직접 대화를 표시할 때 쓴다.

(2) 남의 말을 인용할 경우 쓴다.

　　예 예로부터 "민심은 천심이다."라고 하였다.

7) 작은따옴표(' ')

(1) 따온 말 가운데 다시 따온 말이 들어 있을 때 쓴다.

　　예 "애야, 옛말에 '티끌 모아 태산'이라고 했잖니. 아끼면 돼."

(2) 마음속으로 한 말을 적을 때 쓴다.

　　예 '내가 했다는 걸 어떻게 아셨을까?'

(3) 문장에서 중요한 부분을 강조할 때 드러냄표 대신 쓰기도 한다.

8) 겹낫표와 겹화살괄호(『 』, 《 》)

(1) 책 제목이나 신문 이름을 나타낼 때 쓴다.

(2) 큰따옴표를 쓸 수 있다.

9) 홑낫표와 홑화살괄호(「 」, 〈 〉)

(1) 그림이나 노래와 같은 예술 작품의 제목, 상호, 법률을 나타낼 때 쓴다.

(2) 작은따옴표를 쓸 수도 있다.

10) 줄임표(……)

(1) 한 말을 줄였을 때 쓴다.

(2) 말이 없음을 나타낸다.

(3) 점을 가운데에 찍는 대신 아래쪽에 찍을 수도 있다.

(4) 여섯 점을 찍는 대신 세 점을 찍을 수도 있다.

원고지 작성법

1. 원고지 쓰기의 원칙

1) 원고지를 쓰는 가장 큰 이유는 원고의 분량을 명료하고도 쉽게 파악하기 위해서이다.

2) 한 칸에는 글자 한 자 쓰기를 원칙으로 한다. 그러나 알파벳 소문자 또는 아라비아 숫자는 두 자씩 쓴다.

3) 문장 부호도 한 칸에 하나씩 쓴다. 하지만 마침표와 쉼표는 반 칸에 표시한다. 그리고 줄임표(……)와 줄표(─)는 두 칸을 잡아 붙여 쓴다. 물음표(?)와 느낌표(!), 줄임표(……)를 쓴 다음에는 한 칸을 비우지만 그 밖의 문장 부호는 띄지 않고 쓴다.

4) 마침표, 쉼표 등이 원고지 각 줄의 첫 칸에 와야 할 때에는 그 전 줄의 마지막 칸이나 여백에 처리한다.(여는 따옴표나 여는 소괄호 부호는 첫 칸에 쓸 수 있다.)

5) 글을 처음 시작할 때와 새 단락으로 접어들 때는 첫 칸을 비운다.

2. 원고지의 첫머리

글의 종별, 제목 및 부제목, 소속, 성명 등을 원고 첫 장에 5~6행 정도를 기준으로 배치한다.

1) 글의 종별

원고지 1행 2칸부터 글의 종별을 쓴다. 〈소설〉, 〈독서 감상문〉, 〈기행문〉처럼 표시해 준다. 간혹 쓰지 않는 경우가 많은데, 이는 원고지 사용법에 무관심하기 때문이다.

2) 제목과 부제 쓰기

제목은 일반적으로 2행 중심부에 놓이게 쓰며, 제목이 두서너 자일 때는 두어 칸을 벌려 써서 미적 조화를 이루도록 한다.

	〈	독	서	감	상	문	〉												
			갈	라	진		성	에	서		합	쳐	진		마	음			
		-	"	산	적	의		딸	,	로	냐	"	를		읽	고	-		
								대	한		초	등	학	교					
								5	-	1		이	주	영					
		'	산	적	의		딸	,	로	냐	'	는		제	목	부	터		내
마	음	을		끌	어	당	겼	다	.	산	적	의		딸	은		어	디	서
사	는	지	,	산	적		아	버	지	를		어	떻	게		생	각	하	는
지		정	말		궁	금	했	다	.										

(1) 제목을 쓸 때

제목을 쓸 때는 문장 부호에 유의해야 하는데, 마침표(.)와 말줄임표(……), 물음표(?)와 느낌표(!)를 가능한 사용하지 않는다. 그러나 같은 계열의 낱말이 반복될 때는 쉼표(,) 대신 가운뎃점(·)을 쓴다.

(2) 부제가 길 경우

긴 부제인 경우에는 첫 행은 좌측으로, 둘째 행은 우측을 기준으로 해서 2행을 잡아 전체적으로 중심부에 놓이도록 쓰되 양 끝에 줄표를 한다.

3) 소속과 성명

원칙적으로 소속과 이름은 제목 아래의 1행을 비우고 난 다음 4행부터 쓰는데, 일반적으로는 제목 바로 다음 행 오른쪽으로 소속은 3행에, 이름은 4행에 전체 균형을 잡아 쓴다. 성과 이름은 붙여 쓰지만, 이름의 각 글자 사이를 한두 칸씩 띄어 쓸 수 있다.

4) 숫자나 알파벳 문자 쓰기

로마 숫자나 알파벳 대문자는 원고지 한 칸에 한 글자씩 쓰고, 숫자와 부호가 잇달아 나올 경우 부호도 각각 원고지 한 칸을 준다.

K	O	R	E	A		I	II	III	IV									
K	or	ea		36	5	일		cm	km²	mm								
20	20	년		10	월		8	일										
4	·	19																

3. 본문 쓰기

1) 한 칸 들여쓰기

글을 처음 시작할 때나 문단이 바뀔 때는 그 행의 맨 첫 칸을 비우고 둘째 칸부터 쓴다.

2) 인용문 쓰기

본문에 짧은 인용문은 인용 부호로 표시하고, 긴 인용문을 쓸 때나 줄을 따로 잡아 쓰는 경우에는 인용문 전체를 한 칸씩 들여 쓴다.

	옛	말	에		'	굴	이		위	수	를		넘	으	면		탱	자	가
된	다	'	는		말	이		있	다	.	이	것	은		환	경	에		따
라		사	물	이	나		사	람	의		성	질	이		변	할		수	
있	음	을		의	미	한	다	.											

3) 대화 쓰기

대화문은 앞뒤의 지문과 쉽게 구별될 수 있도록 시작할 때와 끝난 후 새로운 줄을 잡아 쓰되, 전체 한 칸씩을 들여 쓴다. 즉, 첫 칸을 비우고 둘째 칸부터 여는 따옴표(")로 행을 바꾸어 시작한다. '-라고, -하고, -할, -하기에, -한다 '등의 이어받는 말은 다음 줄 첫 칸부터 쓴다.

	매	콤	한		떡	볶	이		냄	새	가		코	를		간	질	이	고	
침	이		꼴	깍		넘	어	가	게		했	다	.							
	"	와	,	맛	있	겠	다	.	어	디		한	번		맛	을		볼	까	?"
	정	수	는		포	크	로		떡	볶	이		하	나	를		콕		찍	
어		먹	었	다	.															
	"	얘	들	아	,	맛	이		예	술	이	야	.	그	런	데		너	무	
매	워	.	입		안	에		불	이		난		것		같	아	."			
	그	때																		
	"	나	도		먹	을	래	."												
라	며		인	영	이	가		끼	어	들	었	다	.							

4) 시나 시조 쓰기

왼쪽을 한 칸 들여 쓰는 것이 보통이나 시행이 전체적으로 짧을 때에는 왼쪽으로 너무 치우치지 않도록 두 칸 또는 그 이상을 들여 쓸 수 있다. 연이 바뀔 때는 한 줄을 비운다.

	땅		위	에	는		오	토	바	이				
	바	라	바	라	바	라	밤	~						
	번	개		배	달		달	린	다	.				

5) 항목별로 나열할 때는 한 칸씩 들여 쓰기

	4.		다	음		문	장	을		분	석	하	시	오	.		
	(1)		다		함	께		노	력	합	시	다	.				
	(2)		법	과		질	서	를		지	켜	야		한	다	.	
	(3)		참	,	아	름	답	구	나	!							
	(4)		몇		층	으	로		가	야		됩	니	까	?		

6) 정보를 밝히는 문장 쓰기

내가 읽은 책이 어느 출판사에서 펴냈는지 등의 정확한 정보 전달이 필요하다.

	'	지	구	촌		환	경		이	야	기	1	(	최	열		지	음	,
청	년	사		펴	냄	)	'	은		우	리	에	게		자	연	환	경	의
소	중	함	과		환	경	을		지	키	기		위	한		방	법	을	
일	깨	워		준	다	.													

7) 묶음 표시 기능을 살리기

따옴표나 묶음표와 같이 두 부호가 마주 한 짝을 이루는 것들은 줄 끝에서 시작되는 것을 피하고, 끝 칸을 비워 두고라도 다음 줄 첫 칸부터 문장 부호를 열어 준다.

대	표	적		저	항		시	인	인		한	용	운	의		시	집		
"	님	의		침	묵	"	을		읽	었	다	.							

8) 모든 문장 부호는 윗말에 붙여 쓰기

단, 쉼표(,), 마침표(.), 쌍점(:), 쌍반점(;) 등의 부호와 줄표(—) 다음 칸은 구태여 비워 두지 않아도 되며, 따옴표와 묶음표 다음은 띄어쓰기의 원칙에 따라 조사 등이 나오면 이어 쓰고 그 외의 경우는 한 칸 비운다.

서	가	에	서		한	용	운	의		시	집	을		꺼	내		들	었	다	.
민	족	의		시	집	인		"	님	의		침	묵	"		88	편	은		
시	인	의		정	신		세	계	를		잘		드	러	내	고		있	다	.
대	표	적	인		'	님	의		침	묵	'	의		'	님	'	이		무	
엇	을		상	징	하	는	지	에		대	해	서	는		의	견	이		다	
양	하	다	.																	

1. 결과 중심 글쓰기와 과정 중심 글쓰기

영역 / 접근 방식	결과 중심 접근	과정 중심 접근
지식관	절대주의적 지식관 (객관주의 지식관)	상대주의적 지식관 (구성주의 지식관)
쓰기 행위의 본질	의미의 나열(의미 발견 중시)	의미의 구성(의미 창조 중시)
쓰기 교육의 목적	작문 능력 신장	작문 능력+사고력(탐구력)
의미의 유동성	고정적임(의미 단일).	유동적임(의미 다양).
쓰기 과정의 회귀성	강조하지 않음.	강조함.
쓰기 교육의 가능성	소극적임.	적극적임.
교사의 역할	평가자, 점검자	안내자, 조언자

2. 과정 중심 글쓰기의 전략

글쓰기 과정	각 과정의 의미	활용할 수 있는 전략
계획하기	독자나 상황 맥락을 살펴 글쓰기를 계획하는 과정	계획하기 점검
내용 생성 (선정)하기	아이디어를 생성하고 선정하는 과정	브레인스토밍 생각 그물
내용 조직하기	발산된 아이디어를 골라 조직하는 과정	다발 짓기 개요 짜기
표현하기 (초고 쓰기)	만들어진 내용을 간단한 문장으로 표현하는 과정	구두 작문 빨리 쓰기
고쳐쓰기	초고를 비판적으로 살펴보는 과정	자기 평가 협의하기
글 완성하기	다듬기를 통해 얻은 평가 및 조언을 참조하여 글을 완성하는 과정	표현하기 전략(생생하게 쓰기, 자세하게 쓰기, 인용하여 쓰기, 첫머리 쓰기 등)
작품화하기	자신의 글을 외부에 공개하는 과정	게시판에 공개하기 문집 만들기 신문 투고

3. 갈래별 글쓰기에 대한 이해

글의 갈래	개념	특징 및 유의할 점
생활문	자신이 체험한 일, 생각한 일 중에서 인상적이고 의미가 있는 일을 쓴 글이다.	서사문 형식에 따라 시간순으로 구성할 수 있으며, 생생한 표현을 활용하여 쓰도록 한다.
일기	오늘 자신이 겪은 일, 본 일, 들은 일 등 중에서 가장 인상적인 것을 기록한 글이다.	특정한 형식이 없으므로 솔직하고 자유롭게 쓴다.
편지글	어떤 특정한 상대에게 전할 말이 있을 때 말 대신 글로 쓴 것이다.	편지의 형식을 갖추어야 하며, 상대방과의 관계에 맞는 문체를 사용해야 한다.
동시	큰 감흥을 느낀 일이나 대상을 시적 언어와 리듬감을 살려 쓴 글이다.	과장하는 태도를 버리고 진솔하게 쓰도록 한다.
희곡	극 공연을 목적으로 쓴 글이다.	해설,대사,지문의 형식으로 서술해야 한다.
기행문	기행을 하면서 보고 들은 일, 깨달은 일을 쓴 글이다.	기행지의 정보는 객관적으로 쓰되, 자신의 감상은 자유롭게 쓸 수 있다.
기사문	사람들에게 알릴 만한 사건을 신문에 싣기 위해 쓴 글이다.	육하원칙에 따라 간결하고 정확한 내용으로 쓴다.
설명문	시의성 있는 정보를 독자가 이해하기 쉽도록 풀어쓴 글이다.	객관적이고 정확한 정보를 전달해야 하며, 명확하게 표현해야 한다.
자기소개서	자신을 성찰하거나 실용적인 목적에서 자기를 소개할 때 쓰는 글이다.	조건이 제시되어 있는 경우 조건에 맞추어 쓰되, 창의적인 내용으로 솔직하게 쓴다.
독서 감상문	책을 읽은 후 독자의 생각과 느낌을 쓴 글이다.	줄거리를 나열하지 않도록 하며, 깊이 있고 참신한 생각을 풍부하게 표현하도록 지도한다.

4. 서평 쓰기

1) 서평의 개념

서평(書評)은 '책이나 글을 평가한 글'이다. 책을 읽고 평가(評價)하는 글을 쓰려면 도서의 가치나 수준을 판단하는 지식과 공정한 잣대를 갖추어야 한다. 아직 그 책을 읽지 못한 독자에게 새로운 책을 소개함으로써 과연 읽을 만한지 선택하는 계기를 만들어 주는 글이 서평이다.

2) 서평과 독서 감상문의 차이

책을 매개로 쓰는 글이라 할지라도 독서 감상문은 독서 후 순수하게 자신의 감상을 드러내는 글이며, 서평은 대개 그 평을 쓰기 위하여 책을 읽는다는 점에서 독서의 목적부터 달라진다. 독서 감상문이 사적이고 비전문적인 성격의 글이라면 서평은 공적이며 전문적인 성격의 글이다.

3) 독서지도사의 서평

독서지도사는 어린이 독자가 읽을 만한 도서를 선정하는 역할과 동시에 일차 독자인 어린이가 도서를 읽고 얻을 수 있는 독서 효과를 가늠해 볼 수 있어야 한다. 도서의 장르에 따라 어디에 중점을 두고 책을 평가해 보아야 할지 장르의 특성, 독자에 대한 고려, 학교 교육과의 연계성 등을 생각해 본다.

4) 서평 쓰기

자세히 읽기, 분석하기, 해석하기, 평가하기를 마쳤다면 독자를 염두에 둔 서평 쓰기 단계로 들어간다. 글을 읽는 사람은 오로지 글만으로 내용을 파악하게 되므로 말보다 더 신중하게 '계획'하고 '표현'한 후 '퇴고'하는 과정이 필요하다.

5) 서평 쓰기의 실제

독서지도사 과정 중 과제로 써 내는 글이므로 과제 제시 조건에 맞추어 서평을 쓰는 과정과 결과를 보며 실제로 작성하고 퇴고한다.

* 교정 부호

5. 독서지도사의 서평 쓰기에서 유의할 점

1) 초점에 맞추어 서평을 쓴다.
2) '주제목+부제목'의 이행 표제(두 줄 제목)를 쓴다.
3) 1500자(±150자) 분량을 맞추어 쓴다.
4) 원고지에 쓸 경우 검정 펜으로 쓴다. 자신의 글을 퇴고할 때는 글을 쓴 검정 펜으로 교정 부호를 사용하며 수정한다.
5) 독서지도사로서의 전문성을 잃지 않는다.

1. 과정 중심 글쓰기의 각 단계를 설명하고, 단계별 전략 1~2개를 정리해 보자.

2. 단락 쓰기를 할 때 갖추어야 하는 세 가지 요건은 무엇인지 서술해 보자.

3. 일기 쓰기의 어려움을 겪고 있는 어린이가 있다면 어떤 조언이나 코칭을 해 주고 싶은지 서술해 보자.

4. 학교 과학 독서 감상문 대회에 참가하려는 어린이가 연습용으로 글을 써 왔다. 어떤 부분을 첨삭하면 좋을지 첨삭 항목을 생각해 보자.

5. 여러 출판사에서 다양한 판형으로 출판하고 있는 옛이야기 책을 비교하며 서평해 보자. 그중 옛이야기 책의 특징을 잘 살린 책들의 공통점은 무엇인지 설명해 보자.

6. 구전 설화에 충실한 그림 형제의 『신데렐라』보다 페로나 월트 디즈니의 어린이용 『신데렐라』가 더 많이 팔리는 이유는 무엇이고, 그 책들이 과연 어린이에게 더 교육적인지 생각해 보자.

7. 『걸리버 여행기』나 『셰익스피어의 4대 비극』 같은 고전의 완역본을 읽히기에 앞서 어린이에게 각색본이나 축약본을 읽히는 것이 적절할지 판단해 보자.

• 고영진(2012), 「중등학교 자기 소개서 쓰기 교육 방안 연구」, 서강대학교 교육대학원 석사학위 논문.

• 김미숙 외(2010), 「초등국어 개념사전」, 아울북.

• 김민주(2018), 「자기소개서에 대한 고등학생의 쓰기 어려움 연구」, 고려대학교 교육대학원 석사학위 논문.

• 박영민 외(2016), 「작문 교육론」, 역락.

• 박태호(1996), 「사회구성주의 패러다임에 따른 작문 교육 이론 연구」, 한국교원대 석사학위 논문.

• 박태호(1998), 「자기 주도 학습 능력을 기르는 사회 구성주의 쓰기 교수 이론」, 「청출어람어문학」 20집.

• 박태호(2000), 「장르 중심 교수 학습론」, 박이정.

• 신헌재 외(2009), 「예비교사와 현장교사를 위한 초등 국어과 교수·학습 방법」, 박이정.

• 이재승(2002), 「글쓰기 교육의 원리와 방법」, 교육과학사.

• 이호철(2015), 「이호철의 갈래별 글쓰기 교육」, 보리.

• 전제응(2011), 「쓰기 맥락의 본질과 쓰기 맥락 지도의 실제」, 「한국초등국어교육」 제47집.

• 정순이(2003), 「쓰기 과정에서 글 다듬기 지도 방법 연구」, 「어문학교육」 제28집.

• 초등국어교육학회(1997), 「국어 수업 방법」, 박이정.

• 최종윤(2020), 「교육 과정 내용 체계에 제시된 기능의 교과서 반영 양상 연구─2015 개정 국어과정 쓰기 영역을 중심으로」, 「새국어교육」 제125집.

• 캐슬린 E. 설리번(2000), 「작문, 문단쓰기로 익히기」, 삼영사.

• 한우리독서문화운동본부 교재집필연구회(2005), 「독서 교육론 독서 논술 지도론」, 위즈덤북.

• 한우리독서문화운동본부 교재집필연구회(2017), 「독서교육의 이론과 실제Ⅰ」, 한우리북스.

• 한우리 열린교육(2020), 「생각하는 나무 논리 리더1」.

• 황미향(2007), 「과정 중심 쓰기 교육에 대한 비판적 고찰」, 「국어교육」 제123집.

• 박혜선 글, 이승원 그림(2018), 「할머니의 사랑 약방」, 크레용하우스.

• 제이슨 친 글·그림, 윤정숙 옮김(2018), 「그랜드 캐니언」, 봄의정원.

05

독서 자료 선정

///

제1장 독서 자료의 이해 · 342

1. 독서 자료의 개념과 유형

2. 미디어에 대한 이해

3. 책에 대한 이해

제2장 독서 자료 선정의 이해 및 실제 · 350

1. 독서 자료 선정의 목적

2. 독서 자료 선정 시 고려할 사항

3. 독서 자료 선정 기준

4. 독서 자료 선정 방법의 실제

[더 알아보기] 독서 자료 관련 정보 · 394

우리가 읽고 보는 모든 텍스트는 기본적으로 독서 자료이다. 신문이나 잡지, 동화나 소설뿐만 아니라 인터넷 소설이나 웹툰과 영상 미디어 등도 모두 독서 자료에 해당한다. 독서라고 하면 얼마 전까지는 '문자'로 이루어진 문서를 읽는 행위로 한정하는 경우가 일반적이었다. 그러나 정보화 시대가 시작되고, 인공 지능을 중심으로 모든 것이 네트워크로 연결되는 4차 산업 혁명기에서는 미디어가 중심축이 되었다. 이제는 문자를 포함한 복합 양식으로 이루어진 '미디어 읽기(미디어 리터러시)'가 중요시되는 때이다.

독서 자료는 독자의 능력 또는 흥미와 요구에 맞을 때 비로소 그 가치를 발휘한다. '좋은 독서 자료'란 자료 자체의 가치도 중요하지만, 독자의 요구를 충족시키는 것이 우선되어야 한다. 따라서 독서지도사가 어린이나 청소년들이 읽을 독서 자료를 선정해 주거나, 그들 스스로 독서 자료를 선정할 때 선정 기준이나 조건을 아는 것은 매우 중요하다. 독서 교육은 독자들의 발달과 상황들을 고려해 다양한 텍스트들 중 독자의 성장에 도움이 되고 유익한 독서 자료를 선정하는 일에서 출발한다.

제1장에서는 독서 자료의 개념과 유형을 살펴보고, 이어 제2장에서는 독서 자료 선정의 기준들과 방법, 실제에 대해 알아본다.

● 다음은 독서 지도에 관한 어느 부모의 관점이다. 이 관점에 대한 자기 의견의 근거를 제시하여 말해 보자. 그리고 학습 후에 다시 판단해 보고, 학습 전 자신의 생각과 비교해 보자.

> 우리 딸은 초등학교 5학년입니다. 어려서부터 책을 읽어 준 덕분에 아이가 자라면서 상상력이 풍부해지는 것을 느낍니다. 독서 지도에서 가장 중요한 점은 연령에 적합한 책을 선정해 읽도록 하는 것이라고 들었습니다. 그럼, 이제 5학년이 되었으니 세계 명작을 읽혀야 할 시기가 아닌가요? 제 경험으로 볼 때도 세계 명작은 어린 시절에 반드시 읽어야 할 책이라고 생각합니다.

제 1 장
독서 자료의 이해

1. 독서 자료의 개념과 유형

1) 독서 자료의 개념

독서는 독자가 독서 자료를 읽는 행위를 의미한다. 따라서 독서 자료는 '읽을거리', 즉 '텍스트'를 가리키는 말이다.[1] 대부분의 독서 자료는 문자 언어로 조직되어 있다. 하지만 최근의 독서 자료는 문자 언어로 이루어진 텍스트뿐만 아니라, 영상, 그림, 음악 등의 멀티미디어 텍스트도 포함한다. 즉 넓게 보자면 문자 언어로 이루어진 책뿐만 아니라 이메일, SNS 등을 통해 주고받은 글·그림·사진·동영상 등의 다양한 텍스트 등도 모두 읽을거리에 해당한다. 이렇게 본다면 우리 주변에는 수많은 독서 자료들이 존재하며, 실시간으로 새로운 독서 자료들이 쏟아져 나온다고 할 수 있다.

2) 독서 자료의 유형

이순영·최숙기·김주환 외는 '텍스트 유형'을 '일상생활에서 다루어지는 모든 텍스트를

---

[1] '텍스트'는 '독서 자료'와 동일 개념으로 볼 수 있다. 본 교재에서 독서 자료와 텍스트는 같은 의미로 쓰이며 맥락에 맞게 혼용해서 사용할 것이다.

일정한 기준에 따라 위계화하는 것'이라고 정의한다.[2] 즉 각 기준에 의해 분류된 텍스트들은 독자적 기능 혹은 구조적 특징을 지닌 하나의 텍스트 유형에 속한다. 여기서는 이순영·최숙기·김주환 외가 분류한 내용을 중심으로 텍스트의 유형을 살펴본다.

(1) 구어 텍스트와 문어 텍스트

구어 텍스트는 음성 언어로, 문어 텍스트는 문자 언어로 구성된 텍스트이다. 문어 텍스트는 구어 텍스트에 비해 일정한 형식과 구조를 갖추고 있으며, 정확한 문법을 준수한다. 구어 텍스트는 시공간 제약이 있는 반면에 문어 텍스트는 시공간 제약이 없다. 구어 텍스트에는 대화, 면담, 토의, 토론, 발표, 연설, 협상 등이 있고, 문어 텍스트에는 설명문, 논설문, 기사문, 시, 소설 등이 있다.

(2) 정보 텍스트와 문학 텍스트

정보 텍스트는 문학 텍스트 이외의 모든 텍스트를 가리키는 개념이다. 정보 텍스트(informational text)는 사실을 바탕으로 설명적이고 논리적 성향을 지닌다는 점에서 문학 텍스트와 구분된다. 정보 텍스트는 '사실적 정보를 독자에게 전달하는 텍스트를 포함해 문제 해결과 비판적 사고를 바탕으로 독자를 설득하는 텍스트, 성찰이나 사회적 관계를 바탕으로 서술된 텍스트' 등을 포함한다. 문학 텍스트는 인간 삶의 총체를 형상화한 글로서 독자에게 즐거움과 감동, 그리고 깨달음을 준다.

(3) 인쇄 텍스트와 복합 양식 텍스트

인쇄 텍스트(printed text)는 문자 언어의 탄생과 인쇄술의 발달로 생겨난 텍스트이다. 인쇄술의 발달로 책은 누구나 소유할 수 있는 것이 되었으며, 독서를 통해 인간은 지식에 쉽게 접근할 수 있게 되었다. 즉 책이나 신문, 잡지 등의 양산은 독서의 편이와 확대를 가져왔다고 할 수 있으며, 이때부터 개인적 독서의 역사가 시작되었다고 할 수 있다.

복합 양식 텍스트(multimodal text)는 디지털 매체[3]가 발달하면서 생겨난 텍스트이다. 멀티미디어는 음성, 문자, 그림, 동영상 등이 혼합된 매체로서 미디어 융합 혹은 복합성으로 정의되기도 한다. 초기의 컴퓨터는 문자만 처리할 수 있었으나 기술이 발전함에

---

2) 김주환(2019), 『교사를 위한 독서교육론』, 우리학교, 173쪽.
3) '매체'라는 용어는 '미디어'와 같은 의미로 쓰이며 본 교재에서는 맥락에 따라 혼용해서 표현할 것이다. '미디어'의 개념은 '2. 미디어에 대한 이해'에서 구체적으로 설명할 것이다.

따라 문자 이외에도 음성, 그림, 동영상 등으로 이루어진 텍스트를 구성할 수 있게 되었다.[4]

2. 미디어에 대한 이해

1) 미디어의 개념

국립국어원 표준국어대사전에서 '미디어'는 '어떤 작용을 한쪽에서 다른 쪽으로 전달하는 역할을 하는 것'이라고 정의하였다. '미디어'란 '중재하는 수단, 도구 혹은 매개체'라고 하며 우리가 타인과 직접 만나거나 소통하지 않고 간접적으로 의사소통을 할 때 사용하는 것이다. 이렇게 미디어는 우리가 세상에 직접적으로 접근할 수 있게 하는 것이 아니라 세상을 보는 선택적인 관점을 제공하기 때문에 중재의 성격을 띤다.

미디어(media)의 어원은 중간을 뜻하는 '미디움(medium)'이다. 한문으로 하면 매체(媒體), '중간에서 연결해 주는 것'이라는 의미다. 우리 생활에서 접하는 책·잡지·신문 같은 활자 매체, 라디오와 같은 음성 매체, TV·영화·유튜브 같은 영상 매체 등을 모두 포함한다. 컴퓨터와 인터넷을 포함하여 활자, 소리, 그림, 영상 등으로 메시지를 전달하는 모든 것이 미디어다. 한때는 미디어라는 말이 방송사나 신문사 같은 대형 미디어(매스 미디어mass media)를 주로 가리켰고, 요즘은 좁은 의미로 디지털 미디어를 의미하기도 하지만, 사람과 사람 사이에서 정보를 전달하는 것은 모두 미디어라고 할 수 있다.[5]

현대 사회는 미디어 속에 둘러싸여 있다. 시도 때도 없이 눈에 들어오는 광고부터 어딜 가나 들려오는 음악, 항상 손안에 있는 휴대폰 속의 다양한 콘텐츠가 계속 일상에 밀려든다. 생활에 필요한 정보와 지식도 미디어를 통해 얻고, 취미와 오락도 미디어에 의존한다. SNS 시대가 열린 후에는 친교 활동도 상당 부분 미디어를 통해 이루어지게 되었다. 이제 사람들의 모든 일상은 자연스럽게 미디어와 연결되어 살아간다. 이전의 주요 미디어들이 영향력을 일방적으로 행사했다면 이제 점차 쌍방향 의사소통이 가능한 미디어가 생산자로의 역할까지 하게 되었다.

---

4) 윤여탁·최미숙·정현선 외(2008), 『매체언어와 국어교육』, 서울대학교출판부, 91~94쪽.
5) 이승화(2018), 『나를 중심으로 미디어 읽기』, 시간여행, 15~16쪽.

2) 미디어의 종류[6]

'뉴 미디어(new media)를 어떻게 분류할 것인가?' 학자마다 뉴 미디어를 분류하는 방식은 매우 다르다. 기존의 매스 미디어는 통상 인쇄 미디어와 전파 미디어로 확연히 구분되었으나, 다양한 멀티미디어적 속성을 함께 갖춘 오늘날의 뉴 미디어를 이전의 분류 틀로 구분하는 것은 적절하지 않다. 가장 근본적인 이유는 정보 통신 기술의 발전으로 인한 디지털화와 멀티미디어화가 급속히 진행되어 각 매체 간의 구분이 매우 희미해졌기 때문이다. 인터넷 언론은 인쇄계 미디어로 볼 수도 있고, 방송계 뉴 미디어, 통신계 뉴 미디어라고 할 수도 있다. 편의상 이 장에서는 인쇄계, 방송계, 통신계, 패키지계 뉴 미디어로 구분하여 정리한다.

뉴 미디어는 전달되는 정보 내용의 유형에 따라 시각 매체와 활자 매체를 기준으로 영상계, 음성계, 데이터계로 나눌 수 있다. 또, 정보의 전달 방식에 따라 무선계, 유선계, 패키지계로 분류할 수도 있는데, 후자의 분류 방식이 보다 일반적으로 쓰인다. 통상적으로 구분하는 방식은 신문계, 방송계, 통신계, 패키지계로 분류한다.

인쇄계 뉴 미디어: 신문, 잡지, 서적
방송계 뉴 미디어: 지상파 방송, 케이블 텔레비전, 위성 방송, 쌍방향 텔레비전, 디지털 라디오, 디지털 멀티미디어 방송
통신계 뉴 미디어: 컴퓨터와 인터넷, 이동 통신

또한 김경화도 신문, 텔레비전같이 대대적으로 뉴스, 오락, 정보를 전달하는 매체를 '매스 미디어'라고 하며, 음악, 동영상 같은 다양한 표현 매체는 '멀티미디어', PC, USB 메모리 같은 정보 처리·보존이 가능한 도구는 '디지털 미디어', 인터넷처럼 새로 등장한 네트워크 미디어를 '뉴 미디어', 휴대 전화, 음악 플레이어처럼 어디에든 들고 다닐 수 있는 것은 '모바일 미디어' 등으로 미디어를 분류하고 있다.[7]

3) 미디어의 기능

언론학에서 일반적으로 용인되는 매스 미디어의 주요 사회적 기능은 미디어가 어떤 역할을 하는가를 바탕으로 네 가지로 구분한다. 여기서는 라이트(Wright)가 제시한 네

---

6) 이영음·이은택 공저(2015), 『뉴미디어론』, 한국방송통신대학교출판문화원, 27~50쪽.
7) 김경화(2013), 『세상을 바꾼 미디어』, 다른, 8쪽.

가지 매스 미디어의 기능을 살펴보기로 한다.[8]

(1) 환경 감시 및 정보 제공의 기능

언론 매체가 사회에서 일어나는 여러 가지 사건에 관한 정보를 수집하고 정리하여 대중에게 전달함으로써 사회 환경을 감시하는 활동을 한다. 매스 미디어 중 신문이나 방송 같은 보도 매체의 가장 큰 기능 가운데 하나가 바로 환경 감시 기능이다.

(2) 상관 조정 기능(사회 조정 기능)

매스 미디어가 단순한 사실 전달 차원을 넘어 정보의 의미를 해석하고 대응책을 처방하여 사람들의 태도 형성에 영향을 주는 기능이다. 변화하는 환경에 성공적으로 적응하기 위해서는 사회의 부분들이 서로 긴밀하게 연계되어야 하며, 이러한 역할을 잘 수행할 수 있는 것이 바로 신문과 방송 같은 매스 미디어이다.

(3) 사회 문화유산의 전수 기능

매스 미디어는 특정 사회가 보유하고 있는 지식과 정보뿐만 아니라 그 사회의 가치와 규범을 구성원에게 전수하는 기능을 가진다. 매스 미디어를 통해 전파되는 내용에는 사회 구성원이 공통적으로 지향하는 가치와 집단적 경험이 담겨 있어서 지속적으로 대중 매체에 노출되면서 그러한 내용을 자연스럽게 수용하게 된다.

(4) 오락 기능

신문이나 잡지의 영화 소식, 스포츠 및 연예인 정보, 만화와 같은 흥미 위주의 기사 내용은 독자에게 읽는 재미를 주고 드라마, 쇼, 코미디, 가벼운 오락 토크 쇼 등의 TV 프로그램들은 사람들의 기분 전환이나 휴식을 돕는 오락적 기능을 수행한다. 매스 미디어의 오락 기능은 대중에게 휴식을 제공하여 생활에 활기를 불어넣는다는 측면에서 긍정적이다.

---

8) 설진아(2007), 『미디어 교육의 이론과 실제』, 에피스테메, 17~27쪽.

3. 책에 대한 이해[9)]

1) 책의 개념

(1) 책의 정의

국립국어원 표준국어대사전에서는 '책'을 '일정한 목적, 내용, 체재에 맞추어 사상, 감정, 지식 따위를 글이나 그림으로 표현하여 적거나 인쇄하여 묶어 놓은 것.'[10)]이라고 정의한다. 그리고 『출판 비평론』에서는 "책은 문자나 어떤 사실, 혹은 사상의 기록을 많이 인쇄하여 책 등 한 곳을 고정시켜 보기에 편하게 함은 물론 그 내용을 오래 보호하기 위하여 표지를 씌운 것"이라고 정의하고 있다.[11)] 유네스코(UNESCO: The United Nations Educational, Scientific and Cultural Organization; 국제연합교육과학문화기구)에 따르면 책이란 '겉표지를 제외하고 최소 49페이지 이상으로 구성된 비정기 간행물'이라고 규정한다. 책의 제외 항목은 광고를 목적으로 하거나 글이 주목적이 아닌 것, 일시적 목적으로 발간된 자료를 말한다. 이러한 것은 책의 형태를 갖추었다 하더라도 책이라고 하지 않는다.

(2) 책의 명칭

동양에서 서적의 처음 명칭은 책이었으며, 다음으로는 전(典), 서(書), 죽백(竹帛), 지(志), 기(記), 본(本), 전(傳), 서적(書籍), 전적(典籍), 도서(圖書), 문헌(文獻) 등으로 다양하게 불렀다. 서양에 있어서 서적의 명칭은 파피루스(papyrus), 비블리온(biblion), 리버(liber), 북(book), 부흐(buch), 리터리처(literature) 등으로 통칭되어 왔다.

2) 책의 기능

박수자는 독서 행위의 결과에서 드러난 책의 기능성을 지식 축적의 기능성, 가치와 규범의 정착 기능, 과거와 현재를 연결시키는 기능, 현실을 발전시키는 기능, 사회 교육과 통

---

9) 앞의 '미디어의 종류'에서 밝힌 바와 같이 책은 미디어의 한 종류이다.(오늘날 대중 매체는 크게 인쇄 매체와 전자 매체로 나눌 수 있다. 인쇄 매체로는 서적, 잡지, 신문이 있고 전자 매체로는 음반, 영화, 라디오, 텔레비전, 인터넷을 포함한 각종 뉴 미디어가 있다.) 따라서 '미디어' 중의 하나인 '책'을 '책에 대한 이해'라는 목차로 '미디어에 대한 이해'와 따로 구성하는 것이 맞지 않으나 '독서 지도' 현장에서 독서 자료로 주로 많이 다루는 것이 '책'이기 때문에 여기서는 '미디어에 대한 이해'와 '책에 대한 이해'를 따로 떼어 병렬적으로 구성하였다.

10) 국립국어원 표준국어대사전 stdict.korean.go.kr.

11) 신헌재·권혁준·우동식 외(1993), 『독서교육의 이론과 방법』, 박이정, 37쪽 재인용.

합적 기능, 정보화 기능, 분석과 비판적 사고의 기능, 사회화 기능으로 정리하고 있다.[12] 또한 신헌재·권혁준·우동식 외는 독서 자료가 있다고 해도 읽는 행위가 주어지지 않으면 장식품에 불과하다고 지적한다.[13] 책을 읽는 활동을 통해 사람들의 생각과 가치관을 바꿔 놓을 수 있다. 책은 독자에게 즐거움을 주고 유용한 정보를 제공하며 언어 성장과 발달에 기여하고, 사람들이 더 좋은 독자와 작가가 되도록 이끌어 주며 독서를 사랑하도록 이끈다. 또한 개인의 성장과 발전에 상당한 영향을 끼칠 뿐만 아니라 현재와 미래 사회의 변화를 이끌어 인류 역사에 큰 영향을 끼치게 한다. 독서 자료는 독서 행위에 의해 비로소 가치와 사명을 완수할 수 있다. 어린이·청소년을 대상으로 하는 독서 자료가 가지는 기능[14]은 다음과 같다.

(1) 정보와 지식을 획득할 수 있다.

책을 통해 수많은 정보와 다양한 지식을 쉽게 얻을 수 있다.

(2) 독서는 기쁨과 즐거움을 준다.

어린이가 일어설 줄 알게 되면 자꾸 일어서려고 하는 것처럼 한번 읽을 수 있게 되면 거듭 읽으려 한다. 저시드(A.T Jersird)는 이 현상을 '자발적 사용의 원리'라 하였다. 자발적인 독서 행위는 그 자체가 즐거움을 준다.

(3) 경험의 폭을 확대하고 시야를 넓혀 준다.

직접 경험의 범위가 한정되어 있는 인간의 일생 중에 책은 간접적이며 풍부한 경험을 얻게 해 주고 그렇게 쌓인 경험들은 세상을 사는 지혜와 안목을 길러 준다. 곧, 구전 시대(口傳時代)에 생각조차 할 수 없었던 일로서 시대와 국적을 초월한 저자들과의 대화를 나눌 수 있게 해 준다.

(4) 자신을 발견할 수 있는 기회를 준다.

책에는 다양한 개성을 가진 사람들이 갖가지의 자연과 사회 환경 속에서 적응 또는 실패하는 모습들이 묘사되어 있다. 이러한 모습들을 접하면서 청소년들은 그들과의 비교

---

12) 박수자(2005), 『읽기 지도의 이해』, 서울대학교출판부, 376~377쪽.
13) 신헌재 · 권혁준 · 우동식 외(1993), 『독서교육의 이론과 방법』, 박이정, 40쪽.
14) 변우열(2015), 『독서 교육의 이해(개정판)』, 한국도서관협회, 242~243쪽.

를 통해 자기의 개성에 관한 연구를 자극받게 된다. 나아가 한 권의 책이 어린이 또는 청소년 자신을 변혁시키는 길잡이가 될 수도 있다. 이것은 책이 지니는 동일시의 효과와 무관하지 않다.

(5) 정서를 풍부하게 한다.

책은 아름다움을 솔직하게 받아들이며, 생명을 소중히 하고, 또 웃음과 놀이를 순박하게 수용하는 미덕을 제공해 준다. 이러한 풍부한 정서는 다른 사람의 마음을 깊이 있게 이해하게 해 준다.

(6) 인간 내면의 사고를 깊게 한다.

책을 읽을 때 겉으로 드러나는 행위는 평온하지만 인지의 과정은 매우 복잡한 사고의 과정을 거치기 때문에 독서를 함으로써 내면의 사고가 깊어진다.

제**2**장
독서 자료 선정의
이해 및 실제

1. 독서 자료 선정의 목적

아이들은 지적 능력이나 관심과 흥미가 저마다 다르기 때문에 독서 능력에 대해 단호하게 선을 긋는 것은 위험한 일이며, 따라서 좀 더 효과적인 독서를 위해서는 아이들 개개인의 성향과 독서력, 관심사 등을 반영[15]하여 책을 선정해 주어야 한다. 독서 자료를 선정할 때는 선정 목적과 기준이 명확하게 마련되어 있어야 하며 그렇게 선정된 독서 자료는 아이들의 인지적, 정서적, 신체적 성장에 많은 영향과 도움을 줄 것이다.

읽을거리 즉, 텍스트가 넘쳐나는 현 상황에서 이제는 많이 읽히기 보다는 골라서 읽혀야 하는 시대가 되었다. 다독보다는 정독의 중요성이 강조되는 때이며 좋은 독서 자료를 반복해서 천천히 음미하며 읽는 것이 더 효과적이다.

독서 지도에서 다양한 텍스트를 전략적으로 읽을 수 있는 방법이나 훌륭한 독서 지도법의 개발과 지도는 중요하고, 꼭 필요한 일이다. 그러나 독서 지도에서 '어떻게'보다 우선되어야 할 것은 '무엇을'이다. 독서 지도 방법이 우수해도 그 바탕이 되는 재료가 문제가 된다면 그 우수한 방법은 효과를 보기 어렵고 효율적인 독서 지도에도 영향을 미친

---

15) 조월례(2005), 『아이 읽기, 책 읽기』, 사계절, 13쪽.

다. 이렇듯 독서 교육의 기본은 올바른 독서 자료 선정에 있다고 할 수 있다.

대부분의 어른들은 '책은 지식이다'라고 생각해서 책과 교과서를 동일하게 생각하는 경향이 있다. 학습, 공부와 책을 연결하려 하는 습성 때문에 교육적이고 교훈적인 내용의 텍스트를 권하려는 경우가 많으나 아이들은 재미가 없으면 읽으려 하지 않는다. 텍스트를 읽을 독자인 아이들이 텍스트를 선택하는 기준과 읽는 이유는 '재미'라는 것을 잊어서는 안 된다. 텍스트가 아무리 교육적이고 훌륭한 내용을 담고 있어도 아이들이 읽지 않으면 아무 소용이 없는 일이다. 우선 재미가 있어야 흥미가 생기고 흥미가 있어야 텍스트에 담긴 내용에도 관심을 갖고 기억할 수 있기 때문이다. 개개인에게 의미 있는 책이 되도록 하기 위해서는 시기에 맞는 책, 다양한 수준과 개성에 맞는 책을 골라 주어야 한다.

2. 독서 자료 선정 시 고려할 사항

독서 자료를 선정할 때는 우선적으로 독서 목적에 맞게 도서 자료를 선정해야 한다. 이는 독서 목적에 부합하는 책을 읽어야만 달성하고자 하는 독서 효과를 얻을 수 있기 때문이다. 둘째, 독자의 독서 능력과 성장 단계에 맞아야 한다. 지나치게 어렵거나 쉬운 자료를 골라서는 독자에 맞는 도서 선정이라고 할 수 없다. 독자의 독서 능력에 맞지 않는 책을 선정하면 쉽게 흥미를 잃게 되기 때문이다. 셋째, 적절한 분량의 도서 자료를 선정해야 한다. 욕심이 지나쳐 너무 많은 분량의 책을 선정하면 책을 읽는 일에 대해 부담감이 커질 수 있기 때문이다. 넷째, 도서 자료 가운데 양서를 선정해야 한다. 베스트셀러라고 해서 모두 좋은 책은 아니며 소문에 치우쳐 읽을 책을 선택하는 것은 효율적인 도서 선정이라고 보기 어렵다. 다섯째, 편향성을 배제해야 한다. 깊이 있는 사고와 대화를 위해서는 다양한 독서 체험을 하는 것이 필요하다. 특정 분야, 혹은 특정 이념에 치우친 도서 자료만 읽는다면 독자의 경험 영역은 그만큼 축소될 수밖에 없다. 그러므로 고전과 신간 서적, 다양한 장르의 도서를 고루 읽는 것이 좋다. 끝으로 도서 자료 선정 시 잊지 말아야 할 것은 독자의 흥미와 요구에 맞아야 한다. 책을 읽을 실제 수용자의 관심사나 수준, 상황을 고려한 도서 자료 선정은 독서 효과를 높이는 데 매우 중요하다.

미국에서는 2010년 6월, 공통 핵심 교육 과정(CCSS; The Common Core State Standards)

을 발표한 바 있다. 영어과는 읽기, 쓰기, 말하기, 듣기 언어로 구성되어 있으며, 유치원에서부터 5학년까지, 그리고 6학년에서 12학년까지의 학년별 핵심 교육 과정이 편성되어 있다. 그중에서도 주목을 끄는 것은 텍스트 복잡도(Text Complexity)[16]이다. 텍스트 복잡도는 CCSS의 읽기 영역에서 제시하고 있는 텍스트 선정의 주요 원리라고 할 수 있다.

텍스트 복잡도 모형은 텍스트의 양적 요소, 질적 요소, 독자와 과제 요인 등 세 가지 차원으로 구성되어 텍스트의 복잡도가 상호 작용적으로 결정되어야 함을 보여 주고 있다. 텍스트의 양적 요소는 단어의 길이, 단어의 빈도, 문장의 길이, 텍스트의 응집성 등이며, 텍스트의 질적인 요소는 글의 의미, 구조, 언어 표현의 명료성, 지식 등과 같은 요인으로 구성된다. 양적 요소가 텍스트의 언어적 측면에 대한 평가라면, 질적 요소는 텍스트의 의미나 구성과 같은 내용 측면에 대한 평가라고 할 수 있다. 독자의 관심과 흥미, 배경지식, 경험 등과 같은 독자 요인과 어떤 상황에서 어떤 목적으로 읽느냐 하는 과제 요인도 텍스트의 수준을 결정하는 데 영향을 미친다.[17]

[그림 1] 텍스트 복잡도(Text Complexity)

독서 자료를 선정하는 이유는 다양하겠지만 가장 큰 이유는 좋은 텍스트를 아이들에게 읽혀 바람직한 영향을 끼치게 하려는 데 있을 것이다. 그런 이유로 현재 교육계나 출판계 등 여러 곳에서 좋은 텍스트를 선정해 권장 도서 목록[18]이라는 이름으로 아이들에게 책을 선정해 주고 있다.

흔히 좋은 책을 선정하는데 '권장 도서 목록'을 참고하는 경우가 많다. 하지만 '권장 도서 목록'이 가지고 있는 문제점을 간과해서는 안 된다. 좋은 텍스트를 전해 주려는 의도

16) 박영민(2011), 「독자에게 적합한 도서의 수준과 측정 방법–도서의 수준과 도서 선정의 제 문제」, 한국독서학회, 17쪽.

17) 김주환(2019), 『교사를 위한 독서교육론』, 우리학교, 106~107쪽.

18) 권장 도서 목록이란 학교, 연구회, 교육업체, 출판업체 등에서 주제별이나 연령별로 읽으면 좋을 책들을 선정해 놓은 목록으로 추천 도서 목록, 선정 도서 목록이라고도 한다.

에서 시작된 일이 더 많은 좋은 텍스트를 읽을 수 있는 기회를 놓치게 하는 원인이 될 수도 있다. 그래서 김은하는 권장 도서 목록을 보면 책 읽기의 주체인 아이들의 반응보다 반드시 읽히겠다는 어른들의 의지가 앞서는 것 같고, 권장 도서 목록 작성에 참가한 사람들에 대한 정보와 책을 고르는 과정을 독자에게 자세히 밝혀야만 목록이 지닌 장점과 한계를 감안하며 올바르게 사용할 수 있다[19]고 말한다.

권장 도서 목록의 또 다른 문제점은 책을 읽을 수용자인 아이들의 개인차를 인정하기 어렵다는 것이다. 아이들은 발달 단계뿐만 아니라 관심사나 처해 있는 환경에 따라서도 독서 능력의 차이를 보인다. 어떤 아이에게는 감동을 주고 좋은 영향을 주는 텍스트라도 또 다른 아이에게는 아무런 영향도 주지 못하거나 좋지 않은 느낌을 주는 텍스트일 수도 있다. 전문가가 권해 주는 텍스트라고 모든 아이에게 좋은 것은 아닐 수 있다. 권장 도서 목록이 아이들의 다양한 차이를 인정해서 텍스트를 선정하기가 어려운 이유이기도 하다. 따라서 도서 목록을 활용할 때는 맹신은 금물이며 독서 자료 선정이나 독서 계획의 참고 자료로 활용하는 것이 바람직하다.

변우열[20]은 독서 자료의 평가는 평가 기준의 설정이 중요하며, 평가자에 따라 평가 결과가 다른 양상으로 나타날 수 있음을 강조하였다. 독서 자료를 선정하는 선정자의 지적 수준, 취미, 경험 등에 따라 독서 자료 선정의 결과가 다르게 나타날 수 있다.

우선적으로, 선정자가 갖추어야 할 일반적인 요건을 살펴보기로 한다. 독서 자료 선정자는 우선 독서 자료, 독자의 요구와 독자가 독서 자료를 구체적으로 어떻게 이용하고 있는가를 알아야 한다.

선정자가 갖추어야 할 요건을 간단히 정리해 보면,

첫째, 독서에 대한 흥미와 폭넓은 독서 경험

둘째, 최근 출판과 관련된 정보 지식

셋째, 각 주제 분야에 대한 폭넓은 지식

넷째, 각 주제 분야의 대표적인 저자에 관한 정보

다섯째, 특정 주제 분야의 독서 자료를 출판하는 출판사와 관련된 정보

여섯째, 독자의 독서 흥미, 경향, 독서 기술, 지적 수준, 관심사 등의 이해

일곱째, 독서 자료 전체를 이해할 수 있는 일반적인 소양

여덟째, 편견이나 선입관 없는 공정성

---

19) 김은하(2011), 『우리 아이, 책날개를 달아주자』, 살림.
20) 변우열 (2015), 『독서교육의 이해』, 한국도서관협회, 286~287쪽.

3. 독서 자료 선정 기준

1) 미디어 선정 기준

강상현·채백은 대중 매체의 올바른 수용에 대해 비판적으로 수용하는 자세를 강조한다.[21] 우리 생활에서 미디어는 필수 불가결한 존재이다. 우리에게 필요한 일상의 정보를 제공하고 우리가 배우거나 알아야 할 것을 알려 주고 우리에게 무료한 시간이나 공허를 메울 수 있는 오락과 기분 전환을 제공한다. 그러나 미디어의 메시지가 중립적이고 객관적인 진실만은 아니라는 사실을 명심해야 한다. 돈이나 권력이 있는 그 사회의 지배 세력의 가치관, 입장이나 의견을 전하는 경우가 일반적이므로 우리는 미디어를 비판적으로 수용하는 자세를 가질 필요가 있다. 미디어의 내용에서 오류, 허위, 독선, 편견, 기만 등을 발견하면 잘못된 내용의 시정을 해당 매체에 요구해야 한다.

미디어의 선정 기준을 살펴려면, '미디어 리터러시'라는 개념의 이해가 우선되어야 한다. '미디어 리터러시(media literacy)'는 '읽고 쓰는 능력'이란 의미의 리터러시와 미디어가 합쳐진 말이다. 리터러시는 '문식성'이란 말로도 번역되는데 여기서는 리터러시란 말을 그대로 쓰도록 하겠다. 단순하게 생각하면 '미디어가 전달하는 메시지를 이해하고 표현하는 능력'이라 할 수 있다.[22]

시험으로 암기 능력을 측정하는 시대는 끝난 지 오래다. 사고력과 이해력을 측정하는 것을 넘어서, 인터넷을 비롯한 다양한 미디어를 주체적으로 활용하고 나의 사유와 통합하는 능력, 즉 '미디어 리터러시' 능력이 필요해졌다. 다양한 매체를 통해 전달되는 정보를 수용하여, 메시지를 바로 이해하고, 각 매체의 특질에 맞게 메시지를 표현하여 다른 사람들과 소통하는 능력이 '미디어 리터러시'이다.[23]

(1) 미디어 리터러시의 발달 단계

미디어 사용 능력은 광범위한 연속체이다. 인지, 감정, 미학, 도덕의 4차원을 따라 개인의 정신 위치, 지식 구조, 기술을 포함한다. 사람들이 어떻게 미디어 리터러시를 발달시키는지를 이해하기 위해서는 그 수준이나 단계를 파악하는 일이 우선이다. 〈표 1〉에

---

21) 강상현 외 14인(2009), 『디지털 시대 미디어의 이해와 활용』, 한나래, 35~36쪽.
22) 이승화(2018), 『나를 중심으로 미디어 읽기』, 시간여행.
23) 이승화(2018), 앞의 책.

는 미디어 리터러시 발달의 여덟 단계가 제시되어 있다.

첫 번째 단계는 생후에 발생하는 기초 습득 단계이다. 언어 습득 단계는 2~3세, 화술 습득 단계는 3~5세 사이에 일어나고, 의구심 발달 단계는 약 5세에서 9세 사이에 발생한다. 집중적 발달 단계는 온전하게 기능할 수 있는 단계로 대부분의 사람들이 속하며, 이 단계에 있는 사람들은 원하는 메시지에 노출되고, 그 메시지들로부터 의미를 얻는다.

다음 세 단계는 진보한 단계로, 보다 높은 차원의 기술들을 사용하며 정교한 지식 구조를 발달시킬 것을 요구한다. 경험적 탐구 단계에 있는 사람들은 전에 보지 못했던 것을 경험하기를 원한다.

비판적 감상 단계에 있는 사람들은 자신들을 미디어의 감정가라고 생각한다. 그들은 '인지, 감정, 미, 도덕'이라는 네 가지 차원에서 큰 매력을 지닌 더 나은 메시지를 찾는다.

사회적 책임 단계는 사람들이 모든 종류의 미디어 메시지를 비판적으로 이해하는 것이 특징이다. '내 입장에서 볼 때 무엇이 최선이고 왜 그러한가?', '어떤 유형의 메시지가 타인과 사회를 위해 최선인가?'에 대해서도 생각한다고 한다.

이러한 여덟 단계는 나이와 개인의 인지 능력과 지식 구조가 얼마나 정교한지를 확인할 수 있게 한다.

<표 1> 미디어 리터러시의 발달 단계[24]

단계	특징
기초 습득 단계	① 다른 사람과 자신은 분리되는 다른 물리적인 것들이 존재한다는 것을 배움. 사람과 분리되는 것들은 사람과는 다른 형체를 띄고 있으며 다른 기능을 지닌다는 것을 앎. ② 얼굴 표정과 자연음의 의미를 배움. ③ 모양, 형태, 크기, 색상, 움직임 및 공간 관계를 인식함. ④ 규칙적으로 반복되는 것만 인지할 정도의 시간 개념을 지님.
언어 습득 단계	① 말소리를 인식하고 그것에 의미를 부여함. ② 말소리를 재현할 수 있음. ③ 시각 및 청각 미디어에 대한 지향성을 지님. ④ 음악과 소리에 대한 감정적, 행동적 반응을 보임. ⑤ 시각 미디어에서 특정 캐릭터를 인식하고 동작을 따라 함.

---

24) 제임스 포터(2020), 『미디어 리터러시 탐구』, 소통, 41~43쪽.

화술 습득 단계	① 차이에 대한 이해가 발달함: 픽션과 논픽션의 차이, 광고와 오락물의 차이, 진짜와 가짜의 차이 ② 플롯 요소의 전개 방법을 이해함: 시간 순서에 의한 전개, 동기–행위–결과에 의한 전개
의구심 발달 단계	① 광고에서 호소하는 바를 신뢰하지 않음. ② 쇼, 등장인물, 행동에 대해 좋아하고 싫어하는 것의 차이가 분명함. ③ 특정 등장인물이 돋보이지 않았음에도 불구하고 그 인물을 조롱함.
집중적 발달 단계	① 어떤 주제에 대한 정보를 찾고자 하는 강한 동기를 지님. ② 특정 주제(스포츠, 정치 등)에 대한 세부 정보들을 획득함. ③ 유용한 것으로 판단되는 정보를 처리할 때 정보의 유용성에 대해 높은 인지 능력과 신속한 판단력이 발달함.
경험적 탐구 단계	① 다양한 형식의 프로그램과 서사물을 탐색함. ② 신기함과 새로운 감정적, 도덕적, 미적 반응을 일으키는 콘텐츠를 찾는 데 집중함.
비판적 감상 단계	① 나름의 기준으로 메시지를 수용한 후 해당 영역 내에서 평가함. ② 메시지를 생산하고 소비하는 시스템의 역사적, 경제적, 정치적, 예술적 맥락에 대한 매우 광범위하고 구체적인 이해가 발달함. ③ 다양한 메시지 요소 간 미묘한 공통점과 차이점을 동시에 제시할 수 있는 능력을 지님. ④ 메시지의 전반적인 장점과 단점에 대한 간결한 평가를 내릴 수 있는 능력을 지님.
사회적 책임 단계	① 특정 메시지가 다른 메시지보다 사회에 더 건설적이라는 도덕적 입장을 취함. 이는 미디어 지형에 대한 철저한 분석에 기초한 다차원적 관점임. ② 자신의 개인적인 결정이 매우 미세하게나마 사회에 영향을 미친다는 것을 인식함. ③ 개인이 사회에 건설적인 영향을 주기 위해 취할 수 있는 몇 가지 행동이 있음을 인식함.

(2) 미디어 선정 기준

미디어는 물리적 실체가 없는 자료로, 전자책, 인터넷 자료, 영상 등을 포함한다. 미디어 자료 선정시 평가 기준으로는 〈표 2〉에서 제시하고 있는 것과 같이 열한 개 항목으로 나누고 그 항목 아래 세부 평가 기준을 설정하였다.[25]

---

25) 김이숙 · 남영준(2005), 「학교도서관 전자자료 선정정책」, 한국정보관리학회, 제12회 학술대회 논문집, 195~204쪽.

<표 2> 미디어 자료 선정 시 평가 기준[26]

항목	평가 기준
1) 적절성	① 이용 대상자용으로 적절한가? ② 어느 정도 관심과 호기심을 자극하는가? ③ 설정 기준, 교과 과정, 학습을 효과적으로 지원하는가? ④ 쉽게 쓰여 있고 읽기 편한가?
2) 범위	① 의도된 목적을 효과적으로 충분히 포함하는 범위인가? ② 자료의 범위를 넓혀 주는 하이퍼텍스트가 사용되는가?
3) 정확성	① 정확하고, 믿을 만하고, 편견이 없고 정형화한 것인가? ② 얼마나 자주 갱신되는가? ③ 문법적 오류가 없는가?
4) 접근성	① 전자 자료의 접속이 용이한가? ② 비용 요소: 유료인가? 무료인가? ③ 사용의 용이성: 쉽게 적응하여 사용할 수 있는가? ④ 교내 이용과 원격 접근이 가능한가?
5) 디자인과 표현	① 색상, 여백, 글자 크기, 배경과 문장 사이 대비 등이 충실하게 디자인되었는가? ② 디스플레이[27]가 간결하고 혼잡하지 않은가? ③ 도표와 멀티미디어는 문장을 이해하는 데 도움을 주는가? ④ 명료한 사용자 안내 정보가 있는가?
6) 내비게이션	① 효과적인 내비게이션 도구를 포함하는가? ② 이용자에게 신속하고 정확한 정보를 지시하는 하이퍼링크[28]가 있는가? ③ 부호 및 자막은 이미지, 도표, 문자의 이해를 돕는가? ④ 사용자 인터페이스[29]는 어떠한가?
7) 검색	① 어떤 검색 방법이 사용되는가? ② 검색문을 쉽게 정정하고 지울 수 있는가? ③ 이용자는 고급 검색 조건에 접근할 수 있는가? ④ 검색 엔진은 검색하는 데 충분히 직관적인가? ⑤ 검색에 사용할 수 있는 색인과 시소러스가 있는가? ⑥ 상호 참조를 제시하고 있는가? 있다면 일관성이 있는가? ⑦ 검색 결과 정렬이 되는가? ⑧ 검색 결과를 제한할 수 있는가? ⑨ 검색 결과는 쉽게 읽을 수 있는 형식으로 나타나는가? ⑩ 검색어는 검색 결과의 문장 내에 하이라이트로 표시되는가? ⑪ 하이퍼텍스트[30] 기능을 활용하고 있는가? ⑫ 검색 결과는 이메일 전송, 프린트 출력, 저장이 가능한가?

---

26) 김이숙·남영준(2005), 「학교도서관 전자자료 선정정책」, 중앙대학교, 195~204쪽.

27) 일정한 목적과 계획에 따라 상품 또는 작품을 전람회장 등에 전시하는 기술.

28) 월드 와이드 웹에서, 클릭함으로써 다른 웹사이트로 옮길 수 있는 텍스트나 영상(映像).

29) 사용자인 인간과 컴퓨터를 연결하는 장치 혹은, 서로 다른 두 시스템·장치·소프트웨어 따위를 서로 이어 주는 부분. 또는 그 접속 장치.

30) 단순한 1차원의 문장 구조에 머물지 않고 관련된 텍스트 정보를 짜맞추어 표시하도록 한 컴퓨터 텍스트.

8) 대행사 / 제작자의 정책	① 자료의 목적과 의도가 충분히 표명되는가? ② 권위 있는 자료원으로부터 표명된 견해가 있는가? ③ 개인 정보 보호에 안전성이 있는가? ④ 저작권 정책이 자세히 설명되어 있는가? ⑤ 효용성 평가와 비용 효과를 파악할 수 있는 이용자 통계를 제공하는가? ⑥ 대행사/제작자는 가격에 대한 충분한 정보를 제공하는가? ⑦ 자료 업그레이드 예정표가 있는가? ⑧ 대행사/제작자는 자료 관리자의 교육을 제공하는가?
9) 아카이빙[31]과 장기 접근 보장	① 보관용 파일을 제공하는가? ② 영구 혹은 장기 접근을 보장하는가?
10) 비용	① 구입 비용이 적절한가? ② 이용 비용이 적절한가? ③ 동일 정보를 다르게 이용할 수 있는 자료의 형태가 있는가? 그렇다면 비용 대비 혜택과 가치가 있는가?
11) 원 자료의 평판	① 원 자료(예 인쇄본 등)에 대한 평판 ② 원 자료의 외형적 수준

유아를 대상으로 하는 영화와 TV 프로그램 선정 기준은 아래 표와 같다. 유아를 대상으로 선정한 한계는 있지만, 평가 문항들은 살펴볼 만하다.[32]

〈표 3〉 유아에게 적합한 영화, TV 프로그램 선정 기준

항목	평가 기준	평가 척도
주제의 적절성	① 다른 사람을 대하는 태도가 적합한가? ② 긍정적인 문제 해결을 포함하는가? ③ 연령과 흥미에 적절한 주제인가? ④ 유아가 내용의 75% 이상을 이해할 수 있는가?	매우 그렇다 5점 그렇다 4점 보통이다 3점 그렇지 않다 2점 매우 그렇지 않다 1점
영상의 우수성	① 심미감을 주는 영상인가? ② 배경 음악은 아름다운가? ③ 애니메이션과 특수 효과는 우수한가? ④ 전반적으로 긍정적인 효과가 있는가?	매우 그렇다 5점 그렇다 4점 보통이다 3점 그렇지 않다 2점 매우 그렇지 않다 1점

---

31) 파일 보관
32) 유구종(2020), 『유아 스마트교육 및 매체 - 4차 산업혁명 시대의』, 정민사, 338쪽.

폭력성	① 문제를 해결하는 데 폭력을 사용하는가? ② 다른 사람을 괴롭히는 장면을 포함하는가? ③ 재미를 위해 다른 사람에게 상처를 주지는 않는가? ④ 비웃거나 농담을 포함하는가?	0–1회 5점 2–3회 4점 4–5회 3점 6–7회 2점 8–9회 1점 10회 이상 0점
언어–롤 모델의 적절성	① 주인공이 욕을 사용하는가? ② 롤 모델이 빈약한가? (어눌한 말투) ③ 빈정거리거나 무시하는 대화를 사용하는가? ④ 유아가 모방하기에 서툰 문법을 사용하는가?	0–1회 5점 2–3회 4점 4–5회 3점 6–7회 2점 8–9회 1점 10회 이상 0점
고정 관념 및 편견	① 성 역할에 대한 편견을 포함하는가? ② 장애인에 대한 편견을 포함하는가? ③ 인종 차별적인 내용을 포함하는가? ④ 연장자(노인)를 무시하는 내용이 포함되어 있는가?	0–1회 5점 2–3회 4점 4–5회 3점 6–7회 2점 8–9회 1점 10회 이상 0점

2) 도서 선정 기준

(1) 일반적인 선정 기준

성공적인 독서 지도를 하기 위해서는 독자에 따른 적절한 독서 자료를 선정하는 일이 가장 중요하다.

신헌재 등[33]은 도서의 내용·형식적 측면과 독자의 수용적 측면, 저자 출판 관련성의 측면으로 나누어 도서 선정 기준을 설정·정리하였다.

정양순(2000)[34]은 문헌을 통해 독서 자료 선정 기준을 살핀 후, 아무리 좋은 독서 자료라도 독자가 읽어 수용하지 않는다면 소용이 없다고 하였다. 독서의 주체는 독자이므로 독서 자료 선정 기준은 독자를 중심으로 하여 선정되어야 한다고 하였다. 독서 자료 선정 기준을 크게 일반적인 면과 내용적인 면으로 나누고, 일반적인 면에는 저자 요인, 출판 요인, 독자 내적 요인, 교육 과정과의 관련성의 요인 등으로 분류하고, 내용적인 면에는 글의 주제 요인, 글의 소재 요인, 어휘 요인, 번역 요인 등으로 분류하였다.

---

33) 신헌재·권혁준·우동식 외(1993), 『독서 교육의 이론과 방법』, 박이정, 49쪽.
34) 정양순(2000), 『초등학교에서의 효율적인 독서 자료 선정과 활용 방안 연구』, 한국교원대학교 석사학위논문, 52~53쪽.

변우열(2015)은 일반 도서의 평가 기준을 저작 사항, 내용, 구성, 형태로 나누었다. 저작 사항은 저자, 번역자, 편자, 출판사, 출판 연도, 판차 등이 있으며, 내용은 대상, 주제, 방법론, 표현, 문체 등으로, 구성은 서문, 발문, 해제, 목차, 본문, 참고 문헌, 부록, 보유, 참조 등으로, 끝으로 형태는 책수(면수), 활자, 지질, 삽도, 조판, 장정 등으로 세분화하여 선정 기준들을 제시하고 있다.[35] 제시한 기준들이 도서관의 장서를 선정하는 기준이지만, 그중에서 저작 사항, 내용과 형태의 선정 기준들을 부분적으로 살펴보면 다음과 같다.

① 저작 사항

저작 사항은 그 자료의 창작에 기여한 저자, 번역자, 편자, 집필자, 감수자 등이 모두 포함되어야 한다.

가. 저자: 그 도서를 저작한 사실상 책임이 있는 개인이나 단체가 저자가 될 수 있다. 저자의 권위, 교육 정도, 경험, 근거 자료, 공정성 등을 살펴야 한다.

나. 번역자: 번역자는 제2의 창작자라는 말이 있듯이 번역서에서는 번역자의 위치가 저자와 동일한 비중을 차지한다. 타이틀러(Alexander F. Tytler)는 원작을 원어로 말하는 독자들이 재미있게 읽는 것과 마찬가지로 번역서도 번역된 언어를 말하는 독자들이 재미있게 읽을 수 있어야 한다고 강조하였다.

다. 출판 연도: 원칙적으로 최신의 것이 좋다. 특히 자연 과학이나 기술 과학에 관한 도서는 그 내용이나 기술 수준의 변화가 심하기 때문에 새로운 출판물의 선택이 필요하다. 그러나 문학이나 예술 등의 자료는 예술적 가치성으로 보아 반드시 최신의 것이 좋다는 것은 아니다. 일반적으로 자연 과학이나 기술 과학 도서의 수명은 평균 5년으로 보며, 인문 사회 과학 도서는 수명을 10년 정도로 보고 있다.

② 내용

내용은 도서의 가치를 결정하는 핵심적인 요소이다. 내용에서 살펴보아야 할 사항은 다음과 같다.

---

35) 변우열(2015), 『독서교육의 이해(개정판)』, 한국도서관협회, 287～292쪽.

가. 주제: 주제는 무엇인지, 부차적인 주제가 있는지와 지식의 정확성과 독창성이 있는지를 살핀다.

나. 대상: 대상 독자층이 누구인지 파악할 수 있어야 한다. 도서의 독자층이 어린이나 학생인지 또는 일반인이나 전문가인지도 살펴야 한다.

③ 형태
형태적인 요소에는 면수, 활자, 삽도, 표지, 문장, 제본 등 외형적인 요소들을 말한다.

가. 면수(분량): 어린이의 연령을 고려하여 살핀다. 책의 판형과 활자의 크기도 고려해야 한다. 500쪽을 초과하면 끝까지 읽을 수 있는 아이들이 많지 않다. 반대로 면수가 너무 적으면 내용이 빈약한 경우가 있다.

나. 활자: 활자의 모양은 읽기에 불편함이 없는지를 우선적으로 살핀다. 활자의 크기는 초등학교 저학년의 경우 14~15포인트가 적당하다.

다. 삽화: 삽화, 사진, 지도, 도표 등의 삽도는 본문의 내용을 구체적으로 이해하는 데 중요한 요소이다. 선명한 칼라 사진, 삽화, 지도 등은 독자의 독서 의욕을 높이는 데 중요한 역할을 한다. 초등학교 교과서 수준 또는 그 이상 선명하게 인쇄된 자료여야 한다. 초등학교 학생들은 표지가 빨강, 파랑, 노랑 등 강한 색으로 아름답게 꾸민 것, 그림이 많은 책을 선호한다. 초등학교 저학년은 만화나 반추상화의 삽화를 좋아한다.

라. 표지: 표지는 책의 내용이나 분위기를 짐작게 하는 단서가 된다. 그러므로 표지는 책 내용을 함축하고 책을 가장 잘 대표할 수 있어야 한다.

마. 문장: 문장은 복합문이 아닌 단순 간결한 문장이 좋으며 한 문장의 길이는 15단어를 넘지 않는 것이 좋다.

바. 제본: 도서의 수명과 관계가 있다. 책 전체의 가운데를 양쪽으로 펼쳐 힘껏 눌러도 전혀 변형이 되지 않을 정도로 튼튼하여야 한다.

여러 문헌을 통해 독서 자료 선정 기준들을 간단하게 살펴보았다. 위에서 제시된 기준들 외에도 도서의 소재와 구성, 어휘 요인도 있으며, 독자의 내적 요인으로는 독서 흥미와 독서 능력도 중요하다. 독서 자료 선정과 관련된 논의들은 아직은 초기 단계이며 앞으로도 꾸준하게 많은 연구들이 더해지기를 희망해 본다.

(2) 북매치(BOOKMATCH) 전략 기준

독자 스스로 책을 선택하는 기준으로는 워츠(Wutz)와 웨드윅(Wedwick)의 북매치 (BOOKMATCH)[36] 전략이 있다. 책을 선정하기 위한 다양한 기준의 영어 앞 글자를 따서 만든 전략이다. 책 선정을 위한 기준으로는 책의 길이, 일상 언어, 구조, 책에 대한 선행 지식, 다룰 만한 텍스트, 장르에 대한 매력, 주제의 적합성, 연관, 높은 흥미 등이 있다.

〈표 4〉 북매치(BOOKMATCH; Wutz & Wedwick, 2005) 전략

단계		책 선정을 위한 기준
B	책의 길이 (book of length)	• 이 책의 길이는 나에게 알맞은가? 너무 짧은가, 아니면 너무 긴가? • 이 책을 접하고 싶은 생각이 드는가?
O	일상 언어 (ordinary language)	• 이 책의 아무 쪽이나 펴서 읽었을 때 자연스럽게 들리는가? • 유창하게 읽히는가? • 의미는 이해할 수 있는가?
O	구조 (organization)	• 이 책은 어떻게 구조화되어 있는가? • 책 한 쪽에 들어 있는 단어의 수는 적절한가? • 책의 장(章)은 짧은가, 긴가?
K	책에 대한 선행 지식 (knowledge prior to book)	• 이 책의 주제, 내용, 저자, 삽화가 등 책에 대해 이미 알고 있는 것은 무엇인가?
M	다룰 만한 텍스트 (manageable text)	• 이 책을 읽기 시작했을 때 단어들이 쉬운가, 어려운가? • 읽은 것을 이해할 수 있는가?
A	장르에 대한 매력 (appeal to genre)	• 이 책의 장르가 무엇인가? • 전에 이러한 장르의 글을 읽은 경험이 있는가? • 이 장르를 좋아하는가?
T	주제의 적합성 (topic appropriate)	• 이 책의 주제가 편안한가? • 이 주제에 관한 글을 읽을 준비가 되어 있다고 생각하는가?
C	연관 (connection)	• 이 책은 어떤 사물이나 어떤 사람을 떠올리게 하는가? • 이 책과 연관 지을 수 있는 것을 떠올릴 수 있는가?

---

36) 이경화 외 8인(2012), 『초등학교 국어 학습부진의 이해와 지도』, 박이정, 76쪽.

H	높은 흥미 (high-interest)	• 이 책의 주제에 대해 흥미가 있는가? • 저자나 삽화가에 대해서 흥미가 있는가? • 이 책은 다른 사람이 추천한 것인가?

■ 적용의 유의점

교사는 이 모형을 적용할 때, BOOKMATCH 전략이 통합되어 있다는 점을 상기할 필요가 있다. 읽기 자료에 대한 학생들의 자기 선택을 돕기 위하여 BOOKMATCH 전략을 통합한 것이므로, 학생들이 이 전략의 과정을 이해하거나 암기하도록 안내한다. 학생들이 암기하지 못할 때에는 이 구조 전략의 단계를 떠올릴 수 있도록 단서 카드를 제공할 수 있다.

〈표 5〉는 학생들이 자유로운 독서 상황에서 도서를 선정할 때의 기준들을 제시한다.

〈표 5〉 학생들의 자유 독서 상황에서의 도서 선정 기준

텍스트	독자	환경
• 내용 관련 요인 ‒ 주제 ‒ 구성 ‒ 등장인물 ‒ 제목 ‒ 장르 ‒ 난이도 **• 외형적 관련 요인** ‒ 텍스트 외형 ‒ 표지 및 외관 ‒ 분량(쪽수)	‒ 독서 경험 ‒ 독서 태도 ‒ 배경지식 ‒ 관심과 흥미 ‒ 독서 능력 ‒ 연령 ‒ 성별	‒ 가족 구성원 ‒ 가정의 문식 환경 ‒ 가족의 문식 활동

(3) 기관별 선정 기준

출판 관련 협회를 비롯해 대형 서점이나 출판사, 그리고 교육 기관 등은 일정한 기준을 제시하고, 그에 맞는 독서 자료를 선정하여 발표하고 있다. 2016년 1월 기준으로 독서 자료를 선정하여 발표하는 대표적인 기관은 대한출판문화협회, 한국출판문화산업진흥원, 어린이도서연구회 등이 있다.

그리고 '청소년 권장 도서'를 분기마다 엄선하여 추천했던 한국간행물윤리위원회는 현재 법적 심의 규정을 적용하여 국내와 해외에서 발행된 소설, 사진집, 화보집 등 도

서, 만화 단행본, 만화 잡지, 전자 출판물 및 정기 간행물 등의 유해성 여부를 심의 결정하고 있다.

① 한국간행물윤리위원회

한국간행물윤리위원회는 '일반 심의 기준, 유해 간행물 심의 기준, 청소년 유해 간행물 심의 기준' 등을 제시한다. 다음은 여러 심의 기준 중 '일반 심의 기준'을 제시한 것이다.

> **한국간행물윤리위원회 '일반 심의 기준'**
>
> • 간행물의 유해성 여부를 판단하되, 표현된 상태를 대상으로 한다.
> • 반국가성, 음란성, 반사회성 등을 판단함에 있어서 양적·질적 정도와 전체에서 차지하는 비중을 고려한다.
> • 문학적, 예술적, 교육적, 의학적, 과학적, 사회적 측면과 간행물의 특성을 고려한다.
> • 간행물의 성격과 영향, 내용과 주제, 전체적인 맥락 등을 종합적으로 고려한다.
> • 건전한 사회 통념과 윤리관의 위해(危害) 여부를 고려한다.
> • 간행물 중 연속물에 대한 심의는 개별 회분을 대상으로 한다.
> • 심의 위원 중 최소한 2인 이상이 당해 간행물의 전체 내용을 파악한 후 심의한다.

이러한 일반 심의 기준 외에도 '불법 폭력적인 계급 투쟁과 혁명을 선동하여 극심한 사회 혼란을 초래하는 것', '음란한 내용을 노골적으로 묘사하여 사회의 건전한 성 도덕을 뚜렷이 해치는 것', '살인, 폭력, 전쟁, 마약 등 반사회적 또는 반인륜적 행위를 과도하게 묘사하거나 조장하여 인간의 존엄성과 건전한 사회 질서를 해치는 것', '합리적 이유 없이 성별, 종교, 장애, 연령, 사회적 신분, 인종, 지역, 직업 등을 악의적으로 차별 또는 비하하거나 이에 대한 편견을 조장하는 것' 등이 포함된 독서 자료를 유해 간행물로 간주해 이러한 기준에 따라 매월 유해 간행물을 선정하여 발표하고 있다.

② 대한출판문화협회

한국간행물윤리위원회가 일정한 심의 기준을 제시해 유해 매체물이라는 '읽지 말아야 할 책'을 발표하는 것과는 달리 대한출판문화협회는 매년 분기별로 '청소년 교양 도서'를 선정해 '읽으면 좋은 책'을 발표하고 있다.

③ 한국출판문화산업진흥원

한국출판문화산업진흥원은 매년 '학술 부분(3~6월), 교양 부문(8~12월), 문학나눔 (8~12월)' 등 세 분야로 나누어 1년 동안 국내에서 초판된 도서를 대상으로 '세종도서'를 선정한다.

④ 어린이도서연구회

어린이도서연구회는 1995년부터 해마다 어린이가 읽으면 좋은 책 목록을 발간해 왔다. 어린이도서연구회는 '선정 원칙, 선정 과정' 등을 밝히고 있으며, 도서별로 '대상 구분'을 연령별로 제시한다. 어린이도서연구회에서 제시하는 선정 원칙은 다음과 같다.[37]

어린이도서연구회 선정 원칙

첫째, 작가가 분명하고 작품성이 뛰어난 책을 고른다. 한 사회의 책 문화는 무엇보다 작가의 창작열에서 비롯하고, 좋은 작가가 있고서야 좋은 책이 있다. 수입된 외국 책보다 우리나라 작가의 창작물을 우선한다. 창작물로서 책의 가치는 첫 번째가 독창성이다. 구성과 표현이 개성 있고 훌륭하게 완성되어야 한다.

둘째, 어린이가 독서의 기쁨과 의미를 맛볼 수 있는 책을 고른다. 어린 시절의 독서는 책을 평생 친구로 사귀는 첫걸음이다. 그렇기에 어린이 책 가운데서도 문학을 우선하며, 지식을 담은 책도 독창적이고 재미있는 구성으로 된 책을 고른다.

셋째, 두고두고 빛이 바래지 않는 책과, 환경과 문화의 변화를 담은 책을 두루 고른다. 오래된 책이나 새로 나온 책이나 똑같이 관심을 기울이고 있다.

넷째, 전집 출판물은 선정하지 않는다. 어린이도서연구회는 서점을 통해 판매되는 단행본 출판물을 평가하고, 방문 판매와 온라인 서점으로 유통되는 전집은 평가하지 않는다.

⑤ 한우리미래교육연구소·한우리도서선정연구회

다음은 한우리미래교육연구소와 한우리도서선정연구회가 발간한 『한우리가 선정한 좋은 책』의 선정 기준이다.[38]

---

37) 어린이도서연구회 www.childbook.org/new3/netc.html?html=netc_intro.html
38) 한우리미래교육연구소 · 한우리도서선정연구회(2021), 『한우리가 선정한 좋은 책』, 한우리미래교육연구소.

첫째, 학년별 교과 연계성을 반영하였다. 최신 개정 교과서와 학습 내용을 살펴, 학년별 교과 주제를 이해하고 성취 기준을 충족할 수 있는 도서를 선정하였다.

둘째, 양서 기준 적합성을 살폈다. 도서의 주제, 작가, 삽화, 수록 어휘, 구성, 내용을 살펴 아이들의 학습 역량 향상과 인성 함양에 도움을 주는 양서들만 선정하였다.

셋째, 연령별 발달 과정 특성을 고려하였다. 각 연령별로 갖추어야 할 사고력, 어휘력, 표현력, 학습 역량은 물론, 사회성, 자기 주도성, 자아 형성 등 발달 과정에 영향을 미치는 다양한 영역을 고려해 선정하였다.

한우리는 '범국민 독서 생활화 운동'을 목표로 매년 어린이와 청소년을 위한 독서 목록집으로 『한우리가 선정한 좋은 책』을 발간하고 있으며, 독서 자료 선징의 일반적인 기준과 '독서 흥미 발달 단계' 및 주제와 도서 종류를 고려한 독서 자료 선정의 구체적인 기준을 제시한다.[39]

독서 자료 선정 기준은 기본 원칙과 주제 및 내용적인 기준, 형식 및 물리적인 기준으로 나누어 설정하고 있다.

기본 원칙

- 작가, 내용, 출판사를 두루 살펴 어린이·청소년들의 지적·정서적 발달에 도움이 되는 좋은 책을 가리되, 편향되지 않은 보편적 기준을 갖고 선정한다.
- 내용과 편집, 제본 상태를 함께 살펴 정성껏 잘 만들어진 책을 선정한다.
- 독서 흥미의 발달 단계 및 성장 단계에 적합한 책을 연령별로 선정한다.

주제 및 내용적인 기준

- 착한 마음, 굳세고 올곧은 정신을 길러 주는 책
- 상상력과 창의력을 키워 주는 책
- 높고 큰 꿈을 키워 주는 책
- 과학적 사고를 키워 주는 책

---

39) 한우리도서선정연구회(2020), 『한우리가 선정한 좋은 책』, 한우리미래교육연구소.

- 자아와 인간에 대한 이해를 돕는 책
- 자연 환경을 아끼는 시민으로 자라게 해 주는 책
- 이웃과 사회를 이해하는 데 도움이 되는 책
- 역사의식을 길러 주고, 전통문화에 대한 이해를 높여 주는 책
- 인류의 삶의 질을 높이는 데 기여한 인물을 알게 하는 책
- 내용 및 표현이 연령 및 독서 흥미 발달 단계에 맞고, 생활 경험에 비추어 잘 소화할 수 있는 책

형식 및 물리적인 기준

- 문장은 이해가 쉽고 간결하게 표현되어야 한다.
- 오자나 탈자가 없고, 띄어쓰기와 철자법이 정확해야 한다.
- 저자, 편자, 역자, 감수자 등이 그 분야의 전공자로서 어린이를 위한 저작물을 잘 이해하고 있는지 살핀다.
- 삽화는 내용과 부합되고 이해를 돕고 있는지, 인쇄는 선명한지 살핀다.
- 번역서의 경우 원문의 의미를 정확하게 전달하되 자연스러운 우리말 표현으로 매끄럽게 번역되었는지 살핀다.
- 장정과 표지는 견고하고, 제목과 표지가 도서의 성격을 잘 드러내고 있는지 살핀다.
- 활자의 크기와 행간은 적당한지 살핀다.
- 용지는 백색 또는 엷은 황색으로 광택이 나지 않고 이면이 많이 비치지 않는지(눈의 보호를 고려) 살핀다.
- 믿을 만한 출판사에서 좋은 출판 의도로 발간된 책인지 살핀다.
- 대상에 대한 충분한 이해를 바탕으로 정성껏 기획, 제작된 책인지 살핀다.

⑥ 책따세: 책으로 따뜻한 세상 만드는 교사들[40]

책따세는 1998년에 시작한 비영리 사단법인으로, 지난 2000년 겨울부터 청소년들에게 적절한 추천 독서 목록 개발과 보급을 하고 있다.

책따세는 6가지 척도를 개발하고, 학생 눈높이에 맞는 추천 도서 목록을 제시해 왔다. '책따세'의 권장 도서 목록의 특징은 수용 대상 중심이라는 데 있다. 즉 기존의 권장 도

---

40) www.readread.or.kr 책으로 따뜻한 세상 만드는 교사들.

서 목록이 지나치게 책 위주, 선정자 위주로 되어 있다는 점을 강력하게 비판한다. 도서 선정 작업의 과정은 대략 이러하다.

  1) 일정한 주제를 정한다.
  2) 담당자가 정해진다.
  3) 담당자가 주제에 걸맞은 목록을 중심으로 관련 도서 일체를 구입한다.
  4) 각 회원 선생님들의 희망을 들어 검토 도서들을 배분한다.
  5) 검토 도서에 대해 논의하는 과정으로 3~4차례 정도 회의를 한다.
  6) 최종적으로 도서를 선정한 다음, 학생들의 눈높이에 맞는 추천사를 쓴다.

  노들먼은 "실제 세상에서 모든 어린이들이 일반적으로 규정된 집단적 성격을 갖는 일은 극히 드물다. 각각의 어린이들은 각각의 인물이며 개별적인 존재이다. 그리고 그들의 가치와 능력은 전통과 환경의 영향을 받으며 모든 6세 유아들의 유사성에 대한 가설을 만들면 문학적 반응 과정에 나타나는 개인차라는 중요한 점을 놓치는 것"이라고[41] 주장하고 있는데 그의 의견은 어린이 책을 선정하는 데 또 다른 기준이 될 수 있을 것이다.

  '어떤 책을 읽힐 것인가'는 독서 교육에서 가장 중요한 요소이다. 이 문제는 결국 학습자의 발달 수준과 흥미 등을 파악해야만 해결될 수 있다. 단테의 『신곡』이 아무리 훌륭한 작품이라고 하더라도 초등학교 1학년 독자에게 읽힐 수는 없다. 옛이야기 『해와 달이 된 오누이』가 재미있는 작품이라고 하더라도 고등학교 3학년 독자에게 독서 목록으로 추천할 수는 없다.

  물론 독서 교육에서 가장 바람직한 모습은 독자 스스로가 자신의 취향에 맞는 독서 자료를 직접 골라 읽는 것이다. 하지만 성장기 학생들이 책을 선별하여 읽을 수 있는 안목이 서 있지 않다면 독서 교육은 독서 교사가 학습자에게 독서 자료를 선정해 주는 것에서 출발해야 한다.

4. 독서 자료 선정 방법의 실제

1) 월별 독서 자료 선정

---
41) 페리 노들먼(2006), 『어린이 문학의 즐거움』, 시공주니어, 155쪽.

각 달마다 특별한 날이나 기억해야 할 날이 있다. 예를 들면, 명절과 국경일, 기념일 등이다. 그날과 관련된 참고할 만한 도서 자료를 선정하고, 어린이들에게 그날의 의미에 대해 함께 이야기를 나누고 토의해 볼 수 있다. 월별로 도서 자료를 선정하는 이유는 특정한 달이나 날에 맞게 자료를 선정해서 독서 활동을 하는 것이 도서 자료에 대한 흥미나 동기 유발에 효과적이고 관련된 체험 학습을 하기에도 좋기 때문이다. 또한 각 달마다 교육청이나 학교에서 주관하는 행사의 일정에 맞춰 도서 자료를 선정하면, 독서 목적이 뚜렷하기 때문에 높은 독서 효과를 기대할 수 있고, 독서가 학교 학습과 직접적으로 연계되어 학생들이 적극적인 독서를 할 수 있다는 이점이 있다.

월별 특징을 살펴보고, 기념일과 행사일과 관련된 월별 주제를 제시하면 다음과 같다.

(1) 시작의 달 1월

희망과 새 출발로 마음이 부푸는 1월은 시작의 달이다. 새 달력, 새 희망 등 오래된 것보다 새로운 것이 익숙한 1월이다. 후회와 반성, 아쉬움을 뒤로하고 앞으로의 다짐과 각오가 필요한 시기이기도 하다. 온 가족이 모여 올해 이루고 싶은 소망을 이야기해 볼 수 있을 것이다.

새해와 설에 관련한 책과 각오와 다짐을 하는 주인공들의 이야기가 담긴 책, 새로운 출발을 준비하는 희망찬 책들을 권한다.

1월 주제어: 출발, 새해, 각오, 다짐, 희망

(2) 성장의 달 2월

새해가 시작한 지 한 달이 지난 2월은 자신의 모습과 미래의 모습에 대해 생각하기에 좋은 시간이다. 지난달 다짐했던 것들이 얼마나 지켜지고 있는지 자신과 자신의 꿈에 대해 생각해 볼 수 있다. 학생들에게 자신의 모습이 지금 어떤지, 앞으로 자신이 하고 싶은 것은 무엇인지 진지하게 생각해 볼 수 있는 시간이 필요하다. 더불어 더 좋아질 수 있다는 희망으로 자신의 꿈과 미래에 대해 고민해 볼 수 있는 2월은 성장의 달이다.

남과 다른 자신의 모습에 고민하는 주인공의 모습이 담긴 책과 다양한 꿈을 꾸고, 그 꿈을 위해 노력하는 모습이 담겨 있는 책들을 찾아본다.

2월 주제어: 나, 자아, 성장, 꿈, 미래

(3) 새 학년 새 학기의 달 3월

추운 겨울이 지나고 새싹이 돋아나는 봄이다. 학생들에게는 새 학년, 새 교실에서 새로운 선생님과 친구들을 만나는 설렘 가득한 계절이다. 하지만 설렘과 동시에 낯선 환경에서 느껴지는 두려움도 느낄 우리 아이들에게 즐거운 학교생활이 담긴 책을 권해 보자. 학생들의 마음속에 두려움 대신 자신감을 채울 수 있을 것이다.

3월은 새 학년 새 학기의 달이다. 재미있는 학교생활이 담긴 책, 낯선 환경에서 씩씩하게 적응하는 주인공의 모습이 담긴 책, 새 친구를 사귀는 방법이 담겨 있는 책들을 권한다.

3월 주제어: 학교, 친구, 적응, 어린 시절, 선생님, 봄, 삼일절

(4) 배려의 달, 과학의 달 4월

우리 이웃에는 누가 살고 있는지 나와 같은 사람이 있는지, 주변을 둘러보고 다른 사람들에 대해 생각해 볼 수 있는 달이다. 나와 다른 사람들과의 차이를 인정하고 배려해 줄 수 있을 때 모두가 함께 행복한 세상이 될 것이다. 세상을 살아가는 다양한 사람들의 모습을 보여 주고, 서로 배려하는 마음의 아름다움을 느낄 수 있는 4월은 배려의 달이다.

신체적 장애, 독특한 생김새 때문에 곤란을 겪는 주인공이 등장하는 책, 서로 다르지만 좋은 친구가 되는 내용의 책, 남을 배려하는 아름다운 모습이 담긴 책을 찾아본다. 또한 4월은 과학의 달이며, 과학의 날(4월 21일) 이외에도 기억해야 한 날들이 많은 달이다. 4·19혁명 기념일(4월 19일), 법의 날(4월 25일), 충무공 탄신일(4월 28일) 등이 있다.

4월 주제어: 장애, 차이, 배려, 이웃, 과학, 법, 식목일

(5) 가정의 달 5월

어린이날과 어버이날이 있는 5월은 가족의 사랑을 느끼고 가족끼리 사랑을 주고받기에 좋은 달이다. 늘 곁에 있어 그 소중함을 알기 어려웠던 가족을 돌아보는 시간을 가져 보는 건 어떨까? 책을 통해 아빠와 엄마의 고마움과 형제, 자매의 소중함을 느낄 수 있는 기회를 마련해 주자.

엄마, 아빠와 아이의 모습을 담고 있는 책, 형제간의 다툼과 화해, 소중함을 그리고 있는 책, 조부모와의 관계를 담고 있는 책 등 가족에 대한 고마운 마음을 느낄 수 있는 책들을 소개한다.

5월 주제어: 가족, 형제, 조부모, 부모, 감사, 어린이

(6) 평화의 달, 호국 보훈의 달 6월

전쟁과 평화의 소중함에 대해 생각해 보는 6월이다. 다툼과 전쟁이 일어나는 원인과 화해하는 방법이 쉽고 재미있게 담긴 책을 읽어 보며 작게는 친구 간의 다툼과 화해, 크게는 6·25 전쟁 등 실제로 있었던 전쟁과 그 결과에 대해 이야기해 보자. 전쟁의 원인과 결과가 나타난 책, 다툼과 화해가 동시에 그려진 책, 평화로운 분위기가 잘 나타난 책, 나라를 사랑하는 마음이 담겨 있는 책들을 소개한다.

6월 주제어: 전쟁, 평화, 통일, 화해, 나라 사랑, 현충일

(7) 자연의 달 7월

햇빛은 뜨거워지고 비는 많이 내려도 즐거운 여름 방학이 시작하는 달이다. 다양한 동물들과 식물들이 쑥쑥 자라는 여름, 어린이들이 자연과 함께 보낼 수 있는 시간이 늘어나는 시기이다. 가까운 곳에 나아가 작은 곤충, 이름 모를 꽃에 대해 이야기를 나누어 보자. 늘 우리 곁에 있지만 잊기 쉬운 자연에 관심을 갖기에 좋은 계절, 생명의 소중함을 알아 가는 계절 7월은 자연의 달이다.

환경의 중요성을 알려 주는 책, 산과 바다의 동물을 소개하는 책, 다양한 식물의 모습을 살펴볼 수 있는 책, 동·식물의 성장 과정과 생명의 소중함을 느낄 수 있는 책을 소개하자.

7월 주제어: 여름, 환경, 동물, 식물, 생태

(8) 모험의 달 8월

가만히 있어도 땀이 송글송글 맺히는 계절. 여름은 모험과 여행의 계절이다. 방학을 맞이하여 바다로, 산으로, 도시에서 시골로 여행을 떠나는 친구들, 상상의 세계로 모험을 떠나는 친구들을 책 속에서 만날 수 있다. 학교와 공부에서 벗어나 마음의 휴식을 취하는 8월, 흥미로운 책과 함께하는 8월은 모험의 달이다.

방학을 즐겁고 보람있게 지내는 내용이 담긴 책, 여러 지역을 여행하는 내용을 담은 책이나 다른 지역을 소개하는 책, 모험이나 탐험과 관련된 책, 상상의 세계를 만날 수 있는 책들을 소개한다.

8월 주제어: 방학, 여행, 탐험, 모험, 상상

(9) 전통의 달, 독서의 달 9월

무더운 날씨가 물러가고 선선한 바람이 불어오는 계절, 가을이다. 푸른 하늘 아래 알알이 영그는 곡식과 열매를 바라보면서 풍요와 그에 대한 감사를 느낄 수 있다. 우리 고유의 명절, 추석이 있어 더 흥겨운 시기이다. 고유의 명절과 그동안 잊고 지냈던 우리 문화와 풍속을 기억하고 느낄 수 있는 9월은 전통의 달이며 독서의 달이다.

우리의 명절이나 전통 문화를 알려주는 책과 더불어 가을을 알고 느낄 수 있는 책들을 소개한다.

9월 주제어: 우리 문화, 명절, 민속, 풍속, 추석, 독서, 가을

(10) 문화 예술의 달 10월

높은 하늘 아래 낙엽이 물드는 책과 예술을 즐기기에 좋은 시기이다. 봄·여름을 거쳐 훌쩍 자란 아이들에게 마음의 키도 한 뼘 더 키울 수 있는 기회를 주자. 책 읽는 즐거움과 도서관 예절을 배우고, 다양한 문화 예술을 체험해 볼 수도 있다. 다른 나라의 재미있는 문화와 신나는 음악과 미술을 책을 통해 즐기고 음악회나 전시회에 다녀오는 건 어떨까? 가족과 함께 행복을 키우는 10월은 문화 예술의 달이다. 개천절(10월 3일)과 한글날(10월 9일)의 의미도 생각하는 시간을 갖도록 해 보자.

세계 여러 나라를 알게 하는 책, 세계 문화를 알 수 있는 책, 음악과 미술과 관련된 책이나 음악가나 미술가들을 만날 수 있는 책, 한글의 소중함과 한글의 역사와 한글을 만들거나 지켜 온 사람들을 알 수 있는 책들을 소개한다.

10월 주제어: 가을, 세계 문화, 음악, 미술, 한글, 개천절, 저축

(11) 탐구의 달 11월

봄·여름·가을을 지나 마지막 계절인 겨울을 눈앞에 둔 11월은 나와 나를 둘러싼 환경에 대해 생각하고 탐구하기에 좋은 시기이다. 나를 뛰어넘어 나를 둘러싼 지리와 생활에 영향을 주는 날씨와 지리 그리고 우주를 관찰하고 생각해 볼 시간을 만들어 주자. 길어진 겨울밤, 별을 관찰하기에 좋은 11월은 탐구의 달이다.

지구와 태양계 그리고 별자리까지 탐구해 볼 수 있는 우주에 관련된 책, 우리의 삶에 많은 영향을 주는 날씨와 지리의 비밀을 알려 주는 책, 우리 몸 구석구석을 재미있게 살펴볼 수 있는 인체 책을 소개한다.

11월 주제어: 우주, 별, 날씨, 지리, 인체

(12) 사랑의 달 12월

찬 바람이 불어오지만 흰 눈과 가족의 사랑이 있어 더욱 행복한 계절, 겨울이다. 즐거운 크리스마스와 겨울 방학이 있어 아이들이 기다리는 시기이기도 하다. 크리스마스를 통해 나누는 것의 즐거움과 이웃의 소중함도 함께 느낄 수 있다. 따뜻한 마음이 가득한 책으로 아이들의 마음을 포근히 감싸 줄 시기이다. 나를 되돌아보고 친구들과 이웃에게 사랑과 감사를 전할 수 있는 12월은 사랑의 달이다.

아이들이 좋아하는 산타클로스와 나눔의 아름다움, 크리스마스에 일어난 다양한 사건을 다루는 책, 이웃의 소중함과 고마움에 대해 이야기하고 있는 책들을 소개한다.

12월 주제어: 나눔, 이웃, 크리스마스, 겨울

2) 상황별 독서 자료 선정

독서 상황이란 '독자가 텍스트를 읽거나 읽고자 할 때 처해 있는 정신 및 신체적 상태나 조건'을 말한다. 상황별 독서 자료 목록이 기존의 추천 독서 자료 목록이나 양서 목록, 혹은 독서 자료 선정 목록 등과 가장 크게 차이가 나는 점은, 독자의 상황을 우선적으로 고려한다는 점이다. 상황별 도서 자료 목록은 독자의 입장이나 형편을 먼저 고려한 후 그것에 맞는 자료를 추천하고 있어 수용자의 입장에서 매우 의미가 있다고 할 수 있다.

남산 도서관(2017년)이 발표한 상황별 독서 목록의 분류 항목은 다음과 같다.[42]

(1) 어린이
① 가족 관계 – 부모, 형제·자매, 조부모
② 대인 관계 – 친구, 대인 관계
③ 학교 – 교사, 학업
④ 성장 – 성장, 사춘기·성
⑤ 진로 – 자기 계발, 진로
⑥ 정서 – 감정, 자존감·자신감, 인성
⑦ 기타 – 차별, 장애, 죽음, 생명·평화, 다문화

---

42) 남산도서관(2017), 「2017 상황별 독서목록」, 남산도서관.

(2) 청소년

① 가족 관계 – 부모·가족

② 대인 관계 – 친구, 학교생활, 이성

③ 일탈 – 중독, 인터넷, 폭력

④ 진로 – 진로, 자기 계발

⑤ 정서 – 자존감, 인성

⑥ 외모 / 사춘기 / 성장 – 외모, 사춘기, 성장

⑦ 기타 – 차별, 죽음, 생명·평화

(3) 성인

① 가족 관계 – 가족, 자녀, 부모, 부부

② 직장 / 사회 – 직장 생활, 대인 관계

③ 정신 건강 / 상담 – 심리 일반, 정신·마음 관리, 내적 치유, 상담 일반

④ 감정 – 감정 일반, 사랑·이별, 불안·우울, 분노·화

⑤ 인생 – 삶·죽음, 나이 듦, 생활

⑥ 자존감 / 자기 계발 – 자존감, 자기 계발

⑦ 기타 – 차별, 중독, 휴식·쉼

상황별 독서 자료 선정은 삶의 보편적 주제나 다양한 교과, 주제별 상황 등을 다루고 있으므로 '주제별'로 분류해도 무방하다. 추천 도서 목록이나 권장 도서 목록에 수록되어 있는 독서 자료들이 전문가들이 선정해 놓은 양서의 목록이라면 독서지도사가 텍스트를 읽으면서 주제별로 분류해 놓은 선정 목록은 독자의 입장이나 상황, 형편을 먼저 고려하여 분류·선정한 것이기 때문에 텍스트를 읽는 수용자의 입장에서 의미가 크다고 할 수 있다.

독서지도사 자신이 작성한 도서 자료 목록을 상황별 또는 주제와 연령별로 선정해 놓으면 독서 지도를 하거나 아이의 상황에 맞는 독서 자료의 선정이 필요할 때 유용하게 사용할 수 있다. 도서 자료 목록은 독서지도사에게 꼭 필요한 것이며, 독서 지도 시 매우 유용한 재산이 된다. 자신만의 도서 목록을 많이 소장할수록 추천 독서 자료 목록에 의존하지 않고 독자의 상황에 맞는 텍스트를 선정할 수 있는 자신감과 전문성을 갖춘 독서지도사 역할을 할 수 있을 것이다.

3) 독서 흥미 발달에 따른 독서 자료 선정

사람들의 일상생활 중의 행동들은 흥미에 따라 이끌린다. 흥미는 개개인이 행동의 대상을 선택하는 심리적인 태도이다. 어떠한 일이나 행동에 유쾌한 느낌이나 만족감을 갖는다든지, 마음을 쓴다든지, 마음이 끌리는 것은 곧 그 대상에 대하여 흥미를 갖기 때문이다.

독서 흥미도 마찬가지이다. 독서 흥미는 독서 행동을 선택하는 '독서에 대한 흥미'와 다양한 독서 자료의 종류 중에 특정한 것에 독서 행동을 일으키는 '독서 흥미'로 구분할수 있다. 따라서 "독서란 흥미에 의하여 유발되고 동기가 마련되어 흥미를 다시 발달시키고, 그 흥미에 의하여 독서와 그 밖의 행동을 유발시키는 일종의 나선상의 순환을 하면서 발달한다."고 할 수 있다.[43]

이재철은 학생들의 발달 단계에 따라서 즐겨 읽는 읽을거리들이 달라진다고 하였다.[44] 학생들이 자기 발달 단계에 맞는 독서 자료에 흥미를 느끼고 자기 독서 능력에 따라 독서 활동을 전개해야 더 효과적인 결과를 얻을 수 있을 것이다.

독서 흥미의 발달 단계를 살펴보면 학자마다 그 단계를 나누는 의견을 조금씩 달리하고 있다.

Terman과 Lima는 독서 흥미의 발달 단계를 1) 6~7세: 옛날이야기기, 2) 8~10세: 동화기, 3) 11~14세: 소설기로 크게 3등분으로 구분하고 나이별 특징을 밝혔으며 김효정 등은 어린이 성장 과정에 맞추어 독서 흥미의 발달 단계를 초현실적 반복 이야기기(2~6세), 옛날이야기기(4~6세), 우화기(6~8세), 동화기(8~9세), 이야기기(10~12세), 전기기(12~14세), 문학기(14세~), 사색기(17세~) 등 8단계로 나누었다. 그리고 이경미는 독서 흥미 발달 단계를 우화기(1~2학년), 동화기(3~4학년), 소설기(5~6학년)로 나누었다.[45]

이경화는 독서 흥미 발달 단계를 옛이야기 시기(4세~유치원), 환상 동화 시기(초등 1~2학년), 역사 이야기 시기(초등 3~4학년), 지식과 논리의 시기(초등 5~6학년), 모험·탐정의 시기(중학교 시기)로 나누고 각 시기마다 그 흥미 도서와 특성을 설명하고 있다.[46]

이상과 같이 독서 흥미의 발달 단계를 살펴보면 성장 과정에 따라 독서 흥미가 변화하는 체계적인 양상을 볼 수 있다. 초기에는 단순한 구조를 선호하지만 성장하면서 복잡

43) 손정표(2015), 『신독서지도방법론』, 태일사, 61~62쪽.
44) 이경화(2004), 『읽기 교육의 원리와 방법』, 박이정, 167쪽, (이재철, 1986, 재인용)
45) 이경미(2006), 「초등학생의 독서 성향 분석을 통한 바람직한 독서 지도의 방향」, 대구교육대학교 석사학위 논문, 10~15쪽.
46) 이경화(2004), 앞의 책, 167~170쪽.

한 구조로 변화하고 개인적 내용에서 사회적 내용으로, 구체적 현상에서 추상적 내면으로, 가볍고 즐거운 내용에서 심오하고 의식 있는 내용으로 발달한다.

독서 흥미는 연령에 따라 변화한다. 독서 흥미가 변화해야 독서 능력도 발달하게 될 것이다. 어린이들이 발달 단계에 따라 즐겨 읽는 독서 자료가 달라지고 그러한 독서 자료를 읽는 방법도 발달해 가므로 독서 능력 발달과 독서 흥미 발달 단계에 맞는 독서 자료를 선정해 주어야 효과적인 독서와 독서 지도가 될 것이다.

여러 학자들의 독서 흥미 발달 단계의 공통된 부분을 참고하고 종합하면 연령별 독서 자료 선정은 다음과 같이 할 수 있다.

(1) 4~5세

어른이 읽어 주는 그림책을 감상하며 책에 관심을 갖기 시작하는 시기이다. 단수 개념이 발달하는 시기이므로 정보를 자연스럽게 전달할 수 있는 그림책이 좋다. 수를 세기 시작하고 글자를 이해하기 시작하므로, 그림과 글자가 명확해야 한다. 이야기에 대한 감이 발달하므로 단순하고 구조화된 줄거리로 사건을 예측할 수 있는 것이 좋다. 단어, 구, 문장이 반복되어 운율이 느껴지면 더욱 흥미를 느끼며 이야기에 관심을 갖는다. 유머를 즐기는 시기이므로 유머러스한 내용을 담고 있는 것이 좋다.

피아제의 발달 단계상 전 조작기의 물활론적 사고와 꿈의 실재론이 적용되는 시기이므로 상상력을 키워 줄 수 있는 그림책이 좋다. 자아 개념이 발달하는 시기이므로 '능력', '자존감', '가치' 등을 주제로 하는 그림책이 좋다. 언어가 양적으로 발달하는 시기이므로 여러 형태의 문장이 있는 그림책이 언어 발달을 촉진시켜 준다.

(2) 6~7세

단순 반복 구조의 그림책을 스스로 읽으며 자신감을 갖는 시기이다. 날마다 일어나는 일상의 경험을 내용으로 하고 있고, 나이가 비슷한 또래가 주인공으로 나오는 책이 좋다. 줄거리가 간단하고, 분량이 너무 많지 않은 책이 좋다. 그러나 표현은 풍부하고 동작 묘사가 많아야 한다. 운율을 충분히 느낄 수 있는 동시나 동요를 읽히는 것도 좋다. 재미있는 동물 이야기나 유머러스한 상황을 그린 이야기가 좋다.

특히 주인공이 걸핏하면 실수를 저지르는 이야기나 유머가 풍부한 이야기들은 정서를 안정시키고 자신감을 기르는 데 도움이 된다. 후렴구가 있거나 흉내말을 효과적으로 사용한 시나 이야기가 좋다. 자주 반복되는 말이 들어가 있으면 흥미를 느끼면서 계속 읽으려고 한다. 옛날이야기와 동물 이야기를 좋아하는 시기이다.

이 나이에 독서력에 차이가 생기는 이유는 지능의 차이가 아니고 언어 발달의 차이 때문이며, 부모가 얼마만큼 책을 읽어 주느냐에 따라 달라지기도 한다. 부모가 책을 읽어 줄 때는 자녀의 능력보다 좀 어려운 책, 새로운 어휘가 많이 나오는 책을 읽어 주면 독서 수준을 높일 수 있다. 그러나 이 나이는 책을 사랑하고 독서에 취미를 붙이기 시작하는 나이이기 때문에 혼자서 읽게 할 때는 부모가 읽어 주는 책보다 독서 수준이 좀 낮은 책을 읽히는 것이 현명하다. 쉬운 책도 많이만 읽으면 어휘력을 높일 수 있다. 이때 중요한 것은 지적인 발달만 생각해서 지식을 주입하려 하지 말고, 책 읽는 일을 즐겁게 느끼도록 해 주어야 한다는 점이다.

책을 어떻게 다루어야 하는지 알고, 또 이야기에 익숙한 어린이는 책에 대한 경험이 전혀 없거나 조금밖에 없는 어린이에 비해 좀 더 빨리 글을 읽게 된다. 독서의 기초를 잘 닦을 수 있도록 지도해야 다음 단계의 독서로 무리 없이 진행할 수 있다는 점에 유의해야 한다.

(3) 8~9세(초등학교 1~2학년)

책을 통해 환상과 꿈을 키우며 지혜롭게 자라나는 시기이다. 독서 습관 형성기이므로 부모의 역할이 가장 클 때이다. 책을 읽고 하는 아이의 반응에 재미있게 받아 주어야 한다.

문장이 아무리 길어도 가장 중요한 뜻이 담겨 있는 낱말이나 구절이 있게 마련이다. 이 나이의 어린이들에게는 주요 낱말이나 구절이 여러 번 반복되는 책이 이해력을 기르는 데 도움이 되기 때문에 좋다. 또한 이야기가 전개되기까지 발단 부분이 지나치게 길면 흥미를 잃어버릴 수 있으므로 도입부가 짧은 책이 좋다.

간단한 설명에 따라 무엇을 만들 수 있도록 된 책이 좋다. 이 나이 때에 흔히 경험하는 두려움이나 불안 같은 정서적인 면을 다룬 책에 쉽게 공감하는 시기이다.

이 시기에는 무엇보다도 혼자서 책을 읽을 수 있는 습관을 길러 주어야 한다. 어린이가 무엇에 흥미를 느끼는지 알아낸 다음 관심이 있는 분야의 책으로 시작해서 점점 독서에 흥미를 갖도록 유도한다. 어렸을 때 부모가 읽어 주었던 책 중에서 어린이가 특별히 좋아하는 책이 있으면 이번에는 혼자서 읽게 한다. 한 번 읽었던 책을 여러 번 읽는 것은 어휘 익히기에 가장 효과적인 방법이다.

(4) 10~11세(초등학교 3~4학년)

역사와 위인들의 삶에 관심을 갖기 시작하는 시기이다. 독서량이 많아져 다독을 할 시기이므로 이때는 아이가 원한다면 동화류나 인물 이야기 등의 전집물을 구입해 주는 것도 좋다. 이 시기에는 신화와 전설이 담긴 책이 좋으며 위인들의 이야기나 다양한 인물 이야기를 읽히기에 적합하다. 현실성 있는 이야기를 좋아하게 되어 역사 속에 실재했던 인물 이야기에서 기쁨을 느끼며 영웅 이야기를 좋아한다. 풍속사나 생활사 중심의 역사 관련 책을 접하게 하여 본격적인 역사책을 읽기 위한 준비를 할 수 있는 시기이다. 또한 이 시기는 또래의 우정을 그린 이야기에 공감하여 잘 읽으며 모험의 세계가 담긴 책에 관심을 갖기 시작한다. 동정심을 유발하는 주인공이 등장하는 책에 빠져들기도 한다.

이 시기에는 현실과 공상을 구별할 줄 알기 때문에 오히려 현실을 초월한 상상력이 가득한 이야기에서 기쁨을 얻을 수 있다. 또한 자신들의 주변 생활을 그린 생활 동화에도 점점 흥미를 갖기 시작하는 나이이다. 특히 이야기의 주인공이 자신과 관련이 있을 때 흥미는 더욱 커진다.

이 시기에는 도덕적 가치를 내면화할 수 있으며 생활을 지배하는 규칙을 점검하는 데 흥미를 갖는다. 그러나 생활 면에서는 서서히 노는 데에 눈을 뜨기 시작하는 나이이므로 다루기가 어려워진다. 그러나 본격적으로 사춘기에 접어든 것은 아니기 때문에 어떻게 지도하느냐에 따라 독서에 취미를 붙이게 할 수도 있다.

(5) 12~13세(초등학교 5~6학년)

감정이 성숙되고 지식과 논리력이 확장되는 시기이다. 어떤 책도 소화할 수 있는 시기로 다양하고 재미있는 책을 많이 읽고 독서력의 향상과 감성이 발달하는 독서 황금기이다.

지적 욕구를 만족시켜 주는 지식이나 정보가 담긴 책이 좋다. 또한 이성, 외모, 학업 문제 등 자신의 생활, 관심, 심리 변화와 관계 있는 책을 좋아한다. 정서 문제를 깊이 있게 다루어 자아와 인간에 대한 이해를 돕는 책이 좋다. 모험, 탐정 이야기, 추리 소설류 등 논리력과 상상력을 자극하는 책에 관심이 높은 시기이다. 감상적인 이야기인 서정 문학으로 본격적인 문학 작품을 읽기 위한 감상 태도를 키워 주는 책이 좋다. 과학 이야기나 발명, 발견 이야기, 공상 과학 소설에 대한 관심도 높아지는 시기이며 인간의 역사에 흥미를 느껴 지나간 역사와 다가올 미래를 준비하는 역사 소설을 좋아하는 시기이다. 가정의 세계로부터 독립하려는 정신적 이유기로 부모보다 친구를 중요시하게 되며 우정, 의리를 다룬 장편 소설에 깊이 빠져들어 읽는 시기이다.

이 단계는 친구 간의 적응이 발달 과정의 중심이므로 우정이나 사회적 책임을 중시하고, 집단적 행동이나 자치적 활동에 관심을 가진다. 지적인 면에서는 과학적인 흥미가 높아진다. 또한 다독과 난독을 많이 하는 시기이며 독서 자료의 종류도 다종다양하게 분화한다. 또한 다른 사람의 입장을 고려할 수 있는 능력이 발달하므로 문학적인 상황과 등장인물에 대하여 상호 작용하는 것을 격려하는 것이 좋다.

그리고 지금까지 독서 활동을 어떻게 해 왔느냐에 따라 독서 성향이 현격하게 달라지는 시기이다. 책 읽기를 스스로 좋아하는 어린이와 책을 안 읽으려는 어린이들이 있으므로 알맞은 방법으로 지도를 해야 한다. 독서 속도나 독해력에도 개인차가 많이 나는 시기이므로 개인차를 잘 파악해서 지도해야 한다.

(6) 14~16세(중학교 1~3학년)

'청소년 독자·비독자 조사 연구'의 연구 결과를 바탕으로 청소년 독서의 현실을 진단하고 발전 방안을 모색하게 된다. 해당 연구에 따르면 청소년의 독서 흥미와 관심은 초등학교 3~4학년 이후 지속해서 감소하는 것으로 나타났다. 책을 좋아하는 청소년 '애독자'는 책에 대한 높은 관심이 꾸준히 유지되는 반면, 가끔 책을 읽는 '간헐적 독자'와 책을 읽지 않는 '비독자'는 초등학교 이후 애독자와의 간극이 크게 벌어지는 것으로 나타났다. 이에 어린 시절부터 책에 대한 긍정적 관심과 흥미를 갖도록 하기 위한 학부모와 교사의 역할이 매우 중요하다는 점이 확인됐다.[47]

이 시기부터 아이들을 '청소년'이라 부른다. 청소년들은 정서적으로 부모로부터 독립하고 신체적으로 성숙하여 사춘기에 접어든다. 주변과의 심각한 갈등과 방황을 겪기도 하며, 자아에 눈뜨기 시작하면서 '자기 정체성'을 확립해 가는 시기이다. 자아를 찾아 헤매면서 삶의 목표와 방향을 찾기 위해 다른 사람의 삶과 그 방식에 호기심과 관심을 갖는다.

인지 발달의 최종 단계에 들어서면서 어느 정도의 추상적 개념을 이해하고 표현할 수 있게 된다. 언어 사용에서도 자기중심적 언어 사용에서 벗어나 개념을 정교하게 형성하고, 다른 사람의 논리를 따질 줄 알며, 사물을 상황이나 관점에 따라 달라질 수 있다는 것을 이해한다. 글 읽기의 성향도 줄거리 중심의 읽기에서 벗어나 논리적인 글 읽기를 선호하는 경향을 보인다.

---

47) 「2020 청소년 독서 현실을 읽다」 brunch.co.kr/@sulsulbooks/5

청소년기에 해당되는 중학교 단계에서는 왕성한 독서로 자신의 관심 분야에 대한 집중적인 독서를 필요로 하는 시기이다. 이를 위해 문학, 역사, 과학, 인문사회, 철학, 예술, 종교 등 다방면의 책들과 함께 현실의 역경을 딛고 하나의 인간으로서 성장해 가는 성장 소설 등을 읽는 것이 좋다. 독서 능력이 이미 성숙 단계에 도달했을 시기이므로 학생의 취향에 맞게 읽어도 좋지만, 학년에 따른 학습 목표와 수준에 맞추어 단계별로 읽어 가는 것이 효과적이다.

그와 함께 자신을 돌아보고 진로에 대한 목표를 설정하고 가치관을 형성할 수 있도록 독서를 바탕으로 진로를 찾게 해야 한다. 올바른 진로 선택에 도움을 주는 도서나 전공별·계열별, 취업과 관련된 도서를 안내해 주어야 한다.

4) 도서 종류별 독서 자료 선정

현재 어린이 도서 시장은 매우 활발한 출판 경향을 보인다. 다양한 주제와 다양한 장르의 어린이 도서가 출판되면서 이제는 문학이나 비문학 등으로 그 장르를 나누는 일이 무의미해지고 있다. 도서 출판의 목적에 따라 형식이 자유로워져서 장르의 경계가 허물어지고 있기 때문이다. 특히 어린이 도서에서는 그러한 경향이 더 두드러진다. 경제, 과학, 역사 등의 지식과 정보를 전달하고자 하는 목적으로, 어린이들이 좀 더 쉽게 이해하고 흥미롭게 읽을 수 있도록 이야기 형식으로 구성된 목적 동화가 매우 활발히 출판되고 있다. 물론 목적 동화가 동화의 형식을 갖추었다 하더라도 지식과 정보를 전달하고자 하는 목적을 가지고 있으므로 문학으로 보는 것은 무리가 있으며 따라서 순수 문학으로 볼 수는 없다. 하지만 현재는 문학성도 어느 정도 갖춘 다양한 목적 동화가 지속적으로 출판되고 있는 실정이다. 따라서 이러한 출판 시장의 특성을 고려할 때 다양한 종류의 도서를 단순히 문학 또는 비문학으로 나누는 것은 그 의미가 미약하지만, 독서 지도 상황에서는 여전히 문학과 비문학의 구분이 필요하기에 문학과 비문학으로 구분하고, 그 하위에 텍스트의 종류별로 세분하여 도서 자료 선정의 기준을 제시하고자 한다.

(1) 문학

① 그림책

그림책은 유아가 처음으로 만나는 책이다. 어떤 그림책을 접하고 경험하느냐에 따라 책을 좋아하는 어린이가 될 수도 있고 책을 외면해 버리는 어린이가 될 수도 있다. 그런 의미에서 좋은 그림책의 선정은 매우 중요한 일이다. 좋은 그림책은 풍부한 감성을 키워주며, 문화와 정서를 느끼게 한다. 또 사물의 본질에 가까운 색으로 색에 대한 감각을 키워 주고 감흥을 준다.

그림책을 선정할 때는 첫째, 어린이의 수준에 맞는 그림책을 고른다. 어린이가 이해할 수 있는 단어를 사용하고 있는지, 어린이가 이해할 수 있는 그림인지 살펴보는 것이 중요하다. 줄거리가 간단하고, 분량이 너무 많지 않은 책이 좋으나 표현은 풍부하고 동작 묘사가 많아야 한다. 이야기의 전개, 등장인물의 움직임을 통해 어린이가 주제를 포착할 수 있는 것이어야 한다. 단순하고 구조화된 줄거리로 사건을 예측할 수 있는 것이 좋다. 문장이 복잡하고 너무 길면 내용이 모호해지므로 그림책의 문장은 단순하면서도 뚜렷한 것이 좋다. 단편적 지식 전달이 먼저가 아니라 가치관 형성에 도움을 주며, 주제가 분명하고 이야기 속에 자연스럽게 녹아 있어야 한다.

둘째, 어린이가 평상시에 흥미를 가지는 소재를 다룬 그림책을 고른다. 흥미에 맞는 그림책은 어린이의 공감을 얻을 수 있고 책을 읽을 동기가 된다. 글의 소재 역시 친숙한 것이 좋다. 예를 들면 탈 것, 동물, 음식, 색깔 등은 어린이들이 관심을 갖는 소재이다. 친구, 엄마, 동생 사이에서 일어난 일이나 혼자 고민했던 일이 나오면 그 책이 더 좋아진다.

셋째, 그림과 문장이 일치하는 그림책을 고른다. 어린이들은 책을 읽을 때 글자보다 그림을 먼저 읽기 때문에 그림이 매우 중요한 요소이다. 따라서 그림만 보아도 그 책의 내용을 이해할 수 있고 재미있게 느껴지는 그림책이 좋은 책이다. 시각 예술로서의 미적 가치가 있고 작가의 철학이 녹아 있는 그림이 감동을 준다. 다음 장으로 넘어갈 때, 그림과 그림이 이어지면서 이미지가 연속되고 일관성이 있어야 하며 세부 묘사가 잘된 것이어야 한다. 책의 내용에 맞는 그림이 그려져 있는 책이 좋은 책이며 모든 장면의 등장인물이 동일하고 일관성 있는 것이어야 한다.

넷째, 언어에 리듬감이 있는 그림책을 고른다. 의성어와 의태어, 반복되는 어휘나 문장을 사용한 그림책은 어린이에게 말의 재미를 느끼게 하고 감성 발달에 좋은 영향을 준다. 자주 반복되는 말이 들어가 있으면 흥미를 느끼면서 계속 읽으려고 한다. 또 리듬감이 있는 언어는 상황을 쉽게 이해할 수 있게 도와주므로 의성어나 의태어가 적절하게 들어가 있는 그림책을 고른다.

다섯째, 다양한 표현 기법을 접할 수 있고 상상력과 창의력이 돋보이는 그림책을 고른다. 다양한 기법이 들어가 있는 그림책이 미술적인 감성도 키워 줄 수 있다. 또한 어린이들의 추측을 뛰어넘는 반전이 담긴 내용은 어린이의 상상력을 자극하여 즐겁고 흥미

있게 읽을 수 있다.

② 옛이야기

옛이야기의 가치는 편안한 이야기 속에서 삶의 지혜와 가치를 주고자 하는 것에 있으며 이것이 옛이야기가 현재까지 전래되는 이유이다. 옛이야기는 동심을 바탕으로 지은 이야기로서 조상들의 지혜와 꿈, 슬기와 교훈을 이어받아 삶을 살아가는 중요한 가치관도 심어 줄 수 있는 만큼 좋은 책을 선정하는 것이 중요하다.

옛이야기를 선정할 때는 첫째, 전해 오는 이야기의 본 모습이 온전하게 살아 있는지를 살펴보고 고른다. 물론 옛이야기는 오랜 세월 전승되어 내려오면서 계속 각색되어 내용이 보태지고 변화하면서 완성된 내용이 지금까지 전해지는 것이다. 그러므로 현대에 와서 내용이 변질된 것이 아니라 본래의 이야기가 그대로 드러나는 것이 좋다.

둘째, 조상들의 생활 풍속과 사상을 이해할 수 있는 것을 고른다. 어린이들은 옛이야기를 듣는 과정에서 자연스럽게 우리의 역사와 민속을 배우고 이해하게 되기 때문에 조상들의 멋과 지혜, 꿈과 소망, 웃음과 재치, 해학과 풍자가 잘 드러나는 것이어야 한다. 옛이야기를 읽으며 함께 힘을 합쳐 살아가는 법, 옳은 일에 대한 믿음, 조상들의 삶의 지혜, 자연과 목숨을 소중히 하는 마음, 세상 바로보기 등 어린이들이 지녀야 할 착한 심성을 깨닫게 된다.

셋째, 어린이들의 마음과 정서를 해치지 않는 이야기를 고른다. 옛이야기는 권선징악적인 내용을 담고 있다. 그래서 때로는 어린이들이 읽으면서 다소 충격적인 이야기를 접하게 될 수도 있다. 그러므로 어린이들이 이해하기 쉽고 편하게 받아들일 수 있는 이야기를 고르는 것이 좋다.

넷째, 재미와 교훈이라는 두 개의 축이 튼튼한 이야기를 고른다. 옛이야기는 교훈을 주려고 만들어진 이야기이므로 내용이 교훈적인 것이 당연하다. 하지만 옛이야기의 내용에 교훈이 지나치게 들어 있으면 어린이들이 옛이야기에서 재미를 느끼기가 매우 어려워진다. 따라서 재미있게 읽어 가면서 자연스럽게 배울 수 있도록 내용이 구성된 것이 좋다. 어려움을 극복하는 의지와 용기를 담고 있고 효도, 우애, 신의, 협동이란 주제나 교훈이 묻어 나오는 이야기가 좋은 옛이야기 책이다.

다섯째, 입말로 표현된 것을 고른다. 옛이야기는 본래 구전되어 내려오던 이야기이다. 따라서 읽는다는 느낌보다는 자연스럽게 이야기하듯이 입말로 쓰인 것이 들려주기 편하고 어린이들이 더 흥미롭게 읽기에도 좋다. 의성어와 의태어가 생생하고, 우리말의 아름다움과 재미를 느낄 수 있는 것이 좋다.

여섯째, 삽화는 우리나라의 자연과 풍속을 사실적으로 표현하고, 한국적인 선과 색채가 살아 있는 것을 고른다. 각 나라마다 전승되고 구전되어 오는 옛이야기가 있다. 그래서 옛이야기는 내용과 그림 모두 그 나라의 특색이 잘 드러나 있다. 그러므로 우리나라의 옛이야기를 고를 때는 당연히 우리의 색이 분명한 것이 좋다. 특히 옛이야기는 그림책으로 출판되거나 초등 저학년 어린이들이 많이 읽는 책이므로 그림과 삽화도 매우 중요하다.

③ 창작 동화(국내 창작, 외국 창작)

어린이들이 그림책과 옛이야기를 넘어와 책의 재미를 흠뻑 느낄 수 있게 되는 것은 창작 동화를 통해서이다. 창작 동화를 읽으며 더 넓은 세상을 간접적으로 체험하고 인류의 보편성과 다양성을 이해할 수 있게 된다. 초등학교 시절 읽는 창작 동화는 중학교에 진학해서 본격적인 문학을 읽는 데 매우 중요한 역할을 한다. 초등학교 저학년 때는 이야기 문법 구조로 된 이야기책이 정보나 지식을 주는 책보다 쉽게 느껴지지만, 초등학교 고학년으로 올라가면서 내용이 복잡하고 분량이 많은 동화를 접하면 주제를 찾기가 쉽지 않다. 초등학교 때 다양한 동화를 많이 읽으면 주제가 잘 드러나지 않고 문학성이 높은 수준 있는 문학을 읽을 때 많은 도움이 된다.

창작 동화를 선정할 때는 첫째, 어린이가 처한 현실의 고통을 정신적으로 해결해 주고 용기를 북돋아 주며, 진지함과 열린 가능성으로 자신을 만들어 가는 데 도움을 주는 동화를 고른다. 따라서 어떤 정답을 주는 내용보다는 스스로 가능성을 키워 가며 함께 고민하고 생각해 볼 수 있는 책이 좋다.

둘째, 어린이들이 주변에서 실제로 겪을 수 있는 문제 또는 어린이들 세계에서 일어날 수 있는 절실한 문제를 다루는 내용을 담은 책을 고른다. 날마다 일어나는 일상의 경험을 담아낸 동화는 어린이들이 더 쉽게 공감하게 되고 그러한 문제들이 자신한테만 생기는 일이 아니라는 안도감과 해결되는 과정을 통해 카타르시스를 느끼게 된다.

셋째, 어휘와 표현이 단순 명쾌하게 표현된 책을 고른다. 은유, 상징, 아이러니, 역설과 같은 문학의 표현적 특성이 잘 처리된 것이어야 한다. 인간과 자연, 현실에 대한 올바른 이해를 갖게 하고 어린이에게 진취적이고 건강한 삶의 생명력을 불어넣어 줄 수 있는 것이어야 한다.

넷째, 교훈이나 겉치레가 아닌 진실과 감동에 의한 공감적 감응을 유발하는 작품을 고른다. 교훈이 너무 강조되면 어린이들은 도덕 교과서를 읽는 것과 같은 느낌을 받게 되어 거부감이 생긴다. 어린이들이 공감하며 읽고 감동하여 자연스럽게 받아들일 수 있도록 교훈이 무리하게 드러나지 않는 책을 고른다.

다섯째, 삽화가 적절하게 배치된 것으로 고른다. 초등학교 저학년이 읽을 만한 동화는 당연히 삽화가 들어 있어야 하지만 초등학교 고학년도 삽화가 들어 있는 것이 좋다. 초등학교 고학년이 읽는 동화라고 해서 글자만으로 편집된 책은 읽는 사람으로 하여금 답답함을 느껴 책에 흥미를 갖기도 힘들어진다.

여섯째, 너무 모범적인 주인공은 독자에게 공감받기 어려우므로 등장인물도 중요하게 살펴보고 고른다. 소위 '엄친아'라고 일컬어지는 주인공이 등장한다면 어린이들은 책을 읽으며 공감하기보다 반감을 갖기 쉽다. 어린이들은 자신과 비슷한 나이의 또래가 주인공으로 등장하여 자신이 저지름직한 사건을 일으키고 해결해 가는 과정을 보면서 함께 공감하며 즐겁게 읽고 문제 해결력을 배우기도 한다. 주인공이 실수를 저지르는 이야기나 유머가 풍부한 이야기들은 정서를 안정시키고 자신감을 기르는 데 도움이 된다.

④ 동시

시는 초등학교 1학년부터 고등학교 3학년까지 교과서에 실리고 배우는 매우 중요한 장르의 읽기 자료다. 안타까운 사실은 저학년까지는 동시를 매우 좋아하고 동시 쓰기도 즐겨 하지만, 고학년이 되면 동시를 어려워하고 재미없어 한다는 것이다. 그 이유는 다양하지만, 가장 큰 이유는 동시를 공부로 접근하는 교육 과정 때문일 것이며 또 하나는 동시의 선택에 있어 어른들의 취향이 너무 많이 개입되기 때문일 것이다. 어린 시절부터 좋은 동시를 접하게 하는 것은 어린이들의 심성이나 감정, 상상력을 고려해 볼 때 매우 중요한 일이라 할 수 있다.

동시를 선정할 때는 첫째, 사랑의 마음이 담겨 있는 작품을 고른다. 어린이들은 동시를 읽으며 사람과 사물에 대한 사랑의 마음을 배우기 때문이다.

둘째, 동시를 읽으며 어린이들은 상상하는 즐거움을 느끼므로 독창적이며 상상력이 풍부한 작품을 고른다. 행마다 구체적인 사물이나 사건이 떠올라 상상력을 키워 주는 시가 좋다.

셋째, 동시 속의 언어가 살아 숨 쉬는 듯하며 구체적이고 생생하여 이미지가 선명하고 생동감이 넘치는 작품을 고른다.

넷째, 어린이들이 동시를 쉽게 즐길 수 있도록 상쾌한 음악적 리듬이 있어 낭송하기 알맞고 외우기 좋은 작품을 고른다. 리듬, 운율 또는 반복이 있어 읊조리거나 노래를 유발하며 압축된 언어와 리듬감 있는 문장으로 어린이들의 삶을 노래하고 자연과 세상을 노래하는 시가 좋다.

다섯째, 어린이들의 생활과 경험이 일치하여 공감할 수 있는 작품을 고른다. 기쁨 또는 즐거움, 속상함 등 어린이의 마음이 솔직히 드러나는 것이 좋다. 어린이들의 생활과 심리를 그리고, 어린이들이 관심을 가질 수 있는 내용과 실감나고 가슴에 와닿는 '살아 있는 시'가 좋다. 가슴에서 우러나오는 진실과 진정성이 있는 작품을 골라야 한다.

여섯째, 어린이들은 짧고 쉬운 작품을 좋아하므로 어린이들이 좋아하는 내용과 이해 가능한 표현이 갖추어지고 어린이들의 발달 수준에 맞는 어휘와 표현이 담긴 시를 고른다.

⑤ 세계 명작

세계 명작은 어린이들이 초등학교 저학년쯤부터 읽기 시작하는 전집류로 만나는 경우가 많다. 그러나 세계 명작에 대해서는 조심해야 할 것들이 꽤 있다. 일단, '세계 명작'이라는 명칭부터 생각해 보아야 한다. 세계 명작이라는 이름으로 나온 책은 유럽이나 미국 등 서양 중심의 작품들이 대부분이다. 세계 명작들이 하나같이 서양 작품이라는 것을 보면 세계 명작이라는 명칭을 비판적으로 볼 필요가 있다. 또 명작 동화는 배경 설명이 필요하다. 세계 명작이라고 이름 붙여진 책들이 서양 중심으로 기술되어 있는 경우가 많아서 문학 작품은 서양이 우수하다고 오해할 수 있으므로 세계 명작에 배경이 되는 그 시대 상황이나 배경지식을 알려 줄 필요가 있다. 특히 세계 명작들은 서양의 백인 문학에 대한 우월감, 제국주의적인 가치관이 나타나는 경우가 많다. 명작을 읽지 말아야 하는 것은 아니지만 그런 시대적, 문화적 배경을 이해하는 일이 선행되어야 할 것이다.

세계 명작을 선정할 때는 첫째, 어린이를 위해 원작의 줄거리를 요약해서 나온 다이제스트나 중역본은 피하고 완역본을 고른다. 축약해 놓은 책은 완역본에서 느낄 수 있는 글의 향취나 주제 의식 등을 제대로 전달받지 못하는 경우가 많기 때문이다. 어린이들이 읽는 일부 외국 명작은 다이제스트 판으로 축약된 내용들이 있으며 어린이를 위해 원작을 다이제스트로 요약해 놓았다는 것은 그 책의 내용이나 수준이 어린이들에게 적합하지 않다는 것이다. 무리하게 어려운 책을 다이제스트로 축약한 것을 고를 것이 아니라 어린이들에게 그 주제나 수준이 적합한 명작 동화를 고르는 것이 필요하다. 중역본은 원본이 일본 등 제3국을 거쳐 들어온 것을 재번역한 것이 많아 원작의 뜻을 충분히 살리지 못하거나 잘못 변형된 작품이 많으므로 피하는 것이 좋다.

둘째, 성 문제나 가치관 및 도덕성에 문제가 없는지 살펴보고 고른다. 세계 명작이라고 이름 붙여진 책들은 세상에 나온 지 이미 몇 세기가 흘렀고, 또 지역적 상황 등이 우리나라와는 매우 다르므로 어린이들이 그대로 받아들이고 읽기에 혼란스러울 수 있다. 어린이들의 현실 생활과 동떨어지거나 가치관에 혼란을 주는 것은 피한다.

셋째, 전집으로 나온 경우 번역자, 출판사, 편집자를 밝힌 것을 고른다. 앞에서도 언급하였지만 저자나, 번역자 등을 밝히지 않을 경우 그 책을 통해 발생할 수 있는 다양한 문제들을 책임질 사람이 없기 때문에 그 책의 내용이나 수준을 믿을 수 없게 된다.

⑥ 추리·탐정 소설

논리적으로 발달하는 시기인 초등학교 고학년이 되면 추리나 탐정 소설을 즐겨 읽는 어린이들이 늘어난다. 어린이들에게 적합한 추리·탐정 소설의 선정도 고려해야 하는 이유이다.

추리·탐정 소설을 선정할 때는 첫째, 문제나 사건을 해결하는 과정이 과학적이고 논리적인 것을 고른다. 어린이들이 읽을 수 있는 건전한 추리·탐정 소설은 두뇌가 명석한 탐정과 형사들의 활약이 중심인 것이 좋다.

둘째, 어린이가 주인공이 되어 기발한 아이디어로 문제 해결에 도움을 주는 것을 고른다. 아무래도 추리·탐정 소설은 사건이 발생하고 그 사건을 해결해 가는 과정을 그리는 책이므로 어른이 주인공이다 보면 사건, 사고가 어린이들이 감당하기 어렵거나 복잡하고 잔인한 것일 수 있다.

셋째, 이상 심리 또는 병적인 사건을 다룬 책은 피한다. 에드거 앨런 포(Edgar Ellan Poe)의 작품을 보면, 마치 영화를 본 듯한 느낌이 들 정도로 그 묘사력이 매우 뛰어나다. 하지만 그의 작품은 이상 심리나 병적인 사건을 다루고 있기 때문에 초등학생이 읽기에는 적합하지 않다. 양서일 수는 있으나 어린이들이 읽기에 적합한 적서는 아니라고 할 수 있다.

(2) 비문학(지식·정보)

① 과학 도서

과학 도서는 물리, 생물, 화학, 지구 과학, 우주 과학, 생명 공학 등 분야도 매우 넓고 글의 형식적인 면에서도 과학 동화와 과학 상식 책, 과학 설명 책, 과학 만화 등으로 매우 다양하므로 어린이의 관심사, 수준, 성향에 따라 책을 골라 줄 필요가 있다.

과학 도서를 선정할 때는 첫째, 과학 도서는 오래된 책보다는 최근에 나온 책을 고른다. 과학은 정보와 지식을 주는 책이다. 과학의 발전은 인문학과 달리 새로운 사실이 발견되거나 증명되면 패러다임이 뒤바뀌는 학문이므로 너무 오래된 책으로는 시대에 맞는 바른 정보를 취득할 수 없기 때문이다.

둘째, 새로운 사실이나 과학에 대한 상식, 지식과 정보가 정확한 것으로 고른다. 내용이 모호하게 표현되어 있거나 확실하게 공인되지 않은 정보가 있는지 살펴보아야 한다. 과학 동화의 경우에도 동화적인 장치로 너무 치우지지 않고 정확한 사실을 바탕으로 어린이들의 정서를 풍부하게 해 줄 수 있는 것이 좋으며 명확하고 생동감 있게 쓰여 있어서 어린이들이 이해하기 쉽고, 즐겁게 읽을 수 있는 것이어야 한다.

셋째, 단편적인 지식이 아니라 총체적으로 생각하는 태도를 키울 수 있는 것을 고른다. 부분적이고 개별적인 사실에서 원리적인 개념을 이해할 수 있는 태도를 길러 주는 책이 좋고 새로운 탐구 정신이 자연스럽게 생기도록 하는 책이어야 한다.

넷째, 대상 연령에 맞게 재미있게 이해할 수 있도록 구성된 책을 고른다. 아무리 좋은 내용이라 하더라도 어휘나 과학적인 원리를 설명하는 것이 대상 연령에 맞지 않다면 선정하지 않는 것이 좋다. 어린이 과학 도서는 어린이들이 접근하기 용이하도록 쉬운 어휘를 사용하여 재미있게 서술하는 경우가 많아서 과학적으로 전문적 지식을 갖추지 않은 동화 작가가 집필하는 경우도 있을 수 있다. 이러한 경우에는 전문가의 감수가 있는지 살펴보는 것이 좋다.

② 생태·환경 도서

생태 도서는 과학 과목과 연결이 되고 또 동식물 등에 관심이 많은 어린이들이 흥미를 가질 만한 책이다. 환경 도서는 과학 도서와 함께 21세기의 어린이들의 생활에서 빼놓을 수 없는 도서 종류이다.

생태 도서를 선정할 때는 첫째, 생태계의 구조와 원리를 알기 쉽게 알려 주는 책을 고른다. 자연 친화적이어서 정서적인 면을 추구하는 것이어야 한다.

둘째, 다양한 생물들에 대해 알려 주고 우리 자연에서 직접 관찰할 수 있는 생물 종이 담긴 책을 고른다. 생태 도서는 단순히 읽고 마는 책이 아니라 체험 학습과 연계할 수 있는 책이다. 그러므로 같은 소재라도 우리나라에서는 볼 수 없는 외래종을 소재로 한 책보다는 직접 체험하고 경험해 볼 수 있는 우리나라 생물 종을 다룬 책이 좋다.

환경 도서를 선정할 때는 첫째, 자연과 동식물에 대한 사랑을 담고 있는 책을 고른다. 인간 우선, 인간 우위와 인간 위주의 세상이 아니라 자연과 동식물을 사랑하고 함께 살아간다는 사실을 인식하는 것부터 환경의 중요성을 깨닫게 되기 때문이다. 환경의 훼손으로 수난 당하는 동물과 식물의 위험한 상황과 그로 인한 피해는 궁극적으로 인간에게까지 미친다는 사실을 알려 주는 책이 좋다.

둘째, 환경에 대한 올바른 지식과 가치관을 심어 주고, 환경 보호의 중요성을 담고 있는 책을 고른다. 환경 파괴의 실태만 알리는 것이 아니라 사람과 자연이 조화를 이루며 살아가는 조화, 극복의 태도를 다룬 것이 좋다.

셋째, 출판된 지 너무 오래된 책보다는 최근에 출판된 책으로 고른다. 환경 도서도 너무 오래된 책은 좋지 않은데 그 이유는 예전의 환경 도서는 환경 파괴의 실태만을 강조해서 어린이들에게 환경 훼손의 경각심을 주는 데서 그치고 어린이들이 직접 환경을 지키기 위해 어떻게 해야 할지에 대한 생각을 제공하지 못하는 경우가 많았기 때문이다. 환경 보호를 위한 실천 방법과 환경을 살리기 위해 애쓰는 사람들, 파괴되는 환경을 살려 건강한 지구를 후손에게 물려주고자 하는 환경과 우리가 따로 떨어져 있지 않다는 적극적인 정신을 심어 주는 책이 좋다.

③ 역사 도서

역사 도서는 기본적인 역사적 지식과 문화, 전통을 이해하는 데 도움을 준다. 우리가 역사를 배우고 역사 도서를 읽는 이유는 과거를 통해 세상을 살아가는 지혜를 얻을 수 있기 위함이다. 즉, 과거의 역사를 통해 우리가 살고 있는 현재의 모습을 이해하고 앞으로 다가올 미래를 어떻게 살 것인가 하는 답을 찾기 위해 역사책을 읽고 역사를 공부한다. 학교 교육 과정에서 초등학교 5학년부터 사회 교과에서 한국사를 배우고 있기 때문에 역사 도서는 어린이들의 필독서로 인식되고 있다. 그런 이유로 출판사에서도 다양한 형태의 역사 도서를 출판하고 있는 실정이다. 어린이들이 읽는 역사 도서는 서술형으로 설명해 놓은 책도 있지만 이야기체 형식, 또는 편지체 형식 등으로 구성해 좀 더 친숙하게 접할 수 있도록 한 역사 도서도 흔히 만날 수 있다.

역사 도서를 선정할 때는 첫째, 우리 역사를 우리 눈으로 바라보고 쓴 책을 고른다. 식민 사관에서 벗어나지 못한 책은 피한다. 예를 들면 안중근 의사의 순국을 사형으로 표현하거나 조선을 이조로, 명성 왕후를 민비 등으로, 용어 사용의 오류가 없는지 살펴야 한다.

둘째, 시대에 대한 정확하고 검증 가능한 사실과 사진이나 그림을 제공하는 책으로 고른다. 역사는 꾸며 낸 이야기가 아니라 과거에 있었던 사건에 관련되어 있어 사료, 유물 등을 통한 고증이 중요하다. 어린이들이 보는 역사서는 삽화나 사진이 제공되는데 시대에 맞는 확실한 자료가 들어가 있어야 한다.

셋째, 역사에 대한 지식과 역사를 바르게 바라보는 눈을 갖게 하는 책을 고른다. 역사적 사실이나 문제가 오늘의 문제를 이해하고 해결하는 데 도움을 주는지를 살펴보고 과거에 대한 성찰을 통해 미래를 설계할 수 있는 도서를 고른다. '세계사'라는 이름의 역사서에 유럽사, 미국사 위주의 역사만 상세하게 기술되어 있고 아프리카, 인도, 남아메리카의 역사는 찾아보기 힘든 경우가 허다한 것도 생각해 볼 문제이다.

넷째, 우리 전통과 문화의 특수성을 파악할 수 있고, 우리 문화와 민족사의 발전상을 이해할 수 있는 책을 고른다. 문화재에 대한 올바른 정보를 제공하고, 그에 얽힌 전설이나 신화를 통해 아동의 흥미를 증가시킬 수 있는 것을 선정한다.

다섯째, 현재 시점에서 검증 가능한 역사적 사실을 토대로 서술된 책을 고른다. 역사 도서는 역사적 사실에 기인하므로 지나치게 저자의 주관이나 상상력이 개입된 것은 제외시킨다. 역사는 해석의 학문이기 때문에 누가 어떻게 해석하느냐에 따라 논란의 대상이 되기도 한다. 따라서 아직 검증되지 않아 정확하지 않은 역사적 사건을 저자가 자신의 의도대로 해석하고 저술한 것은 어린이들에게 혼란을 줄 수 있기 때문에 선정하지 않는 것이 좋다.

④ 인물 도서

교사나 학부모들이 어린이들에게 가장 선정해 주고 싶은 책 중의 하나가 인물 도서일 것이다. 그 이유는 우리의 어린이들이 훌륭한 인물을 본받아 올바른 가치관을 갖고 멋지고 바람직하게 자라 주기를 바라는 마음 때문이다. 그런데 이런 바람이 너무 크다 보면 지나치게 교훈적인 내용의 인물 도서를 선정하는 오류를 초래할 수 있다. 그렇게 딱딱하고 교훈적인 인물 도서는 어린이들에게 바람직한 정보를 주고 역할 모델을 할 수 있는 인물을 소개하는 것이 아니라 어린이들을 인물 도서로부터 멀어지게 한다.

인물 도서를 선정할 때는 첫째, 현대의 가치관에 맞는 인물과 내용으로 책을 고른다.

시대에 따라 가치관이 달라지고 인물상이 달라지기 때문에 너무 오래된 인물은 새로운 미래상을 제시하는 데 한계가 있다. 어린이들이 쉽게 공감할 수 있도록 각 분야에서 최선을 다한 사람들을 선택해 다양한 분야의 인물 이야기를 읽히는 것이 좋다. 과거 인물이나 일제 강점기 때의 인물뿐 아니라 현대 인물도 선택하여 현대의 가치관에 맞는 인물과 내용도 접하게 한다.

둘째, 다양한 분야의 인물 도서를 고른다. 어린이들에게 역할 모델을 제공하려면 다양한 분야에서 최선을 다해 일가를 이룬 인물을 선정하여 미래 자신의 모습에 대한 꿈과 희망을 갖게 하는 것이 좋다. 장군이나 왕 등 정치가, 군인, 철학자 같은 인물뿐 아니라 현대의 학술계, 예술계 등에서 성실과 책임감으로 목표와 성과를 이루고 아름다운 삶을 살아가는 인물도 함께 선정한다.

셋째, 전지전능한 인물로 과장되게 서술하지 않은 책을 고른다. 지나치게 미화된 인물은 어린이들에게 꿈과 희망을 주는 것이 아니라 열등감을 심어 줄 수 있다. 예전에 위인전이라는 이름으로 출판된 많은 인물 도서의 주인공들은 대부분 태어날 때부터 남다른 영웅적인 면을 갖추고 있어서 오히려 어린이들에게 부담감을 갖게 했다. 태어나는 인물보다는 만들어지는 인물이 좋다. 자기의 약점이나 한계를 극복하고 장점을 개발한 인물이 아이들에게 더 동기 부여가 될 수 있다.

넷째, 저학년의 인물 도서는 인물의 일화를 중심으로 쓰인 것을 고르고, 고학년의 인물 도서는 위인의 업적이나 일생을 알 수 있도록 쓰인 것을 고른다. 어린이들이 인물 도서를 이야기책처럼 관심을 갖고 재미있게 접할 수 있도록 하는 것이 좋다. 처음부터 너무 욕심내서 동서양의 많은 인물의 도서를 전집으로 선택하여 역사적 인물 도서를 모두 읽어야 한다는 부담을 주지 않도록 한다.

다섯째, 인물이 살았던 사회의 시대적 배경과 특색이 정확히 서술된 책을 고른다. 한 인물의 삶은 그 시대의 역사적 사실과 밀접히 관련을 맺으므로 역사적 인물이 역사적 사실에 부합되는지, 등장인물이나 배경에 대한 묘사가 사실적인지, 내용이나 그림이 사실과 맞는지 확인한다. 전기문은 역사서이기도 하므로, 시대상을 제대로 그리지 않으면 어린이들에게 잘못된 지식을 전할 수 있다.

여섯째, 교훈과 설교는 피하고 내용 전개는 흥미롭게 서술된 것을 고른다. 인물 이야기는 교훈적 내용으로 어린이들이 본받았으면 하는 바람을 담고 있기 때문에 학습의 연장이라는 마음을 가질 수 있다.

⑤ 경제 도서

경제 도서를 선정할 때는 첫째, 경제의 기본적인 개념과 원리를 쉽고 재미있게 배울 수 있는 책을 고른다. 어려운 경제 용어를 쓰지 않더라도 경제의 흐름을 알 수 있고 경제 문제의 원인과 해결책을 어린이들이 이해하기 쉽게 풀어서 제시해 놓은 책이 좋다.

둘째, 경제 도서도 오래된 책보다는 새로운 책을 고른다. 그 이유는 예전의 경제 도서는 경제 용어집이거나 경제 개념을 설명해 놓은 책이 많아 어린이들이 흥미를 갖기 힘들었다. 최근 새로 출판되는 경제 도서는 어린이들이 쉽게 읽고 이해할 수 있도록 다양한 형식으로 구성된 책이 많다. 그러므로 경제 용어를 그냥 설명해 놓은 참고서 같은 책이 아니라 실생활에 적용해 알기 쉬운 사례를 제공하는 경제 도서를 고르는 것이 좋다.

셋째, 어린이들에게 부자의 꿈만을 꾸게 하는 책이 아니라 생활 속에서 경제의 기본 원리인 최소의 투자, 최대의 효과를 체험하고 실천할 수 있는 길을 열어 주는 책을 고른다. 어린이 스스로 계획을 짜고 달성하기 위해 노력하는, 자기 주도적인 어린이로 키울 수 있는 책을 고른다. 어린이들에게 경제에 대한 합리적인 시각을 심어 주고, 바람직한 소비자 교육을 균형 있게 전달하는 책이어야 한다.

(3) 기타

① 만화

만화는 21세기 커뮤니케이션의 핵심이라고 할 수 있다. 예전에는 공상, 상상의 세계를 담았다면 현재는 미치지 않는 영역이 없다. 한 컷 만화에도 많은 것을 담을 수 있다. 만화의 종류에는 역사 만화, 시대 만화, 액션 만화, 스포츠 만화, 순정 만화, 학교 만화, 공상 과학 만화, 명랑 만화, 판타지 만화, 시사만화 등으로 그 활용도가 무궁무진하다. 만화는 줄글 독서의 징검다리 역할을 하며 역사·과학 등 어린이들이 이해하기 어려운 내용을 쉽게 이해할 수 있도록 하는 순기능을 가지고 있어서 어린이들에게 친숙하다.

만화를 선정할 때는 첫째, 어린이의 상상력과 창의력을 길러 주는, 재미있으면서 감동과 교훈을 주는 것을 고른다. 만화는 전달하고자 하는 메시지를 쉽게 전달할 수 있으므로 어린이들은 어려운 내용도 수월하게 수용한다.

둘째, 이야기가 짜임새 있게 전개되고, 전달하고자 하는 메시지가 담겨 있는 책을 고른다.

셋째, 내용이 선정적이거나 폭력적인 내용의 만화도 많으므로 그런 것은 피하는 것이 좋다.

넷째, 또한 만화는 어순이나 문법에 어긋난 구어체로 뜻을 전달하면서 약어, 은어, 속어 등이 많이 쓰이는 문제점이 있으므로 주의해야 한다.

독서 포트폴리오

유치 / 초등 / 중·고등 도서 목록

유치 / 초등 / 중·고등학교 __학년   이름: _____

자아 / 성장	개성 / 정체성	꿈 / 희망	우정 / 학교생활
1. 2. 3. 4. 5.	1. 2. 3. 4. 5.	1. 2. 3. 4. 5.	1. 2. 3. 4. 5.

가족 / 우애	배려 / 소통	이웃 / 나눔 / 다문화	전쟁 / 평화
1. 2. 3. 4. 5.	1. 2. 3. 4. 5.	1. 2. 3. 4. 5.	1. 2. 3. 4. 5.

모험 / 여행 / 판타지	옛이야기 / 명작	동시 / 동요	기타
1. 2. 3. 4. 5.	1. 2. 3. 4. 5.	1. 2. 3. 4. 5.	1. 2. 3. 4. 5.

사회	문화	역사 / 생활사	인물
1. 2. 3. 4. 5.	1. 2. 3. 4. 5.	1. 2. 3. 4. 5.	1. 2. 3. 4. 5.

생태 / 환경	과학 / 우주	예술	기타
1. 2. 3. 4. 5.	1. 2. 3. 4. 5.	1. 2. 3. 4. 5.	1. 2. 3. 4. 5.

독서 자료 관련 정보

1. 한국 십진 분류법(KDC)

책은 일반적으로 이용의 편의, 활용의 편의, 찾아보기의 편의를 위해서 분류 진열되는 것이 원칙이다. 한국에 있어서의 모든 도서의 분류는 '한국 십진 분류법(韓國十進分類法 : Korean Decimal Classification, 약칭 KDC)'을 표준으로 삼고 있다.

KDC는 도서관에서의 도서의 체계적인 관리, 이용을 위해 1964년 5월 31일 한국도서관협회가 제정한 표준 분류법이다. 이 KDC는 세계적으로 널리 통용되고 있는 듀이 십진 분류법(Dewey Decimal Classification : DDC)을 바탕으로 하여 우리 실정에 적합하게 만들어진 것이다.

KDC는 모든 도서관이나 자료실은 물론이고 출판 통계를 집계하는 데 있어서도 기본적인 근거가 되고 있다. 일반 서점도 기본적인 분류는 KDC에 바탕을 두고 이를 적절히 응용하는 것이므로 KDC를 알아 둘 필요가 있다.

<표 6> 한국 십진분류표

유형별	주제
000(총류)	서지학, 도서관학, 정보 과학, 백과사전, 연감, 사전, 신문, 논문집, 컴퓨터(소프트웨어), 향토 자료 등
100(철학)	형이상학, 동양 철학, 서양 철학, 논리학, 심리학, 윤리학 등
200(종교)	비교 종교학, 불교, 기독교, 도교, 천도교, 회교, 기타 종교 등
300(사회 과학)	통계학, 경제학, 사회학, 사회 문제, 정치학, 법학, 교육학, 풍속, 민속학, 국방, 군사학 등
400(순수 과학)	수학, 물리학, 화학, 천문학, 지학, 광물학, 생명 과학, 식물학, 동물학 등
500(기술 과학)	의학, 농업, 농학, 일반 공학, 공업, 건축 공학, 기계 공학, 전기 공학, 전자 공학, 화학 공학, 제조업, 가정학, 가정생활 등
600(예술)	건축술, 조각, 공예, 서예, 회화, 사진, 음악, 연극, 오락, 운동 등
700(언어)	한국어, 중국어, 일본어, 영어, 독일어, 프랑스어, 스페인어, 이탈리아어, 기타 언어 등
800(문학)	한국 문학, 중국 문학, 일본 문학, 영미 문학, 독일 문학, 프랑스 문학, 스페인 문학, 이탈리아 문학, 기타 문학
900(역사)	아시아, 유럽, 아프리카, 북아메리카, 남아메리카, 오세아니아, 양극 지방, 지리, 전기 등

2. 프랭클린 월터 교과서 선정 기준[48]

미국의 프랭클린 월터는 일반적인 독서 자료 선정 기준으로 열네 가지 항목을 들고 있는데 이것이 주로 학교의 언어 교육을 위한 교과서 선정에 한한 경우라 해도 선정 기준의 상세화와 체계화에 시사점을 준다. 내용은 다음과 같다.

1) 총합적 목적성(overall purpose)

학습의 각 과정에 적합해야 하고, 지역 교육 관계자들의 교육 철학이 반영되어야 한다.

2) 학생들의 요구(student needs)

학생들의 개별적 특성과 발달 단계에 있어서의 신체적, 정서적 성숙도 등을 고려해야 한다.

3) 교사들의 필요(teacher needs)

교사의 교수 방법, 취향, 선택의 우선권 등과 배치되지 않아야 한다.

---

48) 임영규(2008), 『독서자료 선정과 활용』, 박이정, 62~63쪽.

4) 다원적이고 성차별을 두지 않는 대표성(pluralistic and nonsexist representation)

다양한 사회의 원만한 상호 의존성을 반영해야 한다.

5) 권위(authoritativeness)

저자, 기획자, 출판사의 배경, 교육 정도, 경험, 명성, 경력 등을 고려해야 한다.

6) 출처의 명확성(authenticity)

독서 자료는 타당하고, 신뢰성과 완결성이 있으며, 대상이 뚜렷해야 한다. 최근의 저작권과 발간 날짜도 명시되어 있어야 한다.

7) 범위(scope)

주제의 측면에서 내용의 깊이와 폭이 적절해야 하고 해당 학년과 연령의 수준에 알맞아야 한다.

8) 체제와 기술적인 질(format and technical quality)

제본이 잘되어 내구성이 있고, 활용과 보관이 편리해야 한다. 활자도 선명하고 편집도 균형미를 갖춰야 한다.

9) 내용상의 논리와 형식의 정제성(content treatment and arrangement)

내용의 계열성을 살려 논리적으로 빈틈없이 조직되어 있으며 적절한 형식을 갖춰 정리되어 있어야 한다.

10) 미학적 고려(aesthetic considerations)

예술적·사회적 가치를 지니고, 학생들의 고려가 필요하다.

11) 구입 비용(cost)

대상 도서에 대한 필요성과 잠재적 활용성에 합치되는 예산상의 고려가 필요하다.

12) 논의의 공정성이 있는 내용(controversial issues)

반대 의견의 개진이 가능하며, 모든 이데올로기, 철학, 종교, 정치적 관점이 편견 없이 다루어져야 한다.

13) 자료원의 공유(resource sharing)

욕구와 활용의 빈도 등의 측면에서 학교와 지역 사회의 자료 공유성이 탐색되어야 한다.

14) 지향성(trends)

현재와 장래에 걸쳐 교사와 학생의 상호 작용을 통하여 효과와 유용성을 증가시킬 수 있는 교육적, 사회적, 기술적인 지향성을 지녀야 한다.

이러한 프랭클린 월터의 논의를 바탕으로 신헌재·권혁준·우동식 외는 '도서의 내용과 형식, 독자의 수용, 저자 및 출판사'의 세 측면에서 독서 자료 선정 기준을 제시한다.[49]

3. 참고 현황표: 주요 권장 도서 목록과 도서 선정[50]

분야	시행 주체	권장 도서 목록 이름	선정 주체		소통 과정과 연계 상황		중점 강조축				발표 시기
			형태	내용	소통 매체와 목록 형태	연계 사업	책	수용자	매체	선정자	
교육계	책으로 따뜻한 세상 만드는 교사들	주제별 / 상황별 권장 도서 목록, 여름 / 겨울 방학 권장 도서 목록, 기타	독립	'책따세' 운영진 각과 교사, 사서 교사(민간 독서 전문가 포함)	기존 미디어에 보도 의뢰 / 기사 제공, 자체 홈페이지 탑재, 『함께여는 국어교육』 회지에 발표			●		●	분기 / 반기 / 수시
출판계	한국출판 인회의	이달의 책	위촉	도서 선정 위원회 (분야별 전문가)	기존 미디어에 보도 의뢰, 일간지 유료 광고, 자체 홈페이지에 탑재			●		●	격월
	대한출판 문화협회	이달의 청소년 도서	위촉	도서 선정 위원회 (분야별 전문가)	기존 미디어에 보도 의뢰, 자체 홈페이지에 탑재, 소책자 부정기 배포	구입 배부 (종당 300부)					분기
	교보문고	계층별 권장 도서	위촉	도서 선정 위원회 (분야별 전문가)	기존 미디어에 보도 의뢰, 자체 홈페이지에 탑재	특별 판매대					매년

---

49) 신헌재·권혁준·우동식 외(1993), 『독서교육의 이론과 방법』, 박이정, 47~68쪽.

50) 허병두(2002), 「이해와 비판, 그리고 제안—권장 도서목록의 작성과 도서선정 작업을 중심으로」, 학교도서관활성화를 위한 세미나 자료집, 책따세.

			방식	위원회	활용 / 홍보					주기
언론계	TV 책을 말하다	이달의 책	자문	프로그램 자문 위원회(분야별 전문가)	프로그램 방송. 스파트 광고, 자체 홈페이지에 탑재			●	◐	◐	매월
	! 느낌표	이달의 추천 도서	자문	도서 선정 자문 위원회(분야별 전문가)	프로그램 방송. 스파트 광고, 자체 홈페이지에 탑재			●	●		매월
	중앙일보	이달의 도서	자문	도서 선정 자문 위원회(분야별 전문가)	자사 신문 북섹션에 게재, 자체 홈페이지에 탑재	독후 감상문 대회 / 서점 코너 운영 유도		●	◐	◐	매주
	조선일보	이달의 도서	자문	도서 선정 자문 위원회(분야별 전문가)	자사 신문 북섹션에 게재, 자체 홈페이지에 탑재	서점 판매대 운영 유도		●	◐	◐	매월
정부 관련 기구 / 기관	한국간행물윤리위원회	청소년 추천 도서	위촉	서평 위원회 (분야별 전공 교수)	기존 미디어에 보도 의뢰, 자체 홈페이지에 탑재, 다양한 각종 책자로 각급 학교와 관련처에 배포	서점 특별 코너 유도, 독서 강연, 별도 시상	●			●	분기 / 매월
	한국과학문화재단	우수 과학 도서	위촉	심사 위원회 (과학 / 독서 전문가)	기존 미디어에 보도 의뢰, 자체 홈페이지에 탑재, 책자로 각급 학교와 관련처에 배포	구입 배부 / 독후 감상문 대회	●			●	매년
	문화관광부	문화관광부 추천 도서	위촉	심사 위원회 (분야별 전공 교수)	기존 미디어에 보도 의뢰, 자체 홈페이지에 탑재, 일간지 전면 광고	구입 배부 (종당 300만원 상당)	●			●	매년
기타	청소년 분야 외: 문화관광부의 우수학술도서, 문예진흥원의 우수문학예술도서, 환경부의 우수환경도서 등										

4. 고전과 정전

1) 고전(classic)

고전이란 '오랜 세월 동안 가치나 감동이 영원히 변하지 않는 책'을 말한다. '인간이 성장하는 시기에 반드시 읽어야 할 책'이 바로 고전이다. 그 까닭은 어린 시절에 읽은 것을 나이가 든 후에 다시 읽으면 고전은 낡았다는 느낌을 주지 않고 오히려 새로운 느낌과 깨달음으로 다가오기 때문이다. 고전을 현대에 되살리기 위해서는 고전을 고전으로 고이 간직할 것이 아니라, 시대의 사상에 맞추어 재해석하는 것이 올바른 고전의 현대화라 할 것이다.

현대인이 고전을 읽어야 하는 이유는 옛것을 알아야 지금의 것을 알 수 있기 때문이다 (溫故知新). 또한 고전은 인간 사회의 중요한 경험들이 담겨 있어 한 번 읽고 끝낼 책이 아니라 되새김질이 필요한 책이다. 오로지 승리하는 것만이 미덕인 급박한 현실 속에서 고전은 우리 삶의 방향을 잡아 주는 나침반 역할을 해 준다. '고전의 고전성'으로 오랜 시간 살아남아서 '탕진되는 법 없는 통찰과 지혜'이며 고전은 지식의 보고가 아니라 지식의 장수 유전자이다. 지식은 한 분야에만 쓰이지만 지식의 유전자는 모든 분야에 응용될 수 있는 융통성이 있다.[51]

요즘의 학생들이 고전을 잘 읽지 않는 이유는 재미가 없다고 느끼기 때문이며 현실을 파악하는 사고방식의 변화에서도 그 원인을 찾을 수 있다. 또한 요즘 어린이들은 긴 호흡보다는 짧은 호흡에 익숙해 있기 때문에 고전을 멀리하는 경향을 보인다. 따라서 시대와 호흡하는 고전 읽기를 위한 방법으로는 우리 시대를 이야기하는 현대 고전을 먼저 권하고 학생들이 소화할 수 있는 새로운 고전 목록을 다시 정할 필요가 있다. 그리고 서유럽 중심의 고전 목록에서 벗어나 다양한 문화권의 도서를 목록에 포함시키며 교사는 교육적인 준비를 철저히 해야 한다.

2) 정전(canon)

정전이란 말은 측정의 도구로써 사용된 '갈대'나 '장대'를 의미하는 고대 희랍어 kanon 에서 유래한 것으로서 그 후 '규칙' 혹은 '법'이라는 의미를 갖게 된 말이다. 정전은 그 사용자들에게 어떤 작가나 텍스트가 다른 어떤 것들보다 더 보존할 가치가 있다고 생각할 수 있는 선택의 원칙을 암시해 준다. 이와 같이 정전이란 가장 넓은 의미에서는 한 문화권 내에서 상대적으로 높은 가치를 부여 받고 보존되는 텍스트들을 총칭한다.[52]

정전은 고전이라는 말과 비슷한 뜻을 가진 말로 그 개념도 매우 비슷하다. 거의 같은 개념으로 혼용되어 왔으나 요즘 들어 정전이라는 말을 고전과 조금 분리하여 표현하는 경우가 나타나고 있다. 정전(正典)은 글자 그대로 올바른 책이라는 뜻으로 그 내용이나 주제, 문체 등이 바르고 바람직한 책을 지칭한다고 의미할 때 양서의 개념과도 비슷하다고 할 수 있다.

---

51) 정과리(2004. 9. 11), 「고전을 읽어야 할 절박한 이유」, 조선일보.
52) 정재찬(1997), 「문학 정전의 해체와 독서 현상」, 『독서연구』 제2호, 한국독서학회, 104쪽.

5. 베스트셀러와 스테디셀러

1) 베스트셀러

'베스트셀러'라는 말은 1895년 『북맨(Bookman)』 편집장 해리 펙(Harry Peck)이 처음 사용하였다. 학원사의 『백과사전』에서는 베스트셀러를 "어떤 기간 중 잘 팔리는 책, 그러나 유명한 사전이나 수험 참고서처럼 장기간에 걸쳐서 팔리는 책은 이에 속하지 않는다. 어떤 기간 중 평판이 높아서 많이 팔리는 것이 조건이 되고 있다."라고 정의한다.

독일의 베스트셀러 연구가인 파울스티히(Faulstich)는 개념적 정의와 조작적 정의로 나누어 정리하고 있다.[53] 개념적 정의는 베스트셀러란 베스트셀러 리스트를 말하며 가장 많이 팔리는 책으로 특정 지역, 특정 기간, 최고의 문학 작품이고 서적 시장의 한 현상이다. 조작적 정의는 베스트셀러는 광고를 통한 조작적 성공 도서이며 독자에 대한 속임수, 두드러진 문화 서적 사업이다.

베스트셀러는 독자들에게 유익하고 좋은 도서를 선택하는 데 유용한 정보의 통로 구실을 하며 양질의 도서 생산에 자극제가 될 수 있다. 반면에 베스트셀러는 출판 산업의 무분별한 상업화가 촉진될 수 있고 출판 유통 구조의 구조적 모순을 심화시킬 수 있다. 기획의 다양성이 저해됨으로써 출판물의 외형이 획일화될 수 있으며 편향된 독서 습관을 부추길 우려가 있다.[54]

2) 스테디셀러

스테디셀러는 꾸준히 팔린다는 뜻으로 '장기간 잘 팔리는 책'의 개념이다. 우리나라에서는 '오랫동안 계속 팔리고 있는 책'이란 뜻으로 사용되고 있으며 양서라고 말할 수 있는 책이다. 〈조선일보〉(1991. 7. 21)에서는 이 개념을 '광복 이후 지금까지 독서계를 장기 집권하고 있는 책'으로 정의하였다.

3) 롱 셀러(long seller)

오랜 기간을 두고 지속적으로 팔리는 책의 개념으로 스테디셀러와 거의 비슷하다. 한

---

53) 김선남(2002), 『독서문화와 베스트셀러』, 일진사, 63쪽.
54) 김선남(2002), 앞의 책, 67~68쪽.

태석(1971)에 의하면[55] 롱 셀러는 단기간에 대량 부수를 판매하는 베스트셀러에 비하여 장기간에 걸쳐 계속 다량이 팔리는 책으로서, 수명의 장기성, 거기에 따르는 불후의 가치로 고전이 차지하는 비율이 높다.

4) 밀리언 셀러(million seller)

단번에 백만 권이 넘게 팔리는 것으로 베스트셀러와 거의 비슷한 개념이다. '엄청나게 많이 팔린' 책을 표현할 때 쓰는 말로 센세이셔널한 면을 강조한다.

5) 빅 셀러(big seller)

대체로 밀리언 셀러보다 조금 낮은 정도를 가리킬 때 사용하는 용어로 주로 광범위한 지역에서 팔려 나간 경우에 사용한다.

6) 톱 셀러(top seller)

특정 분야에서 그 무렵에 가장 상위권에 오르는 책들을 지칭할 때 사용하는 용어이다.[56]

7) TV 셀러(TV seller)[57]

TV의 영향력에 의해 베스트셀러가 된 책이다. TV+best seller의 합성어 또는 그러한 사회 현상을 가리키는 신조어로, 방송 프로그램이나 신문의 출판 면 등에 소개된 도서가 잘 팔리거나 베스트셀러가 된 경우에 사용한다.

---

55) 한태석(2000), 『책의 세계』, 교학사.
56) 김선남(2002), 앞의 책, 64~65쪽.
57) (재)한국출판연구소 편저(2002), 『출판사전』, 범우사, 436쪽.

I. 독서 자료의 이해

독서 자료의 개념
문자 언어로 이루어진 책과 인터넷 텍스트뿐만 아니라, 글, 그림, 사진과 영상, 영화, 음악 등을 포함한 멀티미디어 모두 읽을거리에 해당한다.

독서 자료의 유형
구어 텍스트와 문어 텍스트, 정보 텍스트와 문학 텍스트, 인쇄 텍스트와 복합 양식 텍스트 등이 있다.

미디어의 개념
미디어는 중재하는 수단, 도구, 매개체로, 사람과 사람 사이에서 정보를 전달하는 것을 말한다. 매체, 대중 매체, 매스 미디어라고도 한다.

미디어의 종류
인쇄계, 방송계, 통신계로 나뉜다.

미디어의 기능
환경 감시 및 정보 제공의 기능, 상관 조정 기능, 사회 문화유산의 전수 기능, 오락 기능이 있다.

책의 개념
책은 '문자나 사실, 사상의 기록을 인쇄하여 책등 한 곳을 고정시키고 표지를 씌운 것'이다.

책의 기능
어린이·청소년을 위한 여섯 가지의 책의 기능이 있다.

II. 독서 자료 선정 기준의 이해 및 실제

독서 자료 선정의 목적
시기에 맞는 책, 다양한 수준과 개성에 맞는 책을 선정하여 바람직한 영향을 줄 수 있어야 한다.

독서 자료 선정 시 고려할 사항
독서 자료 선정 시 텍스트뿐만 아니라 독자와 과제 요인도 함께 고려해야 하는 텍스트의 복잡도 개념이 있으며, 그와 함께 독서 자료 선정자가 갖추어야 할 요건이 있다.

독서 자료 선정 기준
미디어를 올바르게 수용하는 자세와 함께 미디어 리터러시의 발달 단계와 미디어를 선정하는 평가 기준들을 알아본다. 독서 자료 선정의 일반적인 기준들과 북매치 전략, 그와 함께 어린이도서연구회, 책따세, 한우리미래교육연구소 등 기관별 선정 기준들을 알 수 있다.

독서 자료 선정 방법의 실제
특정한 날에 맞게 도서를 선정하는 월별 독서 자료 선정, 각자가 처한 상황에 따른 상황별 독서 자료 선정, 연령별 독서 흥미 발달 단계에 따른 독서 자료 선정, 그리고 도서 종류별 독서 자료 선정 기준 등이 있다.

1. 책 재료의 변천 과정을 볼 때 인류는 편리성을 기준으로 책의 재료를 선택해 왔고 오늘날 종이책을 계속 사용하고 있다. 그러나 현대는 전자책이 급속한 발전과 대중화를 통해 각광을 받고 있는 실정이다. 종이책과 전자책의 향후 미래 전망에 대해 생각해 보자.

2. 책에는 전혀 관심이 없고 게임과 TV만 즐기는 초등학교 4학년 어린이에게 어떤 책을 골라 주어야 책과 가까운 어린이로 인도할 수 있을지 생각해 보자.

3. 책을 읽다 보면 자신의 가치관이나 관점에 커다란 변화를 주거나 삶의 방향을 바꾸는 계기가 되는 책이 있기 마련이다. 특히 '정전'이나 '고전'은 한 사람의 삶에 지대한 영향을 미친다. 자신의 인생에 전환점이 되거나 삶의 목표를 심어 준 '내 인생의 정전'을 꼽으라면 어떤 책인지 생각해 보자.

4. 초등학교 5학년이 읽으면 좋은 역사 관련 도서 자료를 선정하고, 그 책에 대하여 평가해 보자. 독서 자료 평가 기준 5개 항목을 선택하여 레이다 도표(차트)를 만들어 보자.

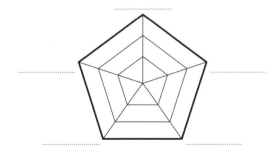

5. 같은 내용이나 주제의 독서 자료 중 책과 미디어(만화 또는 영화 포함) 매체를 각각 선택하여 비교해 보자. (예 〈찰리와 초콜릿 공장〉의 책과 영화)

- 강상현 외 14인(2009), 『디지털 시대 미디어의 이해와 활용』, 한나래.
- 강향옥(2001), 「초등학교 저학년 권장 도서 선정에 관한 연구」, 전남대학교 교육대학원 석사학위 논문.
- 김경화(2013), 『세상을 바꾼 미디어』, 다른.
- 김선남(2002), 『독서 문화와 베스트셀러』, 일진사.
- 김시내(2003), 「권장 도서의 선정 현황과 특성 분석」, 성균관대학교 석사학위 논문.
- 김은해(2011), 『우리 아이, 책 날개를 달아주자』, 살림.
- 김이숙·남영준(2005), 「학교도서관 전자자료 선정정책」, 한국정보관리학회, 제12회 학술대회논문집.
- 김정현(2018), 『문헌분류의 실제』, 태일사.
- 김주환(2019), 『교사를 위한 독서교육론』, 우리학교.
- 남산도서관(2017), 『2017 상황별 독서목록』, 남산도서관.
- 노명완(1998), 「독서자료의 비판적 고찰」, 『독서연구』, 한국독서학회.
- 데이비드 버킹엄(기선정 옮김)(2004), 『미디어 교육』, 제이앤북.
- 독일미디어진단(2019), 『셧다운! – 미디어 정글에서 우리 아이 구하기』, 한국인지학출판사.
- 모티머 애들러, 찰스 밴 도렌(2021), 『교사 없는 독서법』, 물과 숲.
- 미하일 일리인(2003), 『백지 위의 검은 것』, 미래엔아이세움.
- 박수자(2005), 『읽기 지도의 이해』, 서울대학교출판부.
- 박영민(2011), 「독자에게 적합한 도서의 수준과 측정 방법–도서의 수준과 도서 선정의 제 문제」, 한국독서학회, 17쪽.
- 박인기(1998), 「아동용 독서자료의 비판적 고찰」, 『독서연구』 제3호, 한국독서학회.
- 변우열(2015), 『독서교육의 이해(개정판)』, 한국도서관협회.
- 설진아(2007), 『미디어 교육의 이론과 실제』, 에피스테메.
- 손정표(2015), 『신독서지도방법론』, 태일사.
- 신헌재·권혁준·우동식 외(1993), 『독서교육의 이론과 방법』, 박이정.
- 왕효성(2013), 「청소년 독자들의 도서 선정에 영향을 주는 요인에 관한 고찰」, 『독서연구』 제29집, 한국독서학회.
- 왕효성(2014), 「청소년 독자의 도서 선정 과정과 준거에 관한 연구」, 고려대학교 박사학위 논문.
- 유구종(2020), 『유아 스마트교육 및 매체–4차 산업혁명 시대의』, 정민사.
- 윤여탁·최미숙·정현선 외(2008), 『매체언어와 국어교육』, 서울대학교출판부.
- 이경미(2006), 「초등학생의 독서 성향 분석을 통한 바람직한 독서 지도의 방향」, 대구교육대학교 석사학위 논문.

- 이경화(2004), 『읽기 교육의 원리와 방법』, 박이정.
- 이경화 외 8인(2012), 『초등학교 국어 학습부진의 이해와 지도』, 박이정.
- 이기성(2002), 『전자출판-4』, 서울출판미디어.
- 이승화(2018), 『나를 중심으로 미디어 읽기』, 시간여행.
- 이영음·이은택 공저(2015), 『뉴 미디어론』, 한국방송통신대학교출판문화원.
- 이재현(2013), 『멀티미디어』, 커뮤니케이션북스.
- 임영규(2008), 『독서 자료 선정과 활용』, 박이정.
- 전국국어교사모임 매체연구부(2007), 『매체 교육의 길찾기』, 나라말.
- 정과리(2004.9.11.), 「고전을 읽어야 할 절박한 이유」, 조선일보.
- 장소원·이수연·김혜영(2020), 『뉴 미디어 시대의 미디어 리터러시–어떻게 읽고 어떻게 쓸 것인가』, 태학사.
- 정양순(2000), 「초등학교에서의 효율적인 독서 자료 선정과 활용 방안 연구」, 한국교원대학교 석사학위 논문.
- 정재찬(1997), 「문학 정전의 해체와 독서 현상」, 『독서연구』 제2호, 한국독서학회.
- 제임스 포터(2020), 『미디어 리터러시 탐구』, 소통.
- 조월례(2005), 『아이 읽기, 책 읽기』, 사계절.
- 최진희(2015), 「초등학교에서의 독서자료 선정과 활용에 관한 실태 조사」, 광주교육대학교 석사학위 논문.
- 페리 노들먼(2006), 『어린이 문학의 즐거움』, 시공주니어.
- 한국독서학회(2021), 『독서교육의 이론과 실천』, 박이정.
- (재)한국출판연구소 편저(2002), 『출판사전』, 범우사.
- (사)한우리독서문화운동본부 교재집필연구회(2015), 「독서 자료 선정」, 『독서교육의 이론과 실제 I』, 한우리북스
- 한우리도서선정연구회(2020), 『한우리가 선정한 좋은 책』, 한우리미래교육연구소.
- 한우리미래교육연구소·한우리도서선정연구회(2021), 『한우리가 선정한 좋은 책』, 한우리미래교육연구소.
- 한윤옥(2008), 『독서교육과 자료의 활용』, 한국도서관협회.
- 한철우·박진용(1998), 「청소년 독서자료의 분석」, 『독서연구』 제3호, 한국독서학회.
- 허병두(2002), 「이해와 비판, 그리고 제안–권장 도서목록의 작성과 도서선정 작업을 중심으로」, 학교도서관활성화를 위한 세미나 자료집, 책따세.

06

상담과 독서

//

제1장 독서 상담과 상담 환경 · 408

1. 독서 상담의 개념과 필요성
2. 상담 환경의 조성과 계획

제2장 교사 효율성 훈련 · 418

1. 교사 효율성 훈련의 개념
2. 교사와 학생의 관계를 바라보는 방법
3. 문제 소유 가리기
4. 학생이 문제를 소유했을 때 교사의 대처 방법
5. 교사 자신이 문제를 소유했을 때 교사의 대처 방법

제3장 독서 부진아 지도와 독서 습관 들이기 · 436

1. 독서 부진아 지도
2. 독서 습관 들이기

독서나 독서 수업을 하다 보면 바람직한 독서의 태도는 어떠한지, 어떻게 하면 독서를 잘할 수 있을지, 문제가 보이는 학생의 지도는 어떻게 해야 하는지 등 여러 가지 의문이 생긴다. 특히 학부모는 내 자녀의 독서 능력은 어떠한지, 어떤 책을 읽혀야 하는지, 앞으로 어떠한 독서를 하도록 집에서 지도해야 하는지, 독서 지도가 나중에 진학과는 어떠한 관련이 있는지 등 궁금증이 생기기 마련이다.

독서 교육 전문가는 이러한 학생이나 학부모들의 독서에 대한 고민, 독서 방법, 독서 태도 등과 같은 다양한 영역에서의 상담을 하는 상담가의 역할을 해야 한다. 상담 능력은 독서 지도 경험이 많다고 하여 저절로 습득되는 것이 아니다. '상담'은 전문적인 한 분야로 특별한 교육과 훈련이 필요한 것이다.

이 장에서는 기초적인 상담 환경 조성 방법을 알고 교사 효율성 훈련의 핵심적인 내용인 효과적인 의사소통 방법을 알아본다. 더불어 수업 현장에서 자주 경험하게 되는 독서 부진아 지도와 독서 습관 들이기 방법을 알아보고 문제가 보이는 학생의 독서 상담 내용을 구체적으로 제시하고자 한다.

● '독서 상담'에 대하여 KWL 전략을 사용하여 점검해 보자. 이 장을 읽기 전에 K(아는 것)와 W(알고 싶은 것) 칸을 완성해 보고, 이 장을 모두 공부한 후에 L(배운 것)을 정리해 보자.

K(know)	W(want to know)	L(learn)

제1 장

독서 상담과 상담 환경

1. 독서 상담의 개념과 필요성

1) 독서 상담의 개념

독서 상담과 관련된 용어로 독서 요법, 독서 치료, 독서 심리 상담, 독서 클리닉, 독서 지도 등의 용어가 쓰이고 있다. 앞의 세 용어는 Bibliotheraphy[1]라는 서구 용어를 번역한 것이다. 한편 독서나 독서 자료에 대한 상담이나 협의(reading consultation), 혹은 독서 활동에 문제가 있는 개인의 문제를 해결하기 위한 지도 방법의 한 형태(readers advisory)를 포괄하여 '독서 상담'으로 지칭하기도 한다.

독서나 책을 활용하여 심리적인 문제 해결에 초점을 맞추는 상담은 독서 치료(혹은 독서 심리 상담)의 주된 내용이고, 독서에 대한 상담이라면 독서 지도의 주된 내용이 된다.

---

1) '독서 치료(bibliotherapy)'란 말의 어원은 'biblion(책, 문학)'과 'therapeia(도움이 되다, 의학적으로 돕다, 병을 고쳐 주다)'라는 그리스어 단어에서 유래되었다. 독서 치료는 문학을 사용하여 정신 건강을 증진시키는 것으로 단순하게 정의를 내린다면 '책을 읽음으로써 치료가 되고 도움을 받는다'는 것이다. 독서 치료에 대한 여러 학자의 정의 중 Lake(1985)는 독서 치료 활동 종류와 참여한 어린이의 특성에 따라 발달적(developmental) 독서 치료와 임상적(clinical) 독서 치료로 구분하였다. 발달적 독서 치료란 어린이가 정상적인 일상의 과업에 대처할 수 있도록 하기 위하여 문학 작품을 활용하는 것이다. 발달적 독서 치료는 독서 지도나 독서 교육과는 다른 의미를 가지고 있으며 독서 부진아나 읽기 장애아가 대상이 되는 독서 클리닉과도 엄밀한 의미에서 다르다. 임상적 독서 치료는 정서적으로나 행동 면에서 심하게 문제를 겪고 있는 사람들을 도와주는 개입의 형태로 특별한 문제에 초점을 두게 된다. 그러므로 정신 건강 전문가의 참여가 필요하다.(김현희 외, 2003:3~22)

물론 두 분야는 아주 밀접한 관련을 맺고 있다. 실제 문제 상황으로 들어가면 두 분야가 혼용되어 있는 경우가 많기 때문이다.

예를 들어 "우리 애가 책을 안 읽어요. 게임에만 너무 빠져 있어요. 어떻게 해야 하나요?"라고 상담을 해 온 경우 이 문제는 독서에 대한 상담이라고 볼 수 있으나, 이 아이가 책보다 게임에만 빠져 있는 심리적 원인이 있어서 그 문제 해결을 위해 독서를 끌어들이는 것은 독서를 통한 상담이 될 수 있다. 그러므로 독서에 대한 상담과 독서를 통한 상담은 서로 상호 작용을 필요로 한다.

'독서 상담' 과목은 독서 지도 현장에서 마주칠 수 있는 상담의 내용을 중심으로 다룬다. 그러기 위해 상담의 기초적인 방법을 알고 교사 효율성 훈련의 핵심 내용을 익혀 독서 부진아 지도 및 독서 습관 들이기 방법을 중심으로 살펴보고자 한다. 더불어 실제 독서 상담의 사례를 제시해 실질적인 문제 해결에 도움을 주고자 한다.

2) 독서 상담의 필요성

상담은 복잡한 심리 게임으로 문제의 근원적 해결을 위한 과정이다. 독서 수업 과정에서 학생들은 학습이나 정서적인 문제, 독서 능력이나 독서 습관의 문제 등 다양한 문제를 드러내기 마련이다. 독해력이 부족하거나 독서 습관에 문제가 있거나 읽기 능력이 부진한 경우도 많다. 또한 학부모는 가정에서 자녀의 문제를 어떤 방식으로 해결하면 좋을지 몰라 상담을 요청하는 경우가 대부분이다.

이에 교사는 문제를 겪는 학생과 학부모에게 적절한 상담 내용을 구성해 줄 필요가 있다. 적절한 상담 내용은 학생의 읽기를 즐겁게 하고 발달을 촉진시키며 학부모와 교사, 학생 간의 신뢰를 높인다. 이 과정에서 학생의 정의적인 영역의 발달뿐만 아니라 인지적인 영역의 발달을 함께 이룰 수 있게 한다.

특히 학부모 독서 상담의 주요 내용은 가정 문식성 환경(family literacy environment)을 적절하게 조성하는 데 있다. 가정은 취학 전후의 어린 독자 또는 청소년 독자를 문식 세계로 이끄는 중요한 공간이며, 가족 구성원들은 독자를 상호 지원하는 주체라고 할 수 있다. 독자의 가정 문식성은 가정 내 구비된 도서의 수나 종류와 같은 물리적 환경에도 영향을 받지만, 보다 중요한 요인은 독자가 이러한 자료를 접하며 경험하는 '문식 활동의 질'이라고 할 수 있다.(이순영 외, 2016:511 재구성)

이러한 문식 활동의 질을 높이기 위한 방안 중의 하나로 학부모 독서 상담은 중요한 역할을 한다. 독서 교육은 가정생활, 학교생활, 생활 지도에 이르기까지 여러 교육 과정과 인간 교육이 상호 밀접하게 연결되어 있기 때문이다. 그 성격 자체도 국어 교육학, 교육학, 심리학, 문헌 정보학 등의 종합적인 방법에 의한 응용 학문으로 하나의 독립된 영역의 특성을 지니고 있다. 따라서 독서 전문가는 독서 지도라는 한 가지 역할만이 아니라 전인격적인 역할, 독서인 자체로서의 역할, 그리고 상담가로서의 역할 등 폭넓은 역할을 해야 한다.

2. 상담 환경의 조성과 계획

1) 인간의 기본적인 욕구

윌리엄 글라써(William Glasser)는 인간은 기본적 욕구를 가지고 있으며 이것을 충족시키는 방법으로 각자가 다양한 선택을 한다고 본다. 이때 욕구는 모든 사람이 공통적으로 가지고 태어나는 유전적 속성이지만 그 욕구를 채우는 방법으로서의 바람(want)은 개인마다 차이가 있다.

인간은 욕구 충족을 위해 행동하고 선택하고 결정한다. 이때 하는 생각, 감정, 행동 선택이 삶의 질을 결정한다. 따라서 상담사는 내담자가 자신의 욕구를 충족시키면서 효과적으로 책임질 수 있도록 조력해야 한다. 상담의 내용도 내담자 스스로가 삶과 행복을 통제하는 사람이라는 것을 인식하게 하여 내담자의 행동에 초점을 둔다. 이때 내담자의 행동은 타인에게 피해를 주지 않으면서 자신의 욕구를 충족시키는 방법으로 찾아야 한다.

인간은 욕구가 충족되어야 바람직한 행동을 한다. 하지만 안타깝게도 모든 인간은 자신의 기본적 욕구를 충족할 수 없어서 고통을 받는다. 따라서 상담자는 내담자가 책임질 수 있고 만족할만한 방법으로 심리적 욕구를 달성하도록 조력해야 한다. 내담자가 정말 원하는 것이 무엇인지 기본 욕구를 바탕으로 파악하고 바람직한 방법으로 바람을 달성하도록 도와야 한다.

윌리엄 글라써는 인간의 욕구는 보편적이고 인간은 욕구와 바람을 달성하기 위해 동기화되어 있다고 보았다. 그러면서 바람은 개개인에 따라 독특하며 심리적 욕구(사랑과 소속감, 즐거움, 힘과 성취, 자유)와 생리적 욕구(생존)를 가진다고 말한다.

(1) 사랑과 소속감의 욕구(belonging need)

인간이 살아가는 데 원동력이 되는 기본 욕구다. 사회 집단에 소속하고 싶은 욕구, 직장에서 동료들에게 소속하고 싶은 욕구, 가족에게 소속하고 싶은 욕구 등을 말한다. 다른 사람과의 관계 유지가 중요한 문제로 사랑을 주고받고자 하는 인간의 속성이다. 사랑, 우정, 돌봄, 관심, 참여 등이 이 욕구에 해당한다.

(2) 힘과 성취의 욕구(power need)

개개인은 자신의 환경에 영향을 끼치며 어느 정도 환경을 통제하고 싶어 한다. 개인 각자가 경쟁하고 성취하고 중요한 존재이고 싶어 하는 속성이 있기 때문이다. 학교에서의 좋은 성적, 직장에서의 승진이나 기술 인정 등 성취감, 존중, 기술, 능력이 해당한다. 이 욕구는 종종 다른 욕구와 직접적 갈등의 원인을 제공한다. 예를 들어 청소년이 힘의 욕구를 성취하고자 반항할 경우 사랑과 소속감의 욕구와 충돌하게 된다.

(3) 즐거움의 욕구(fun need)

인간이 새로운 것을 배우고 놀이를 통해 즐기고자 하는 속성이다. 흥미, 기쁨, 학습, 웃음, 쾌락 등으로 때때로 즐거움의 욕구가 과하면 생명을 위협한다. 예를 들어 생명을 걸고 암벽을 타거나 자동차 경주를 하는 등 위험한 행동을 하는 경우가 그렇다.

(4) 자유의 욕구(freedom need)

내적으로 자유로우며 마음대로 이동하고 선택하고 싶어 하는 속성이다. 어떤 방법으로 삶을 영위해 나갈지 선택하고 자신의 의사를 마음대로 표현하고 싶은 욕구다. 선택, 독립, 자율성 등이 해당한다. 자유의 욕구는 타인의 욕구를 침해하지 않는 게 전제되어야 한다. 그러기 위해서는 꾸준히 남의 권리를 인정하고 자신의 권리를 인정받는 것에 대한 합리적 이해와 자기 선택에 대한 책임을 감수하려는 의지가 필요하다.

(5) 생존의 욕구(survival need)

인간의 생리적 욕구로 인간이 생물학적 존재로서의 욕구를 말한다. 생명을 유지하기 위해 잠을 자고 먹고 배출하며 호흡하고 땀을 흘리고 혈압을 조절하는 등의 활동이다. 신체를 움직이고 건강하게 유지하도록 하는 속성으로 생식을 통한 자기 확장을 추구하며 살고자 하는 욕구다.

인간은 기본적인 욕구에 의해 끊임없이 판단하고 느끼며 행동한다. 누구나 기본 욕구 중 우선순위를 결정하는 데 끊임없이 갈등을 느끼며 이를 해소하려고 시도한다. 따라서 상담자는 이러한 인간의 속성을 이해하여 내담자가 적절한 선택과 행동을 하도록 안내해 줄 필요가 있다.

2) 독서 상담 환경의 조성

학생들은 부모와 어떤 관계를 형성했느냐에 따라 상담자를 권위적인 인물로 생각하여 경계하며 말을 잘 안 하기도 하고, 친근하게 다가와 자신의 이야기를 잘 꺼내 놓기도 한다. 학생이나 상담 내용에 상관없이 상담의 효과를 극대화하기 위해서 교사는 학생과 친밀함을 유지해야 하는데, 이때 필요한 것이 라포(rapport) 형성이다. 라포는 상담이나 교육을 위한 전제로 신뢰와 친근감으로 이루어진 인간관계를 말한다. 이를 위한 지침 열 가지를 제시하면 다음과 같다.

(1) 편안한 대화 분위기 형성하기

평가하는 말이나 다그치는 말은 매우 위험하며 학생이 불분명하거나 적절하지 않은 말을 하더라도 진지하게 경청해 주는 태도가 필요하다. 학생이 말문을 여는 데 부담을 느끼지 않도록 한다.

(2) 내담자와 쉽게 공감대를 형성할 수 있는 주제 파악하기

내담자와 공감대를 형성하려면 내담자의 흥미, 관심사, 개인 정보 등을 알고 있어야 한다. 내담자가 어린 학생이라면 대화할 때 쉬운 언어를 선택한다. 학생이 좋아하는 TV 프로그램이나 게임 캐릭터 등을 이해하고 있다가 적절한 시점에 관심을 보여 주는 것이 대화를 이어 나가는 데 도움이 된다. 내담자가 학부모라면 교육이나 일 등 학부모의 관심사에 대해 이야기 나누며 공감대를 형성할 필요가 있다.

(3) 다양한 보조 전략 사용하기

독서 능력 검사, 심리 검사, 성격 검사 등 다양한 종류의 검사 도구는 학생의 문제점을 파악하고 진단하는 데 도움이 된다. 또한 학생은 말로 표현하기 힘든 자신의 문제를 노출하는 데 도움을 받는다.

(4) 내담자의 수준에 따라 상담 시간 조절하기

연령이나 내담자의 상태에 따라 대화 시간은 달라질 수 있다. 예를 들어 저학년의 경우 30~40분 계속 대화하는 것은 힘들 수 있다. 특히 학습과 관련된 이야기는 지루하고 집중력이 짧아질 수 있으므로 상담자도 짧고 간결하게 말을 한다. 내담자가 학부모라면 상담 내용에 따라 30분 이상의 대화를 필요로 하기도 한다.

(5) 내담자의 부정적인 생각도 긍정적으로 수용하기

학생 상담의 경우 자발적인 선택으로 이루어지는 경우는 드물다. 그렇기 때문에 학생 입장에서는 상담 자체에 부정적인 생각을 하기 쉽다. 그러므로 학생의 부정적인 생각을 상담자가 자연스러운 것으로 수용해 주는 자세가 필요하다.

(6) 부모와의 적절한 관계 맺기

학생의 문제는 대부분 가정에서 비롯되는 경우가 많다. 또한 자녀의 문제 때문에 부모가 갈등을 겪기도 한다. 그렇기 때문에 부모 상담은 필수이다. 이때 부모의 마음을 잘 이해하고 공감해 주는 것이 필요하다. 부모가 느낄 수 있는 좌절감이나 분노, 수치심 등에 대해 공감하고 이해하는 자세를 보여야 한다.

(7) 주의를 기울여 듣기

대화를 할 때는 내담자에게 눈을 맞추며 내담자의 반응에 따라 민감하게 반응해 주어야 한다. 표정, 자세, 언어적 행동, 비언어적 행동, 바꾸어 말하기 등으로 내담자의 말에 주의를 기울여야 한다. 주제에 귀 기울여 경청한 후 학생이나 학부모의 표현을 명료화하고 반영한다.

(8) 침묵을 허용하기

내담자의 침묵은 존중해 주고 내담자가 다른 표현을 할 때까지 기다려 줘야 한다. 침묵은 내담자가 자기의 생각을 모으게 하고, 통찰을 얻게 하고, 심리 상태를 명백하게 할 수 있다. 귀중한 침묵을 깨는 것은 매우 생산적인 일련의 생각 과정을 파괴하는 것이다.

(9) 은유적 표현에 귀 기울이기

내담자는 모든 것을 사실대로 말하지 않는다. 때로는 진짜 문제를 잘 모르는 경우도 있다. 그러므로 상담자는 내담자가 표현한 것 이면의 의미를 파악하기 위해 귀 기울여야 한다. 은유적 표현을 이해할 수 있으면 내면의 문제에 좀 더 깊이 접근할 수 있다.

(10) 윤리적이기

내담자와의 진실한 관계는 상담자의 높은 수준의 윤리적 행동에 기초한다. 상담에서 나온 이야기는 범죄에 관련된 것만 아니라면 비밀을 유지해야 한다. 이해관계나 이중적인 관계 등도 피해야 한다.

3) 독서 상담 목표의 설정과 계획

(1) 독서 상담 목표의 설정

상담을 효과적으로 하려면 문제를 체계적으로 진단해야 한다. 그래야 일반적인 독서 부진의 문제인지, 다른 장애로 인한 독서 부진인지 혹은 부모의 갈등이나 경제적 빈곤 등의 환경적 문제인지를 알 수 있다. 체계적인 진단 후 구체적인 상담 목표 설정이 가능하다.

다양한 심리 검사[2]를 하기 위해서는 전문적인 공부를 필요로 하는데, 교수 환경에서 가장 쉽게 할 수 있는 것이 관찰법이다. 학생의 말이나 행동, 학습 결과 등을 관찰하여 기록해 놓으면 진단과 구체적인 목표 설정과 상담 전략 수립에 도움이 된다. 부모에게 질문을 통해 학생의 문제를 진단할 수도 있다.

① 독서 문제는 언제부터 나타났는가?
② 자녀의 독서 문제가 무엇 때문이라고 생각하는가?
③ 자녀는 독서 문제가 무엇 때문이라고 생각하는가?
④ 자녀의 독서 문제에 영향을 미치는 다른 요인이 있는가? (친구 관계, 경제 상황, 가족의 문제 등)
⑤ 독서 문제를 해결하기 위해 지금까지 시도한 방법은 무엇인가?

독서 상담의 목표는 독서 습관 기르기, 독서 동기 향상, 독해력 향상, 표현 능력 향상,

---

2) 지능, 성격, 태도 등 개인의 능력이나 심적 특성, 및 그 장애를 분명히 하기 위한 목적으로 만들어진 심리학적인 검사법이다. 심리 검사는 그의 이용 목적, 형식, 내용 기타의 특성에 의거하여 다양한 분류가 이루어지고 있다. 예를 들면, 목적별로 본 경우 (1) 지능 검사 (2) 특수 능력 검사(적성 검사, 학력 검사 등) (3) 성격 검사 등으로 분류한다.

긍정적 자아 개념, 대인 관계 기술 습득, 정서적 안정 등 매우 다양하다. 부모나 학생 모두 자신의 문제를 힘들어 하지만 그 해결 방법이나 문제의 원인에 대해서는 모르는 경우가 많다.

따라서 상담자는 내담자에 대한 체계적인 진단 결과를 바탕으로 현실적으로 노력 가능한 범위 안에서 구체적인 상담 목표를 정해야 한다. 이런 현실적인 목표를 설정하기 위해서는 부모 혹은 교사와 기대 수준을 조율해야 하고 학생 자신도 그 목표에 의미를 둘 수 있어야 한다.

(2) 계획과 실행

많은 내담자는 예전에 계획하기에서 실패한 경험이 있기 때문에 새로운 계획을 세우고 실행하는 데 커다란 두려움을 느끼고 있다. 그러므로 상담자는 내담자의 가능성을 신뢰하면서 "긴 터널의 끝에는 빛이 있다"고 용기를 북돋아 주어야 한다. 계획을 수립하고 실천하는 과정을 통해서 사람들은 자신의 생활을 통제할 수 있다.

계획의 목적은 성공을 경험하도록 하는 것이다. 상담자는 계획 단계를 통해 내담자에게 그들 자신의 선택이나 활동에 대해 책임 능력이 있다는 사실을 인정하도록 도와준다.

① 욕구가 충족되는 계획

계획은 욕구와 결합되어야 한다. 카드놀이나 축구를 할 계획을 세웠는데, 내담자가 재미있어하지 않으면 그 계획은 무의미하고 규칙적으로 실행될 수 없다. 또한 내담자가 동의하지 않는 계획을 수립하는 것 역시 내담자의 소속 욕구를 해치기 때문에 지켜지지 않을 확률이 높다. 내담자의 계획은 단기적이거나 장기적으로 욕구가 충족되는 것에 중점을 둔다.

② 단순한 계획

이해하기 쉽고 단순한 계획이 최고이다. 여기에서 단순함이란 각 개인에게 적합하면서 단순해야 한다는 것이다. 특히 심한 우울증, 반발심, 노여움, 격분 등의 감정에 빠져 있는 사람에게는 단순한 계획이 중요하다. 그들은 자신의 감정에 대해서는 무척 잘 파악하고 있지만, 자신의 행동에 대해서는 잘 모를 수 있다. 따라서 자신의 행동을 인식하게 한 후, 단순하고 이해하기 쉬운 계획을 통해서 그들의 행동을 서서히 바꾸어야 한다.

③ 현실적이고 실현 가능한 계획

아무리 좋은 계획이라도 실현 불가능하다면 아무 소용없다. 내담자가 실현 불가능한 목표를 세우면 상담자가 실현 가능한 계획으로 조절해 주어야 한다. 계획은 현실적으로 실현 가능한 수준으로 세운다.

④ 행동을 중지시키는 것이 아니라 행동을 하도록 하는 계획

행동은 우리가 행할 수 있는 모든 것을 말한다. 우리를 행동하게 하는 마음은 부정적인 명령보다는 구체적인 제시를 더 잘 받아들인다. 따라서 활동에 대한 계획을 세울 때는 행동을 중지시키는 서술이 아닌 행동을 하도록 하는 긍정의 서술이 되도록 한다.

⑤ 구체적인 계획

구체적인 계획은 자세하고 명확한 계획이다. '언제 어디서 누구와 무엇을 얼마나 할 것인지'가 나타나도록 계획을 세운다. 추상적이거나 막연한 계획은 실천으로 이끌기 어렵다.

⑥ 측정 가능하고 반복적인 계획

계획은 측정 가능한 내용으로 반복해서 할 때 실천으로 이끌기 쉽다. 계획이 제대로 실행되었는지 측정 가능할 때 계획에 대한 책임감도 커진다.

⑦ 즉각적이며 진행(과정) 중심적인 계획

되도록 오늘 당장 실행할 수 있는 계획을 세우는 게 좋다. 또한 현실적으로 실현 가능한 내담자의 활동에 중점을 두어 진행 중심적인 계획을 세운다.

결과나 목표 중심적인 계획	진행 중심적인 계획
친구와 더 잘 지낸다.	친구에게 매일 한 가지를 칭찬한다.
우울한 기분을 극복한다.	30분 정도 활발하게 산책한다.
책을 많이 읽는다.	매일 1시간 이상 책을 읽는다.
영어 점수를 10점 높인다.	매일 영어 단어 10개씩을 외운다.
체중을 10kg 줄인다.	매일 저녁 식사를 오후 6시 이전에 끝낸다.
동아리 활동을 한다.	1주일에 한 번씩 정기적인 모임에 참석한다.
전화로 친구와 이야기한다.	친구에게 먼저 전화를 건다.

⑧ 계획에 대한 평가와 약속

계획이 실행되기 전에 내담자와 함께 계획을 검토해야 한다. 계획에 대한 약속을 받아내는 과정에서 내담자는 계획한 것을 적고, 계획에 대해 말하거나 계약서에 사인을 하는 것, 악수하기를 통해 계획에 대한 약속을 공고히 한다.

제**2**장
교사 효율성 훈련

1. 교사 효율성 훈련의 개념[3]

어떻게 하면 학생들을 지금까지보다도 더 효과적으로 가르칠 수 있을까?

1966년 토머스 고든(Thomas Gordon)에 의해 개발된 교사 효율성 훈련(T.E.T: Teacher Effectiveness Training) 프로그램은 교사들을 위해 완성된 프로그램으로써 이전에 교육에서 가치 있다고 배웠던 이상적인 추상 개념, 예를 들어 학생의 욕구 존중, 교실 분위기, 학습할 자유, 인간적인 교육 등을 어떻게 실천할 수 있는가를 배운다.

이러한 T. E. T.의 궁극적인 목표는 '교사, 학생 간의 상호 인간적인 성장'이다. 또한 T. E. T.는 학생 모두가 인간적인 특성, 인간적인 감정, 인간으로서의 반응이 있는 인격체라는 것을 전제로 하고 교사도 같은 인간이라는 가정 하에서 출발한다. 그 방법과 기술은 비단 전문적인 교사뿐만 아니라 가르치는 입장에 있는 사람, 특히 학부모들에게 보다 큰 도움을 줄 것이다.

다음에 제시하는 이상적인 교사상을 당신은 받아들일 수 있는가?

---

3) 토머스 고든(2003), 『교사 역할 훈련』, 양철북, 21~226쪽 재구성. 한우리독서문화운동본부 교재집필위원회, 2014:154~157 재구성.

① 신화 1: 훌륭한 교사는 조용하고 과묵하고 항상 침착하다. 결코 냉정함을 잃거나 강한 감정의 표현을 하지 않는다.

② 신화 2: 훌륭한 교사는 선입관이나 편견이 없다. 훌륭한 교사에게는 흑인, 백인, 우둔한 아이, 영리한 아이, 여학생, 남학생 모두가 동등하게 보인다.

③ 신화 3: 훌륭한 교사는 실제 감정을 학생들에게 은폐할 수 있고 또 은폐한다.

④ 신화 4: 훌륭한 교사는 흥미롭고 고무적이고 자유롭기도 하나 항상 조용하고 정돈된 학습 분위기를 만든다.

⑤ 신화 5: 훌륭한 교사는 모든 학생을 동등하게 받아들이고 절대 '편애'하는 일이 없다.

⑥ 신화 6: 훌륭한 교사는 무엇보다도 일관적이다. 결코 변하는 일이 없고 차별하지 않으며 잊어버리는 경우도 없고 감정의 고저도 없으며 실수하지 않는다.

⑦ 신화 7: 훌륭한 교사는 모든 답을 알고 있다. 학생보다도 더 훌륭한 지혜를 지니고 있다.

⑧ 신화 8: 훌륭한 교사는 상호 간에 도움을 주며 개인의 감정, 가치관, 신념에 관계없이 학생들에게 '연합 전선'을 펴 나간다.

교직 경력 25년의 한 교사가 훌륭한 교사가 될 수 없다는 문제로 고심했던 그 당시의 좌절감을 다음과 같이 회고한 바 있다.

"처음 가르치는 일을 시작했을 때만 해도 난 열심히 배우고자 하고 탐구하고자 하며, 뭔가 알아내려고 하는 학생 집단의 지도자로서의 나 자신을 느꼈다. 그런데 점점 그렇지 않았다. 가르치는 일이 즐겁지만도 않게 느껴지고, 매 수업 시간과 매일매일이 오히려 두렵게만 느껴졌다. 학생들도 마찬가지다. 매사에 흥미가 없고, 교사로서 나를 아무런 쓸모도 없는, 얼간이들을 두들겨 주는 노예 감독으로 대하는 것 같았다. 거짓말하고, 속임수를 쓰고, 서로 멸시하며, 어떻게 하면 공부를 조금만 하고서도 낙제를 면할 수 있을까만 관심이 있는 것 같았다. 더욱 놀라운 것은 학생들이 시험에서 얼마나 좋은 성적을 내느냐에 따라 내가 나 자신에 대해 평가를 내린다는 것이다.

나는 나의 긴 교사 생활 동안 완전한 교사가 되고 싶다고 늘 스스로에게 말해 왔으며, 또 그렇게 되는 것처럼 보였다. 그러나 시간이 흐름에 따라 난 그만 지쳐 버렸고, 또 커다란 좌절감 때문에 교사로서의 역할 연기를 포기해 버렸고, 다만 한 인간으로서의 내 자신으로 돌아와 버렸다. 그랬더니 오히려 나와 학생들과의 관계에 변화가 일어났다. 더 가까워지고 친밀해지고 더욱 현실적이 되었다. 그러나 교사와 학생들 사이에 늘 '간격'을 유지해야 하며, 친밀해지면 학생들로부터 멸시당하며, 학생들이 만일 나의 실제 모습을 알게 되면 학생들을 통제할 수 없게 된다고 배웠기 때문에 당시에는 그런 변화가 두렵게 느껴졌었다.

그러나 교사의 역할 연기를 포기했을 때 두렵긴 했지만 내가 진정으로 가르칠 수 있고 학생들도 진정으로 배울 수 있는 때가 바로 이 시기라는 것을 깨달았다. 진실한 나로 돌아온 이 기간에 때때로 학생들은 내가 원하지 않는 언행을 하곤 했다. 이럴 때는 통제를 하거나 질서를 회복하고 나의 욕구 불만을 표현하기 위해 교사 역할 연기를 다시 시도해보기도 했다. 몇 년 동안 나는 이런 질서 유지를 위한 역할 연기를 하는 나와 가르칠 때의 진실한 나 자신과의 사이를 수없이 방황하며 지냈다."

이 교사는 훌륭한 교사의 역할 연기에서 벗어났을 때 학생들과의 관계가 좋아졌다고 고백하고 있다. 그렇다면 역할 연기에서 벗어난 교사는 어떻게 학생과 좋은 관계를 맺을 수 있었을까? 다음과 같은 경우가 좋은 관계라 할 수 있다.

① 개방성과 투명성을 지닌 상태로 서로 숨김없이 솔직하고도 정직하게 말할 수 있다.
② 관심을 지닌 경우로 서로 존중받고 있음을 알 수 있다.
③ 상호 의존성을 지닌 경우로 상호 간에 도움을 준다.
④ 독립성을 지닌 경우로 자신의 개성, 창조성, 독자성을 기르고 신장하도록 서로 인정한다.
⑤ 상호 욕구 충족을 지닌 경우로 상대방의 욕구를 희생시키고 자신의 욕구를 충족시키려 하지는 않는다.

이와 같은 관계 개선이 이루어지지 않으면 교육 기관에서 말하는 진정한 의미의 '교육'은 불가능하다. 그러므로 교사는 학생과의 관계를 긍정적으로 만들기 위한 구체적인 방법을 배우고 실천하지 않으면 안 된다.

2. 교사와 학생의 관계를 바라보는 방법

1) 행동의 네모꼴 수용 도식

다음의 그림은 간단한 직사각형이다. 교사와 관계를 맺고 있는 학생들이 할 수 있는 모든 행동을 나타내는 것이다. 이는 교사가 학생을 바라보는 창이라고 할 수 있는데 학생의 언행 일체가 교사의 창을 통하여 들어오는 것이다.

학생의 모든 행동

[그림 1]

이번에는 이 직사각형을 수용적인 행동과 비수용적인 행동의 영역으로 양분해 보자. 다음 그림은 양분된 직사각형을 나타내는 것으로서 윗부분은 교사가 수용할 수 있는 학생의 행동이고 아랫부분은 수용할 수 없는 행동이다.

- 조용히 공부를 한다.
- 즐겁게 토의를 한다.
- 휴지를 휴지통에 버린다.

- 다른 친구를 괴롭힌다.
- 토의 중에 다른 책을 본다.
- 옆에 있는 친구와 이야기를 나눈다.

교사는 학생들이 말하고 행동하는 것에 대하여 받아들일 수 있는 긍정적인 느낌과 받아들일 수 없는 부정적인 느낌을 갖게 된다.

2) 수용적인 교사와 비수용적인 교사의 차이

[그림 3]

[그림 4]

　학생의 행동 대부분을 수용하지 못하는 교사는 사사건건 비판을 일삼는다. [그림 3]의 교사일수록 학생들에게 높은 수준의 목표를 설정하고 학생의 파격적인 행동 방식에 대해 반대한다. 교사가 '옳고 그름'에 대해 고정 관념을 갖고 있으며 학생의 자유로운 행동이나 유난스러운 상황을 용납하지 않는다. 학생을 자기가 원하는 대로 변화시키기 위해 비판하거나 평가하고 약점을 지적한다. 하지만 이 방법은 변화를 촉구하기보다는 상호관계를 가로막는다. 학생들은 이런 교사에 대해 '답답하다' 또는 '지배적이다', '엄격하다', '꼰대다'라고 표현하며 가능한 한 피하려고 한다.

　반면 [그림 4]의 교사는 학생의 많은 것을 수용하는 창을 가지고 있다. 이 교사는 수용 영역이 넓어서 학생들에 대해 훨씬 덜 비판적이고 더욱 융통성이 있다. 더 많은 인내심이 있으며 '옳고 그름'에 대한 자신의 견해를 타인에게 강요하지 않는다. 보편적으로 모든 인간관계가 원만하고 사람들에게 관대하다.

　사람들은 누구나 수용적인 사람과는 교제를 적극 추구하지만 비판적이거나 평가적인 사람과의 교제는 가능하면 피하려고 한다. 끊임없는 평가는 거북함과 불안감을 주기 때문이다. 따라서 세상을 보는 창인 네모꼴 수용 도식의 수용 영역이 넓을수록 교사와 학생의 관계는 편안할 수 있다. T. E. T.의 중요한 목적 중 한 가지는 교사가 학생을 보는 '창'을 변화시키고 '문제없음'의 영역을 넓히는 것이다.

　네모꼴 수용 도식의 가운데 그려진 선이 수용선인데 이 수용선은 고정적이지 않다. 이 선을 상하로 변화시키는 데는 ① 교사 자신의 변화, ② 상대 학생의 변화, ③ 환경이나 상황의 변화 요인이 작용한다.

(1) 교사 자신의 변화

자신의 내면에 변화가 일어나면 타인을 받아들일 수 있는 능력도 변화하는 법이다. 그것은 타인의 행동과는 거의 무관한 것이다. 상쾌하고 기분이 좋아 정열이 넘치는 이른 아침에 교사가 학생들을 대하는 상황과 피곤하고 배고프고 퇴근 직전에 있을 직원 종례에 대해 걱정하고 있는 상태에서 학생들을 대하는 교사의 감정은 다를 것이다.

(2) 상대 학생의 변화

동일한 행위에 대해서 교사가 두 학생의 신체적인 발달 상황이나 개인적인 조건에 따라 다른 견해를 가질 수 있다. 예를 들면 6학년 건장한 아이가 운동장을 두 바퀴 돌겠다고 한다면 허락할 수 있지만 몸이 허약한 1학년 아이가 그런 제안을 했다면 허락할 수 없을 것이다.

(3) 환경이나 상황의 변화

무슨 일이든 때와 장소가 있는 법이다. 다른 경우에는 얼마든지 용납되는 행위가 부적절한 시간과 장소에 일어나면 용납되지 않을 것이다. 예를 들어 소리 지르는 행위가 쉬는 시간의 운동장에서는 용납되지만 수업 중인 교실 안에서는 용납될 수 없다.

3. 문제 소유 가리기

교사가 학생과 좋은 관계를 만들어 가기 위해서 가장 중요한 점은 '문제를 누가 소유하고 있고 누가 해결해야 하는가'에 대한 판단이다. 이것이 중요한 이유는 '교사가 해결해야 할 문제'와 '학생이 해결해야 할 문제'의 접근 방식이 다르기 때문이다.

우선 문제 소유를 가리기 위해 교사와 학생 관계에서 일어날 수밖에 없는 문제들을 이해하여 수용적인 행동과 비수용적인 행동을 구분하여야 한다.

예를 들어 한 여학생이 친구들과 어울려 여행을 가고자 했다가 부모님이 허락하지 않아 화가 나고 실망하고 있다고 털어놓을 경우 이것은 학생이 문제를 소유한 것이라 할 수 있다. 학생이 수업에 집중하고 발표도 잘하고 있다면 학생과 교사 모두 문제가 없는 경우다. 학생은 자신의 욕구를 충족시키고 있으며 동시에 교사의 욕구를 전혀 방해하지 않고 있다. [그림 5]의 직사각형의 아랫부분, 즉 수용할 수 없는 행동 영역은 학생이 수업 중 소란을 피우는 등 교사의 욕구를 방해하며 교사로 하여금 불만이나 노여움을 느끼게 하는 경우다. 이런 경우 교사가 문제를 소유하게 된다.

학생이 분노와 실망을 털어놓는다.	⇒ 학생이 문제를 소유한 경우
학생이 즐겁게 공부하고 있다.	⇒ 문제없는 경우
학생이 책상 위에 낙서를 하고 있다.	⇒ 교사가 문제를 소유한 경우

[그림 5] 문제 소유 가리기

누가 문제를 소유했는가를 확인하려면 아래의 질문에 대답해 보자.

① "이 학생의 행동이 나에게 실제적으로 구체적인 영향을 미치고 있는가? 그 행동으로 말미암아 내 욕구가 방해받아 수용할 수 없다고 느끼고 있는가?"

② "실제로는 문제 될 것이 없음에도 불구하고 학생에게 다른 행동, 즉 내가 생각하는 대로, 바라는 대로 행동해 주기를 원한다는 이유 하나만으로 학생의 그 행동을 수용할 수 없다고 느끼는가?"

①과 ②의 질문에 대한 답이 긍정이면 교사에게 문제가 있는 것이다. 문제 소유는 상대로부터 직접적인 영향을 받아 생기기도 하지만 내게 직접적인 영향이 없음에도 불구하고 가치관의 차이나 관점의 차이 때문에 생기기도 한다.

문제 소유의 개념이 이해되지 않으면 교사, 학생의 관계는 좋아지지 않는다. 교사와 학생이 가장 잘 가르치고 배울 수 있는 영역은 문제없는 영역이다.

다음 사례는 누가 문제를 지닌 경우인지 대답해 보자.

① 옆 짝한테 맞고 운다.
② 친구로부터 바보 취급을 받는다.
③ 학급 비품을 제자리에 두지 않는다.
④ '우정'에 대해 진지한 토의를 벌인다.
⑤ 학생이 수업 중에 씩씩하게 발표한다.
⑥ 귀중한 교재인 지도를 망가뜨리려 한다.
⑦ 한 학생이 수업이 시작되고 한참 후에 들어온다.

4. 학생이 문제를 소유했을 때 교사의 대처 방법

1) 의사소통을 가로막는 12가지 대화법

교사가 보낼 가능성이 있는, 수용할 수 없다는 수천 가지의 메시지는 12가지 범주로 분류할 수 있다. 이 12가지의 메시지는 대화의 진전을 막는다. 어떤 학생이 숙제를 끝마치는 데 어려움을 겪고 있다고 가정해 보자. 그 학생은 어떻게든지 자신이 문제를 가지고 있으며 그로 인해 괴롭다는 메시지를 전하려고 한다. 이 상황에서 교사는 아래와 같은 걸림돌을 사용해서 학생을 더욱 곤란하게 할 수 있다.

① 명령·지시·지배: "불평 그만하고 숙제를 끝마치도록 해."

② 경고·위협·윽박지르기: "이 과목에서 좋은 성적을 받으려면 빈틈없이 해야 돼."

③ 교화·설교·의무와 당위 강조하기: "학교에 왔을 때는 공부하는 것이 네 임무라는 것을 알아야 해."

④ 충고·해결책 제시·제안하기: "네가 해야 할 일은 계획을 세우는 거야."

⑤ 강의·논리적인 설득·훈계하기: "책은 읽으라고 있는 것이지 낙서하라고 있는 게 아니야."

⑥ 판단·비난·비판·꾸짖기: "너는 아주 게으른 녀석이야. 꾸물거리긴."

⑦ 욕설·조롱·꼬리표 붙이기: "너는 고등학생 같지가 않아. 꼭 초등학교 1학년처럼 행동하고 있구나."

⑧ 분석·진단·해석: "너는 어떻게 하면 숙제를 하지 않고 넘어갈까 궁리하고 있지?"

⑨ 칭찬·동의·긍정적으로 평가하기: "노력하면 너도 이렇게 공부를 잘할 수 있어."

⑩ 동정·위로·안심시키기: "너 혼자만 힘든 게 아니야. 숙제에 열중하면 해낼 수 있을 거야."

⑪ 질문·심문·캐묻기: "숙제가 너무 어렵다고 생각하니? 왜 진작 도움을 청하지 않았니?"

⑫ 화제 바꾸기·빈정거림·우회: "얘, 우리 좀 더 재미있는 얘기하자."

위의 의사소통 방법은 교사들이 학생과 대립할 때 보내는 전형적인 메시지이다. 위의 메시지는 대체로 세 가지 범주로 구분된다.

① 해결 메시지: 위의 ①, ②, ③, ④, ⑤에 해당한다. 해결 메시지는 다른 숨겨진 메시지를 내포하고 있다. "나는 지배자이고 권위자야." 그리고 "내가 그렇게 말했기 때문에 너는 변해야만 해." 같은 것들이다.

② 무시 메시지: 위의 ⑥, ⑦, ⑧, ⑨, ⑩, ⑪에 해당한다. 이 메시지의 전제는 "너에게 무언가 잘못이 있어." 또는 "나한테 이 문제를 일으키지 말았어야지."이다.

③ 간접 메시지: 위의 ⑫에 해당한다. 이 경우 학생은 교사가 솔직하지 못하고 비겁하다고 느낀다.

학생에게 뭔가를 이야기할 때 교사는 대체로 그 학생에 대해서 언급하는 경향이 많다. 각각의 메시지는 교사가 학생에 대해 생각하는 바를 드러내고 마침내 그 학생이 스스로에 대해 생각하는 것까지 영향을 미친다. 대다수 교사가 학생에게 하는 말은 평가, 판단, 비판, 설교, 훈화, 훈계, 명령 등 학생을 있는 그대로 수용하지 못하겠다는 의미의 메시지를 전한다. 이러한 교사의 발언이 학생의 자존감과 성장에 부정적인 영향을 미치는 것은 당연하다.

위의 12가지 걸림돌은 '너'를 주어로 하는 '너-전달법'이다. '너-전달법'보다 '나-전달법'으로 표현해야 한다. 또한 문제를 가지고 있는 학생을 돕는 방법을 사용해야 한다. 우선 문제를 가지고 있는 학생을 돕는 의사소통 방법을 알아본 후 '나-전달법'에 대해 알아보도록 하자.

2) 문제를 가지고 있는 학생을 돕는 방법

(1) 신체 접촉

사람은 서로 마주 보고, 손을 잡고, 어깨를 두드려 주고, 껴안아 주며, 도닥여 주고, 귀로 듣게 해 주고, 눈으로 보게 할 때 여러 가지 감정을 나누게 된다. 슬픔이나 괴로움이 누그러지기도 하고 기쁨이나 즐거움이 커지기도 한다. 상대에 대한 신뢰나 친밀감이 커지기도 한다. 즉 몸으로 표현하는 사랑은 정신과 육체의 성장을 촉진하며 심리적·육체적 상처를 치료하는 데 효과적이다.

(2) 수동적 경청(침묵)

아무 말도 하지 않는 것은 사실상 수용한다는 것을 의미한다. 말이 없어도 단지 함께 있는 것만으로도 상대에게 큰 위로를 준다. 침묵은 학생으로 하여금 진심으로 수용되었다고 느끼게 하며 마음을 나누도록 격려한다. 교사가 쉴 새 없이 말을 한다면 학생은 자신을 괴롭히는 문제에 대해 말을 할 틈이 없을 것이다.

(3) 인정 반응

인정 반응은 실제로 잘 듣고 있다는 것을 나타내기 위해 이야기 중간에 비언어적인 단서와 언어적인 단서를 사용하는 것이다. 교사가 잘 듣고 있다는 것을 나타내기 위한 몸짓과 언어 표현으로 몸을 기울인다든지, 미소를 짓는다든지 또는 언어 단서로 "응, 그래, 저런, 정말!" 등이다.

(4) 말문 열기

때때로 학생들이 더 많은 것을 이야기하거나 더 깊은 이야기를 꺼내도록 하려면 특별한 격려를 할 필요가 있다. 예를 들면 "그것에 대해서 말해 줄 수 있겠니?", "네가 말하고 있는 것에 흥미가 있어.", "거참 재미있구나. 더 얘기해 줄래?" 등이다. 학생이 말하는 내용에 대해 어떤 평가도 담고 있지 않은, 자유롭게 답할 수 있는 개방적인 질문이나 표현을 하여 학생이 생각을 더 털어놓도록 해야 한다.

(5) 반영적 경청(reflective listening)

침묵, 인정 반응, 말문 열기의 메시지들은 충분한 상호 작용을 일어나게 할 수는 없다는 점에서 한계가 있다. 교사가 자신의 얘기를 듣고 있다는 사실을 알 뿐이지 얼마만큼 이해·수용하고 있는지를 알 수 없다. 대화란 자신의 내부에서 일어나고 있는 것을 외부 세계에 전하는 것으로 반영적 경청은 매우 효과적인 의사소통 방법이다.

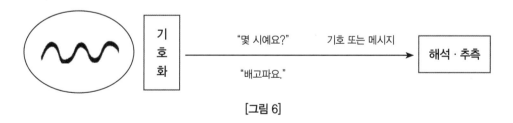

[그림 6]

위 그림의 메시지는 의미가 아주 명백하다. 그러나 배가 고파서 식사 시간을 확인하기 위해 "지금 몇 시예요?"라고 질문한 경우를 단순히 시간이 궁금해서 던진 질문으로 받아들인다면 메시지를 오해하게 된다.

[그림 7] 평형 상태와 비평형 상태

[그림 7]에서처럼 배고픔, 좌절, 피곤함, 여타의 감정들이 주위를 둘러보거나 불안해하거나 다리를 떠는 등의 비언어적 메시지로 나타난다. 이때 교사는 학생이 표현한 언어 이면에서 일어나고 있는 감정을 읽어 주어야 한다.

① 반영적 경청 도식과 필요성

반영적 경청은 '감정의 홍수 이론'으로 설명할 수 있다. 감정의 홍수 이론은 인지·정서 심리학의 용어이다. 인간은 이성과 감정을 가진 존재로 살아가는데, 어떤 사건을 계기로 감정이 폭발하면 결국은 감정이 이성을 홍수처럼 지배한다는 이론이다. 예를 들면 선생님이나 부모님들의 공부를 잘하라는 말을 정상 상태에서는 평온하게 받아들일 수 있지만, 감정이 홍수를 이루었을 때에는 학생들에게 스트레스로 다가오게 되는 것이다.

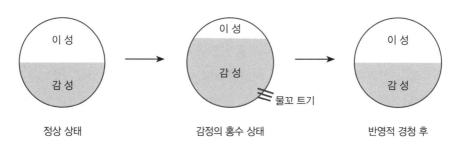

[그림 8] 감정의 홍수 이론

의사 전달에서 인간관계의 붕괴를 막는 가장 효과적인 방법은 학생들이 전달하려는 내용을 이해할 수 있도록 반영적 경청을 하는 것이다. 이것은 감정에 넘쳐서 표현하는 언어를 평온한 상태로 되게 하기 위함이다. 예를 들어 한 교실에서 독서에 자신 없어 하는 한 학생이 다른 학생을 따라가려면 아주 많은 노력이 필요하다는 것을 깨닫고 공부에 대해 크게 걱정하고 있다고 하자. 그의 내적 상태를 나타내는 메시지로 "(약간 격한 목소리로) 정말로 곧 시험을 봅니까?" 하고 말했을 때, 교사는 '이 학생은 걱정하고 있어.'

라고 이해해야 한다. 그러나 '이 학생은 시험이 있는 것조차 잊고 있었네.'라고 감정의
홍수 상태를 이해하지 못하면 대화 또는 상담이 자연스럽게 이어지지 않을 것이다. 다
음 [그림 9]는 바로 앞의 대화를 도식으로 표현한 것이다.

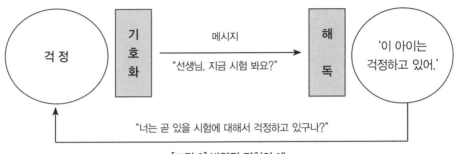

[그림 9] 반영적 경청의 예

　문제를 겪고 있는 학생과 대화하며 교사가 적극적 듣기를 하는 반영적 경청의 예를 소
개하면 다음과 같다.

상황 1
학생: 재희가 제 그림을 갈기갈기 찢었어요. (흐느낀다)
교사: 너의 그림을 잃게 되어 실망했고, 또 그걸 찢은 재희에게 화가 났구나?
학생: 예. 이제 다시 그려야만 해요.

상황 2
학생: 규진이는 항상 저를 속여요. 저는 그 애하고 더 이상 놀지 않겠어요.
교사: 규진이가 너를 대하는 태도가 매우 싫어서 그 애하고 놀지 않으려는구나?
학생: 예. 그 대신에 태미와 지호하고 놀겠어요.

상황 3
학생: 이 학교는 제가 다니던 학교만큼 좋지 않아요. 그 학교 아이들은 친절했어요.
교사: 여기서 따돌림을 받는다고 느끼는구나?
학생: 확실히 그래요.

　위의 예에서 교사는 학생이 상황을 어떻게 느끼는지 정확하게 짚었다. 이러한 점은
학생이 자신의 내면에서 일어나고 있는 갈등을 드러내며 문제의 주도권을 갖고 스스로
문제를 해결하도록 촉진한다.

② 반영적 경청의 조건

- 교사는 문제를 스스로 해결해 나갈 수 있는 학생의 능력에 대해 깊은 신뢰감을 가져야 한다. 왜냐하면 반영적 경청의 목적은 학생이 문제의 해결책을 발견할 수 있도록 도와주는 것이기 때문이다.
- 교사는 학생이 표현한 감정을 '진심으로 수용'할 수 있어야 한다. 교사가 학생이 마땅히 가져야 한다고 생각하는 감정과 실제 학생이 표현한 감정이 다를지라도 말이다. 자신의 감정을 솔직하게 표현하고 음미하고 탐색할 수 있을 때 학생은 고통스러운 감정에서 벗어날 수 있다.
- 교사는 감정이 종종 매우 일시적이라는 사실을 이해해야 한다.
- 교사는 문제를 안고 있는 학생을 돕기 위해 시간을 내야 한다.
- 교사는 문제를 경험하는 학생과 '함께' 있어야 한다.
- 교사는 학생들이 처음부터 자신의 진짜 문제를 털어놓지 않는다는 사실을 이해해야 한다.
- 교사는 학생의 사생활을 존중해야 하며 비밀을 지켜야 한다.

③ 반영적 경청의 효과

- 학생들의 강렬한 감정의 처리와 완화를 돕는다.
- 학생들로 하여금 자신의 정서를 두려워하지 않게 한다.
- 학생이 스스로 문제를 해결하도록 촉진한다.
- 문제의 분석과 해결의 책임을 학생에게 부여한다.
- 교사의 말에 더욱 귀 기울이게 한다.
- 교사와 학생의 관계를 더욱 가깝고 의미 있게 만들어 준다.

④ 반영적 경청 기술을 향상할 수 있는 지침

- 반영적 경청을 사용해야 하는 시기를 알아야 한다.
- 반영적 경청을 사용할 수 없는 경우를 알아야 한다.
- 연습을 통해 반영적 경청을 잘할 수 있는 능력을 길러야 한다.
- 너무 빨리 단념해서는 안 된다.
- 학생에게 스스로 문제를 해결할 수 있는 기회를 주지 않고서는 학생의 능력을 결코 알 수 없다.

- 반영적 경청이 처음에는 인위적으로 느껴진다는 것을 받아들여야 한다.
- 소극적 경청, 인정하는 반응, 마음을 여는 언어 등 여러 다른 경청 기술을 활용한다.
- 학생이 정보를 원하면 정보를 준다.
- 교사의 반영적 경청이 학생을 괴롭히거나 학생에게 강요하는 것이 되지 않게 한다.
- 학생들이 교사가 원하는 해결책에 도달되기를 기대하지 않는다.

5. 교사 자신이 문제를 소유했을 때 교사의 대처 방법

반영적 경청은 문제를 가진 학생이 자신의 문제를 책임지고 직접 해결하는 것을 돕는 최선의 기술이다. 그런데 학생의 문제뿐 아니라 교사가 자신의 문제를 찾아내는 것 역시 중요하다.

학생이 문제를 소유한 상황에서 반영적 경청 대신 12가지 걸림돌을 쓰는 것처럼, 교사 스스로가 문제를 소유한 상황에서도 걸림돌을 사용하는 경우가 자주 있다. 교사가 문제를 소유하는 일반적인 상황은 다음과 같다.

① 어떤 학생이 새 책상을 긁는다.
② 몇몇 학생이 다른 학생과 교사의 대화를 방해한다.
③ 어떤 학생이 자기가 사용한 학급의 참고 서적을 책장에 꽂지 않고 방치한다.
④ 어떤 학생이 되풀이하여 지각하고 학급 분위기를 해친다.
⑤ 어떤 학생이 종이를 낭비한다.
⑥ 어떤 학생이 허락 없이 교사의 책상에 있는 물건을 함부로 사용한다.
⑦ 어떤 학생이 사탕을 먹고 봉지를 바닥의 아무 데나 버린다.

교사가 문제를 소유하는 상황에서는 앞에서 살펴본 의사소통의 걸림돌을 사용하기 쉽다. 의사소통의 걸림돌은 '너-전달법'으로 상대에게 반발심을 일으키게 하기 쉽다. '나-전달법'은 무슨 일이 일어난 데 대한 책임을 어떤 식으로든 문제를 소유한 사람, 교사 자신에게 있음을 전달하여 책임을 끌어안는 메시지이다. 또한 나-전달법으로 표현할 때 학생의 자발적인 변화를 이끌어 낼 수 있으며 학생에 대한 부정적 평가를 최소화할 수 있다. 이러한 소통 방식은 교사와 학생의 관계를 훼손시키지 않아 좀 더 효과적인 의사소통이 된다.

1) 나—전달법의 구성 요소
나—전달법의 구성 요소는 세 가지다.
① 수용할 수 없는 학생의 행동에 대한 비난 없는 서술
② 그 행동이 교사에게 미치는 구체적 영향
③ 행동과 영향으로 인한 감정(느낌)
세 가지의 구성 요소 중 ②와 ③은 순서가 바뀌어도 무방하다.

① 수용할 수 없는 학생의 행동에 대한 비난 없는 서술의 예는 다음과 같다.
"내가 바닥에 떨어져 있는 휴지들을 발견할 때……."
"내가 새 책이 찢어진 것을 볼 때……."
"내가 테이블 위에 둔 것을 찾을 수 없을 때……."
"네가 뛰어다닐 때……."
"네가 짝을 밀 때……."

그리고 ② 그 행동이 교사에게 미치는 구체적인 영향의 예는 다음과 같다.
"(네가 문을 잠그지 않을 때) 가끔 나는 도난을 당해."
"(물감을 진열장에 갖다 놓지 않을 때) 나는 그것을 모아서 치우는 데 많은 시간을 소비해야 한다."

이제 ③ 행동과 영향으로 인한 감정까지 포함하여 한 문장으로 예를 들어 보자.
"네가 통로에 발을 내밀고 있으면(행동) 내가 발에 걸려 넘어지기 쉽다(영향). 그러면 나는 넘어져 다칠까(영향) 걱정된다(감정)."가 될 것이다.

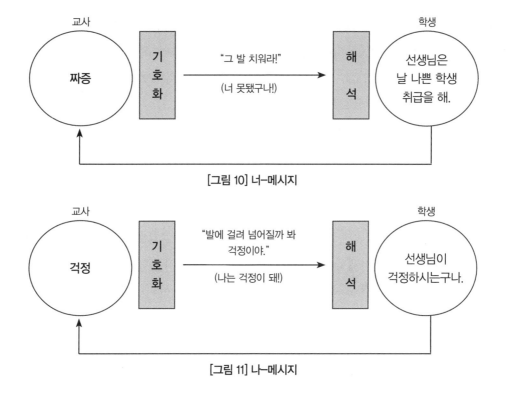

[그림 10] 너-메시지

[그림 11] 나-메시지

나-전달법이 문제를 소유한 사람의 진실에 가까운 대화법임은 느낌의 빙산 이론으로도 설명된다. "나는 화났어."라는 나-전달법은 보통 "나는 너한테 화났어." 또는 "네가 나를 화나게 했어."로 학생들에 의해 해석된다. 그러나 분노는 어떤 앞선 감정을 경험한 다음에 온다는 것을 이해해야 한다. 그래서 분노는 '2차적'인 감정이고 앞선 감정이 '1차적'인 감정이다.

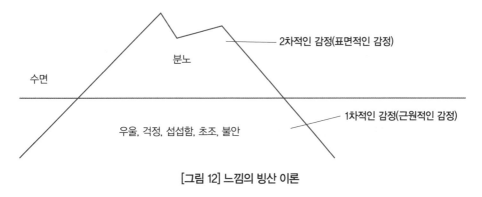

[그림 12] 느낌의 빙산 이론

예를 들어 학생이 게시물을 걸다가 창에서 떨어질 뻔했을 경우 교사가 느끼는 최초의 감정은 '두려움'이다. 하지만 교사는 두려운 감정을 표현하기보다는 "당장 내려와.

조심성이 없어."라고 말하며 분노를 표현한다. 견학 중 학생을 잃어버렸을 경우도 교사가 느끼는 최초의 감정은 '불안'이다. 그러나 마침내 그 아이를 찾았을 때 교사는 "절대로 단체를 이탈하지 말랬지? 왜 규칙을 지키지 않니?"라고 소리 지르며 노한 행동을 한다. 2차 감정을 표현함으로써 의사소통에 걸림돌을 만드는 것이다. 그러나 나-전달법은 1차 감정을 솔직하게 표현함으로써 서로를 이해하며 원활한 의사소통을 하는 데 도움이 된다.

2) 나-전달법의 효과

나-전달법은 우선 교사가 중요시하는 행동을 학생이 자발적으로 할 수 있도록 허용한다. 또한 학생과 교사 간에 논쟁을 불러일으키지 않고 교사는 자신의 진실을 담아서 전할 수 있다. 이 과정에서 교사는 권위적인 존재가 아니라 한 인간으로서의 교사의 모습을 드러내게 된다. 교사는 자신의 내부 상태에 대한 책임을 끌어안으며 학생의 행동에 대한 책임은 전적으로 학생에게 남겨 둔다.

나-전달법은 학생이 교사를 도와주려는 마음이 생기게 함으로써 너-전달법의 부정적인 영향을 줄여 준다. 대화를 할 때 나-전달법과 반영적 경청으로 대화를 이끌 경우 학생이 저항할 기회가 적어진다. 궁극적으로 학생의 행동을 변화하게 한다.

3) 기어 바꾸기

자기의 행동이 다른 사람에게 문제를 일으킨다는 소리를 들으면 기분이 나빠질 가능성이 크다. 비록 교사가 아무리 나-전달법으로 메시지를 잘 보냈다 하더라도 듣는 입장의 학생을 불쾌하게, 언짢게, 놀라게, 당황하게 할 수 있고 또는 방어적·논리적으로 들을 수 있고, 울게 할 수도 있다. 교사가 보낸 나-전달법 메시지로 학생이 문제를 소유하게 되었을 때는 반영적 경청을 해야 한다.

4) 교사가 문제를 소유하지 않았을 때의 나-전달법

(1) 자기 개방적 나-전달법
나를 상대방에게 솔직히 드러냄으로써 나에 대한 많은 정보를 주는 나-전달법이다.

예 "여러분이 숙제를 잘해 오면 난 참 기뻐요."

"나는 공손하게 선생님께 인사하는 사람을 좋아해요."

"나는 등교 시간을 잘 지키는 사람을 좋아해요."

(2) 긍정적 나−전달법

학생들의 행동이 나를 즐겁게 할 때 표현하는 나−전달법이다.

예 "책 정리를 깨끗이 해 주니 책을 쉽게 찾을 수 있어서 기쁘다."

"네가 쓴 시를 읽으니까 어릴 때 놀던 고향이 그리워졌어."

"들어오면서 예쁘게 인사를 하니까 하루의 시작이 참 즐거워지는구나."

(3) 예방적 나−전달법

문제없는 영역에서 학생의 비수용적 행위를 피할 수 있고 서로의 욕구에 대해 미처 알지 못함으로 생기는 갈등 기회를 줄일 수 있는 나−전달법이다.

예 "오늘 실험은 화재 위험이 있으니까 조심해서 다루기 바라요."

"연휴 뒤의 첫날은 지각할 가능성이 크니까 이 점 유의하기 바라요."

제3장
독서 부진아 지도와
독서 습관 들이기

1. 독서 부진아 지도

독서 지도 현장에서 학생을 가르치다 보면 많은 문제와 부딪치게 된다. 학생마다 다른 특성을 가지고 있기 때문에 문제의 유형도 다양하게 나타난다. 독서 기능이 확립되어 있다 하더라도 독서 능력은 저조할 수 있다. 예를 들어 실제 독서 능력이 잠재적 독서 능력에 미달될 때 독서 부진의 가능성이 있다. 일반적으로 저학년에서는 1학년 이상, 중학년에서는 2학년 이상, 중등학교에서는 3학년 이상 뒤쳐졌을 때 독서 부진으로 판정할 수 있다.

1) 독서 부진의 원인[4]

일반적으로 독서 부진의 원인은 인지적, 정의적, 환경적 요인과 연관이 있다. 이들 요인은 서로 영향을 주고받는다. 독서 부진의 판정 기준은 독서 능력에 달려 있다. 그러나 어떤 것이든지 어느 하나만으로 정할 수는 없으며 독서와 관련된 종합적인 능력을 대상으로 삼아야 한다. 독서 부진아 지도 시 일차적인 목표는 독서 부진의 원인을 찾아내어

---

[4] 신헌재 외(2003), 『독서 교육의 이론과 실제』 박이정, 189~198쪽. 이경화(2003), 『읽기 교육의 원리와 방법』 박이정, 198~200쪽을 참고.

제거하는 것이다.

〈표 1〉 독서 부진의 원인

연구자		원인
천경록(1999)	독자 내적 요인	뇌 손상, 유전적 요인, 초인지 능력의 결핍
	독자 외적 요인	학습 양식이 불일치, 부적절한 교수 방법
Taylor(1995)	신경학적인 요인	시각적 문제, 청각적 문제, 뇌 손상
	심리·정서적 요인	좌절감, 부정적 자아관
	환경적 요인	가정 환경, 사회 환경, 동료들 간의 분위기
	교육적 요인	과제의 부적절성, 지도 방법의 부적절성
Gunning(1998)	인지적 요인	인지 능력, 기억력, 연상 학습, 주의력 부족
	시각적 요인	뒤집어 읽기, 정보 자각 능력의 부족
	언어적 요인	발음의 어려움, 음운론적 요인
	사회·정서적 요인	자기 효능감 결핍, 부모의 압력
	신체적 요인	청각 장애, 시각 장애
	교육적 요인	부적절한 자료, 부적절한 방법
	사회·문화적 요인	문화적 분위기, 동료 집단의 특성
	경제적 요인	가정 내에서의 자료의 부족, 시설의 부족

독서 부진아 교육의 목표는 일반 교육의 목표와 같다. 그러나 독서 부진아 지도의 과정은 일반적인 독서 지도의 과정과 차이가 난다. 독서 부진아 지도에는 진단과 교정[5]이라는 과정이 포함된다. 독서 부진이 독서 기능의 장애를 포함하므로, 그것이 신체적 진단과 교정의 형태로 나타날 수 있다. 그리고 독서 부진이 독서 자체를 포함하므로 인지, 정의, 태도의 요인 파악과 교정의 형태로 나타날 수 있다.

2) 독서 부진아 지도 원리

(1) 초이해(metacomprehension) 능력을 길러 주기

브라운(Brown, 1980)은 비고츠키가 말한 '내화(self-speech)'를 '이해에 관한 사고'라는 의미의 초이해(超理解, metacomprehension)라고 정의하였다.[6]

---

5) 진단은 잠재적 독서 능력과 실제 독서 능력의 차이를 측정하는 것을 말하며, 교정은 그 차이를 가져오는 저해 요인을 제거하는 것을 말한다. 한국독서학회(2003), 『21세기 사회와 독서 지도』, 박이정, 144쪽.

브라운은 초이해에 네 가지의 기초적 형태가 있다고 하였다. 아는 때를 아는 것, 무엇을 아는가를 아는 것, 알 필요가 있는 것을 아는 것, 능동적인 조장의 유용함을 아는 것이다. 교사는 학생들에게 이해에 관한 사고, 즉 초이해 기법을 터득시킴으로써 그들을 학습에 능동적으로 참여하도록 도와야 한다.[7]

정상적인 학생은 교사에게 직접 배우지 않아도 초이해를 위한 자기 점검의 기법을 키워 나갈 수 있다. 반면 독서 부진아는 텍스트 자체나, 동료, 교사로부터 자기들이 무엇을 이해하지 못하는지 확인하는 방법부터 가르쳐 주어야 한다.

교사는 부진아가 이해력이 부족해서 당황하는 일이 없도록 해 주어야 하며 이해하지 못할 때 질책의 공포감이 없도록 학생을 격려해야 한다. 이와 같이 학생 스스로가 무엇을 알고 무엇을 모르는지 깨닫는 것은 중요하다.

독서 부진아는 부분적으로 대답할 수 있는 질문에도 "모르겠어요."라고 대답하는 일이 많다. 이럴 때는 구체적으로 질문을 하여 학생이 적어도 대답의 한 부분은 알고 있다는 것을 깨닫게 도와주어야 한다. 그런 의미에서 학생들의 반응이 어떤 시도였든지 간에 칭찬을 해 주는 것이 좋다.

(2) 결과보다는 과정에 더 관심을 두기

전형적인 독서 부진아에게 활동의 결과에서 '완벽함'을 강조하는 것은 그들의 성취 동기를 약하게 만든다. 결과보다 과정을 중시한다는 것은 읽기에서 발음의 실수나 쓰기에서 철자의 오류, 말하기에서의 실수 등을 바로잡을 때 교사가 기다려 준다는 의미이다. 특히 독서 부진아들이 메시지의 형태를 구성할 때 부진아가 잘 이해할 수 있도록 교사는 표현의 일관성을 살려 가르쳐야 한다.

(3) 기능을 익힐 때 다른 학생들로부터 부진아를 소외시키지 않기

---

6) 내화는 어린이들이 연속 행동과 문제 묻기, 그리고 스스로 행동 조절하기를 위해 사용하는 것이다. 비고츠키는 이 내화가 자기의 할 일을 계획한 후 사고의 일부분으로 채우게 된다고 주장하였다. 초이해는 mata+comprehension의 의미로서, 독해(comprehension) 과정을 조정하는 한 차원 높은 인지 능력을 말한다. 이는 인지 과정을 조정하는 한 차원 높은 인지 능력을 초인지(metacognition)라고 부르는 것과 같은 성격의 학술적 용어이다.

7) 초이해는 초인지라고도 부르며 초인지는 자신의 사고와 학습 능력을 넘어선 통제와 지식을 말한다. 베이커(Baker)와 브라운(Brown), 제이콥스(Jacobs)와 파리(Paris)는 초인지를 두 가지 범주로 나누었다. ① 자기 평가(self-appraisal) ② 자기 관리(self management)이다. 자기 평가는 필자가 인식에 관한 선언적 지식, 절차적 지식 또는 방법에 관한 지식, 조건적 지식 또는 전략들이 중요한 이유와 시기에 관한 지식을 포함한다. 자기 관리는 계획하기, 평가하기, 통제하기 전략들을 포함한다. 초인지는 독서 전략들에 관해 지식을 증가시키는 것 이외에 그들의 통제력을 촉진시킨다고 알려져 있다.

학생들이 기능적으로 언어를 사용하는 것은 실제 문제에 부딪쳤을 때 어떤 해결책을 찾기 위해 두 명, 또는 더 많은 아동이 함께 작업하고 그 문제에 대해 함께 얘기를 나눌 때이다. 독서 부진아가 다른 학생과 상호 작용할 수 있도록 사용되는 방법 중 하나는 독서 부진아가 해결하기 좀 어렵고 실패하리라고 생각되는 활동을 염두에 두고 학생들을 짝지어 주는 것이다. 우수아와 부진아를 한 조로 하여 우수한 학생이 독서 부진아에게 도움을 줄 수 있게 한다. 우수한 학생은 독서 부진아에게 정보와 사례와 재생을 명료화해 줄 수 있다.

(4) 언어 활동에 유용한 상황 만들어 주기

책을 읽을 때는 저자에 대해, 말할 때는 청자에 대해, 글을 쓸 때는 독자에 대해, 들을 때는 화자에 대해 잘 알아야지만 의미 구성을 하는 데 도움이 된다. 교사는 부진아 지도 시 충분한 학습의 목적과 상황을 제시해 주어야 한다. 또한 질문을 할 경우 학생 모두에게 골고루 하는 것이 좋다. 우수아에게 치우치는 등 질문에 편애가 있어서는 안 된다. 부진아에게는 부진아의 수준에 맞는 쉬운 질문을 한다. 학습자가 교사의 질문에 대해 잘 이해하지 못했을 경우 교사는 최초의 질문과는 달리 천천히 질문하는 등 상황에 적응할 수 있어야 한다.

(5) 주어진 자료와 과제의 유형, 분량 조정하기

교사가 독서 부진아에게 평범한 학생이나 우수한 학생과 똑같은 자료로 똑같은 활동을 요구하여 성취 동기를 갖게 하는 것은 중요한 일이다. 그러나 배경지식이 부족하여 실패할 확률이 높다면 교사는 부진아에게 주는 과제의 유형과 분량을 쉽고 적게 조절해 주어야 한다. 또한 과제를 통해 수업의 양과 형태를 조절해 줄 필요가 있다. 대체로 독서 부진아들은 자기 존중감이 약하기 때문에 독서에 소극적이다. 따라서 독서 성공 경험을 많이 주는 것이 필요하다. 성공 경험을 많이 제공함으로써 자신도 노력하면 좋은 결과를 가져올 수 있다는 자신감을 회복시켜야 한다.

(6) 적절한 반복으로 언어 기술 숙달시키기

독서 부진아는 평범한 독자나 우수한 독자보다 기술을 적용시키는 데 더욱 많은 연습이 필요하다. 독서 부진아는 배운 것을 적용하는 데에 어려움을 느끼기 쉬우므로 교사는 부진아들이 새롭게 배운 기술이나 학습 내용을 실제 상황에 적용할 수 있도록 도와

주어야 한다. 부진아가 자신이 배운 것을 새로운 상황에 적용시키고 과제를 수행하기 위해 가장 좋은 방법은 반복하는 것이다. 평범한 독자가 두세 번에 가능한 과제라면 부진아는 열 번이나 그 이상의 반복이 요구된다. 그럴 경우 의미 없는 반복이 되지 않도록 하는 것이 중요하다.

(7) 학생들에게 큰 소리로 읽어 주기

독서 부진아의 경우 스스로 읽는 것보다 읽기가 유능한 사람이 읽어 주는 것이 독해력을 더 상승시킨다. 이야기와 신문 기사를 큰 소리로 읽는 것을 들으면 독서 부진아들은 세상 사이의 지식과 어휘, 언어 지식, 듣고 이해하기, 배경지식, 그리고 이야기 구조를 익히는 데 도움이 된다. 교사는 소설이나 시, 희곡, 신문의 기사, 짤막한 내용의 글 등을 꾸준히 계획적으로 읽어 준다. 예상이 가능하도록 구성된 책은 부진아들에게 이야기의 구조와 언어를 잘 다룰 수 있도록 도와준다. 학생들이 짝을 지어 서로 읽어 주거나 자신의 목소리를 녹음하여 듣는 방법으로 실수를 찾아낼 수 있다. 친구에게 들은 이야기를 요약하거나 쓰기 활동으로 연결할 수도 있다.

(8) 통합적인 학습 활동 강조하기

독서 부진아는 읽기 활동뿐만 아니라 쓰기나 듣기, 말하기 등의 활동을 통합적으로 해 보게 하는 것이 좋다. 때로는 읽은 내용과 관련된 그림을 그리거나 노래를 부르고 드라마를 해 보게 할 수도 있다. 이러한 통합적인 활동으로 독서 흥미를 높여 줄 수 있다. 독서 부진 학생은 부족한 언어 지능과 음악적 지능, 대인 관계 지능, 개인 이해 지능, 신체적 지능, 논리·수리 지능 등을 관련지어 지도하는 것이 필요하다. 개인차를 고려하여 그들의 강점을 연결하여 지도하면 도움이 된다. 한편 읽기에 어려움을 가진 학생이라도 다른 분야의 지능은 높을 수 있다. 이런 학생들의 약점과 다른 분야의 강점을 연결시켜 지도하는 것이 중요하다.

(9) 심각할 경우는 부진의 원인에 대한 전문가의 도움 구하기

독서 부진의 저해 요소를 제거하고 다양한 활동과 노력을 통하여 책 읽기의 즐거움을 알게 도와줌에도 불구하고 부진의 정도가 심하거나 상태가 나아지지 않을 때는 부진의 원인에 대한 전문가의 도움을 얻는다.

그 밖에 독서 문제를 가진 아동은 가벼운 것이든 심한 것이든 정서에 문제를 가진다. 때때로 정서 문제가 독서 부진의 원인이 되기도 하고 독서 부진 때문에 정서 문제를 야기하기도 한다. 한 연구는 독서에 심각한 문제를 가진 아동의 약 75퍼센트가 성격적으로 부적응 현상을 보였으며 25퍼센트는 정서적 불안이 독서 문제를 일으키고 있는 것으로 보고하였다.(한국독서학회, 2003:156)

독서 지도는 이러한 문제를 예방할 수 있게 한다. 독서 지도를 통해 아동은 정서적인 성숙을 이룰 수 있고 자기 문제 해결을 위한 통찰력을 기름으로써 정서적 안정을 얻을 수 있다. 바람직한 인생관과 가치관을 확립할 수 있을 뿐만 아니라 원만한 성격을 얻는 데도 도움을 받는다.

또한 아동이 처음 책을 접했을 때 책과의 첫 만남이 좋지 않았거나 부모나 교사가 책을 인지 발달의 도구로만 사용했을 경우도 문제가 된다. 독서 지도 시 아동의 개인차와 발달 과정을 고려하지 않고 책을 강압적으로 읽히고 경쟁적으로 독서를 시키는 경우도 책에 대한 흥미를 떨어트린다. 책을 읽은 후 무조건 독후감 쓰기를 강요하거나 부모의 일방적인 독서관을 주장하는 경우도 아동에게 문제를 일으키므로 주의해야 한다.

2. 독서 습관 들이기

1) 독서 습관 형성의 방해 요인

독서 습관은 개인, 가족, 주변 환경, 학교 교육, 대중 매체, 도서관, 사회 분위기, 국가 등의 다양한 요인의 영향을 받는다. 대표적인 독서 습관 형성의 방해 요인에는 가정에서 독서 습관 미형성, 부모가 책을 읽지 않는 경우, 매체의 중독 및 상업적인 오락 문화 등이 있다. 지금 시대의 아동은 책보다는 디지털 환경이 더 친숙하다. 짧고 빠른 정보, 관심사 기반의 검색 환경, 매체의 자극적인 놀이 등은 독서 습관을 형성하는 데 방해 요인이다. 이러한 요인은 독서 환경이나 독서 방법의 변화에 영향을 미친다.

급박하게 변하는 시대에 어떤 능력이 아동에게 제일 큰 힘이 되어 줄 수 있을지 정확하게 알 수는 없다. 하지만 어떤 분야가 되었든지 반드시 갖추어야 할 것이 독서 습관이다. 독서 습관이 갖추어져야 스스로 학습을 하고 성장할 수 있는 능력이 생기기 때문이다. 독서를 한 아동과 하지 않은 아동은 절대 같을 수 없다. 배경지식, 배경지식에 따른 생각의 범위, 표현과 창의적인 요소 등 모든 것이 다르다. 이런 능력은 짧은 시간에 형성되는 것이 아니라 꾸준한 독서 습관이 있을 때 가능한 것이다.

2) 가정에서 독서 습관 들이기

독서는 습관이다. 다른 말이 필요 없다. 어린 시절의 책 읽는 습관이 어른의 책 읽는 습관으로 이어지는 것이다. 그런데 부전자전(父傳子傳)이란 말이 있듯이 독서 습관도 양육자로부터 전해진다. 부모의 독서 습관이 그대로 아이들의 독서 습관에 영향을 미치기 때문에 부모는 자녀가 어릴 때부터 독서 환경을 만들어 주어야 한다.

부모가 책 읽는 모습을 보여 주고 자녀와 함께 도서관과 서점을 방문하고, 가족이 한 책을 읽고 독서 토의를 하거나 독서 워크숍 등 온 가족이 참여하는 독서 활동을 계획하고 실행하는 것도 좋다. 인터넷에 가족 블로그를 꾸며 가족의 책 읽기 활동을 기록할 수도 있다. 이때 중요한 것은 자녀의 주체적이고 능동적인 참여를 유도하는 것이다.

독서 습관을 형성하는 모든 아동에게 해당하는 가장 좋은 단 하나의 방법은 없다. 따라서 어린 시절부터 아동의 심리, 환경, 지적 특성 등을 고려하여 여러 가지 방법으로 독서 습관 형성을 이루도록 지도해야 한다.

(1) 가정 환경 점검하기

책을 좋아하는 아동의 공통된 요건 중 한 가지는 부모가 책 읽는 모습을 자주 보여 주었고, 집에 책이 많은 경우였다. 부모의 책 읽는 모습은 자녀에게 좋은 교육이 된다. 서재는 온 가족이 모일 수 있는 장소이며 독서하기 좋은 최고의 환경이 될 수 있다. 자녀의 방이나 자녀가 좋아하는 장소에는 언제든지 꺼내 읽을 수 있는 책을 구비해 주는 것도 좋다. 이때 주변 환경은 책을 읽을 수 있도록 조용한 환경으로 만드는 등 가정이 자녀에게 최적의 독서 교육장이 될 수 있도록 해야 한다.

(2) 좋아하는 책을 스스로 선택하게 하기

자기 선택은 아동의 독서 흥미를 높이고 독해력 향상에 더 많은 영향을 미치며 더 주도적으로 독서 활동을 하게 하는 효과가 있다. 유아라면 부모가 읽어 줄 책을 아이에게 선택하게 할 수 있고, 독립적인 읽기가 가능한 아이라면 읽을 책을 스스로 고르게 할 수 있다. 독서 지도 시에도 교사가 선택한 책으로 독서 지도를 할 수 있지만 학생이 읽고 싶어 하는 책으로 독서 지도를 할 수도 있다.

(3) 아이에게 맞는 책인지 살피기

읽기 시작한 초기 단계라면 아동은 학교에서 읽던 책을 집이나 학원에 가져오기도 한다. 이때 아동은 자신이 선택한 책을 훌륭히 소화하여 성취감을 느끼기도 하고 다 읽지 못해 좌절감을 겪기도 한다. 이때 아동이 선택한 책이 마음에 들지 않더라도 책을 끝까지 읽도록 격려해 주고 관심을 기울여 준다. 아동이 선택한 책의 한 쪽마다 어려운 낱말이 서너 개 이상이면 아동의 수준에 어려운 책이므로 무난히 읽을 수 있는 책을 안내해 주는 것이 필요하다.

(4) 독서 계획 세우기

책을 읽는 시간과 읽을 책의 주제를 기준으로 독서 계획을 세운다. 1년, 한 달, 1주일 단위로 독서량을 정하여 지킨다. 매일 실천하지 못해도 계획을 세우면 계획을 세우지 않았을 때보다 훨씬 많은 책을 읽게 된다.

분야별로 목록을 만들어 읽는 것도 좋다. 학교에서 추천하는 도서나 과목별 추천 도서 목록, 주제에 따라 도서 목록을 정하여 읽기를 계획한다. 한 작가의 책을 전부 섭렵하여 그 작가의 사상과 작품 세계를 이해하고 비판할 수 있는 수준의 책 읽기를 하는 방법도 있다. 각 분야의 전문 분야를 탐독하는 주제별 독서는 독서 효과를 높인다. 이러한 계획이 개별 활동에서 더 나아가 정기적인 그룹 활동을 하게 되면 독서 효과를 극대화시킬 수 있다.

(5) 혼자서도 도서관과 서점 이용하게 하기

어려서부터 부모와 도서관을 함께 다녔다면 학교에 입학하고 나서는 혼자서도 도서관을 이용할 수 있도록 한다. 도서관을 이용하면 좋은 점은 자녀에게 무제한의 읽을 자료를 제공하고 자녀를 호기심을 키울 수 있는 환경에 노출시키며 공공 기관에서 지켜야 할 행동 규칙 등을 익히게 할 수 있다. 정기적으로 도서관을 탐방하면 새로 나온 책이나 자신의 관심 분야를 찾아보고 새로운 영역에도 관심을 가짐으로써 독서에 대한 흥미를 높일 수 있다. 부모가 자녀에게 책을 사 줄 때도 자녀를 데리고 서점을 방문하여 지적 호기심을 키울 수 있는 환경에 노출시키는 것이 중요하다.

(6) 언제 어디서나 조금씩 읽기

계획적인 독서를 하기 위해 장소와 시간을 정해 두고 독서를 하면 더할 나위 없이 좋다. 책을 한꺼번에 많이 읽어야겠다는 생각도 나쁘지는 않다. 그러나 그보다는 시간이 날 때마다 조금씩 읽는 것이 좋다. 물론 책에 따라서 별도의 시간을 갖고 읽어야 효과적인 것도 있지만 독서 습관을 들이기 위해서는 조금씩, 자주 읽는 것이 좋다. 가정 내 곳곳에 읽기 자료를 두는 것도 독서 습관을 들이는 좋은 방법이다.

(7) 책에 자신만의 방식으로 표시하기

책에 자신만의 방법으로 표시하는 것은 자신의 개성을 드러내는 표현 방법이고 그 책에 대한 강력한 이미지를 남기는 방법이다. 연필, 볼펜 등으로 별, 동그라미, 네모, 세로줄, 가로줄을 표시하거나 중요도에 따라 접기를 다르게 해 주며, 접착식 메모지 등의 도구를 사용하여 책 읽기의 효과를 더할 수 있다. 혹은 책의 여백을 활용하여 책에 대한 감상이나 구입한 날짜 등을 적을 수도 있다. 이러한 방식은 읽는 중의 활동을 촉진시키며 나중에 다시 읽게 될 경우에 내용 확인이나 자신의 생각을 비교하고 점검하는 등의 활동에 도움을 준다.

(8) 책 선물하기

생일이나 축하할 일이 있을 때 책 선물을 한다. 이때 부모가 책 선물을 자녀에게 할 수도 있고 자녀가 친구를 축하해 주기 위해 책 선물을 고르게 할 수도 있다. 책을 선물할 때는 책의 앞 면지에 상대에게 하고 싶은 말이나 의미 있는 말을 적어 주도록 한다.

(9) 책과 관련된 장소 방문하기

책과 관련된 장소를 찾아가는 것도 독서에 대한 흥미를 높이고 내용을 이해하는 데 도움을 준다. 작가의 고향, 혹은 문학 작품의 배경이 되는 장소나 박물관, 기념관 등의 견학은 자녀에게 생생한 체험을 준다. 책의 내용에 대한 이해를 높이고 책을 읽으며 느꼈던 감정을 되새기게 한다. 아직 읽지 않은 책이라면 책 읽기에 흥미를 높여 준다. 견학한 후에는 견학 기록문으로 연결하여 쓰기 활동을 촉진할 수도 있다.

(10) 부모가 아끼는 책 추천하기

부모가 어릴 적 읽었던 책 중 감명 깊었던 책을 자녀에게 추천하면 자녀는 부모가 책 읽기를 좋아한다는 것을 알 수 있고 자신과 같은 어린 시절이 있었다는 것을 깨달아 공감대를 형성할 수 있다. 또한 부모와 같은 책을 읽고 감상을 나눌 수 있어 대화거리를 풍부하게 해 준다.

(11) 아동이 주체가 되는 흥미 있는 독후 활동하기

감상문 쓰기의 일률적인 독서 활동은 아동의 독서 흥미를 떨어트릴 수 있다. 다양한 독후 활동을 안내함으로써 책 읽기가 또 다른 체험의 장으로 연결될 수 있도록 하는 것이 중요하다. 강요로 인해 억지로 쓰거나 많이 쓰는 것이 중요한 것이 아니라 습관을 기르는 것이 중요하므로 독서 기록장은 독서 습관이 들인 후에 적도록 한다. 지나치게 기록을 강조하면 독서에 대한 흥미를 잃을 수 있다. 처음에는 한 줄 느낌으로 시작해도 좋다. 글쓰기를 힘들어하는 아동의 경우는 그림 표현으로 독서 기록장을 만들 수 있도록 한다.

3) 이런 문제가 생긴다면? Q&A

Q 1: 초등학교 3학년 아이인데, 혼자 읽을 수 있으면서 자꾸 읽어 달라고 합니다. 6살 동생은 읽어 주지만 초등학교 3학년인 큰아이는 혼자 읽도록 하는데요. 자꾸 동생을 따라 하려는 것 같아 걱정이 됩니다. 어떻게 하면 좋을까요?

A: 책을 읽어 달라고만 하는 경우는 그것이 혼자 읽는 것보다 더 좋아서입니다. 책을 읽어 달라는 아이의 요구를 무시하거나 혼내지 말고 아이가 "저 혼자 읽을래요."라고 말할 때까지 읽어 주는 것이 좋습니다. 그러고는 그런 행동을 하는 아이의 심리적 원인을 찾아 해결해 주어야겠지요.

아동의 경우 읽어 주는 사람의 관심이나 애정을 원하기 때문에 읽어 달라고 요구하는 경우가 많고 인정 욕구에 시달리거나 부모의 사랑을 확인하고 싶어서 나온 행동일 가능성도 높습니다. 평소 아이에게 애정 표현을 충분히 했는지, 아이를 있는 그대로 존중하면서 인정해 주었는지 살펴보면 좋겠습니다.

간혹 혼자 읽으면 책 내용을 제대로 이해하지 못해 즐거움이 떨어져 부모나 교사에게 읽어 달라고 하는 경우도 있습니다. 이런 경우라면 아이가 읽으려는 책의 수준과 아이의 독서 능력이 맞는지 살펴보세요. 만약 제 또래보다 독서 능력이 떨어진다면 읽어 주기를 하면서 독서 능력을 기르기 위한 다양한 방법을 써야겠지요.

독해 능력이 떨어지는 아이의 경우 책을 읽어 줄 때 스스로 읽는 것보다 독서 능력이 50% 이상 향상됩니다. 부모나 교사에 대한 신뢰감이 쌓이고 정서적 안정감도 느낄 수 있으며 산만한 아이의 경우 듣기 훈련도 됩니다.

일반적으로 책 읽기의 단계는 ① 듣기 → ② 읽어 주기 → ③ 함께 읽기 → ④ 혼자 읽기의 순서인데, 이 과정을 적절하게 경험하면 아동은 스스로 독서를 하면서 다른 학습과 연계하는 힘을 기를 수 있습니다. 따라서 책 읽기의 단계를 점검해 보는 것도 필요합니다.

Q 2: 아이가 집중해서 책을 읽는데도 내용 이해나 주제를 찾는 데 어려움을 겪네요. 우리 아이의 독서 능력에 문제가 있는 걸까요?[8)]

A: 책의 내용 이해나 주제 파악을 잘 못하는 경우 여러 가지 원인이 있을 수 있습니다. 아동의 읽기 능력에 비해 책이 어려울 수도 있고, 부모나 교사의 지도 방법에 문제가 있을 수도 있으며, 아동의 수준에 맞는 책이라 해도 아동이 스트레스가 높을 경우 독해에 방해를 받아 독해력이 떨어지기도 합니다.

또한 읽기 유창성이 있는 사람도 핵심 주제를 찾는 것은 책의 내용 이해와 판단, 저자의 의도 파악, 관련 지식과의 연결, 감상 능력 등 여러 가지 능력이 종합된 결과이기 때문에 단순히 독해를 잘 못한다고 해서 독서 행동이나 능력의 문제로 판단하는 것은 위험할 수도 있습니다.

어릴수록 책에 흥미를 갖게 하는 것이 중요한데, 아동을 독서 부진아라고 판단하는 순간 아동에게 부정적인 피드백을 하기가 쉬워지고 그러한 점은 오히려 아동의 독서 동기를 떨어트릴 수도 있기 때문이지요.

다음의 질문을 점검해 보면 좋을 듯합니다.
① 책의 수준이 아동의 읽기 능력에 적합한 책인가?
② 부모나 교사가 원하는 성취 수준과 아동이 다다를 수 있는 성취 수준에 차이가 많이 나지는 않는가?
③ 아동이 책을 읽는 방법에 문제가 있는가?

①번의 문제라면 아동이 조금만 노력하면 잘 읽고 이해하기 쉬운 책을 권해 주시면 좋겠습니다. 책의 수준이 아동의 독서 능력보다 높으면 아동은 책을 성공적으로 읽어 내

---

8) 신운선(2020. 8. 27), 「독서 상담: 아이가 집중해서 책을 봐도 내용을 이해하지 못해요.」, 한우리 독서지도사 블로그 참고.

지 못하고 실패할 확률이 커지며, 그러한 경험은 아이의 자기 효능감을 저하시키고 독서 흥미를 떨어트려 궁극적으로 장기적인 독서 활동에 부정적인 영향을 미칩니다.

②번의 문제라면 내가 아동에게 바라는 성취 수준을 낮출 필요가 있습니다. 저학년이라면 주제 파악보다는 책을 즐겨 읽는 것이 중요하다고 생각하셔도 됩니다. ③번의 경우라면 다음과 같은 방법으로 지도해 보시기 바랍니다.

- 다독보다는 정독을 하도록 지도해 주시는 게 도움이 됩니다. 다독을 강조하다 보면 대충 읽게 되기 쉽고, 그러다 보면 내용이나 주제 파악에는 도움이 안 되겠지요.

- 대부분의 문학은 인물의 성격이나 인물이 겪은 사건이 중요하고, 그러한 것이 주제와 깊은 연관이 있습니다. 인물의 말이나 행동을 파악하여 인물의 성격을 파악하고, 겪은 사건의 문제 해결 과정과 결과를 정리하며 주제를 파악할 수 있습니다. 아동이 이 방법을 처음부터 잘할 수 없으므로 부모나 교사가 주제를 파악하는 방법을 시범으로 보여 주시면 좋겠습니다.

- 또한 책을 읽을 때 좋은 문장이나 중요하다고 생각되는 문장을 밑줄 긋거나 궁금한 점이나 느낀 점을 메모하며 읽는 것도 좋습니다. 정보책이라면 단락마다 핵심 문장이 있으므로 단락별로 중요 내용을 밑줄 긋거나 정리하며 읽는 것이 도움이 됩니다.

- 한 번 읽어서 이해가 잘 안 되는 것은 반복해서 읽도록 해 주세요. 저도 꼭 읽어야 하는 책인데, 이해가 한 번에 안 되는 경우는 반복하여 읽기를 합니다.

- 마지막으로 아동이 읽은 책을 부모나 교사(아동보다 읽기 능력이 더 뛰어난 사람)와 같이 읽고 이야기 나누는 경험이 중요합니다. 같은 책을 읽었지만 자신보다 읽기 능력이 더 뛰어난 사람과 책에 대해 이야기 나누는 경험을 통해 아동은 미처 깨닫지 못한 내용을 이해하게 되고 주제를 깨닫게 되는 등 많은 것을 배울 수 있기 때문이지요.

핵심 주제를 찾는 것은 처음부터 잘할 수 있는 능력이 아닙니다. 독서 능력은 나이를 먹는다고 저절로 향상되는 능력이 아니므로 아동이 책에 흥미를 갖고 꾸준히 독서를 할 수 있도록 해 주시면서 인내심을 가지고 다양한 방법을 시도해 보면 좋을 듯합니다.

Q 3: 인성이나 학습에도 도움이 되는 유용한 책을 읽었으면 좋겠는데, 자기가 좋아하는 책만 읽으려고 합니다. 편독인 것 같은데 어떻게 하면 좋을까요?[9]

---

9) 신운선(2019. 6. 18), 「그림책 상담실: 아이 편독 걱정된다면? 사례로 살펴보는 유아기 편독 솔루션」, 3. 한우리 독서토론논술 블로그 참고.

A: 4살 전후만 되어도 아이들은 자신이 좋아하는 취향이 생기며 자기주장을 하게 됩니다. 좋아하는 책 또한 뚜렷해지죠. 이때 한 가지 분야에 치우쳐 책을 읽는 것을 '편독'이라고 합니다.

'편독'은 흥미 있는 책만 읽는 행동적 특성으로, 기본적으로 책을 좋아하는 아이들이 보이는 현상입니다. 편독하는 아이들은 좋아하는 분야의 책이면 조금 어렵더라도 척척 읽어 내곤 하는데요. 이런 점은 독서에 대한 즐거움을 느끼게 하여 독서 습관 형성에 긍정적인 영향을 미칩니다.

또한 '편독'은 한 분야를 깊이 있게 탐색하게 하여 탐구심과 집중력을 키워 주기도 합니다. 과학 분야만 읽는 아이는 다른 아이들에 비해 과학에 대한 지력이 뛰어나게 되겠죠. 한 분야에 깊이 빠져 본 아이는 몰입의 힘과 즐거움을 경험하기도 하고, 구석구석 탐색하는 방법에 대해 자연스럽게 체득하기도 합니다.

하지만 단백질이 우리 몸에 필요하다고 해서 단백질만 먹는다면 건강할 수 없겠죠? '편독'도 비슷해서 아이의 균형 잡힌 사고와 정서 발달을 해칠 수 있습니다. 아이가 당근을 먹기 싫어하면 당근을 잘게 썰거나 다른 음식과 섞어서, 요리 방법을 달리해서라도 먹이고자 하는 게 부모의 마음이죠? 책도 마찬가지, 아이가 선호하지 않아도 아이에게 필요한 책이라면 다양한 방법으로 권해 줘야 합니다.

일차적으로 아이의 편독을 예방하기 위한 열쇠는 부모님이 쥐고 있습니다. 유아기에는 책을 사거나 읽어 주는 것 모두 부모의 선택으로 이루어지기 때문이죠. 아이의 책을 고를 때, 자기도 모르게 개입되는 부모의 성향과 주관을 점검할 필요가 있습니다.

어려서 여러 음식을 맛본 아이가 커서도 음식을 가리지 않고 골고루 먹는 것처럼, 책과 처음 만나는 유아기에 다양한 분야의 책을 만나야 아이는 다양한 분야에 호기심을 갖고 성장해 나갑니다. 환상 그림책이나 정보 그림책, 여러 나라의 옛이야기나 우화, 유아의 생활을 다룬 그림책 등 다양한 종류의 책과 다양한 이야기를 담은 책을 선택해 주세요. 또한 자연에서 노는 직접 경험은 관련 책 읽기의 흥미를 높여 주고 이해를 깊게 해줍니다. 직·간접의 경험을 다양하게 할 수 있게 하여, 아이가 다양한 세계에 관심을 갖게 해 주어야 합니다.

만약 아이의 편독 습관이 이미 시작되었다면, 이제부터는 이를 개선해 나가기 위한 방법이 필요합니다. 어떤 방법이 있을지, 실제 부모님들의 고민 사례를 통해 살펴보도록 하겠습니다.

사례 1. 5살 남아인데 이야기책을 지루해하고 정보책만 보려고 해요. 특히 동물이 나오는 책을 좋아하는데 요즘에는 공룡에 푹 빠졌어요.

아이들 성향이나 직·간접의 경험에 따라 편독의 성향은 달라집니다. 일반적으로 지적 호기심이 많은 아이는 문학보다는 정보책을 선호하기도 합니다. 정보책에 비해 지적 호기심을 즉각적으로 채워 주지 못하는 문학책을 지루해하는 것이죠. 하지만 정보책에는 문학이 주는 상상력과 감수성, 재미나 감동 등의 가치는 부족할 수 있습니다. 그러므로 정서 및 사고력의 고른 발달을 위해서라도 이야기책에 흥미를 갖게끔 도와주는 것이 좋습니다.

이때 아이가 흥미를 갖는 대상을 고려해 장르만 바꿔 책을 선택해 주세요. 아이가 좋아하는 공룡 등의 동물이 주인공으로 등장하는 이야기책을 선택하는 것이죠. "어? 여기 봐. ○○이가 좋아하는 티라노사우루스다. 티라노사우루스가 왜 바닷가에 갔지?"라며 아이의 흥미를 돋우는 부모님의 능청스러운 연기가 함께한다면 더욱 효과적일 것입니다.

사례 2. 9살 여아인데 읽었던 책만 자꾸 읽어요. 다른 책을 읽으면 좋겠는데 새로운 책에는 관심이 없어 보여요.

아이가 특정 책을 반복해서 읽으려는 것은 그 책이 정말 재미있었기 때문입니다. 다른 책에도 관심을 두게 하려면, 왜 그 책에 빠졌는지 알아내는 게 중요합니다.

'쿵덕쿵덕', '달랑달랑' 등의 반복되는 언어에 재미를 느낄 수도 있고, 주인공의 익살스러운 모습이 즐거울 수도 있습니다. 화려하고 밝은 색감이 좋을 수도 있겠죠. 마음껏 상상력을 펼치게 하는 이야기가 마음에 든 것일 수도 있습니다. 아이가 책의 어느 부분을 좋아하는지 알아내서 그와 같은 매력을 느낄 수 있는 책들을 선택해 읽어 주세요. 바로는 아니더라도 조금씩 아이의 관심이 옮겨 가게 될 겁니다.

만약 아이에게 꼭 필요하다고 생각되지만, 아이가 영 좋아하지 않는 분야가 있다면, 해당 분야에 대한 최대한 쉬운 책을 골라 주는 게 좋습니다. 아이들이 책을 싫어하는 이유는 내용이 어렵고 이해가 안 되기 때문인 경우가 많으니까요. 과학 등의 정보책을 읽히고 싶은데 아이가 싫어한다면 과학 동화로 나온 책이나 글보다는 그림에 내용을 담아 쉽고 재미있게 전달되는 책을 선택하면 좋습니다.

부모님이 책을 골고루 읽어 줬다고 해도, 커 가면서 아이만의 취향이 생기고 더 관심 가는 분야도 생기기 마련입니다. 선호하는 책이 생기는 건 자연스러운 현상이죠. 편독을 나쁘다고만 생각하지 말고 우선은 책 읽기를 좋아하는 습관이므로 칭찬을 해 주세요. 기본적으로 편독하는 아이는 독서의 핵심인 '책의 즐거움'을 아는 것입니다. 단지 그 즐거움을 다양한 이야기에서 만끽하여 폭넓은 독서가 되도록 다양한 방법을 사용하면 좋겠습니다.

Q 4: 초등학교 4학년인데 느낌과 생각을 잘 표현하지 못합니다. 일기 쓰기나 감상문 쓰기를 할 때도 "재미있었다", "심심했다"처럼 짧은 소감을 쓰고는 더 이상 쓰려고 하지 않아요. 잘 못 쓰더라도 길게라도 썼으면 좋겠어요.

A: 글쓰기 능력은 오랜 시간 읽기와 표현 능력, 사고 능력 등이 종합적으로 발달할 때 길러지는 능력입니다. 심리적인 문제나 환경 및 교육의 경험 등이 영향을 미치기도 하지요. 4학년인데 지나치게 짧게 글을 쓴다면 어휘력이나 배경지식이 부족하여 그럴 수도 있고 느낌과 생각을 잘 모르고 표현 능력이 부족하여 그럴 수도 있습니다. 쓰기 자체에 흥미를 느끼지 못한 경우도 있지요.

어휘력이나 배경지식이 부족하여 글을 못 쓰는 것 같으면 어휘력을 길러 주기 위한 방법을 써야겠지요. 배경지식이 부족하다면 쓰려고 하는 글과 관련된 정보나 지식을 찾아 읽어야 합니다.

기본적으로 읽기를 많이 하면 글쓰기에 도움이 됩니다. 배경지식을 얻을 수도 있고 작가의 문장 표현을 익힐 수도 있으며 감동을 느끼며 표현 욕구를 자극받기도 하니까요. 문학 작품을 읽을 경우 그 작품에 나오는 좋은 문장을 암기하거나 밑줄을 긋고 기록하게 한 후 느낌을 정리하게 하는 방법도 표현력 향상에 도움이 됩니다.

대화 중에 '왜', '어떻게?' 등의 질문으로 생각을 확대시켜 글에 대한 감상력이나 사고의 폭을 넓혀 주는 것도 필요합니다. 이때 '왜', '어떻게?'를 거듭 질문하여 아이가 미처 생각하지 못한 생각을 끄집어내도록 도움을 줄 수 있습니다.

한편 무조건 길다고 좋은 글이 아니고 짧다고 나쁜 글이 아닙니다. 아이는 글쓰기에 흥미가 없어서 글을 짧게 쓰기도 합니다. 글쓰기는 읽기, 듣기, 말하기보다도 훨씬 많은 사고력과 재구성을 요구하는 활동입니다. 많은 노동이 들어가는 어려운 활동이지요. 따라서 아이가 쓴 글의 분량이 적어도 내용이 좋으면 충분히 칭찬해 주세요. 쓰기 초기에는 글쓰기에 대한 부담을 줄이고 글 쓰는 데 흥미를 갖도록 해 주는 것이 중요합니다.

1. 독서 상담의 개념과 필요성

1) 독서 상담의 개념: 독서 그 자체에 대한 상담, 독서 문제에 대한 상담, 독서 부진에 대한 상담, 독서를 통한
예방적 차원의 상담

2) 상담 환경의 조성과 계획

   (1) 인간의 기본적인 욕구: 사랑과 소속감의 욕구, 즐거움의 욕구, 힘과 성취의 욕구, 자유의 욕구, 생존의 욕구

   (2) 독서 상담 환경의 조성

      ① 편안한 대화 분위기 형성하기

      ② 내담자와 공감대를 형성할 수 있는 주제 알기

      ③ 다양한 보조 전략을 사용하기

      ④ 내담자의 수준에 따른 상담 시간 조절하기

      ⑤ 내담자의 부정적인 생각도 긍정적으로 수용하기

      ⑥ 부모와 적절한 관계 맺기

      ⑦ 주의를 기울여 듣기

      ⑧ 침묵을 허용하기

      ⑨ 은유적 표현에 귀 기울이기

      ⑩ 윤리적이기

3) 독서 상담 목표의 계획: 욕구가 충족되는 계획, 단순한 계획, 현실적이고 실현 가능한 계획, 행동을 중지시
키기보다는 행동을 하도록 하는 계획, 구체적인 계획, 측정 가능하고 반복적인 계획, 즉각적이며 진행 중심
적인 계획, 계획에 대한 평가와 약속

2. 교사 효율성 훈련

1) 목표: 교사, 학생 간의 상호 인간적인 성장

2) 행동의 변화를 일으키는 요인: 교사 자신의 변화, 상대 학생의 변화, 환경이나 상황의 변화

3) 문제 소유 가리기

   (1) "이 학생의 행동이 나에게 실제로 구체적인 영향을 미치고 있는가? 그 행동으로 말미암아 내 욕구가 방
해받아 수용할 수 없다고 느끼고 있는가?"

   (2) "실제로는 문제 될 것이 없음에도 불구하고 학생에게 다른 행동, 즉 내가 생각하는 대로, 바라는 대로 행
동해 주기를 원한다는 이유로 학생의 행동을 수용할 수 없다고 느끼는 건가?"

   (1)과 (2)의 질문에 대한 대답이 긍정이면 교사가 문제를 소유한 것

4) 문제를 가지고 있는 학생을 돕는 방법: 신체 접촉, 수동적 경청, 인정 반응, 말문 열기, 반영적 경청

   (1) 반영적 경청: 반영적 경청(적극적 경청)은 내담자가 잘 알 수 있도록 상담자가 적극적으로 반응하여 내담자
의 느낌, 감정, 생각까지 헤아리면서 듣는 방식

   (2) 반영적 경청의 효과

      ① 학생들의 강렬한 감정의 처리와 완화를 돕는다.

      ② 학생들에게 자신의 정서를 두려워하지 않게 한다.

③ 학생이 스스로 문제를 해결하도록 촉진한다.

④ 문제의 분석과 해결의 책임을 학생에게 부여한다.

⑤ 교사의 말에 더욱 귀 기울이게 한다.

⑥ 교사와 학생의 관계를 더욱 가깝고 의미 있게 만들어 준다.

5) 교사가 자신이 문제를 소유했을 때 교사의 대처 방법: 나–전달법

(1) 나–전달법의 구성 요소

① 수용할 수 없는 학생의 행동에 대한 비난 없는 서술

② 그 행동이 교사에게 미치는 구체적 영향

③ 행동과 영향으로 인한 감정(느낌)

(2) 교사가 문제를 소유하지 않았을 때의 나–전달법

① 자기 개방적 나–전달법

② 긍정적 나–전달법

③ 예방적 나–전달법

3. 독서 부진아 지도와 독서 습관 들이기

1) 독서 부진아 지도 원리

(1) 초이해 능력을 길러 주기

(2) 결과보다 과정에 더 관심을 두기

(3) 부진아를 소외시키지 않기

(4) 언어 활동에 유용한 상황을 만들어 주기

(5) 주어진 과제의 유형, 분량을 조정하기

(6) 적절한 반복으로 언어 기술 숙달시키기

(7) 큰 소리로 읽어 주기

(8) 통합적인 학습을 강조하기

(9) 심각할 경우 부진의 원인에 대한 전문가의 조언을 구하기

2) 독서 습관 들이기

(1) 독서 습관 형성의 방해 요인: 가정에서 독서 습관 미형성, 부모가 책을 읽지 않는 경우, 매체의 중독 및 상업적인 오락 문화 등

(2) 가정에서 독서 습관 들이기: 가정 환경 점검하기, 좋아하는 책을 스스로 선택하게 하기, 아이에게 맞는 책인지 살피기, 독서 계획 세우기, 혼자서도 도서관과 서점 이용하게 하기, 언제 어디서나 조금씩 읽기, 책에 자신만의 방식으로 표시하기, 책 선물하기, 책과 관련된 장소 방문하기, 부모가 아끼는 책 추천하기, 아동이 주체가 되는 흥미 있는 독후 활동하기

(3) 이런 문제가 생긴다면? Q&A: 책을 읽어 달라고 하는 경우, 책을 읽고 내용 이해나 주제를 찾는 데 어려움을 겪는 경우, 편독을 하는 경우, 생각이나 느낌을 쓰기 어려워하는 경우

1. 상담 환경의 구성에서 내담자와 '라포(rapport)'를 형성하기 위한 좋은 방법이 있으면 세 가지 정도 제시해 보고, 다른 독서 교육 전문가들과 토의해 보자.

2. 상담 사례 중에서 반영적 경청을 한 사례를 찾아 제시하고, 반영적 경청의 효과는 무엇인지 발표해 보자.

3. "초등학교 4학년 남학생이 만화책만 봐요. 다양한 책을 읽히고 싶은데 어떻게 하면 좋을까요?"라는 질문을 온라인으로 받았다고 가정하고, 이에 대한 답변 내용을 작성해 보자.

4. 독서 상담에서 실제 '독서에 관한 질문'을 받아 본 후에 독서 상담의 사례들을 참고하여 답해 줄 내용을 구체적으로 서술해 보자.

5. 일상생활에서 독서 습관 들이기에 방해가 되는 요소들을 찾아보고 해결 방안을 마련해 보자.

- 김동일 외(2011), 『학습 상담』, 학지사.
- 김명희(2007), 「독서 문제의 상담」, 『독서연구 17』, 한국독서학회.
- 김현희(2003), 『독서 치료』, 학지사.
- 김홍규(2003), 『상담심리학』, 형설출판사.
- 노명완 외(2011), 『독서 교육의 이해』, 한우리북스.
- 로버트 우볼딩(1997), 『어린이 마음을 여는 기술』, 사람과사람.
- 박경애(2002), 『인지·정서·행동치료』, 학지사.
- 박경주(2013), 「문학치료 수업 모델 연구를 위한 사례 분석」, 『문학치료연구 28』, 한국문학치료학회.
- 방인태 외(2007), 『초등학교 독서 교육』, 역락.
- 서울대학교 국어교육연구소 편(1999), 『국어교육학사전』, 대교출판.
- 손정표(2010), 『신독서지도방법론』, 태일사.
- 신운선(2019. 6. 18), 「그림책 상담실: 아이 편독 걱정된다면? 사례로 살펴보는 유아기 편독 솔루션」, 3, 한우리 독서토론논술 블로그.
- 신운선(2020. 8. 27), 「독서 상담: 아이가 집중해서 책을 봐도 내용을 이해하지 못해요.」, 한우리 독서지도사 블로그.
- 신헌재 외(2003), 『독서 교육의 이론과 실제』, 박이정.
- 애들러(1999), 『독서의 기술』, 범우사.
- 여희숙(2005), 『책 읽는 교실: 독서 토론 지도 길잡이』, 디드로.
- 윌리엄 글라써(1992), 『실패 없는 학교』, 교육과학사.
- 윌리엄 글라써(2010), 『좋은 학교』, 한국심리상담연구소.
- 윌리엄 글라써(1998), 『행복의 심리』, 한국심리상담연구소.
- 윌리엄 글라써(1997), 『긍정적 중독』, 한국심리상담연구소.
- 윌리엄 글라써(1992), 『실패 없는 학교』, 교육과학사.
- 이경화(2003), 『읽기 교육의 원리와 방법』, 박이정.
- 이순영 외(2016), 『독서 교육론: 2015 개정 교육과정을 담은』, 사회평론.
- 이제환(2009), 「한국도서관계에서 독자상담과 독서 치료의 의미」, 『한국도서관·정보학회지』 40(4).
- 주은선(2006), 『상담의 기술』, 학지사.
- 천성문 외(2009), 『상담 심리학의 이론과 실제』, 학지사.
- 채연숙·조희주(2014), 「통합문학치료의 현황과 발전 방향, 문학치료연구」, 31, 한국문학치료학회.
- 토마스 고든(1987), 『성공적인 교사가 되는 길』, 성원사.
- 토머스 고든(2003), 『교사 역할 훈련』, 양철북.
- 하희정·이재성(2005), 『독서 논술의 핵심 코드 101』, 위즈북스.
- 한국독서학회(2003), 『21세기 사회와 독서지도』, 박이정.
- 한국어문교육연구소 편(2006), 『독서 교육 사전』, 교학사.
- 한국화법학회 화법용어 해설 위원회(2015), 『화법 용어 해설』, 박이정.
- 한우리독서문화운동본부 교재집필위원회(2014), 『독서 교육론』, 『독서지도방법론』, 위즈덤북.
- Fox, M.(2002), 공경희 옮김, 『현명한 아이로 키우는 독서 육아법』, 중앙M&B.
- Krashen, S, D.(2014), 조경숙 옮김, 『크라센의 읽기 혁명』, 르네상스.
- Wubbolding, R, E.(2014), 김인자 옮김, 『현실치료의 적용 1』, 한국심리상담연구소.

독서지도 전문가를 향한 올바른 선택

한우리
독서지도사

기본기 UP

33년 노하우와 실무를 담은
체계화된 교육 프로그램

활용도 만점

정년 없는 평생 직업으로
520여 개 지역센터에서 활동

가성비 GOOD

수강료 50% 환급 제도
가맹비, 수수료 없어 부담도 제로

수료 혜택

수료 후 1년 자격시험 가산점 제공

유아독서/논술/토론/역사/코칭 등
자격, 수료과정 수강료 20~30% 할인

교육상담 02-6276-2626
www.hanuricampus.com

카카오톡 상담

자세히 보기

독서지도사 자격시험 안내

독서지도사 자격시험은 만 18세 이상 누구나 응시할 수 있으며 어린이와 청소년을 대상으로 한 독서교육 프로그램의 개발 및 활용 능력과 독서 교육에 대한 교육적 자문을 수행할 수 있는 역량을 평가합니다.

민간자격 등록정보

- 자격명 : 독서지도사
- 자격의 종류 : 등록(비공인) 민간자격 제2008-0276호
- 발급 및 관리 기관 : (사)한우리독서문화운동본부

자격 취득 후 진로

- 한우리 독서토론논술 지도교사(홈스쿨, 방문교사, 교습소 운영 등)
- 독서논술 학원 강사
- 초등학교 방과 후 교사
- 도서관, 구청, 문화센터의 독서 프로그램 강사
- 한우리 봉사단, 지역 복지관 등 독서지도 자원봉사

시험 안내

유형	형태	과목	합격 기준
필기	오지선다형 50문항	독서 교육론, 독서 자료론, 독서 지도 방법론	각 100점 만점에 60점 이상
실기	실무형 2문항	서평 쓰기 독서수업계획안 작성	

- 일정 : 1, 3, 5, 7, 9, 11월 (일정은 변경될 수 있으며, 자세한 내용은 홈페이지 참고)
- 장소 : 회차별로 홈페이지에 공고

시험 접수

- 홈페이지 : www.hanuricampus.com
- 문의 : 02-6276-2624

내 일이 있는 아름다운 내일

한우리 지도교사 모집

진행절차: 독서지도사 양성과정 수료 → 입문과정 신청 → 지역센터 면담 → 입문과정 수강 → 지도교사 활동

지도교사 입문과정 신청 방법

홈페이지 신청
1) 한우리독서토론논술 www.hanuribook.com
2) 교사·센터
3) 지도교사 입문과정

QR코드 신청
한우리 지도교사 입문과정

지도교사 활동 혜택

독서지도사 수강료 50% 환급 (단, 한우리 교사반 적용 제외)	신입교사 초도물품 지원	한우리 복지몰 한포인트 제공
상조물품 제공	자녀교재비 할인	수강할인 (한우리캠퍼스) · 교사정착지원금

※ 항목별 조건 충족 시 제공

2024년 지도교사 입문과정 일정안내 (온라인 + 화상교육)

지도교사 입문과정은 한우리 지도교사로 활동하기 위해 반드시 수강해야 하는 교육과정입니다.

교육월	신청기간	교육기간	교육월	신청기간	교육기간
1월	12월 15일~12월 29일	1월 2일~1월 16일	7월	6월 17일~6월 27일	7월 1일~7월 16일
	1월 2일~1월 15일	1월 17일~1월 31일		7월 1일~7월 15일	7월 17일~7월 31일
2월	1월 17일~1월 30일	2월 1일~2월 18일	8월	7월 17일~7월 30일	8월 1일~8월 15일
	2월 1일~2월 15일	2월 19일~3월 3일		8월 1일~8월 13일	8월 16일~8월 31일
3월	2월 19일~2월 28일	3월 4일~3월 17일	9월	8월 16일~8월 29일	9월 2일~9월 19일
	3월 4일~3월 14일	3월 18일~3월 31일		9월 2일~9월 18일	9월 20일~10월 1일
4월	3월 18일~3월 28일	4월 1일~4월 15일	10월	9월 20일~9월 30일	10월 2일~10월 16일
	4월 1일~4월 14일	4월 16일~4월 30일		10월 2일~10월 15일	10월 17일~10월 31일
5월	4월 16일~4월 29일	5월 2일~5월 16일	11월	10월 17일~10월 30일	11월 1일~11월 14일
	5월 1일~5월 15일	5월 17일~5월 31일		11월 1일~11월 13일	11월 15일~11월 30일
6월	5월 17일~5월 30일	6월 3일~6월 16일	12월	11월 15일~11월 28일	12월 2일~12월 16일
	6월 3일~6월 13일	6월 17일~6월 30일		12월 2일~12월 15일	12월 17일~12월 31일

※ 신청 마감일 17시까지만 접수 가능합니다.
※ 상기 일정은 상황에 따라 오프라인으로 변동될 수 있습니다. 신청 페이지에 공지된 일정을 확인해 주시기 바랍니다.

한우리 독서토론논술
문의 전화 **02-6276-2511~5**

독서지도사 양성 과정 기본 교재

독서 교육의 이론과 실제 1

초판 1쇄 발행 2022년 06월 21일
초판 3쇄 발행 2024년 03월 11일

글 (사)한우리독서문화운동본부 교재집필연구회
발행처 주식회사 스푼북 **발행인** 박상희 **총괄** 김남원
편집 길유진 김선영 박선정 김선혜 권새미
디자인 정진희 **마케팅** 구혜지 박미소
출판신고 2016년 11월 15일 제2017- 000267호
주소 (03993) 서울시 마포구 월드컵북로 6길 88-7 ky21빌딩 2층
전화 02- 6357- 0050(편집) 02- 6357- 0051(마케팅)
팩스 02- 6357- 0052 **전자우편** book@spoonbook.co.kr

ⓒ (사)한우리독서문화운동본부 교재집필연구회, 2022

ISBN 979-11-6581-300-0 (03020)